Wissenschaftliche Untersuchungen zum Neuen Testament · 2. Reihe

Begründet von Joachim Jeremias und Otto Michel
Herausgegeben von
Martin Hengel und Otfried Hofius

39

PRESBYTERON KREITTON

Der Altersbeweis der jüdischen und christlichen Apologeten und seine Vorgeschichte

von

Peter Pilhofer

J. C. B. Mohr (Paul Siebeck) Tübingen

CIP-Titelaufnahme der Deutschen Bibliothek

Pilhofer, Peter:
Presbyteron kreitton: der Altersbeweis der jüdischen und christlichen Apologeten und seine Vorgeschichte / von Peter Pilhofer.
– Tübingen: Mohr, 1990.
(Wissenschaftliche Untersuchungen zum Neuen Testament: Reihe 2; 39)
Zugl.: Münster (Westfalen), Univ., Diss., 1988/89
ISBN 3-16-145584-3
ISSN 0340-9570

NE: Wissenschaftliche Untersuchungen zum Neuen Testament / 02

Das Buch wurde von Bardehle Datentechnik in Salzkotten mit dem Textverarbeitungssystem LIST[3] gesetzt, von Gulde-Druck in Tübingen auf säurefreies Werkdruckpapier der Papierfabrik Niefern gedruckt und von der Großbuchbinderei Heinr. Koch in Tübingen gebunden.

Meiner Mutter

und dem Andenken meines Vaters

Vorwort

Die vorliegende Arbeit wurde im Wintersemester 1988/89 von der Evangelisch-Theologischen Fakultät der Westfälischen Wilhelms-Universität als Dissertation angenommen. Der Korreferent, Herr Professor Dr. Hermann Lichtenberger, hat sie Herrn Professor Dr. Martin Hengel für die *Wissenschaftlichen Untersuchungen zum Neuen Testament* empfohlen. Dafür danke ich ihm auch an dieser Stelle. Herr Hengel seinerseits hat zahlreiche weiterführende Vorschläge gemacht, wofür ich sehr herzlich Dank sage.

Mein Interesse für die christlichen Apologeten geht zurück auf das Jahr 1978, als ich zum ersten Mal zunächst Justin, dann die anderen Apologeten des zweiten Jahrhunderts las. Auf den Zusammenhang, der zwischen diesen Autoren und ihren jüdischen Vorgängern besteht, wurde ich in einem Seminar aufmerksam, das Herr Professor Dr. Helmut Merkel im Wintersemester 1979/80 in Erlangen über „Hermeneutik und Exegese des alexandrinischen Judentums" hielt. Hier wurde ich u.a. mit Aristobul und Philon vertraut gemacht. Die gleichzeitige Lektüre der christlichen Apologeten des zweiten Jahrhunderts ließ die Verbindungen, die zwischen diesen und ihren jüdischen Vorgängern bestehen, klar hervortreten. In diesem Seminar wurde die Idee für die vorliegende Arbeit geboren.

Mein ursprünglicher Plan ging dahin, diese Zusammenhänge zwischen jüdischen und christlichen Apologeten anhand verschiedener Aspekte zu untersuchen. Doch bereits das erste in Angriff genommene Thema, der *Altersbeweis*, erwies sich als so umfangreich, daß an die Bearbeitung weiterer Bereiche nicht mehr zu denken war.

Als ich diese Arbeit begann, konnte ich nicht ahnen, in wie (zumindest aus der Sicht eines Theologen) entlegene Gefilde mich gerade der Altersbeweis führen würde. Bei der Sichtung des einschlägigen Materials der jüdischen und christlichen Apologeten wurde dann aber deutlich, daß auch die jüdischen Autoren nicht πρῶτοι εὑρεταί dieser Argumentation sind, daß sie vielmehr schon auf eine lange hellenistische und griechische Tradition zurückblicken. Daß die griechische Tradition bis zu Hekataios von Milet (und damit in das 6. Jahrhundert v. Chr.) führen würde, war auch damals für mich noch nicht abzusehen.

So hat die Arbeit viel mehr Zeit beansprucht als ursprünglich veranschlagt. Umso dankbarer bin ich denjenigen Institutionen und Personen, die trotz vieler Verzögerungen mich zum Teil über Jahre hinweg unterstützt haben: Dank gebührt dem Landeskirchenrat der Evangelisch-Lutherischen Kirche in Bayern, der die Beurlaubung seines Pfarrers z.A. großzügig verlängert hat; Herrn Professor Dr. Dr. Ernst Bammel, der meine Aufnahme in die Studienstiftung des deutschen Volkes anregte, der als Direktor des *Institutum Judaicum Delitzschianum* in Münster mir eine Stelle als wissenschaftliche Hilfskraft übertrug und mich seit meinem fünften Semester in vielerlei Hinsicht gefördert hat; der Studienstiftung des deutschen Volkes, die mich während meines Studiums als Stipendiaten aufnahm und diese Arbeit nach Examen und Vikariat durch ein unbürokratisch gewährtes zweijähriges Promotionsstipendium unterstützt hat.

Meinem früheren Kollegen im *Institutum Judaicum Delitzschianum*, Herrn Dr. Heinz Schreckenberg, möchte ich auch an dieser Stelle für zahlreiche Literaturhinweise und vielfachen Rat vor allem in philologischen Fragen danken.

Besonderen Dank schulde ich meinem Lehrer, Herrn Helmut Vogtmann. Ihm verdanke ich nicht nur die Kenntnis der und die Liebe zu den alten Sprachen, sondern vor allem das Gefühl dafür, wie diese alten Sprachen mit dem zusammenhängen, was Cicero auf die prägnante Formel bringt: *quid sit humaniter vivere*[1]. Denn dies ist es, was ihr Studium für mich lohnend und teilweise beglückend macht.

Beim Korrekturlesen haben sich (in der ersten Phase) mein Schwiegervater, Herr Wolfgang Fauer, und (in der letzten Phase) Frau Ulrike Büscher verdient gemacht. Beide haben nicht nur unermüdlich nach Fehlern gefahndet, sondern auch meine Ausdrucksweise nach Kräften zu bessern gesucht. Sollte der Leser trotz ihrer Mühe noch auf Satzungetüme stoßen, so sind sie gewiß gegen ihren Rat stehengeblieben.

Zuletzt und vor allem gilt mein Dank Herrn Professor Dr. Dietrich-Alex Koch. Er hat mir in einer für mich schwierigen Situation die Assistenten-

---

1 Marcus Tullius Cicero: Epistulae ad familiares VII 1,5.

stelle an seinem Lehrstuhl angeboten und mir als seinem Assistenten die Möglichkeit gegeben, auch auf solchen Gebieten zu arbeiten, die nicht gerade zum Kernbereich neutestamentlicher Wissenschaft gehören. Kein Doktorand, der gleichzeitig eine Assistentenstelle innehat, könnte sich ein angenehmeres Arbeitsklima wünschen. Herr Koch hat diese Arbeit in verschiedenen Fassungen gelesen und wertvolle weiterführende Beobachtungen eingebracht. Daß er darüber hinaus manchen polemischen Ausfall (zum Teil heftig) zensuriert hat, ist - wie ich hoffe - der Sache durchaus förderlich gewesen, und um diese geht es schließlich, nicht um die Polemik.

Die «Großwetterlage», hochschulpolitisch und überhaupt, war für ungestörtes Arbeiten nicht durchweg günstig. In stürmischen Zeiten hat sich immer wieder die Gemeinschaft derer, die im Zimmer 211 des Neutestamentlichen Seminars ein und aus gehen, bewährt; ich nenne, stellvertretend für alle, dankbar die Freunde Dr. Angelika Reichert und Hans-Christoph Goßmann.

Ich schließe dieses Vorwort mit der Bitte an die Benutzer dieser Arbeit, die Mahnung des Polybios zu beherzigen:

Δεῖ δὲ τὸν ἀγαθὸν κριτὴν
οὐκ ἐκ τῶν παραλειπομένων δοκιμάζειν τοὺς γράφοντας
ἀλλ' ἐκ τῶν λεγομένων.[2]

Höpingen, den 16. April 1990 *Peter Pilhofer*

[2] Polybios VI 11,7.

Inhaltsverzeichnis

Zweites Kapitel
Eine zeitgenössische Parallele des apologetischen Altersbeweises: Die römische Literatur

Drittes Kapitel
Der Altersbeweis in der jüdisch-hellenistischen Literatur

Viertes Kapitel
Der Altersbeweis bei den christlichen Apologeten des 2. Jahrhunderts

Ausblick

Schluß

Literaturverzeichnis

Register

Zur Zitierweise

„If unconscious coincidences appear, it remains only to say *Pereant qui ante nos nostra dixerint!* “[1]

Was die Namensform antiker Autoren angeht, so wurde Einheitlichkeit hier nicht angestrebt. Vielmehr wurden allgemein bekannte Namen in der gebräuchlichen Form zitiert (also Herodot, nicht Herodotos; Josephus, nicht Iosephos; Tertullian, nicht Tertullianus). Entlegenere Autoren werden beim ersten Vorkommen mit der korrekten Namensform zitiert (z.B. Nonius Marcellus), im folgenden dann, soweit möglich, mit einer verkürzten Namensform (z.B. Nonius).

Griechische Texte werden durchweg vereinheitlicht: Das *Iota adscriptum* wird subskribiert, das Sigma erscheint je nach Stellung im Wort als σ oder als ς und doppeltes ρ wird ohne *Spiritus* geschrieben. Entsprechend wird mit lateinischen Texten verfahren: Zwischen u und v wird stets unterschieden, nicht aber zwischen i und j. Großschreibung nur bei Namen oder am Anfang eines Textes, nicht aber beim Satzanfang.

In den Anmerkungen werden nach dem ersten Vorkommen sowohl für den Autor als auch für das zitierte Werk Abkürzungen verwendet (zu den Abkürzungen siehe die folgende Seite).

Moderne Werke werden beim ersten Vorkommen ganz zitiert, danach wird darauf mit a.a.O. verwiesen.

Innerhalb von Zitaten sind Zufügungen von mir in eckige Klammern (... [...] ...) eingeschlossen.

---

[1] C.R. Haines [Hg.]: Marcus Aurelius Antoninus, LCL 58, Cambridge/London 1916 (Nachdr. 1970), S. ixf.

Abkürzungen

Die allgemeinen Abkürzungen sind soweit wie möglich dem Abkürzungsverzeichnis der TRE von Siegfried Schwertner[2] entnommen.

Die griechischen Autoren werden in Anlehnung an das Wörterbuch von Liddell/Scott/Jones (→Literaturverzeichnis) abgekürzt.

Die lateinischen Autoren werden in Anlehnung an das Wörterbuch von Glare (→Literaturverzeichnis) abgekürzt.

Die Schriften des Philon und des Josephus werden gemäß den Abkürzungen Schwertners zitiert.

Für die griechischen Kirchenväter lehne ich mich an das Wörterbuch von Lampe (→Literaturverzeichnis) an, für die lateinischen an den Thesaurus Linguae Latinae.

Darüber hinaus bzw. davon abweichend werden die folgenden Abkürzungen verwendet (zu den einzelnen Werken vgl. das Literaturverzeichnis):

ALGHJ	Arbeiten zur Literatur und Geschichte des hellenistischen Judentums[3]
BiTeu	Bibliotheca Teubneriana[4]
Diels/Kranz	Diels/Kranz [Hg.]: Die Fragmente der Vorsokratiker (im

---

[2] Theologische Realenzyklopädie. Abkürzungsverzeichnis, zusammengestellt von Siegfried Schwertner, Berlin/New York 1976.

[3] Die von Schwertner vorgeschlagene Abkürzung ALGH*L* scheint mir nicht sinnvoll (vgl. Schwertner S. 7 u. 109). Die Autoren der TRE scheinen sie jedoch zu benutzen, vgl. Günter Mayer: Art. Josephus Flavius, TRE 17 (1988), 258-264, hier S. 263, Z. 54; S. 264, Z. 1 u.ö.

[4] Diese Abkürzung auch bei Schwertner, a.a.O., S. 364. Er unterscheidet davon jedoch die „Bibliotheca scriptorum Graecorum et Romanorum Teubneriana. Leipzig (1914)ff. [sic]", abgekürzt BSGRT. Im Unterschied zu Schwertner verwende ich BiTeu für alle *editiones Teubnerianae*, ganz gleich, ob 1914ff. oder 1928ff. erschienen, und unabhängig davon, ob bei Teubner/Leipzig oder bei Teubner/Stuttgart gedruckt.

	Register der Kürze halber nur D/K)
Dörrie	Dörrie: Die geschichtlichen Wurzeln des Platonismus[5]
IdF	Impulse der Forschung
Lampe	Lampe [Hg.]: A Patristic Greek Lexicon
LSJ	Liddell/Scott/Jones [Hg.]: A Greek-English Lexicon
GLAJJ	Menahem Stern [Hg.]: Greek and Latin Authors on Jews and Judaism
F	Fragment(e), *fragmentum, fragmenta*
FGrHist	F. Jacoby [Hg.]: Die Fragmente der griechischen Historiker
Glare	Glare [Hg.]: Oxford Latin Dictionary
HRR	H. Peter [Hg.]: Historicorum Romanorum Reliquia
ThLL	Thesaurus Linguae Latinae
Tusc	Tusculum-Bücherei

[5] Die Verweise beziehen sich auf die Nummern der „Bausteine" Dörries; z.B. die Angabe „Krantor 5.1 Dörrie" ist folgendermaßen aufzulösen: „Krantor von Soloi: Erklärungen zum Timaios 5.1 (Dörrie I 102)".

ἐξελέγχει
ὁ νέος οἶνος οὔπω τὸ πέρυσι δῶρον ἀμπέλου. μῦθος
κενεόφρων ὅδε κούρων

(Simonides)

οὐδεὶς βάλλει οἶνον νέον εἰς ἀσκοὺς παλαιούς

(Jesus)

Einleitung

1. Die Apologetik als Anfang der patristischen Literatur

„Wer vor der Foliantenreihe der Kirchenväter sich fragte, was diese Literatur eigentlich sei und wie sie entstanden sei, würde sich jedenfalls vergeblich an die noch gegenwärtig gangbaren Lehrbücher der Patristik um Antwort wenden“, konstatierte Franz Overbeck im Jahre 1882.[1] Ob wir, hundert Jahre später, darüber wesentlich hinausgekommen sind, mag man sich fragen. Die von Overbeck geforderte Literaturgeschichte jedenfalls ist noch immer nicht geschrieben: „Ihre Geschichte hat eine Literatur in ihren Formen, eine Formengeschichte wird also jede wirkliche Literaturgeschichte sein.“[2]

Einen skizzenhaften Entwurf einer solchen Literaturgeschichte bis hin zu Clemens von Alexandrien gibt Overbeck selbst in seinem Aufsatz. Demnach hat man zu unterscheiden zwischen der christlichen Urliteratur und der patristischen Literatur, welch letztere Overbeck definiert als die griechisch-römische „Literatur christlichen Bekenntnisses und christlichen Interesses.“[3] Im Unterschied zur christlichen „Urliteratur“[4] wendet sie sich an das nichtchristliche Publikum; sie ist „nur durch den gewalttätigen Widerstand erzwungen worden, auf welchen das Christentum im römischen Staate stieß, und liegt in der ältesten apologetischen Literatur der christlichen Kirche vor. Mit ihr fängt die patristische Literatur an.“[5] Erst hier handelt es sich Overbeck zufolge um Literatur im eigentlichen Sinne. „Ebenso klar ist, daß

---

[1] Franz Overbeck: Über die Anfänge der patristischen Literatur, HZ 48 (1882), 417-472, Nachdruck Darmstadt 1954 und 1984 (danach hier zitiert, Zitat S. 5).

[2] A.a.O., S. 12.

[3] A.a.O., S. 37.

[4] Zu diesem Begriff vgl. a.a.O., S. 16ff.

[5] A.a.O., S. 43. Schon Overbeck erkennt freilich: „Die Apologetik wendete sich an Nichtchristen, und wenn sie auch tatsächlich wohl von Anfang an weit weniger Leser unter diesen gefunden hat als unter den Christen selbst, so ändert das an ihrer ursprünglichen Bestimmung nichts.“ (a.a.O., S. 48).

man sich damit auf dem Boden der profanen Literatur befindet."[6]

Auch wenn man in Rechnung stellt, daß unser Wissen sowohl in bezug auf die von Overbeck so genannte christliche Urliteratur als auch in bezug auf die übrige christliche Literatur des 2. Jahrhunderts durch neue Textfunde seit 1882 sehr bereichert worden ist (und sich deswegen heute manches anders darstellt als zu Overbecks Zeit), wird man den heuristischen Wert der Overbeckschen These doch anerkennen. Denn es kann kein Zweifel daran bestehen, daß die Apologetik auf christlichem Boden eine entscheidende Neuerung darstellt. Auf *christlichem* Boden! Overbeck übersieht in diesem Zusammenhang jedoch einen entscheidenden Sachverhalt: Dasselbe, was sich seit dem zweiten Viertel des zweiten Jahrhunderts in der christlichen Literatur entwickelt, hat sich schon Jahrhunderte zuvor *mutatis mutandis* in der jüdischen Literatur ereignet.

2. Die christliche Apologetik als Erbin der jüdischen Apologetik

Lange bevor der erste christliche Apologet den Versuch wagt, eine profane Gattung seinen Zwecken nutzbar zu machen, haben jüdische Autoren dasselbe in immer neuen Anläufen unternommen.

Die Parallelität der Entwicklung tritt klar zutage, wenn man die Overbeckschen Ausführungen von den christlichen auf die jüdischen Apologeten überträgt. „Zunächst war die profane oder die Weltliteratur des römischen Reichs für die Christen ein Stück Welt, von dem sie sich ebenso fern hielten, wie von der Welt, die sie umgab [,] überhaupt"[7]. Setzt man hier für „römisches Reich" z.B. „Hellenismus" und für „Christen" „Juden", so ist damit genau die Situation eines Juden des 3. Jahrhunderts v. Chr in Alexandrien beispielsweise bezeichnet. Auch er hat „ursprünglich an den Gebrauch der Formen der [griechischen] Weltliteratur gar nicht gedacht."[8] Auch die jüdische Gemeinde konnte „innerhalb ihrer selbst gar keine Aufforderung finden [,] sich zu dieser Literatur anders zu stellen."[9] „Eine solche Aufforderung konnte ihr naturgemäß immer nur aus ihrem Verhält-

[6] A.a.O., S. 45.

[7] A.a.O., S. 42.

[8] Ebd.

[9] Ebd.

nis zur Außenwelt", zum nichtjüdischen „Publikum erwachsen"[10]. „Mit diesem Publikum aber nicht die eigene, sondern seine Sprache zu reden, sich an dieses Publikum in den ihm geläufigen unmittelbar verständlichen Formen seiner Literatur zu wenden, konnte dem" - Judentum „nur die Not, der Drang der Umstände auferlegen."[11]

Nicht um etwas grundsätzlich Neues also handelt es sich, wenn christliche Schriftsteller beginnen, sich profane Gattungen nutzbar zu machen. Eine Generation vor den ersten Anfängen christlicher Apologetik hat das analoge jüdische Unterfangen in der Schrift *Contra Apionem* des Josephus den krönenden Gipfel erreicht.

Will man daher mit dem Overbeckschen Programm einer Literaturgeschichte Ernst machen, so genügt es in diesem Falle nicht, die profanen Vorläufer der Gattung „Apologie" zu studieren. Von entscheidender Bedeutung wird daneben der Vergleich mit den jüdischen Vorgängern sein.

Diese Erkenntnis ist zwar an sich nicht neu[12], sie wird aber leider noch weithin ignoriert[13].

Dabei spielt es zunächst keine Rolle, ob ein christlicher Apologet einen oder mehrere seiner jüdischen Vorgänger gekannt hat. Diese Frage kann in einigen Fällen mit ziemlicher Sicherheit im negativen Sinne entschieden werden (z. B. in bezug auf Aristides und Justin). Das *ganze Arsenal* der jüdischen Vorgänger ist erst bei Euseb gesammelt (und in vielen Fällen ausschließlich durch ihn erhalten). Einiges davon findet sich schon bei Clemens

---

[10] Ebd.

[11] A.a.O., S. 42f.

[12] Zu Beginn dieses Jahrhunderts erschien Moriz Friedländer: Geschichte der jüdischen Apologetik als Vorgeschichte des Christenthums (Zürich 1903); ein Abschnitt dieses Buches ist überschrieben: „Josephus' Polemik von den ältesten christlichen Apologeten nachgeahmt" (S. 370ff.). Vor und neben Friedländer ließen sich unschwer weitere Beispiele finden.

[13] Dies gilt leider auch für die TRE. Obwohl hier durchweg das Judentum berücksichtigt wird (bis hin zu Artikeln, wo der Benutzer es vielleicht gar nicht erwartet, z.B. „Haus"), ist der Artikel Apologetik (TRE III (1978), 371ff.) folgendermaßen gegliedert:

I. Alte Kirche
II. Neuzeit
III. Praktisch-theologisch,

d.h. die Zusammenhänge zwischen jüdischen und christlichen Apologeten kommen schon von der Anlage des Artikels her überhaupt nicht in den Blick, was ein gravierender Nachteil ist. Zum Problem bietet Leslie William Barnard, der Verfasser des Artikels Apologetik I. Alte Kirche, a.a.O., S. 371-411, nur einige Zeilen (a.a.O., S. 373, Z. 44-47) - das ist zu wenig!

von Alexandrien und seinen unmittelbaren Vorgängern Tatian und Theophilus von Antiochien.

3. Der Beweis als ein Kennzeichen apologetischer Literatur

Kommt man vom Neuen Testament zu den apologetischen Schriften, so fallen einem vielerlei Unterschiede auf zwischen dem, was Overbeck „christliche Urliteratur" nennt, einerseits und den apologetischen Schriften andrerseits. Ich greife hier nur ein Charakteristikum der apologetischen Literatur heraus, den Beweis. Justin verwendet in diesem Zusammenhang gern die griechischen Wörter ἀπόδειξις und ἔλεγχος. Bezeichnenderweise sind beide Wörter Hapaxlegomena, was das Neue Testament angeht. Von den zugehörigen Verben kommt im NT im Sinne von „beweisen" lediglich ἀποδείκνυμι ein einziges Mal vor.[14] Auf der anderen Seite bietet Justin allein für das Wort ἀπόδειξις 35 Belege. Denn Justin bemüht sich stets λόγον διδόναι, Rechenschaft abzulegen, Argumente vorzubringen, Beweise durchzuführen. Auch der christliche Glaube ist Justin zufolge dem Beweis (ἀπόδειξις) zugänglich.[15] Diesen Beweis zu führen ist Justin bemüht. Man kann die Schriften des Justin geradezu als ein Kompendium dieses Beweises lesen. Justin macht sich beispielsweise anheischig, zu beweisen (δείξω), daß er nicht leeren Fabeln glaubt und unbewiesenen Lehren (ἀναποδείκτοις λόγοις) folgt, wie er dem Tryphon sagt.[16] Das Besondere an dem gekreuzigten Menschen, daß dieser zugleich Sohn Gottes und Richter des Menschengeschlechts ist, ist für Justin nicht Sache des Glaubens, sondern dies ist der rationalen Beweisführung zugänglich.[17] Hier ist es nicht so wie bei denjenigen, die Mythen tradieren und dabei selbst keinen Beweis bringen (οὐδεμίαν ἀπόδειξιν

---

[14] Ἀπόδειξις begegnet nur in 1 Kor 2,4 (ἐν ἀποδείξει πνεύματος καὶ δυνάμεως), ἔλεγχος in Hebr 11,1; das Verbum ἀποδείκνυμι findet sich im Sinne von „beweisen" nur in Apg 25,7. Vgl. ferner noch Apg 18,28.

[15] Das ist im Rahmen der Denkweise des Justin auch in keiner Weise verwunderlich, denn für ihn ist der christliche Glaube ja die einzig sichere Philosophie (Justin: Dial. 8,1) und als solche natürlich auch „beweisbar".

[16] Dial. 9,1. Gerade das wirft Justin den Vertretern der griechischen Mythologie vor, daß sie nichts beweisen (ἀποδεῖξαι) können (1 Apol. 53,1).

[17] 1 Apol. 53,1-2; vgl. auch 1 Apol. 13,3-4.

φέρουσι).[18] Man kann es auf die Formel bringen: Das unterscheidet den Justin von seinen Gegnern, daß es jenen an Beweisen fehlt, wohingegen er an solchen keinen Mangel hat.[19]

Nun wirft auch Paulus - um den neutestamentlichen Autor zu nennen, bei dem man dergleichen noch am ehesten vermuten könnte - seinen jeweiligen Gegnern so manches vor; nirgends aber dies, daß sie nicht in der Lage seien, Beweise zu liefern. Gewiß argumentiert auch Paulus; aber nirgends beruft er sich darauf, daß er Beweise habe, wie Justin das tut.

Diese Beobachtung, die sich unschwer verallgemeinern läßt, zeigt an ihrem Teil den Unterschied, der zwischen der christlichen Urliteratur auf der einen Seite und Schriften wie denjenigen des Justin auf der andren Seite besteht. Übrigens kann man dieselbe Beobachtung in bezug auf den Unterschied zwischen den jüdischen Apologeten und ihrer „Urliteratur" - dem von uns so genannten Alten Testament - machen. Als ein Beispiel mag das Prooemium des Josephus zum zweiten Buch von *Contra Apionem* dienen. Hier begegnen allein in den beiden ersten Sätzen die Ausdrücke „ich habe bewiesen" (ἐπέδειξα), „ich habe die Wahrheit erwiesen" (πιστωσάμενος τὴν ἀλήθειαν), „ich habe als Zeugen angeführt" (παρασχόμενος μάρτυρας), „ich habe widerlegt" (τὴν ἀντίρρησιν ἐποιησάμην) und „ich beginne zu widerlegen" (ἄρξομαι ἐλέγχειν).[20]

Nur am Rande sei vermerkt, daß die christlichen Apologeten sich dieser Mühe, Beweise zu liefern, nicht ohne Grund unterzogen. Vielmehr macht der «Diskussionsstand» im 2. Jahrhundert solche Bemühungen erforderlich. Aufschlußreich für diesen «Diskussionsstand» ist eine Bemerkung bei Galen. Er wendet sich gegen einen Autor, der, anstatt Begründungen zu geben, nur Behauptungen aufstellt.[21] Ob aber ohne Beweis (χωρὶς ἀποδείξεως) zu glauben (! πιστεύτεον) ist, das ist die Frage.[22] Ein Argument wenigstens,

---

[18] 1 Apol. 54,1. Interessant ist in diesem Zusammenhang auch die Stelle 1 Apol. 20,3. Denselben Vorwurf erhebt Justin übrigens auch christlichen Irrlehrern wie Markion gegenüber, nämlich daß sie eben keinen Beweis haben (1 Apol. 58,2).

[19] 1 Apol. 23,3; 30,1; 54,1; 58,2; 63,10. Die Liste ließe sich ohne weiteres verlängern.

[20] Josephus: Contra Apionem II 1-2.

[21] Galen: De pulsuum differentiis II 4, GLAJJ 377 (II 313f.), Z. 1ff.

[22] A.a.O., Z. 14-15.

wenn schon nicht einen strikten Beweis (εἰ καὶ μὴ βεβαίαν ἀπόδειξιν), hätte man sich gewünscht[23],

> ἵνα μή τις εὐθὺς κατ' ἀρχάς, ὡς εἰς Μωϋσοῦ καὶ Χριστοῦ διατριβὴν ἀφιγμένος, νόμων ἀναποδείκτων ἀκούῃ, καὶ ταῦτα ἐν οἷς ἥκιστα χρή.[24]

Kennzeichen der „Schule" des Mose und des Christus ist es demnach, daß in dieser „Schule" Gesetze ohne Beweise aufgestellt werden. Insofern kann diese „Schule" in diesem Zusammenhang von Galen als abschreckendes Beispiel angeführt werden.

Als zweites Beispiel mag eine Stelle aus Lukian dienen. Lukian charakterisiert die Christen als Leute, die

> καταφρονοῦσιν ... ἁπάντων ἐξ ἴσης καὶ κοινὰ ἡγοῦνται, ἄνευ τινὸς ἀκριβοῦς πίστεως τὰ τοιαῦτα παραδεξάμενοι.[25]

Das ἄνευ τινὸς ἀκριβοῦς πίστεως des Lukian entspricht dem χωρὶς ἀποδείξεως des Galen.[26] Diese Art der Christen, auf Beweise zu verzichten, ist nach Lukian auch der Grund, warum sie so leicht auf Betrüger wie Peregrinus hereinfallen.

Die beiden Belege aus Galen und Lukian machen deutlich: Will man vor einem gebildeten Publikum bestehen, so gilt es, Beweise zu bringen. Dieser Forderung versuchen die Apologeten nach Kräften nachzukommen.

Fragt man nun genauer, welcher Art die Beweisführung ist, die sich beispielsweise bei Justin findet, so stößt man zunächst auf den Weissagungsbeweis. Diesen hat Justin mit mehreren Autoren der christlichen Urliteratur (man denke an den Verfasser des Matthäusevangeliums oder den des Barnabasbriefes) gemeinsam.[27] Im Sinne der justinischen Apologetik setzt dieser Weissagungsbeweis seinerseits aber den Altersbeweis voraus. Denn ohne den Altersbeweis wäre die Überzeugungskraft des Weissagungsbeweises (für das Verständnis des Justin) drastisch reduziert, wenn nicht gar gänzlich hinfällig.

---

23 A.a.O., Z. 18-19.

24 A.a.O., Z. 19-21.

25 Lukian: De morte Peregrini 13.

26 Vgl. LSJ s.v. πίστις II 2 (S. 1408): πίστις im Sinne von proof.

27 Immerhin übertrifft Justin hier alle seine Vorgänger bei weitem, sowohl was Quantität als auch was Qualität dieser Argumentation angeht; insbesondere die Quantität ist bei Justin so überwältigend, daß man schon deswegen auch von einer neuen Qualität sprechen muß.

4. Der Altersbeweis

Im Unterschied zum Weissagungsbeweis ist der Altersbeweis ein Spezifikum[28] der apologetischen Schriften. Er findet sich bei Aristobul, Philon und Josephus genauso wie bei Justin, Tatian und Theophilus, um nur einige Beispiele zu nennen. Der erste dieser Autoren, der einen ausgeführten Altersbeweis bietet, ist Aristobul (2. Jahrhundert vor Christus). Er ist freilich keineswegs der πρῶτος εὑρετής des Altersbeweises. „Aristobulos und seine jüdisch-alexandrinischen Zeitgenossen [brauchten] nur an griechische Schriftsteller anzuknüpfen, die ihnen zumal seit Hekataios von Abdera vorgearbeitet hatten", stellt Nikolaus Walter ganz richtig fest.[29] Im folgenden nennt Walter nicht wenige Beispiele aus hellenistischer Zeit. Dabei übersieht er aber, daß auch diese von ihm genannten Schriftsteller ihrerseits auf eine lange Tradition zurückblicken, was die einschlägigen Argumente angeht. Wenn Walter sagt: „In ganz ähnlicher Weise hatte schon Hekataios (um 320 v. Chr) behauptet, griechische Philosophie, Staatskunst und Dichtung hätten vieles bei den Ägyptern gelernt, und so wurde es seit dieser Zeit (besonders dann im 1. Jh. v. Chr.) in einer gewissen Schwärmerei für alles Orientalische Mode, griechische Philosophen bei Ägyptern und Orientalen in die Schule gegangen sein zu lassen"[30], so gewinnt man den Eindruck, es handle sich hier um ein Phänomen des Hellenismus. Dieses ist aber ganz und gar nicht der Fall. Schon Herodot hat im 5. Jahrhundert einen außerordentlich langen Exkurs über Ägypten seinem Werk eingefügt, in dem er viele vermeintlich griechische Errungenschaften aus Ägypten herleitet. Und selbst

---

[28] Die „christliche Urliteratur" weist jedenfalls keinen ausgeführten Altersbeweis auf. Was sich (zumindest ansatzweise) auch hier findet, ist die Argumentation mit dem Alter, vgl. z.B. 1 Tim 2,13: Ἀδὰμ γὰρ πρῶτος ἐπλάσθη, εἶτα Εὕα. Die Tatsache, daß Adam als erster geschaffen wurde, dient dem Verfasser als Begründung dafür, daß die Frau sich dem Mann unterzuordnen habe: διδάσκειν δὲ γυναικὶ οὐκ ἐπιτρέπω οὐδὲ αὐθεντεῖν ἀνδρός, ἀλλ' εἶναι ἐν ἡσυχίᾳ (1 Tim 2,12).

[29] Nikolaus Walter: Der Thoraausleger Aristobulos. Untersuchungen zu seinen Fragmenten und zu pseudepigraphischen Resten der jüdisch-hellenistischen Literatur, TU 86, Berlin 1964, S. 45.
Arthur J. Droge: Homer or Moses? Early Christian Interpretations of the History of Culture, HUTh 26, Tübingen 1989, betont ebenfalls die Bedeutung des Hekataios (S. 5-8) und den *hellenistischen* Hintergrund (S. 8-9). Doch geht er darüber hinaus, wenn er sagt: „Paradoxically therefore both Jewish and Christian apologetics were really Greek creations and part of *a long literary tradition*" (S. 9, meine Hervorhebung).

[30] A.a.O., S. 45f.

Herodot hat seinerseits noch einen Vorgänger in Hekataios von Milet (6. Jahrhundert), den man nicht mit dem von Walter zitierten Namensvetter Hekataios von Abdera verwechseln darf.

Deshalb kann man den Altersbeweis bei jüdischen und christlichen Apologeten nicht untersuchen, ohne vorher die Geschichte dieser Argumentation in Augenschein genommen zu haben. Diese Geschichte beginnt anscheinend bei dem genannten Hekataios von Milet im 6. Jahrhundert. Für die Anlage dieser Arbeit ergibt sich daraus, daß nicht nur dem Kapitel über die christlichen Apologeten (IV) das über deren jüdische Vorgänger voranzustellen ist (III), sondern daß zuvor noch die Wurzeln des Altersbeweises in der griechischen Welt zu behandeln sind (I).

Dazu kommt noch eine weitere Erwägung. Apologetische Bemühungen sind ja nicht auf Juden oder Christen beschränkt. Vielmehr sehen sich in hellenistischer Zeit zahlreiche Völker oder Gruppen zu solchem Tun veranlaßt. Bezeichnenderweise schreiben die ersten römischen Annalisten griechisch - weil sie auf die griechische Welt wirken wollen. Daneben sind hier etwa Namen wie Manetho und Berossos, aus späterer Zeit speziell aus Ägypten etwa Apion und Chairemon zu nennen.

Aus diesem Grund hielt ich es für angebracht, die Geschichte des Altersbeweises in der bedeutendsten dieser Literaturen, der römischen, als eine wichtige Parallele zu der jüdischen und christlichen Ausprägung des Altersbeweises in Kapitel II darzustellen. Damit ergibt sich der Aufbau dieser Arbeit in folgender Weise:

I. Die Voraussetzung des apologetischen Altersbeweises: Die griechische Literatur.
II. Eine zeitgenössische Parallele des apologetischen Altersbeweises: Die römische Literatur.
III. Der Altersbeweis in der jüdisch-hellenistischen Literatur.
IV. Der Altersbeweis bei den christlichen Apologeten des 2. Jahrhunderts.

5. Versuch einer Klärung des Begriffs «Altersbeweis»

Die mit dem Begriff «Altersbeweis» bezeichnete Argumentationsweise beruht auf dem Satz (I) Was alt ist, ist gut.

Wer diesem Satz zustimmt, wird auch die andere Fassung akzeptieren:

(II) Was älter ist, ist besser.

Diese Fassung ist bereits in der Antike formuliert worden in dem πρεσβύτερον κρεῖττον des Timaios von Lokri.[31] Sie bildet die Grundlage für die im ersten Kapitel zu behandelnden Anschauungen des Herodot.

Dem entspricht die Umkehrung:

(III) Was neu ist, ist schlecht,

und entsprechend (II) dann auch:

(IV) Was neuer ist, ist schlechter.

Die in Satz (I) ausgesprochene Anschauung bildet die Grundlage, sozusagen das ‹‹Axiom›› eines jeden Altersbeweises.

Obwohl ein Altersbeweis in unübersehbar vielen und verschiedenen Situationen Verwendung finden kann, lassen sich alle diese Situationen, wenn ich recht sehe, auf zwei grundlegende Modelle zurückführen. Diese sollen im folgenden kurz charakterisiert werden.

a) Das erste Modell

Gegeben sei ein beliebiger Sachverhalt (x). Dieses x kann eine beliebige Anschauung, eine philosophische oder eine religiöse Überzeugung sein, oder auch eine Staatsordnung, ein Beruf usw.

Nun sind zwei Ausgangssituationen möglich. Entweder jemand hat ein Interesse an diesem x und möchte dieses x durchsetzen. Oder das x ist zwar schon bekannt, aber in seiner Beurteilung umstritten. Für die Durchführung des Altersbeweises spielt es keine Rolle, welche Ausgangslage angenommen wird. Die Durchführung des Altersbeweises sieht dann folgendermaßen aus:

(1) x ist alt.

Zum Erweis dieses Satzes können verschiedene Überlegungen angestellt werden. Man kann z.B. zeigen, daß schon ein alter Dichter (Homer), ein König der grauen Vorzeit (Numa), ein Philosoph der weit zurückliegenden Vergangenheit (Pythagoras), ein alter Gesetzgeber (Mose) x hatte. Ist (1) damit gezeigt, so wendet man Satz (I) an und es ergibt sich:

(2) x ist gut.

---

[31] Vgl. dazu die Einleitung zu Kapitel I (unten S. 18).

Beispiele für dieses Verfahren:

Die pythagoreische Lehre sei x. Gewisse Leute haben ein Interesse an dieser Lehre, die jedoch in Rom noch gänzlich unbekannt ist und insofern Gefahr läuft, unter das Verdikt (III) zu fallen. Man will nichtsdestoweniger diese Lehre in Rom salonfähig machen. Daher behauptet man: (1) Die pythagoreische Lehre hat in Rom eine alte Tradition. Begründung: Schon der König Numa, der Nachfolger des Stadtgründers Romulus, war ein Anhänger dieser Lehre, ja, er war sogar ein Schüler des Pythagoras.[32] Dies wird bewiesen durch die Tatsache, daß sich im Grab des König Numa Schriften pythagoreischen Inhalts fanden. Somit ist (I) anwendbar, und es ergibt sich: (2) Die pythagoreische Lehre ist gut, d.h. sie kann auch in Rom nichts an sich haben, was geeignet wäre, Anstoß zu erregen, wenn doch schon Numa dieser Lehre anhing.

Zweites Beispiel: Der „Beruf" Sophist sei x. Dieser Beruf ist in Athen und anderwärts im 5. Jahrhundert in seiner Beurteilung umstritten. Der Satz (1) muß dann lauten: Der Beruf Sophist ist alt. Begründung: Schon Homer, Hesiod, Simonides, Orpheus, Musaios u.a. waren Sophisten. Die Anwendung von (I) ergibt: (2) Also ist der Beruf Sophist gut, d.h. es ist nichts Anrüchiges damit verbunden, und es besteht kein Grund, dergleichen nur im kleinen Kreis zu besprechen.[33]

Drittes Beispiel: Die Stadt Rom sei x. Spätestens seit dem zweiten punischen Krieg hat sich die römische Politik überall verhaßt gemacht. „Rom" ist also in seiner Beurteilung umstritten, insbesondere lautet der Vorwurf: Römer sind Barbaren. Der Satz (1) Rom ist alt, muß daher formuliert werden in der Form: Rom ist seit alters eine nichtbarbarische Stadt. Begründung: Schon vor dem trojanischen Krieg siedelten Griechen in Rom. Oder: Schon zur Zeit des Romulus sprach man in Rom griechisch. (Mehrere ähnliche Thesen finden sich bei den römischen Annalisten.) D.h. Rom ist eine πόλις Ἑλληνίς. Ist das der Fall, so ergibt die Anwendung von (I) den Satz: (2) Also ist Rom gut, d.h. die Römer sind eben keine Barbaren, sondern sie können auf einen durchaus respektablen Stammbaum zurückblicken.

---

[32] *Pythagorae auditorem fuisse Numam* (Valerius Antias, HRR F 9 = Livius XL 29,8).

[33] Platon: Protagoras 316a-317c.

b) Das zweite Modell

Hier ist die Ausgangslage insofern anders, als dem x ein oder mehrere y von vornherein gegenüberstehen. Die Frage ist, wie sich x in bezug auf das y (bzw. die y) verhält. Gibt es nur ein y, und will jemand sein x gegen dieses y durchsetzen, so verläuft der Altersbeweis folgendermaßen:

(1) x ist älter als y. Die Anwendung von (II) ergibt:

(2) Also ist x besser als y.

Etwas schwieriger verläuft die Argumentation, wenn mit mehreren y gerechnet werden muß. Hier gibt es zwei Möglichkeiten: Entweder der Altersbeweis wird für jedes einzelne y gesondert durchgeführt. Dies ist nur dann möglich, wenn die Zahl der y begrenzt ist. Im anderen Fall sucht man sich zweckmäßigerweise ein y heraus, das all den anderen y vorzuziehen ist und führt den Altersbeweis nur für dieses anerkanntermaßen beste y.

Beispiele zu diesem zweiten Modell:

Wessen Autorität ist höher einzuschätzen, die des Homer oder die des Mose? Satz (1) lautet: Mose ist älter als Homer. Begründung: Homer beschreibt den trojanischen Krieg, kann also nicht wie Mose vor demselben gelebt haben. Die Anwendung von (II) ergibt den gewünschten Satz: (2) Also ist Mose besser als Homer, d.h. die Autorität des Mose ist höher einzuschätzen als die des Homer.

Beispiel für eine überschaubare Zahl von y: Im Streit miteinander liegen drei Völker, die Phoinikier (y_1), die Ägypter (y_2), und die Juden (x). Welches Volk ist das beste? Der Beweis verläuft in zwei Stufen: (1) Abraham - der Exponent des jüdischen Volkes - ist Lehrer der Phoinikier. Begründung: Abraham hat die Astrologie in Phoinikien eingeführt. Es ergibt sich: (2) Abraham ist den Phoinikiern vorzuziehen. Analog im Fall der Ägypter: (1) Abraham ist Lehrer der Ägypter. Begründung: Abraham hat die Astrologie den Priestern in Heliopolis allererst vermittelt. Es ergibt sich: (2) Abraham ist den Ägyptern vorzuziehen. Damit ist gezeigt, daß Abraham der πρῶτος εὑρετής der Astrologie ist; das jüdische Volk, das durch Abraham vertreten wird, ist also den Phoinikiern wie den Ägyptern vorzuziehen.[34]

Beispiel für eine unüberschaubare Zahl von y: Welches ist die beste Philosophie? Da es deren zu viele gibt, wählt man ein anerkanntermaßen gutes

---

[34] Dieses Beispiel ist dem samaritanischen Anonymus (vgl. Kapitel III § 1) entnommen.

y: die platonische Philosophie. x ist der christliche Glaube. Satz (1) lautet: Der christliche Glaube ist älter als die platonische Philosophie. Begründung: Platon ist (literarisch) abhängig vom christlichen Glauben, denn Platon benutzt das Alte Testament. Also ist (II) anwendbar, und es ergibt sich: (2) Die christliche Philosophie ist besser als die platonische. Da diese aber von den y die hervorragendste ist, ergibt sich, daß die christliche Philosophie die beste überhaupt ist.

Neben diesen beiden Modellen gibt es eine Vielzahl von Fällen, in denen nicht eigentlich ein Altersbeweis geführt wird (z.B. weil der Autor daran gar kein Interesse hat), wo aber Teile dieser Argumentation zur Anwendung gelangen. Dieser Fall ist z.B. bei Herodot gegeben. Herodot kann ja nicht von vornherein ein Interesse daran unterstellt werden, die Griechen als den Ägyptern unterlegen zu erweisen. In bezug auf ihn sieht die Ausgangslage so aus:

(1) x sei eine Eigenschaft von P.

(2) x sei eine Eigenschaft von Q.

Steht nun fest, daß P älter ist als Q, so folgert Herodot: x ist von P nach Q gekommen.[35]

Beispiel: (1) Die Ägypter haben eine bestimmte Sitte. (2) Die Griechen haben dieselbe Sitte. Da die Ägypter älter sind als die Griechen, ist diese Sitte von jenen zu diesen gekommen, d.h. die Griechen sind von den Ägyptern abhängig.

Obwohl sich bei dieser Ausgangslage ein Altersbeweis nach Modell b) führen ließe, liegt doch bei Herodot nicht eigentlich ein Altersbeweis vor. Trotzdem ist die Argumentation des Herodot in dieser Arbeit zu behandeln, weil gerade sie die Grundlage für den späteren Altersbeweis nicht nur bei jüdischen und bei christlichen Apologeten, sondern auch bei nicht wenigen hellenistischen Autoren liefert (welcher auch nur halbwegs bedeutende Philosoph beispielsweise wird von der Tradition *nicht* nach Ägypten geschickt?).

---

35 Alan B. Lloyd spricht in diesem Zusammenhang von „*post hoc ergo propter hoc* fallacy i.e. the assumption that if *a* comes before *b* then *b* is a result of *a*" (Alan B. Lloyd: Herodotus Book II. [I] Introduction, EPRO 43, Leiden 1975, S. 147). Damit wird der Kommentator seinem Autor jedoch nicht gerecht, vgl. Kapitel I § 2 (bes. S. 46-47).

6. *Zum Aufbau dieser Arbeit*

Die angeführten Beispiele entstammen ganz verschiedenen Bereichen. Sie machen deutlich, daß der Altersbeweis eine Argumentation ist, die nicht nur nicht von christlichen oder jüdischen Apologeten erfunden wurde, sondern auch keineswegs auf den religiösen Bereich beschränkt ist. Dies gilt es zu bedenken, wenn man die Frage stellt: Wie wirkte der Altersbeweis auf den zeitgenössischen Leser der apologetischen Schriften? Zur Beantwortung dieser Frage genügt es nicht, auf die jüdische Vorstufe des christlichen Altersbeweises zu verweisen. Denn dem griechischen oder römischen Leser einer christlichen apologetischen Schrift war diese Vorstufe wohl nur in den seltensten Fällen geläufig. Hier kommt es vielmehr darauf an, den Stellenwert dieses Arguments in der dem griechischen oder römischen Leser vertrauten Tradition zu kennen. Auch deswegen ist es unerläßlich, nicht nur die griechische Vorgeschichte des Altersbeweises (Kapitel I) zu betrachten, sondern auch die römische Parallelentwicklung (Kapitel II) zu berücksichtigen.

Dabei geht es mir darum, die Vorgeschichte des Altersbeweises der christlichen Apologeten sowohl in *formaler* als auch in *materialer* Hinsicht zu erhellen: in *formaler* Hinsicht, indem ich zeige, daß der Altersbeweis als Argumentationsfigur sich überall (schon bei den klassischen griechischen, aber auch bei den hellenistischen und römischen Autoren) findet, bevor er von den jüdischen und dann von den christlichen Apologeten ihren Zwecken dienstbar gemacht wird. In *materialer* Hinsicht, indem ich die sachlichen Voraussetzungen der apologetischen Argumentation (nämlich die Abhängigkeit der Griechen von Ägypten usw.) bis auf Herodot bzw. Hekataios von Milet zurückführe und so zeige, daß auch von dieser Seite her der zeitgenössische Leser einer Apologie durchaus nicht a *priori* einen Altersbeweis problematisch empfinden mußte, daß er ihm vielmehr absolut «unverdächtig» erschienen sein wird.

Ist es auf diese Weise möglich, das Vorverständnis eines heidnischen Lesers der apologetischen Schriften zu ermitteln, so ist damit noch nicht über die theologische Legitimität dieses Arguments im Rahmen einer christlichen Theologie entschieden. Diese Frage stellt sich nicht - oder doch jedenfalls nicht in dieser Schärfe - für die jüdischen Apologeten, da sich eine Spannung zwischen der von diesen vertretenen Tradition und dem Altersbeweis für diese nicht ergibt. Im Falle der christlichen Apologeten läßt sich diese Spannung gar nicht übersehen: Denn die Apologeten, die dieses Argument benutzen, füllen dagegen ja neuen Wein in alte Schläuche, und sie müssen zudem behaupten, daß der Wein in Wirklichkeit keineswegs neu, sondern vielmehr uralt sei. So führt die Untersuchung des Altersbeweises letztlich zu dem Problem, das Adolf von Harnack mit der Formel „Hellenisirung des Christenthums“[36] bezeichnet hat.

7. *Zum Stand der Forschung*

Die von Overbeck geforderte allgemeine Literaturgeschichte[37] ist noch nicht geschrieben. Doch selbst von einer Geschichte der Apologetik sind wir noch weit entfernt. Johannes Geffcken schrieb zu Beginn unseres Jahrhunderts: „Eine Geschichte der Apologetik [zu schreiben] war völlig ausgeschlossen. Denn dazu fehlte alles. Nur sehr wenig kritische Ausgaben der Apologeten liegen vor, und mit Ausnahme der v. Ottoschen Kommentare, die fast ganz unbrauchbar sind, besitzen wir zu keinem Schriftsteller dieser Literatur eine fortlaufende Erklärung, die unseren heutigen kritischen Ansprüchen genügte“[38]. Daran hat sich - jedenfalls was die von Geffcken angesprochenen christlichen Autoren angeht - im wesentlichen bis heute nichts geändert. Allein die Tatsache, daß das Goodspeedsche Werk jüngst nachgedruckt werden mußte, spricht hier Bände.[39] Monographien gibt es inzwischen zu fast allen Apologeten, aber es gibt keinen einzigen Kommentar.

Etwas besser sieht es bei den jüdischen Autoren aus; hier stehen zum Teil hervorragende Hilfsmittel zur Verfügung.[40] Zu Josephus' *Contra Apionem*

---

[36] Adolf von Harnack: Lehrbuch der Dogmengeschichte I, Tübingen [4]1909 (Nachdr. Darmstadt 1980), S. 496ff.

[37] Vgl. o. S. 1.

[38] Johannes Geffcken: Zwei griechische Apologeten, Leipzig und Berlin 1907, S. V.

[39] Edgar J. Goodspeed [Hg.]: Die ältesten Apologeten. Texte mit kurzen Einleitungen, Göttingen 1914, Nachdr. ebenda 1984. Geffcken hatte diese Ausgabe schon bei ihrem ersten Erscheinen als kritische Ausgabe nicht anerkannt, wie seine Rezension zeigt (ThLZ 40 (1915), Sp. 368-372).

[40] Karl Heinrich Rengstorf [Hg.]: A Complete Concordance to Flavius Josephus I-IV, Leiden 1973-1983. Günter Mayer: Index Philoneus, Berlin/New York 1974 u.a.

etwa gibt es zwei vollständige und einen unvollendeten Kommentar usw.

Was jedoch speziell den Altersbeweis angeht, so fehlen einschlägige Monographien völlig. Die vorhandene Literatur geht über Aufsätze zu einzelnen Autoren oder Aspekten nicht hinaus. In den Kommentaren zu griechischen, lateinischen, jüdischen und christlichen Autoren - soweit solche überhaupt vorhanden sind - wird der Altersbeweis in den meisten Fällen nur ganz unzureichend diskutiert. Ich sah mich daher mit der wohl recht ungewöhnlichen Situation konfrontiert, wirklich einschlägige Vorarbeiten nur in einem außerordentlich begrenzten Umfang verwenden zu können.[41]

Mit der vorliegenden Arbeit möchte ich zu einer „Geschichte der Apologetik" eine Vorarbeit leisten. Die „Geschichte der Apologetik", die hier anvisiert wird, umfaßt freilich neben den christlichen auch die jüdischen Apologeten und führt damit über den Geffckenschen Plan schon vom Ansatz her hinaus. Zudem ist in dieser Arbeit sowohl die griechische Vorgeschichte als auch die römische Parallelentwicklung behandelt (Ansätze dazu finden sich bereits bei Geffcken). Dies alles wäre, wie mir scheint, bei einer künftigen „Geschichte der Apologetik" ebenfalls zu berücksichtigen.

In einer Untersuchung, deren Themenstellung mit der vorliegenden Arbeit kaum etwas zu tun zu haben scheint, findet sich eine Bemerkung, die meinen Ansatz in vollem Umfang rechtfertigt.[42] Es heißt da:

> „Wir finden von der κλοπαὶ-Literatur des Altertums nur mehr versprengte[43] Trümmer bei Eusebios, Klemens von Alexandrien, Macrobius. Und gemeiniglich glaubt man mit ihr, insofern sie sich mit griechischen Autoren befaßt, schnell fertig zu sein, wenn man sie auf die tendenziöse

---

[41] Erst nach Abschluß meiner Dissertation (November 1988) erschien die oben (Anm. 29) zitierte Untersuchung von Arthur J. Droge. In seinem Werk werden weithin dieselben jüdischen und christlichen Autoren behandelt wie in der vorliegenden Arbeit (allerdings nicht unter derselben Fragestellung). Bezüglich des Altersbeweises sagt Droge S. 11: „This line of reasoning was a characteristic feature of the historiography of native cultures in the Hellenistic and Roman periods, and it functioned as an effective strategy in arguing for the superiority of a particular nation or people. The writings of the apologists [gemeint sind die christlichen Apologeten] fit comfortably into this literary tradition and compete admirably with the apologetic histories written on behalf of the Egyptians, Babylonians, Phoenicians, and Jews." Nicht gesehen hat Droge offenbar die römische Parallele - siehe unten Kapitel II -, denn die römischen Autoren kommen bei ihm nur gelegentlich am Rande vor; auch die von mir in Kapitel I behandelten griechischen Autoren werden bei Droge nicht untersucht.

[42] Eduard Stemplinger: Das Plagiat in der griechischen Literatur, Leipzig und Berlin 1912.

[43] Stemplinger hat versehentlich „ver-versprengte".

Fälschung und apologetische Absicht jüdischer Gelehrter[44] wie Aristobulos oder christlicher Kirchenväter zurückführt, die entweder die vielgerühmte Weisheit hellenischer Meister aus den heiligen Schriften der Hebräer herleiteten oder dadurch in Verruf zu bringen suchten, daß sie die wechselseitige Dieberei der bedeutendsten Schriftsteller feststellten. *Nichts falscher aber als die κλοπαὶ-Literatur bei den jüdischen oder christlichen Apologeten beginnen zu lassen:* sie fassen nur die Plagiatforschungen früherer Tage in einem neuen Becken zusammen. Es ist daher unerläßlich [,] zuvörderst den Rinnsalen nachzugehen, die schließlich in das Bett dieser Plagiatschriftstellerei münden."[45]

Was Stemplinger in bezug auf die κλοπαί-Literatur feststellt, gilt *mutatis mutandis* auch für den Altersbeweis. Denn diese von Stemplinger genannte Literaturgattung ist ja nichts anderes als eine sehr spezielle und außerordentlich hoch entwickelte Form, die jedenfalls von den christlichen Autoren gerade auch dem Altersbeweis dienstbar gemacht worden ist. Sowohl in bezug auf die von Stemplinger untersuchte κλοπαί-Literatur als auch in bezug auf den Altersbeweis gilt es, den römischen und besonders den griechischen Ursprüngen nachzugehen. Dies kann im Falle des Altersbeweises freilich nicht in der Vollständigkeit geschehen, die Stemplinger in seiner bahnbrechenden Untersuchung erreicht hat. Andernfalls müßte man eine mehrbändige Untersuchung schreiben. Hier kann nur eine Auswahl geboten werden. Für diese Auswahl waren die folgenden Kriterien von Bedeutung:

1. Es gilt, möglichst frühen Vertretern auf die Spur zu kommen, die in der Regel für die Folgezeit bestimmend sind. So habe ich beispielsweise Hekataios von Milet behandelt, weil dieser gerade Herodot maßgeblich beeinflußt hat.
2. Es gilt, die Autoren zu untersuchen, die auch aus anderen Gründen für die Folgezeit wichtig sind. Deswegen habe ich z.B. Herodot dem Diodor von Sizilien vorgezogen (obgleich dessen erstes Buch eine Fülle von Material geboten hätte), denn alle Nachfolger sind von Herodot abhängig.

Nicht nur im Blick auf die Sekundärliteratur, sondern schon in bezug auf die Quellen gilt der Satz B.A. van Groningens:

> „It would have been possible to continue reading and studying for more than a lifetime, in order to accumulate more arguments and more examples. But even then nobody would have succeeded in reading everything that might be serviceable."[46]

---

[44] Stemplinger hat versehentlich „Gelehrten".

[45] A.a.O., S. 6 (Hervorhebung von mir).

[46] B.A. van Groningen: In the Grip of the Past. Essay on an Aspect of Greek Thought, PhAnt 6, Leiden 1953, S. XI. - Es mag mir vieles entgangen sein, was man *auch* hätte behandeln können, insbesondere in den Kapiteln I und II. In Kapitel III hoffe ich, keinen Autor von Interesse übergangen zu haben. Für die christlichen Apologeten habe ich Vollständigkeit angestrebt. Daß Clemens von Alexandrien und seine Nachfolger in die Untersuchung nicht einzubeziehen wären, war von vornherein klar.

Erstes Kapitel

Die Voraussetzung des apologetischen Altersbeweises: Die griechische Literatur

Einleitung

iter est non trita auctoribus via nec qua peregrinari animus expetat[1]

Der Versuch, als Mensch unserer Zeit den Altersbeweis der Apologeten zu verstehen, stößt auf verschiedene Schwierigkeiten. Nicht die geringste dieser Schwierigkeiten ist die ganz andere Einstellung zum *Alten*, die unsere Zeit im Gegensatz zur Antike kennzeichnet. Im allgemeinen ist es heute so, daß das Prädikat „*Neu!*" als Empfehlung gilt, ganz gleich, ob es sich auf eine Idee, ein Buch, einen Film, ein Auto, eine Zahnpasta oder ein Waschmittel bezieht. Die einschlägigen Strategien der Werbeunternehmen sind zu bekannt, als daß sie hier angeführt werden müßten. Was heute zählt, ist der Fortschritt, und Fortschritt heißt ja: das Alte hinter sich lassen. Dem entspricht der Sachverhalt, daß auch die Literatur zu diesem Thema eher modernen Fragestellungen als antiken Texten entspringt. So fehlt es nicht an Untersuchungen zum Fortschrittsgedanken in der Antike - erst vor wenigen Jahren ist eine zweibändige Arbeit allein für den lateinischen Bereich erschienen[2] -, die grundlegend positive Haltung dem Alten gegenüber hat dagegen, soweit ich sehe, kaum je eine monographische Untersuchung erfahren.[3]

Das kann natürlich in diesem Rahmen nicht nachgeholt werden; uner-

---

1 C. Plinius Secundus: Naturalis Historia, Praefatio 14.

2 Antoinette Novara: Les idées romaines sur le progrès d'après les écrivains de la République (essai sur le sens latin du progrès), I Paris 1982, II Paris 1983, eine Untersuchung mit insgesamt 884 Seiten.

3 B.A. van Groningen: In the Grip of the Past. Essay on an Aspect of Greek Thought, PhAnt 6, Leiden 1953.

läßlich aber scheint es mir zu sein, wenigstens eine Skizze dieser grundlegenden Anschauung zu liefern, bevor ich mich den Texten im einzelnen zuwende. Gemäß der Abgrenzung dieses Kapitels versuche ich hier also, die Haltung der *Griechen* zum Thema Alt und Neu darzustellen.

Das im Titel meiner Arbeit zitierte πρεσβύτερον κρεῖττον beschreibt diese Einstellung[4] kurz und prägnant. Allerdings kann man diese Formulierung in dieser Form nicht aus einer griechischen Schrift belegen. Sie findet sich in dorischem Gewand in einem pythagoreischen Text, der von Timaios verfaßt sein will. Da heißt es:

> τὸ πρεσβύτερον κάρρον [dorisch für κρεῖττον] ἐστὶ τῶ νεωτέρω [dorisch für τοῦ νεωτέρου].[5]

In seinem Kommentar schreibt Matthias Baltes zu unserer Timaios-Stelle: „τὸ πρεσβύτερον ist das ontologisch Frühere, τὸ νεώτερον das ontologisch Spätere" und: „Das Ältere hat vor dem Jüngeren den Vorrang"[6]. So steht der Verfasser dieser Schrift in gut platonischer Tradition, da für einen Philosophen dieser Schule gilt: „Eine jede Aussage über den *lógos* muß dadurch legitimiert sein, daß sie der Tradition - διαδοχή - gemäß ist. Denn allein Tradition gibt die Gewähr, daß nichts sich ändert."[7]

Aber auch abgesehen von diesem philosophischen Zusammenhang, dem das πρεσβύτερον κρεῖττον entnommen ist, beschreibt es eine sehr weit verbreitete Anschauung, die insbesondere von jeher auch außerhalb von Philosophenschulen hoch im Kurs steht. Gerade im täglichen Leben wird von dieser Prämisse her argumentiert, nicht nur in philosophischen Traktaten. Dies soll im folgenden an einigen Beispielen gezeigt werden.

---

[4] Diese Einstellung findet sich natürlich nicht bei allen Griechen; überhaupt gilt die Maxime natürlich nur mit gewissen Einschränkungen, dazu s. u.

[5] Timaios von Lokri: Περὶ φύσιος κόσμω καὶ ψυχᾶς 94c (Thesleff, S. 206, Z.12f.; Tobin, S. 34).

[6] Matthias Baltes: Timaios Lokros: Über die Natur des Kosmos und der Seele, PhAnt 21, Leiden 1972, S. 50.
So denkt auch der Verfasser des 1 Tim, wenn er sagt: Ἀδὰμ γὰρ πρῶτος ἐπλάσθη, εἶτα Εὕα (2,13; vgl. dazu oben Anm. 28 der allgemeinen Einleitung). Diesem Gedanken gibt Clemens von Alexandrien eine originelle Wendung: τοῦτο οὖν τοῦ ἀνδρὸς τὸ σύνθημα, τὸ γένειον, δι' οὗ καταφαίνεται ὁ ἀνήρ, πρεσβύτερόν (!) ἐστι τῆς Εὕας καὶ σύμβολον τῆς κρείττονος (!) φύσεως (Paidagogos III 3).

[7] Heinrich Dörrie: Die geschichtlichen Wurzeln des Platonismus. Bausteine 1-35: Text, Übersetzung, Kommentar, Der Platonismus in der Antike. Grundlagen - System - Entwicklung, Band 1, Stuttgart-Bad Cannstatt 1987, S. 19.

Ich beginne mit einigen sprachlichen Beobachtungen. Das Wort ἀρχή bedeutet einerseits „*beginning, origin*", andrerseits „*first place* or *power, sovereignty*"[8]. „The *arche* is that which is preceded either absolutely or relatively by nothing else, but which, on the contrary, is followed by other things which are in fact connected with this beginning or are considered to be so."[9] Geht man dem Gebrauch dieses Wortes im einzelnen nach, so stellt man fest: „At the bottom of all these expressions lies this idea: things which happened or did not happen in a remote past, and especially at the beginning itself, are decisive for the whole and for ever."[10]

Wer sagt: πρεσβύτερον κρεῖττον, der muß das Neue für weniger gut halten. Es verwundert deshalb nicht, wenn beispielsweise das Adjektiv νέος in pejorativem Sinne verwendet wird. Dies ist der Fall im „Gefesselten Prometheus" des Aischylos, wo Prometheus den Zeus einen νέος ταγὸς μακάρων[11] nennt, was - wie der Zusammenhang der Stelle zeigt - im Sinne eines Vorwurfs gesagt wird. Noch deutlicher spricht es dann der Chor der Okeanostöchter aus:

νέοι γὰρ οἰακονόμοι κρατοῦσ' Ὀλύμπου·
νεοχμοῖς δὲ δὴ νόμοις Ζεὺς ἀθέτως κρατύνει[12].

Die Herrschaft des Zeus ist neu, und dieser herrscht ἀθέτως, auch hier also wird „neu" im negativen Sinne verwendet. Es ist nicht nötig, alle einschlägigen Passagen[13] aus dem „Gefesselten Prometheus" hier auszubreiten. Stattdessen sei Dodds' glänzende Charakterisierung angeführt: „Im *Gefesselten*

---

[8] LSJ, s.v. ἀρχή, S. 252.

[9] B.A. van Groningen, a.(Anm. 3)a.O., S. 15.

[10] B.A. van Groningen, a.a.O., S. 16. Im zweiten Kapitel (S. 13-23) bietet van Groningen eine Fülle von weiteren sprachlichen Beobachtungen, die die Sentenz des Aristoteles τιμιώτατον ... γὰρ τὸ πρεσβύτατον (Aristoteles: Metaphysik A 3, 983 b 32, vgl. a.a.O., S. 1) bestätigen.

[11] Aischylos: Prometheus vinctus 96.

[12] A. Pr. 149f. Von der Gefährlichkeit des Neuen ist in ähnlicher Weise in den Eumeniden die Rede:
νῦν καταστροφαὶ νέων
θεσμίων ... (A. Eu. 490f.).
Das Ergebnis der καταστροφαί formuliert dort der Chor:
ἰὼ θεοὶ νεώτεροι, παλαιοὺς νόμους
καθιππάσασθε ... (Eu. 778f.),
was dann in den gleichen Worten in Eu. 808f. wiederholt wird.

[13] Man könnte z. B. noch A. Pr. 186f.; 309f. nennen.

Prometheus ist er [sc. Zeus] ein roher, unerprobter Herrscher: mit einer Betonung, die absichtlich sein muß ..., wird nicht weniger als neunmal im Laufe des Dramas der beleidigende Begriff νέος auf ihn angewendet. *Unter den Griechen ist es eine Beleidigung, einen Herrscher «neu» zu nennen:* man deutet damit an, daß seine Herrschaft keine schickliche Bestätigung erfahren hat."[14]

Auch von νέος abgeleitete Wörter werden gern in negativem Sinne verwendet. Bemerkenswert ist ein Wort wie νεωτερίζω; in der Grundbedeutung „Neuerungen vornehmen" scheint es offen *in bonam* und *in malam partem*. Doch schon die anscheinend älteste Stelle verwendet es im Sinne von „meutern"[15]. Ähnlich verhält es sich bei Wörtern wie νεωτερισμός, νεωτεροποιέω, νεωτεροποιία usw. Generell kann man sagen: „Normalerweise haben die Ausdrücke für Neuern bei den Griechen wie in der gesamten Antike einen deutlich negativen Akzent."[16] Wer Neuerungen einführt, ist gefährlich. Das berühmteste Beispiel für diesen Sachverhalt ist Sokrates, gegen welchen die folgende Anklage erhoben wurde:

> ἀδικεῖ Σωκράτης οὓς μὲν ἡ πόλις νομίζει θεοὺς οὐ νομίζων, ἕτερα δὲ καινὰ δαιμόνια εἰσφέρων.[17]

Das καινὰ δαιμόνια εἰσφέρειν ist also nicht nur nicht in das Belieben des einzelnen gestellt, sondern es handelt sich um eine ἀδικία, die - vor Gericht gebracht - dem Neuerer den Kopf kosten kann, wie nicht nur das Beispiel des Sokrates zeigt.

Für den modernen Leser ist es immer wieder erstaunlich zu sehen, bei wie unscheinbaren Veränderungen Menschen der Antike schon gleich eine Revolution befürchten. Als Beispiel sei eine Passage aus Platons Politeia zitiert:

> τούτου ἀνθεκτέον τοῖς ἐπιμεληταῖς τῆς πόλεως, ὅπως ἂν αὐτοὺς μὴ λάθῃ

---

[14] Eric Robertson Dodds: Der Gefesselte Prometheus, in: ders.: Der Fortschrittsgedanke in der Antike und andere Aufsätze zu Literatur und Glauben der Griechen, Zürich/München 1977, 36-57, Zitat S. 54 (Hervorhebung von mir).

[15] Kritias, Diels/Kranz 88 B 37, Z. 13.

[16] Christian Meier: Ein antikes Äquivalent des Fortschrittsgedankens: Das Könnens-Bewußtsein des 5. Jahrhunderts v. Chr, in: ders: Die Entstehung des Politischen bei den Griechen, Frankfurt/Main 1980, 435-499, Zitat S. 451.

[17] Xenophon: Memorabilia I 1,1; vgl. auch Xenophon: Apologia Socratis § 10 und Platon: Apologie 24 b 8 - c 1.

διαφθαρὲν ἀλλὰ παρὰ πάντα αὐτὸ φυλάττωσι, τὸ μὴ νεωτερίζειν περὶ γυμναστικήν τε καὶ μουσικὴν παρὰ τὴν τάξιν, ἀλλ' ὡς οἷόν τε μάλιστα φυλάττειν, φοβουμένους ὅταν τις λέγῃ ὡς τὴν

ἀοιδὴν μᾶλλον ἐπιφρονέουσ' ἄνθρωποι,
ἥτις ἀειδόντεσσι νεωτάτη ἀμφιπέληται,

μὴ πολλάκις τὸν ποιητήν τις οἴηται λέγειν οὐκ ᾄσματα νέα ἀλλὰ τρόπον ᾠδῆς νέον, καὶ τοῦτο ἐπαινῇ. δεῖ δ' οὔτ' ἐπαινεῖν τὸ τοιοῦτον οὔτε ὑπολαμβάνειν. εἶδος γὰρ καινὸν μουσικῆς μεταβάλλειν εὐλαβητέον ὡς ἐν ὅλῳ κινδυνεύοντα· οὐδαμοῦ γὰρ κινοῦνται μουσικῆς τρόποι ἄνευ πολιτικῶν νόμων τῶν μεγίστων, ὥς φησί τε Δάμων καὶ ἐγὼ πείθομαι.[18]

Nicht erst beim Einführen neuer Götter beginnt die Revolution; vielmehr wird es schon gefährlich, wenn einer Neuerungen bezüglich der Gymnastik und der Musik vornimmt. Aufgabe der Vorsteher der Stadt ist es deshalb, gerade darauf zu achten, daß nicht einer hier Veränderungen παρὰ τὴν τάξιν vornimmt. Wer dies tut, kann sich auch nicht auf Homer berufen, wie eigens betont wird. Stattdessen muß man mit Damon annehmen: „Nirgends gibt es Erschütterung des Stiles der Musik ohne die der wichtigsten politischen Gesetze."[19]

Auch dies ist nicht eine speziell philosophische Theorie. Für wie gefährlich auch der Mann auf der Straße Neuerungen auf «pädagogischem Gebiet» hielt, kann man an einer Komödie des Aristophanes sehen, die in diesem Punkt bestimmt die Meinung der überwiegenden Zahl der Bürger Athens widerspiegelt. In den „Wolken" läßt Aristophanes den hoch verschuldeten Strepsiades auftreten, der versucht, mittels der neuen sophistischen Bildung seiner Gläubiger Herr zu werden. Da es ihm selbst nicht gelingt, als Schüler des Sokrates in dessen φροντιστήριον tief genug in die neue Weisheit einzudringen, schickt er seinen Sohn Pheidippides in diese Schule. Hier treten dann der δίκαιος λόγος und der ἄδικος λόγος auf, die beide die Gunst des Pheidippides erringen wollen.[20] Der δίκαιος vertritt die alte Bildung (λέξω τοίνυν τὴν ἀρχαίαν παιδείαν ὡς διέκειτο[21]), die das Geschlecht

---

[18] Platon: Politeia IV, 424 b 3 - c 6. Das Zitat stammt aus der Odyssee I 351f., wobei Platon aber den Text Homers verändert hat. Zu Damon ist zu vergleichen Diels/Kranz 37 B 10.

[19] Damon, a.a.O. B 10, Übersetzung Diels/Kranz ebd.

[20] Aristophanes: Nubes 889ff.

[21] Ar. Nu. 961.

der Marathonkämpfer hervorgebracht hat und mit der jetzigen Bildung nichts gemein hat[22]. Der ἄδικος dagegen ist der Vertreter des Neuen (γνώμας καινὰς ἐξευρίσκων[23]), der seinerseits den δίκαιος als ἀρχαῖος (im Sinne von „veraltet“) darstellt. Interessant ist nun, wie auf der einen Seite dem Neuen das Unrecht, die Unordnung, der Ehebruch usw., auf der anderen Seite dem Alten das Recht, die Ordnung, die Sittlichkeit zugeordnet werden. Dem Hörer bzw. später dem Leser der Komödie des Aristophanes stellt es sich so dar, als sei das Alte das Gute, das zum Glück führt, das Neue dagegen das Schlechte, das ins Unglück führt. Das Ergebnis der neuen Erziehung wird auf das drastischste demonstriert: Pheidippides verprügelt seinen Vater Strepsiades und behauptet noch dazu, daß er im „Recht“ sei. So kann der Leser nur mit dem Chor diejenigen als εὐδαίμονες preisen, die noch in den Genuß der alten Erziehung des δίκαιος λόγος gekommen sind[24], gemäß der Maxime πρεσβύτερον κρεῖττον.

Nun kennt auch die Antike so etwas wie Fortschritt, wie schon Xenophanes zeigt:

οὔτοι ἀπ' ἀρχῆς πάντα θεοὶ θνητοῖσ' ὑπέδειξαν,
ἀλλὰ χρόνῳ ζητοῦντες ἐφευρίσκουσιν ἄμεινον.[25]

Dieses Fragment zeigt nach Ludwig Edelstein, daß Xenophanes „envisaged an improvement of human life through the agency of men alone“[26], eine Veränderung vom Schlechteren hin zum Besseren (ἄμεινον), die natürlich einen Gedanken wie das zitierte πρεσβύτερον κρεῖττον von vornherein ausschließt. Das erhellt auch aus anderen Aussprüchen des Xenophanes. So spricht er geringschätzig über πλάσματα τῶν προτέρων[27]; er kann sich

---

[22] Ar. Nu. 984ff.; 1002ff.

[23] Ar. Nu. 896.

[24] Ar. Nu. 1029f.

[25] Xenophanes, Diels/Kranz 21 B 18. Dies ist der älteste Beleg für einen antiken Fortschrittsgedanken, vgl. Ludwig Edelstein: The Idea of Progress in Classical Antiquity, Baltimore 1967, S. 3ff.: „the first statement expressing, though not in modern terms, the principle underlying the belief in progress“ (S. 3). Zum Sinn des Xenophanes-Fragments im einzelnen vgl. den Kommentar in der Ausgabe von Ernst Heitsch (Xenophanes: Die Fragmente (gr.-dt., Tusc), München/Zürich 1983, S. 135-141).

[26] Ludwig Edelstein, ebd.

[27] Xenophanes, Diels/Kranz 21 B 1, Z. 22.

überaus kritisch mit Homer und Hesiod auseinandersetzen[28]; er spottet über die herkömmlichen Vorstellungen bezüglich der Götter[29] usw. Deshalb kann Edelstein sagen: „His was an unquestioned belief in progress", doch muß er gleich hinzufügen: „Later generations were to be more cautious and circumspect in their trust in progress ..."[30]. Aber nicht nur das; die Erwägung „even though Xenophanes' teaching was typically Greek and summed up the actuality of Greek life, it can scarcely have been popular with his compatriots"[31] dürfte nicht nur auf die Zeitgenossen des Xenophanes zutreffen.[32]

Ich kann im Rahmen dieser Skizze nicht in eine gründliche Auseinandersetzung mit dem Buch Edelsteins eintreten. Dies wäre nur dann sinnvoll, wenn man die Haltung der Griechen zum Alten bzw. zum Neuen in monographischem Rahmen behandelte. Der Fehler des Edelsteinschen Ansatzes scheint mir darin zu liegen, daß er die grundsätzlich positive Haltung dem Alten gegenüber zu wenig berücksichtigt, trotz seiner Ankündigung in der Introduction: „I consider it my special duty to elaborate the rôle of concepts connected with the idea of progress *and of those opposed to it*"[33]. Symptomatisch ist schon, daß er das Buch van Groningens - die einzige einschlägige Monographie - gänzlich zu ignorieren scheint, obwohl van Groningen doch das „concept" behandelt, das der „idea of progress" absolut „opposed" ist! Im Gegensatz zu Edelstein bin ich mit Dodds der Ansicht:

„1. Es stimmt nicht, daß der Fortschrittsgedanke der Antike völlig fremd war; aber unsere Belege deuten darauf, daß er nur während einer beschränkten Periode im 5. Jahrhundert verbreitete Annahme bei der gebildeten Öffentlichkeit fand.

2. Nach dem 5. Jahrhundert war der Einfluß aller philosophischen Haupt-

[28] A.a.O. B 11.

[29] A.a.O. B 15 und 16.

[30] Edelstein, a.a.O., S. 16. Bezeichnend für die Entstehungszeit des Edelsteinschen Werkes ist der darauf folgende Satz: „But it remains the merit of Xenophanes that he kindled the torch which, handed down from generation to generation, was never to be extinguished." (ebd.)

[31] Edelstein, a.a.O., S. 17.

[32] Auch im 5. Jahrhundert - und gerade in diesem - gab es Nachfolger des Xenophanes, die wie dieser an den Fortschritt glaubten. Man denke nur an den Hippias Platons (Pl. Hippias maior 281 d 3ff.).
Merkwürdig aber ist der Sachverhalt, daß man sich selbst für den krönenden Gipfel des Fortschritts halten kann, was, neben modernen, offenbar auch antike Philosophen taten: *itaque Aristoteles veteres philosophos accusans qui existimavissent philosophiam suis ingeniis esse perfectam, ait eos aut stultissimos aut gloriosissimos fuisse, sed se videre quod paucis annis magna accessio facta esset, brevi tempore philosophiam plane absolutam fore.* (Aristoteles F 53 Rose = Cicero: Tusculanae disputationes III 69.)

[33] Edelstein, a.a.O., S. xxviii (Hervorhebung von mir).

schulen dem Gedanken in verschiedenem Grade feindlich oder setzte ihm Schranken.
3. Zu allen Zeiten beziehen sich die ausdrücklichsten Darstellungen dieses Gedankens auf den Fortschritt in der Naturwissenschaft und stammen von tätigen Naturforschern oder von Autoren, die sich mit naturwissenschaftlichen Gegenständen auseinandersetzen.
4. Die Spannung zwischen dem Glauben an naturwissenschaftlichen oder technischen Fortschritt und dem Glauben an moralischen Rückschritt ist bei vielen Autoren vorhanden ...
5. Es gibt einen deutlichen Zusammenhang zwischen der Erwartung von Fortschritt und der tatsächlichen Erfahrung von Fortschritt. Wo die Kultur auf weiter Front vorschreitet, wie es im 5. Jahrhundert der Fall war, ist der Glaube an Fortschritt weit verbreitet; wo Fortschritt vor allem in spezialisierten Wissenschaften zu erkennen ist, ist der Glaube an ihn größtenteils auf wissenschaftliche Spezialisten beschränkt; wo der Fortschritt praktisch zum Stillstand gekommen ist, wie in den letzten Jahrhunderten des Römischen Reiches, verschwindet auch die Erwartung weiteren Fortschritts."[34]

Christian Meier spricht in seiner Untersuchung von «temporale[r] Argumentation». Das meint entweder:

(a) „Neues einführen, weil es neu ist", oder:

(b) „Altes bewahren, weil es alt ist"[35].

Meier stellt zutreffend fest: „Solche Argumentation hat nur Sinn, wenn sie auch weite Resonanz findet, wenn sie entschieden mehr Zustimmung als Ablehnung erzeugt."[36] Zwar können in „einer Gesellschaft Gruppen sein, die für das Alte, und Gruppen, die für das Neue sind ...: in der Allgemeinheit dagegen kann nur entweder das Alte oder das Neue als gut gelten - oder die temporale Argumentation bringt nichts."[37] Unter dem Vorbehalt Dodds', daß es sich hier um ein Gebiet handelt, „bei dem Verallgemeinerung noch gefährlicher ist als gewöhnlich"[38], geht meine These nun dahin, daß in der Antike im allgemeinen und insbesondere dann auch in hellenistischer und römischer Zeit lediglich die Argumentation (b) erfolgversprechend ist, weil nur sie dem πρεσβύτερον κρεῖττον entspricht. Dies bestätigt sich auch, wenn

[34] Eric Robertson Dodds: Der Fortschrittsgedanke in der Antike, in: ders.: Der Fortschrittsgedanke in der Antike und andere Aufsätze zu Literatur und Glauben der Griechen, Zürich/München 1977, 7-35, Zitat S. 34f.

[35] Christian Meier, a.(Anm. 16)a.O., S. 449.

[36] Ebd.

[37] Ebd.

[38] Dodds, a.a.O., S. 34.

man - wie etwa Meier für das 5. Jahrhundert - das gesamte Material untersucht. Für diesen Zeitraum kommt Meier zu dem Schluß: „Jedenfalls ist es ... nicht wahrscheinlich, daß die attische Bürgerschaft je dem temporalen Argument des Neuen erlegen ist. Nichts spricht dafür, daß die Neuerungsskepsis, die etwa im negativen Gebrauch von νεωτερίζειν ... zum Ausdruck kommt, je wirkungsvoll überwunden wurde.“[39] Wenn dies schon für das relativ «fortschrittsfreundliche» 5. Jahrhundert gilt, so gilt es natürlich erst recht für die weit weniger «fortschrittsfreundlichen» folgenden Jahrhunderte.

Die Ausnahmen, die mir bei der Sammlung meines Materials begegneten, bestätigen in der Regel diese Behauptung lediglich. Als Beispiel sei hier nur Thukydides genannt. Wenn er die korinthischen Gesandten die konservativen Spartaner ermahnen läßt, daß „in der Politik, wie in jeder *technē*, die neuesten Erfindungen immer von Vorteil sind“ (Thukydides I 71,3, Übersetzung von Dodds, a.a.O., S. 19), so zeigt schon die Tatsache, daß sie darauf eigens aufmerksam machen müssen, daß es sich eben gerade nicht um eine Selbstverständlichkeit handelt. Beinahe fühlt man sich an Apostelgeschichte 17,21 erinnert, wenn Thukydides den Kleon zu den Athenern sagen läßt:

> καὶ μετὰ καινότητος μὲν λόγου ἀπατᾶσθαι ἄριστοι, μετὰ δεδοκιμασμένου δὲ μὴ ξυνέπεσθαι ἐθέλειν, δοῦλοι ὄντες τῶν αἰεὶ ἀτόπων, ὑπερόπται δὲ τῶν εἰωθότων ... (Th. III 38,5).

Der Ton des Vorwurfs, in dem Kleon dies den Athenern vorhält, zeigt, daß es so nicht sein sollte, daß die Athener eben nicht ὑπερόπται τῶν εἰωθότων sein sollten usw. Vgl. im übrigen Meier, a.a.O., S. 482f.

[39] Meier, a.a.O., S. 482.

§ 1 *Hekataios von Milet*

Hekataios von Milet ist nicht der πρῶτος εὑρετής des Altersbeweises; soweit der fragmentarische Erhaltungszustand seiner Werke[1] ein Urteil erlaubt, führt er einen solchen auch an keiner Stelle. Nichtsdestoweniger steht er zu Recht an der Spitze einer Untersuchung des Altersbeweises. Denn bei Hekataios haben wir zum ersten Mal die beiden Voraussetzungen für einen Altersbeweis, wie ihn die jüdischen und christlichen Apologeten führen, beisammen: Die Hochschätzung einer alten Tradition einerseits und die Lokalisierung dieser Tradition in Ägypten andrerseits. Die Hochschätzung alter Tradition bildet die notwendige Voraussetzung eines jeden Altersbeweises. Die Verbindung dieser Tradition mit Ägypten ermöglicht es den jüdischen und christlichen Apologeten, über den Umweg des Mose ihren Altersbeweis konkret zu führen.

So ist Hekataios nicht bloß in chronologischem Sinne der Vorgänger des Herodot, sondern auch sachlich ist er als Vorgänger von Bedeutung. Im folgenden Paragraphen wird deutlich werden, wie Herodot - auf den Spuren des Hekataios wandelnd - diesen fortsetzt und erweitert, was die Bewunderung des Alters der ägyptischen Kultur angeht. So sind Hekataios und Herodot diejenigen, auf die der apologetische Altersbeweis letztlich zurückzuführen ist, denn Hekataios und Herodot liefern die Voraussetzungen, auf denen ein jeder Altersbeweis aufbaut.

In Hekataios lernen wir einen Menschen kennen, der von sich überzeugt ist:

Ἑκαταῖος Μιλήσιος ὧδε μυθεῖται· τάδε γράφω, ὥς μοι δοκεῖ ἀληθέα εἶναι·

---

[1] Ich zitiere Hekataios nach Jacoby (FGrHist 1). Von ihm stammt auch die grundlegende Darstellung des Hekataios (Felix Jacoby: Art. Hekataios von Milet, PRE VII 2 (1912), Sp. 2667-2750). Seine Feststellung: „Die dringend notwendige Monographie fehlt" (a.a.O., Sp. 2668, Z. 9-10) gilt meines Wissens noch immer. Eine ausführliche Diskussion des Hekataios findet sich bei Kurt von Fritz: Die Griechische Geschichtsschreibung. Band I Von den Anfängen bis Thukydides, [Teilband 1] Text, Berlin 1967, S. 48-76 und [Teilband 2] Anmerkungen, Berlin 1967, S. 32-53. Auf das für mich zentrale Fragment 300 geht Kurt von Fritz allerdings nicht ein. Merkwürdigerweise widmet Christian Froidefond: Le mirage égyptien dans la littérature grecque d'Homère à Aristote, Thèse Paris 1971, dem Hekataios kein eigenes Kapitel, obgleich er immer wieder auf ihn zu sprechen kommt (vgl. das Register, S. 392, s.v. Hécatée de Milet).

οἱ γὰρ Ἑλλήνων λόγοι πολλοί τε καὶ γελοῖοι, ὡς ἐμοὶ φαίνονται, εἰσίν.[2] Jacoby weist im Kommentar zur Stelle darauf hin, daß „die selbstvorstellung des autors im prooimion ... stilgesetz der historie"[3] blieb. Man kann diesem ersten Beispiel eine lange Reihe von Autoren anfügen, die ihre jeweiligen Vorgänger ähnlich abschätzig beurteilen wie Hekataios.[4] Doch darauf kommt es hier nicht an. Entscheidend ist vielmehr das Selbstbewußtsein des Hekataios, das aus dem ὡς μοι δοκεῖ ἀληθέα εἶναι spricht. Dies gilt es im Auge zu behalten, wenn wir nun zu F 300 kommen. Dieses Fragment ist durch Herodot überliefert.[5]

Die Analyse dieses Fragments fällt nicht leicht, weil Herodot, der Gewährsmann, hier sein eigenes Erlebnis mit dem des Hekataios verquickt, und demzufolge der Umfang des Hekatios-Textes schwer abgrenzbar ist.[6] Ich setze zunächst den Wortlaut des Herodot hierher:

Πρότερον δὲ Ἑκαταίῳ τῷ λογοποιῷ ἐν Θήβησι γενεηλογήσαντι ἑωυτὸν καὶ ἀναδήσαντι τὴν πατριὴν ἐς ἑκκαιδέκατον θεὸν ἐποίησαν οἱ ἱρέες τοῦ Διὸς οἷόν τι καὶ ἐμοὶ οὐ γενεηλογήσαντι ἐμεωυτόν· ἐσαγαγόντες ἐς τὸ μέγαρον ἔσω ἐὸν μέγα ἐξηρίθμεον δεικνύντες κολοσσοὺς ξυλίνους τοσούτους ὅσους περ εἶπεν· ἀρχιερεὺς γὰρ ἕκαστος αὐτόθι ἱστᾷ ἐπὶ τῆς ἑωυτοῦ ζόης εἰκόνα ἑωυτοῦ· ἀριθμέοντες ὦν καὶ δεικνύντες οἱ ἱρέες ἐμοὶ ἀπεδείκνυσαν παῖδα πατρὸς ἑωυτῶν ἕκαστον ἐόντα, ἐκ τοῦ ἄγχιστα ἀποθανόντος τῆς εἰκόνος διεξιόντες διὰ πασέων, ἐς οὗ ἀπέδεξαν ἁπάσας αὐτάς. Ἑκαταίῳ δὲ γενεηλογήσαντι ἑωυτὸν καὶ ἀναδήσαντι ἐς ἑκκαιδέκατον θεὸν ἀντεγενεηλό-

---

2 FGrHist 1 F 1a.

3 A.a.O., S. 319.

4 Bezeichnenderweise fällt schon Hekataios selbst einem solchen Urteil zum Opfer: πολυμαθίη νόον ἔχειν οὐ διδάσκει· Ἡσίοδον γὰρ ἂν ἐδίδαξε καὶ Πυθαγόρην αὖτίς τε Ξενοφάνεά τε καὶ Ἑκαταῖον, sagt Heraklit (Diels/Kranz 22 B 40).

5 FGrHist 1 F 300 = Herodot II 143-145.

6 Sehr treffend hat man diesen Abschnitt „a complex amalgam of polemic against and use of Hecataeus" genannt (Alan B. Lloyd: Herodotus: Book II. [I] Introduction, EPRO 43, Leiden 1975, S. 128). Lloyds eigene Analyse des „amalgam", die kürzlich erschienen ist (Herodotus: Book II. [III] Commentary 99-182, EPRO 43, Leiden 1988), verdient den Namen *„Analyse"* nicht. Die Passage, so Lloyd (a.a.O., S. 108), verrät „a considerable ... confusion", die er zu lösen versucht, indem er dieser den wirklichen Hergang („the course of events") gegenüberstellt (ebd.). Da er den wirklichen Hergang aber auch nur aufgrund *dieses* Textes rekonstruieren kann, bedürfte es zunächst einer Analyse.- Auch Kurt von Fritz, der diesen Text wenigstens in seinem Kapitel über Herodot behandelt (a. (Anm. 1)a.O., S. 182-184), unternimmt keinen Versuch einer Analyse.

γησαν ἐπὶ τῇ ἀριθμήσι, οὐ δεκόμενοι παρ' αὐτοῦ ἀπὸ θεοῦ γενέσθαι ἄνθρωπον. ἀντεγενεηλόγησαν δὲ ὧδε, φάμενοι ἕκαστον τῶν κολοσσῶν πίρωμιν ἐκ πιρώμιος γεγονέναι, ἐς ὃ τοὺς πέντε καὶ τεσσεράκοντα καὶ τριηκοσίους ἀπέδεξαν κολοσσούς, καὶ οὔτε ἐς θεὸν οὔτε ἐς ἥρωα ἀνέδησαν αὐτούς.[7]

Die Analyse hat einzusetzen bei der Beobachtung, daß die entscheidende Aussage zweimal in fast der gleichen Form gebracht wird. Am Anfang heißt es: Πρότερον δὲ Ἑκαταίῳ τῷ λογοποιῷ ἐν Θήβῃσι γενεηλογήσαντι ἑωυτὸν καὶ ἀναδήσαντι τὴν πατριὴν ἐς ἑκκαιδέκατον θεόν, sodann, nach der Beschreibung der Tempelführung, setzt Herodot wieder ein mit: Ἑκαταίῳ δὲ γενεηλογήσαντι ἑωυτὸν καὶ ἀναδήσαντι ἐς ἑκκαιδέκατον θεόν. Hier wird eine Naht deutlich. Nun wird man davon ausgehen dürfen, daß Hekataios sich innerhalb seines Werkes schwerlich als ὁ λογοποιός bezeichnet hat; hier liegt also Redaktion des Herodot vor. Hingegen wird das τὴν πατριήν beim zweiten Mal der Kürze halber weggelassen worden sein. Die Fassung des Hekataios kann also folgendermaßen rekonstruiert werden:

Ἐν Θήβῃσι γενεηλογήσαντί [μοι] ἐμωυτὸν καὶ ἀναδήσαντι τὴν πατριὴν [μου] ἐς ἑκκαιδέκατον θεόν.

Schwieriger ist die Frage nach der Fortsetzung. Denn hier ergeben sich nun zwei Möglichkeiten: «Tempelführung» oder «Gegengenealogie» (oder gar beides, aber dann: in welcher Reihenfolge?).

1. «Tempelführung»:

   ἐσαγαγόντες ἐς τὸ μέγαρον ἔσω ἐὸν μέγα ἐξηρίθμεον δείκνυντες [οἱ ἱρέες] κολοσσοὺς ξυλίνους κτλ.

2. «Gegengenealogie»:

   ἀντεγενεηλόγησαν ἐπὶ τῇ ἀριθμήσι, οὐ δεκόμενοι παρ' ἐμοῦ ἀπὸ θεοῦ γενέσθαι ἄνθρωπον. ἀντεγενεηλόγησαν δὲ ὧδε κτλ.

3. Kombination aus 1 und 2:

In diesem Fall müßte man 2 zugrundelegen und nach dem ὧδε die Information aus 1 nachtragen. Das würde dann den folgenden Hekataiostext ergeben:

ἀντεγενεηλόγησαν οἱ ἱρέες τοῦ Διὸς ἐπὶ τῇ ἀριθμήσι, οὐ δέκομενοι παρ' ἐμοῦ ἀπὸ θεοῦ γενέσθαι ἄνθρωπον. ἀντεγενεηλόγησαν δὲ ὧδε, ἐσ-

[7] FGrHist 1 F 300 = Herodot II 143.

αγαγόντες ἐς τὸ μέγαρον ἔσω ἐὸν μέγα ἐξηρίθμεον δεικνύντες κολοσσοὺς ξυλίνους φάμενοι ἕκαστον τῶν κολοσσῶν πίρωμιν ἐκ πιρώμιος γεγονέναι, ἐς ὃ πέντε καὶ τεσσεράκοντα καὶ τριηκοσιόυς ἀπέδεξαν κολοσσούς, καὶ οὔτε ἐς θεὸν οὔτε ἐς ἥρωα ἀνέδησαν αὐτούς.

Diese Rekonstruktion 3 scheint die plausibelste, da 1 ohne 2 nicht zur bei Herodot berichteten Pointe gelangte, 2 ohne 1 dagegen schwer verständlich wäre. Die Kombination 3 dürfte daher dem von Hekataios Erzählten am nächsten kommen. Ist diese Rekonstruktion des Hekataios zutreffend, so läßt sich die Erzählung des Hekataios folgendermaßen zusammenfassen:

a) Ausgangspunkt ist das stolze Selbstbewußtsein des Hekataios (vgl. auch das oben angeführte F 1), in sechzehnter Generation von einem Gott abzustammen.

b) Dieser Genealogie steht die Tradition der Ägypter gegenüber, die trotz ihrer 345 Glieder weder auf einen Gott noch auf einen ἥρως führt.

c) Die ägyptische Gegengenealogie wird dem Hekataios (und damit natürlich auch seinem Leser) *ad oculos* demonstriert.

Leider läßt der Text bei Herodot nicht erkennen, welche Folgerungen Hekataios aus seiner Erzählung gezogen hat. Denn die zitierte ägyptische Chronologie stellt doch die gesamte griechische Genealogie radikal in Frage. Die Größenordnung 16:345, die sich aus den jeweiligen Berechnungen ergibt, ist für die griechische Geschichte geradezu niederschmetternd. Die 16 Generationen, auf die Hekataios stolz verweist, bilden einen „stammbaum“, der „bei einer generationsdauer von 40 jahren ... für den geschlechtsgründenden heros auf rund 1150 v. Chr., also in die zeit, in die auch die spätere chronographie die ionische wanderung setzt (1086/5 Marm. Par. ep. 27. 1044/3 Eratosthenes)“[8], führt. Die chronologische Perspektive des Hekataios reicht demnach bis ins 12. Jahrhundert. Ganz anders steht es mit der ägyptischen Chronologie mit ihren 345 Generationen. Rechnete man auch hier die Generation zu 40 Jahren, so käme man ins Jahr 14.310, wenn man eine Rechnung analog der Jacobys durchführt, also mehr als 13.000 Jahre weiter zurück als Hekataios.

Man kann sich den ungeheueren Eindruck vorstellen, den diese chronologische Perspektive auf Hekataios machte. Vielleicht kann man aus der Brei-

[8] Jacoby im Kommentar zu T 4 (a.a.O., S. 317).

te, in der Herodot hier das Erlebnis seines Vorgängers aufnimmt, auf die Bedeutung dieses Ereignisses im Tempel von Theben für Hekataios zurückschließen.

Eduard Meyer geht wohl nicht zu weit, wenn er sagt, daß hier „die ganze griechische Geschichtsanschauung zusammen[stürzte] ... So geht denn Hekatäos daran, die gesamte Überlieferung einer energischen Revision zu unterziehen“[9].

Die These Eduard Meyers impliziert, daß die Reihenfolge der Schriften des Hekataios folgendermaßen aussieht:
(1) Περίοδος Γῆς (hier im Abschnitt über Ägypten F 300)
(2) Γενεαλογίαι (enthaltend die energische Revision der Überlieferung).
Diese Reihenfolge hat Felix Jacoby in seinem grundlegenden Artikel in PRE begründet.[10] Aus mir nicht ersichtlichen Gründen hat er sie jedoch in seiner Ausgabe umgedreht.[11] Für die Reihenfolge (2) → (1) tritt Wilhelm Schmid ein: Das Erlebnis in Ägypten setze voraus, daß Hekataios „sich mit seinen Genealogieen schon beschäftigt“ habe; „vielleicht ließ er sich durch die deductio ad absurdum seitens der Ägypter auf andere Gegenstände bringen. Jedenfalls besteht große Wahrscheinlichkeit, daß Hekataios' erste schriftstellerische Arbeit an das alte Epos anschloß und der Sagengeschichte galt; sie war vielleicht zur Zeit seiner ägyptischen Reise schon fertig. Es ist weder glaublich, daß sich der lebhaft an der Not seines Vaterlandes beteiligte Mann während des ionischen Aufstandes oder nach dessen Zusammenbruch noch mit genealogischen Studien beschäftigt, noch daß er mit einem Werk, das zu seiner Zeit ganz außerordentlich mühsame und ausgedehnte Nachforschungen in Welt und Literatur erforderte wie die Periegese, zuerst hervorgetreten sein sollte.“[12] Schmid vertritt also die Reihenfolge: Γενεαλογίαι → Reisen → Περίοδος Γῆς. Diese Reihenfolge ist unwahrscheinlich, denn die „Not seines Vaterlandes“ erlaubte dem Hekataios doch erst recht keine „außerordentlich mühsame Nachforschungen in Welt und Literatur“, d.h. daß die Forschungsreisen an den Anfang (und mit Sicherheit noch in das 6. Jh.) zu rücken sind, ist klar. F 300 setzt voraus, daß Hekataios zumindest zu Beginn des geschilderten Erlebnisses noch von seinem Stammbaum überzeugt ist. F 300 gehört aber in den Περίοδος Γῆς. Wäre die Reihenfolge Schmids die richtige, so hätte Hekataios in dem späteren Werk noch einen Standpunkt vertreten, den er schon auf seinen Reisen aufgegeben hatte. Darüber hinaus sind es gerade die sachlichen Differenzen, die die

---

[9] Eduard Meyer: Geschichte des Altertums III, Darmstadt ⁴1965, S. 701.

[10] Felix Jacoby a.(Anm. 1)a.O., Sp. 2670f. Kurt von Fritz diskutiert die Reihenfolge der Werke des Hekataios nicht (a.(Anm. 1)a.O., S. 50f.), geht aber offenbar vom Ergebnis Jacobys aus, das er wohl für gesichert hält, so daß es für ihn keiner weiteren Argumentation bedarf.

[11] FGrHist 1 bietet zunächst Γενεαλογίαι (S. 7-16), danach Περίοδος Γῆς (S. 16-46).

[12] Wilhelm Schmid: Geschichte der griechischen Literatur I 1 (HAW VII 1,1), München 1929, S. 695.

Reihenfolge (1) → (2) als einzig mögliche erscheinen lassen.[13] Hekataios hat nämlich, wie im folgenden wahrscheinlich gemacht wird, in den Γενεαλογίαι Folgerungen aus dem in F 300 geschilderten Erlebnis gezogen.

Zwei Folgerungen, die Hekataios aufgrund dieses Erlebnisses in den Γενεαλογίαι gezogen hat, lassen sich noch erkennen:

1. Hekataios sucht den genealogischen Anschluß an die ägyptische Tradition. Die Einzelheiten dieses Unternehmens sind wegen des fragmentarischen Erhaltungszustandes der Γενεαλογίαι nicht mehr erkennbar. Entscheidend ist die Tatsache, daß er den Stammbaum der spartanischen Könige auf einen Ägypter zurückführt.[14]
2. Im Gegensatz zur sonstigen griechischen Tradition, die die Schrift durch die Vermittlung des Kadmos aus Phoinikien nach Griechenland gelangen läßt, ist Hekataios der Meinung, daß schon vorher Danaos die Schrift aus Ägypten nach Griechenland gebracht hat.[15] Daß es sich hierbei um eine „altmilesisch[e]" „Version" handelt, die Hekataios nur zu übernehmen brauchte, bedürfte der Begründung, die Schmid allerdings schuldig bleibt.[16]

Für die Vorgeschichte des Alterbeweises ergibt sich folgendes:

a) Hekataios stellt – für uns als erster – griechische und ägyptische Chronologie einander gegenüber.
b) Dadurch wird „die ganze griechische Mythengeschichte"[17] radikal in Frage gestellt, und Hekataios sieht sich gezwungen, „die gesamte Überlieferung

---

[13] Schmid behauptet: „Sachliche Differenzen zwischen Genealogieen u. Periegese ... sind kaum faßbar" (a.a.O., S. 695, Anm. 8).

[14] Das geht hervor aus Hdt. VI 53+55, wo Hekataios „sicher" der namentlich nicht genannte Vorgänger zu sein „scheint" (Jacoby im Kommentar zu FGrHist 1 F 1 Überschrift, S. 318; vgl. auch zu F 6-8, S. 320). Wegen seiner Grundsätze konnte Jacoby den Text allerdings nicht als Fragment des Hekataios aufnehmen, denn er beschränkt sich grundsätzlich „auf die namentlich überlieferten fragmente" (Vorrede im ersten Band, S. VIII). Sachlich wäre die Stelle bei F 19ff. einzuordnen.

[15] FGrHist 1 F 20, vgl. auch Jacobys Kommentar z. St. (S. 324).

[16] Schmid a.a.O., S. 695, Anm. 7. Zwar ist in F 20 in der Tat von οἱ Μιλησιακοὶ συγγραφεῖς (Z. 28) die Rede, aber die namentlich aufgezählten Autoren sind eben alle jünger als Hekataios.

[17] Alfred Wiedemann: Herodots zweites Buch mit sachlichen Erläuterungen, Leipzig 1890, S. 510. Die Meinung Wiedemanns, daß „Herodot [diesen Sachverhalt] nicht beachtet hat" (ebd.), teile ich weder für diesen noch für Hekataios.

einer energischen Revision zu unterziehen"[18].

c) Im Zuge dieses Unternehmens führt Hekataios einerseits den Stammbaum der spartanischen Könige auf einen Ägypter zurück, andrerseits leitet er die griechische Schrift von den Ägyptern her.

Von der obigen Interpretation des Hekataios unterscheidet sich grundsätzlich die von Heidel vertretene Rekonstruktion.[19] Er hält den Bericht des Hekataios in F 300 im wesentlichen für fiktiv. Seiner Auffassung zufolge war Hekataios nämlich „something of a rationalist", eine Persönlichkeit „comparable to Voltaire or Cervantes", der Anschauungen wie die, in der sechzehnten Generation von einem Gott abzustammen, nicht zugeschrieben werden dürfen.[20] Da Hekataios aber seine rationalistischen Überzeugungen „without offense to his fellow Greeks" verbreiten wollte, habe er folgenden Weg gewählt: „By representing them as coming from the Egyptian priests he could exonerate himself and give them authority; but by pretending that he had himself boasted of his own lineage and thereby expressed his belief in the Greek tradition, only to be taken aback by the conclusive refutation provided by the priests, he further enforced his point."[21]

Im Unterschied zu Jacoby möchte Heidel darüber hinaus das Fragment F 300 nicht in das geographische Werk (Περίοδος Γῆς), sondern in das historische (Γενεαλογίαι) einordnen.[22] Zu diesem Schluß ist Heidel schon deswegen gezwungen, weil er die gesamte ägyptische Geschichte, die Herodot in II 99-141 bringt, auf Hekataios zurückführen will. Für einen derartig ausgedehnten geschichtlichen Abschnitt ist natürlich in einem geographischen Buch schwerlich Platz: „Thus the incident of Hecataeus' meeting with the priests of Thebes, mentioned by Herodotus, being concerned with the number of human generations and the estimation of historical and geological time, would most naturally fall to the *Genealogies* or *History*, as would be the case also with the list of Egyptian kings which the priests read from a papyrus and, possibly, the synchronisms between Greek and Egyptian history. On the other hand, whatever concerns the description of Egypt and its monuments we should expect to have been assigned to the *Geography*."[23]

Ich halte es für entbehrlich, die Annahmen Heidels im einzelnen zu wi-

---

[18] Eduard Meyer, a.(Anm. 9)a.O., S. 701. - Spätere Generationen haben freilich mit genau dem gleichen Stolz wie Hekataios ihre Genealogien zurückverfolgt, womöglich gar εἰς Ἡρακλέα τὸν Ἀμφιτρύωνος (Platon: Theaitetos 175 a 6-7), doch für den Philosophen kann dergleichen nur als absurd gelten (Pl. Tht. 174 e 5 - 175 b 4); so blieb das Erlebnis des Hekataios doch nicht ganz ohne Wirkung.

[19] William Arthur Heidel: Hecataeus and the Egyptian Priests in Herodotus, Book II, Memoirs of the American Academy of Arts and Sciences XVIII 2, Boston 1935, 53-134.

[20] Heidel, a.a.O., S. 94. Immerhin räumt Heidel ein, daß Hekataios die Standbilder in Theben wirklich gesehen haben könnte (S. 132).

[21] Heidel, a.a.O., S. 94.

[22] Heidel, a.a.O., S. 130.

[23] Ebd.

derlegen, weil die Voraussetzung, auf der sein ganzes Gebäude ruht, die Annahme nämlich, Hekataios sei ein Rationalist, der seine Überzeugungen „without offense to his fellow Greeks" verbreiten wollte, eher an eine Figur wie den Agathodämon Wielands[24] erinnert als an Hekataios; in den überlieferten Texten findet sich jedenfalls nicht der geringste Anhaltspunkt für eine solche Anschauung.

[24] Christoph Martin Wieland: Agathodämon, in: ders.: Sämmtliche Werke, Band 32, Leipzig 1799 (Nachdr. Hamburg 1984). Zu der von Heidel dem Hekataios unterstellten Haltung vgl. etwa, was Wieland S. 180 über Agathodämon *alias* Apollonius von Tyana sagt: Er erkannte, „daß es wohlthätige Vorurtheile und schonenswürdige Irrthümer giebt, welche eben darum, weil sie dem morschen Bau der bürgerlichen Verfassungen, und, bey den meisten Menschen, der Humanität selbst zu Stützen dienen, weder eingerissen, noch unbehutsam untergraben werden dürfen, bis das neue Gebäude auf einen festern Grund aufgeführt ist."

§ 2 *Herodot*

Im *corpus Platonicum* findet sich der Satz: λάβωμεν δὲ ὡς ὅτιπερ ἂν Ἕλληνες βαρβάρων παραλάβωσι, κάλλιον τοῦτο εἰς τέλος ἀπεργάζονται[1]. Eine allgemeine Aussage - Griechen haben Dinge von den Barbaren übernommen - wird hier auf einen speziellen Fall (es geht um astronomisch-theologische Fragen) angewandt. Wenn der Verfasser der Epinomis[2] diesen allgemeinen Satz so beiläufig einführt, darf man annehmen, daß es sich dabei um eine *communis opinio* handelt. Zwar versucht er, den Sachverhalt der Übernahme seitens der Griechen *ad maiorem gloriam Graecorum* zu interpretieren, die Übernahme als solche aber zu bestreiten, kommt ihm gar nicht in den Sinn. Die Theorie, wonach Griechen in einigen Feldern von Barbaren abhängig sind, ist demnach zu Beginn des hellenistischen Zeitalters nicht strittig. Es erhebt sich daher die Frage: Wie konnte es dazu kommen? Geht man dieser Frage nach, so stößt man unweigerlich auf Herodot. Insbesondere dessen zweites Buch ist hier von überragender Bedeutung. Das Motto dieses Buches könnte - in Herodots eigenen Worten - lauten:

Ταῦτα μέν νυν καὶ ἄλλα πρὸς τούτοισι, τὰ ἐγὼ φράσω, Ἕλληνες ἀπ' Αἰγυπτίων νενομίκασι[3].

---

[1] (Ps.[?])Platon: Epinomis 987 d 9 - e 1. Davon möglicherweise abhängig ist die Formulierung Ciceros: *meum semper iudicium fuit omnia nostros aut invenisse per se sapientius quam Graecos aut accepta ab illis fecisse meliora* (Cicero: Tusculanae disputationes I 1), vgl. unten, Kapitel II, § 3 (S. 110).

[2] Die Epinomis wird nicht von allen Forschern für pseudoplatonisch gehalten, vgl. Ottomar Wichmann: Platon. Ideelle Gesamtdarstellung und Studienwerk, Darmstadt 1966, S. 665, Anm. 66.

[3] Herodot II 51,1. Die Auswahl gerade des zweiten Buches ist durch die Menge des Materials bedingt, das nirgendwo sonst im Werk des Herodot sich in solchem Umfang findet wie gerade hier. Dies aber ist von der Sache her begründet: „Es ist wohl kein Zufall, daß die Zahl der griechischen Entlehnungen im 2. Buche am größten ist. Alle Momente, die ihn [sc. Herodot] von der Abhängigkeit der Griechen vom Orient überzeugten, fand er hier [sc. in Ägypten] am stärksten ausgeprägt." (Adolf Kleingünther: ΠΡΩΤΟΣ ΕΥΡΕΤΗΣ. Untersuchungen zur Geschichte einer Fragestellung, Ph.S 26, 1, Leipzig 1933, S. 54.) Hinzu kommt, daß für jüdische wie für christliche Apologeten Ägypten als Bindeglied zwischen der jüdischen und der griechischen Tradition natürlich die entscheidende Rolle spielt.
Herodot zitiere ich nach Haiim B. Rosén [Hg.]: Herodoti historiae, vol. I libros I-IV continens (BiTeu), Leipzig 1987; für die in der Teubneriana noch nicht vorliegenden Bücher V-IX benutze ich Carolus Hude [Hg.]: Herodoti historiae I.II (SCBO), Oxford ^{3}1927 (Nachdr. 1954 und 1955).

Nicht nur dieses oder jenes haben die Griechen von den Ägyptern übernommen, sondern zahlreiche Kenntnisse und Gebräuche verdanken sie den Ägyptern. Dem im einzelnen nachzugehen ist Aufgabe dieses Paragraphen.

1. Die chronologische Perspektive

Herodot charakterisiert die Ägypter als Leute, die αἰεί τε λογιζόμενοι καὶ αἰεὶ ἀπογραφόμενοι τὰ ἔτεα[4]. Diese Eigenschaft der Ägypter hat schon vor Herodot Griechen in Verwunderung gesetzt, wie der im vorigen Paragraphen behandelte Hekataios von Milet zeigt. „The researches of Greek chronologists could go back no further than what we call the Sixteenth Century B.C. The traumatic effects of the new knowledge of the millennial past of Egypt can be gauged from the experiences of Hecataeus with the Egyptian priests and the extreme embarrassment of Herodotus in reconciling Greek and Egyptian traditions“[5]; denn die ägyptische Königsliste „begins at a point of remote antiquity which is without parallel anywhere in the *Histories*. This is of great importance in understanding Book II. Nowhere else was such a chronological perspective available to the Greeks“[6]. Stellt man daneben die zuversichtliche Aussage Herodots, Homer und Hesiod hätten allenfalls vierhundert Jahre vor ihm gelebt, also nur rund zwölf Menschenalter[7] vor ihm[8], so verwundert es nicht, wenn er feststellt, in bezug auf die Götter gelte für die Griechen οὐκ ἠπιστέατο μέχρι οὗ πρώην τε καὶ χθές, ὡς εἰπεῖν λόγῳ[9]. Dabei schließt Herodot die Möglichkeit, griechische Tradition über Homer und Hesiod hinaufzuführen, an dieser Stelle auf das bestimm-

---

[4] Hdt. II 145,3.

[5] Alan B. Lloyd: Herodotus: Book II. [I] Introduction, EPRO 43, Leiden 1975, S. 176.

[6] Lloyd, a.a.O., S. 175.

[7] Nach seiner eigenen Berechnung entsprechen 100 Jahre 3 Menschenaltern, Hdt. II 142,2.

[8] Hdt. II 53,2.

[9] Hdt. II 53,1. Es ist bemerkenswert, daß diese Formulierung des Herodot zum Standardinventar einschlägiger Überlegungen geworden ist. So spricht schon Platon von den χθὲς καὶ πρῴην γεγονότα (Lg. III 677 d 6), und Josephus behauptet kurzerhand: τὰ μὲν γὰρ παρὰ τοῖς Ἕλλησιν ἅπαντα νέα καὶ χθὲς καὶ πρῴην (Ap. I 7), vgl. auch Ap. II 14 und 154. Auch Athenagoras formuliert im Anschluß an Herodot (den er im selben Kapitel dann sogar zitiert) bezüglich der Götterbilder ὅτι χθὲς καὶ πρώην γεγόνασιν (Leg. 17,1), ähnlich auch in Leg. 29,2.

teste aus.[10] Sind mithin Homer und Hesiod die ältesten griechischen Gewährsleute, so muß das Alter der griechischen Tradition, verglichen mit der ägyptischen, außerordentlich gering erscheinen.[11]

So nimmt Ägypten schon aus chronologischen Gründen eine Sonderstellung ein. Mag es immerhin zweifelhaft sein, ob die Ägypter wirklich das älteste Volk überhaupt sind[12], im Rahmen des Werkes des Herodot sind sie jedenfalls ohne jeden Vergleich.

2. Die Herleitung der Götter

Erstaunlich sind die Folgerungen, die Herodot aus diesem chronologischen Verhältnis ziehen zu müssen meint. Sie sind es, die ihn - um ein Wort des Cicero abzuwandeln[13] - wenn nicht zum Vater, so doch zum Ahnherrn eines jeden Altersbeweises, wie er bei jüdischen oder christlichen Apologeten begegnet, machen. Diese Folgerungen werden sehr schön deutlich am Beispiel der Götter. Über deren Ursprung oder ob sie seit jeher existiert haben, auch über ihr Aussehen wußten die Griechen bis gestern und vorgestern nicht Bescheid, will sagen bis auf Homer und Hesiod, die ganze vierhundert Jahre vor Herodot gelebt haben.[14] Alles einschlägige Wissen bis hin zu den Götternamen haben die Griechen übernommen; das meiste davon, vermittelt durch die Pelasger, von den Ägyptern: σχεδὸν δὲ καὶ πάντων τὰ οὐνόματα

---

[10] In II 53,3 lehnt er die Behauptung, griechische Dichter hätten vor Homer und Hesiod gelebt, ab. Dieser Satz wird übrigens bei Athenagoras (Leg. 17) zitiert; auch für die Chronologie des Josephus ist diese These von Bedeutung (Ap. I 12). Herodot scheint sich allerdings in dieser Hinsicht selbst zu widersprechen, wenn er in II 23 dann doch von τινα τῶν πρότερον [sc. als Homer] γενομένων ποιητέων spricht, denn selbst wenn er - was der Zusammenhang nahelegt - an Hesiod denkt, bleibt doch der Plural τῶν ποιητέων ein Problem.

[11] „As for Egyptian chronology, Herodotus and his fellow researchers accumulated a large stock of information on the subject and found to their considerable embarrassment that its beginnings lay millennia before what they considered to [be] the beginning of their own history" (Lloyd, a.a.O., S. 194).

[12] Hdt. II 2,1ff.

[13] Cicero nennt Herodot *pater historiae: quamquam et apud Herodotum patrem historiae et apud Theopompum sunt innumerabiles fabulae* (Leg. I 5).

[14] Hdt. II 53,1. Schon Xenophanes nennt Homer und Hesiod nebeneinander als die offenbar in diesen Fragen ältesten Gewährsleute (Diels/Kranz 21 B 11). Cicero führt beide an als den Ausgangspunkt für das *apud Graecos antiquissimum e doctis genus poetarum* (Tusc. I 3).

τῶν θεῶν ἐξ Αἰγύπτου ἐλήλυθε ἐς τὴν Ἑλλάδα[15].

Es mag vielleicht nicht überflüssig sein, hier darauf hinzuweisen, daß es im folgenden nicht um die Frage geht, ob bzw. inwieweit Griechen von den Völkern des Orients (insbesondere den Ägyptern) abhängig sind. Dies ist eine historische Frage, die mit historischen Mitteln zu beantworten wäre. Dabei wären dann vor allem auch die archäologischen Befunde heranzuziehen.[16] Hier geht es lediglich um die Frage, wie Griechen über diese Abhängigkeit *dachten*, unabhängig davon, ob ihre Anschauungen nach heutigem historischen Kenntnisstand zutreffen oder nicht.

Daß fast alle Götternamen aus Ägypten entlehnt sind, sagt Herodot, ist nicht nur seine Meinung; vielmehr kann er sich dafür auf niemand geringeren als αἱ Δωδωνίδες ἱέρειαι[17] berufen. Folgendes hat Herodot in Dodona erfahren (ὡς ἐγὼ ἐν Δωδώνῃ οἶδα ἀκούσας[18]): Die Beinamen und Namen der Götter seien den Pelasgern zunächst gänzlich unbekannt gewesen, erst nach langer Zeit kam die Kunde der Götternamen aus Ägypen zu ihnen. Und erst noch später wurde deswegen das Orakel in Dodona - das damals einzige - befragt, ob man diese von den Barbaren übernommenen Götternamen annehmen solle. Das Kapitel schließt mit der lakonischen Bemerkung: παρὰ δὲ Πελασγῶν Ἕλληνες ἐξεδέξαντο ὕστερον.[19]

Nun gibt es aber auch Ausnahmen, so zum Beispiel Poseidon oder die Dioskuren, die den Ägyptern nicht einmal dem Namen nach bekannt sind.[20]

---

[15] Hdt. II 50-52, Zitat II 50,1. Auf diese Stelle beruft sich Athenagoras, Leg. 28. Vgl. dazu (speziell zum philosophischen Hintergrund der Namensproblematik) Walter Burkert: Herodot über die Namen der Götter: Polytheismus als historisches Problem, MH 42 (1985), 121-132.

[16] Walter Burkert: Die orientalisierende Epoche in der griechischen Religion und Literatur, SHAW.PH 1984,1, mit reichen Literaturangaben. Burkert sagt: „Nicht griechische Texte, sondern archäologische Befunde bieten die solide Grundlage, um östlichen Kultureinfluß ... nachzuweisen und in seiner Bedeutung abzuschätzen" (S. 19).

[17] Hdt. II 53,3.

[18] Hdt. II 52,1. Nach Detlev Fehling: Die Quellenangaben bei Herodot. Studien zur Erzählkunst Herodots, UaLG 9, Berlin/New York 1971, *passim*, sind die Quellenangaben Herodots fingiert. Nach Fehling war Herodot ein großer Erfinder; er erscheint beinahe als ein antiker Münchhausen oder auch als ein Vorgänger von Karl May. Für die vorliegende Untersuchung ist es jedoch gleichgültig, ob Herodot Realitäten beschreibt oder - phantasiert. Vgl. im übrigen zu Fehlings Buch die Rezension von Justus Cobet, Gn. 46 (1974), 737-746.

[19] Hdt. II 52; Zitat II 52,3.

[20] Hdt. II 43,2.

Diese Ausnahmen sind aber grundsätzlich kein Problem für Herodot, wie die folgende Argumentation zeigt:

σχεδὸν δὲ καὶ πάντων τὰ οὐνόματα τῶν θεῶν ἐξ Αἰγύπτου ἐλήλυθε ἐς τὴν Ἑλλάδα. διότι μὲν γὰρ ἐκ τῶν βαρβάρων ἥκει, πυνθανόμενος οὕτω εὑρίσκω ἐόν· δοκέω δ' ὦν μάλιστα ἀπ' Αἰγύπτου ἀπῖχθαι.[21]

Nun nennt Herodot die Ausnahmen, als da sind Poseidon und die Dioskuren sowie Hera, Hestia, Themis, die Chariten und die Nereiden; von diesen abgesehen sind die Götternamen alle seit jeher in Ägypten heimisch.[22] Für die Ausnahmen aber gilt dann:

τῶν δὲ οὔ φασι [sc. οἱ Αἰγύπτιοι] θεῶν γινώσκειν τὰ οὐνόματα, οὗτοι δέ μοι δοκέουσι ὑπὸ Πελασγῶν ὀνομασθῆναι πλὴν Ποσειδέωνος, τοῦτον δὲ τὸν θεὸν παρὰ Λιβύων ἐπύθοντο[23].

Das heißt, daß fast das gesamte griechische Pantheon aus dem Orient herzuleiten ist. Den Löwenanteil verdankt man den Ägyptern, Poseidon aber stammt aus Libyen. Was auf diese Weise nicht herleitbar ist, führt Herodot dann auf die Pelasger zurück.

Nicht überall kann Herodot eine glatte Ableitung vornehmen. Ein schwieriger Einzelfall ist Herakles, der sich nicht so ohne weiteres dem Schema einfügt. Bemerkenswert ist dabei das Urteil über die griechische Tradition:

λέγουσι δὲ πολλὰ καὶ ἄλλα ἀνεπισκέπτως οἱ Ἕλληνες· εὐήθης δὲ αὐτῶν καὶ ὅδε ὁ μῦθός ἐστι, τὸν περὶ τοῦ Ἡρακλέος λέγουσι[24].

Die Griechen sind in bezug auf Herakles völlig falscher Ansicht. In Wahrheit ist dieser nämlich ein ganz alter Gott,

ὡς δὲ αὐτοὶ [sc. οἱ Αἰγύπτιοι] λέγουσι, ἔτεά ἐστι ἑπτακισχίλια καὶ μύρια ἐς Ἄμασιν βασιλεύσαντα, ἐπείτε ἐκ τῶν ὀκτὼ θεῶν οἱ δυώδεκα θεοὶ ἐγένοντο, τῶν Ἡρακλέα ἕνα νομίζουσι[25].

Um diesem Problem auf die Spur zu kommen, sagt Herodot, sei er nach Tyros in Phoinikien gereist, wo ein dem Herakles geweihter Tempel sei. Die-

[21] Hdt. II 50,1.

[22] Hdt. II 50,2.

[23] Ebd.

[24] Hdt. II 45,1. Vergleiche dazu das Urteil des Hekataios von Milet über seine Vorgänger, FGrH 1 F 1 (oben S. 26f.).

[25] Hdt. II 43,4.

ser, so wurde ihm mitgeteilt, sei 2300 Jahre alt. Daneben fand Herodot in Tyros noch einen weiteren Tempel vor, der dem thasischen Herakles geweiht war. So fuhr er auch nach Thasos, wo er einen von Phoinikiern gegründeten Heraklestempel fand, der fünf Menschenalter vor dem Zeitpunkt gegründet worden war, zu dem Amphitryons Sohn Herakles in Griechenland geboren wurde. Das Ergebnis lautet:

τὰ μέν νυν ἱστορημένα δηλοῖ σαφέως παλαιὸν θεὸν Ἡρακλέα ἐόντα. καὶ δοκέουσι δέ μοι οὗτοι ὀρθότατα Ἑλλήνων ποιέειν, οἳ διξὰ Ἡράκλεια ἱδρυσάμενοι ἔκτηνται[26].

Das Beispiel Herakles ist deswegen von besonderer Wichtigkeit, weil hier, soweit ich sehe, der einzige Fall vorliegt, wo Herodot die Richtung der Abhängigkeit erörtert. Herodot beginnt mit der Feststellung, er habe (in Ägypten) gehört, Herakles sei einer der zwölf Götter. Dann fährt er fort: Aber in bezug auf den anderen Herakles, den die Griechen kennen, konnte ich nirgendwo in Ägypten etwas hören.

ὅτι γε οὐ παρ' Ἑλλήνων ἔλαβον τὸ οὔνομα Αἰγύπτιοι ..., ἀλλ' Ἕλληνες μᾶλλον παρ' Αἰγυπτίων - καὶ Ἑλλήνων οὗτοι οἱ θέμενοι τῷ Ἀμφιτρύωνος γόνῳ τοὔνομα Ἡρακλέα -, πολλά μοι καὶ ἄλλα τεκμήριά ἐστι τοῦτο οὕτω ἔχειν ...[27]

Grundsätzlich, so scheint es, wäre auch für Herodot beides möglich: Es könnte sein, daß die Griechen den Namen von den Ägyptern übernommen haben; es könnte aber auch das Umgekehrte der Fall sein, daß die Ägypter ihn von den Griechen entlehnt haben. Diese letztere Möglichkeit ist aber für Herodot offenbar eine rein theoretische; denn gegen sie sprechen eine Vielzahl von Beweisen. Die Argumentation verläuft folgendermaßen:

(1) Die Eltern des Herakles (nämlich Amphitryon und Alkmene) stammen aus Ägypten (vgl. dazu unten Abschnitt 4).

(2) Poseidon und die Dioskuren sind den Ägyptern nicht einmal dem Namen nach bekannt. Wenn die Ägypter überhaupt dergleichen von den Griechen übernommen hätten, dann wären es doch aber diese gewesen.

Also lautet das Ergebnis: ὥστε τούτων ἂν καὶ μᾶλλον τῶν θεῶν τὰ οὐνόματα ἐξεπιστέατο Αἰγύπτιοι ἢ τοῦ Ἡρακλέος. Dieser ist vielmehr ein

---

[26] Hdt. II 44,5.

[27] Hdt. II 43,1-2.

ἀρχαῖος θεός der Ägypter.[28] Und so kann Herodot auch in diesem Falle seiner Maxime treu bleiben, die er an anderer Stelle so formuliert: οὐ μὲν οὐδὲ φήσω, ὅκως Αἰγύπτιοι παρ' Ἑλλήνων ἔλαβον ἢ τοῦτο [gemeint ist der Dionysoskult] ἢ ἄλλο κού τι νόμαιον[29].

3. Das Orakel von Dodona

Die Abhängigkeit der Griechen von den Ägyptern ist nun nicht etwa auf die Götter als solche beschränkt. Da ich im Rahmen dieser Arbeit nicht alle Einzelheiten behandeln kann, die hier einschlägig wären, will ich exemplarisch auf die Ableitung des Orakels von Dodona aus Ägypten eingehen. Das Orakel von Dodona ist Herodot zufolge das älteste in Griechenland überhaupt[30]. Was die Entstehung dieses Orakels angeht, so gibt Herodot zwei verschiedene Traditionen an, eine ägyptische und eine griechische. Letztere führt er auf das genaueste zurück auf Δωδωναίων δὲ αἱ ἱέρειαι, τῶν τῇ πρεσβυτάτῃ οὔνομα ἦν Προμένεια, τῇ δὲ μετὰ ταύτην Τιμαρέτη, τῇ δὲ νεωτάτῃ Νικάνδρῃ[31]. Diese berichteten dem Herodot von zwei schwarzen Tauben, die, aus Theben in Ägypten kommend, nach Dodona bzw. Libyen geflogen seien. In Dodona habe die Taube mit menschlicher Stimme gesprochen und die Errichtung eines Orakels angeordnet. Auf dieselbe Weise sei auch das Ammon-Orakel in Libyen entstanden. Diese Erzählung der Priesterinnen von Dodona «entmythologisiert» Herodot auf seine Weise[32], nachdem er sie mit der ägyptischen Tradition kontaminiert hat. Die ägyptische Tradition führt Herodot zurück auf οἱ ἱρέες τοῦ Θηβαιέος Διός[33]. Dieser Tradition zufolge seien zwei Frauen von den Phoinikiern aus Theben entführt worden, eine davon sei nach Libyen verkauft worden, die andere aber an Griechen. Diese beiden Frauen seien die Gründerinnen der jeweiligen Orakel gewesen.[34] Die Frau, die nach Griechenland gekommen ist,

---

[28] Hdt. II 43,2-4.

[29] Hdt. II 49,3.

[30] Hdt. II 52,2.

[31] Hdt. II 55,3.

[32] Die Erzählung steht Hdt. II 55, die Interpretation des Herodot in 57.

[33] Hdt. II 54,1.

[34] Die ägyptische Tradition steht Hdt. II 54.

setzt Herodot mit der Taube der Priesterinnen von Dodona gleich. Taube sei sie deswegen genannt worden, weil sie als Ausländerin einem Vogel ähnlich zu zwitschern schien. Nachdem sie die Landessprache gelernt hatte, sprach sie mit menschlicher Stimme. Schwarz war die Taube aus dem Grund genannt worden, weil die Frau Ägypterin war. Die Interpretation[35] gipfelt in dem Satz: ἡ δὲ μαντηίη ἥ τε ἐν Θήβῃσι τῇσι Αἰγυπτίῃσι καὶ ἐν Δωδώνῃ παραπλήσιαι ἀλλήλῃσι τυγχάνουσι ἐοῦσαι· ἔστι δὲ καὶ τῶν ἱρῶν ἡ μαντικὴ ἀπ' Αἰγύπτου ἀπιγμένη.[36]

In ähnlicher Weise leitet Herodot auch das Dionysosfest aus Ägypten her - Melampus habe den Brauch in Griechenland eingeführt[37]; ebenfalls vergleichbar ist das Demeterfest, das die Töchter des Danaos nach Griechenland gebracht haben[38]. So kann Herodot in aller Allgemeinheit behaupten:

> πανηγύρις δὲ ἄρα καὶ πομπὰς καὶ προσαγωγὰς πρῶτοι ἀνθρώπων Αἰγύπτιοί εἰσι οἱ ποιησάμενοι, καὶ παρὰ τούτων Ἕλληνες μεμαθήκασι.[39]

Nicht nur die Götter also und das Orakel von Dodona haben die Griechen von den Ägyptern übernommen, sondern auch die heiligen Feste sind von dort herübergebracht worden.

4. *Die Genealogie der spartanischen Könige*

Die Genealogie der spartanischen Könige behandelt Herodot in Buch VII im Zusammenhang mit den Ereignissen bei den Thermopylen. Dort gibt er die Reihe von Leonidas bis hinauf zu Herakles.[40] Die Fortsetzung dieses Stammbaums über Herakles hinaus wird nicht in dieser Weise als Liste gegeben. Sie kann jedoch ohne Schwierigkeiten aus verstreuten Notizen in Buch II und Buch VI in folgender Weise rekonstruiert werden:

---

35 Die ägyptische Tradition interpretiert Herodot in II 56, die griechische in II 57.

36 Hdt. II 57,3.

37 Hdt. II 48-49.

38 Hdt. II 171.

39 Hdt. II 58.

40 Hdt. VII 204.

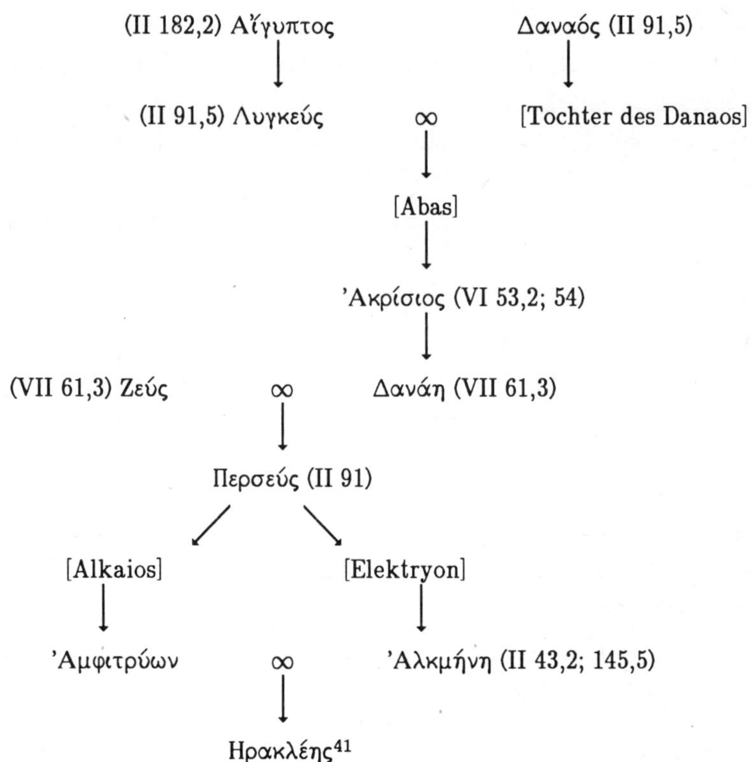

Diese Genealogie ist nicht von Herodot erfunden, aber sie ist an entscheidenden Punkten von ihm neu interpretiert worden. Wie weit ihm auch in dieser Hinsicht Hekataios schon vorangegangen ist, läßt sich nicht mehr feststellen.[42] Für die Interpretation des Herodot von entscheidender Bedeutung ist das Perseus-Kapitel in Buch II. In diesem Kapitel berichtet er von den Sitten der Einwohner der Stadt Chemmis. Diese sind der Meinung τὸν Περσέα ἐκ τῆς ἑωυτῶν πόλιος γεγονέναι.[43] Zur Begründung führen sie an:

---

[41] Die Personen bzw. die Namen in den eckigen Klammern kommen bei Herodot nicht vor. Auch die Tatsache, daß Aigyptos der Vater des Lynkeus ist, erwähnt Herodot nicht. Die Belege für Amphitryon sind: II 43,2; 161,1; VI 53,2. Zum Stammbaum des Herakles vgl. Alfred Wiedemann: Herodots zweites Buch mit sachlichen Erläuterungen, Leipzig 1890, S. 205.

[42] Vgl. dazu oben § 1, besonders Anm. 14.

[43] Hdt. II 91,5.

τὸν γὰρ Δαναὸν καὶ τὸν Λυγκέα ἐόντας Χεμμίτας ἐκπλῶσαι ἐς τὴν Ἑλλάδα· ἀπὸ δὲ τούτων γενεηλογέοντες κατέβαινον ἐς τὸν Περσέα[44].

Sind aber Danaos und Lynkeus Bürger von Chemmis - also Ägypter -, so ist auch Perseus, ihr Nachkomme (die Einzelheiten des Stammbaums läßt Herodot an dieser Stelle beiseite), Ägypter. Und damit wird die Folgerung unausweichlich:

ἀπὸ δὲ Δανάης τῆς Ἀκρισίου καταλέγοντι τοὺς ἄνω αἰεὶ πατέρας αὐτῶν φαινοίατο ἂν ἐόντες οἱ τῶν Δωριέων ἡγεμόνες Αἰγύπτιοι ἰθαγενέες[45].

Lloyds Kommentar zur Stelle lautet: „Perseus had close affinities with Egypt through his connections with the Danaid Cycle“[46] - das ist gewiß richtig, erklärt aber gar nichts. Freilich läßt die mythologische Tradition Perseus von Αἴγυπτος, dem ἥρως ἐπώνυμος der Ägypter, abstammen - aber es ist doch etwas gänzlich Verschiedenes, wenn Herodot Danaos und Lynkeus zu Bürgern der ägyptischen Stadt Chemmis macht. Denn in der Mythologie ist weder auf Ägypten und seine Städte reflektiert - solche kann es, genaugenommen, noch gar nicht geben, ist doch Αἴγυπτος allererst der Ahnherr der Ägypter - noch ist überhaupt an Ägypten als geschichtliche Größe gedacht. Bei Hekataios dagegen und erst recht bei Herodot wird Perseus, der Stammvater der spartanischen Könige, zum Nachfahren von Bürgern einer (noch nicht einmal bedeutenden) Stadt Ägyptens, von Bürgern, die von dort zu einem (gemessen an ägyptischer Perspektive) recht späten Zeitpunkt ausgewandert sind.

Die einzige Erklärung, die dieser Interpretation, die Herodot (nach Hekataios) der mythologischen Tradition angedeihen läßt, angemessen ist, muß ansetzen bei der chronologischen Minderwertigkeit aller griechischen Tradition. Offenbar waren Hekataios und Herodot der Meinung, daß durch den Anschluß an ägyptische Personen wenigstens etwas von dem Glanz des hohen Alters auf jedenfalls eine Linie griechischer Genealogie fiele.

---

[44] Ebd.

[45] Hdt. VI 53,2.

[46] Alan B. Lloyd: Herodotus: Book II. [II] Commentary 1-98, EPRO 43, Leiden 1976, S. 367.

5. Abhängigkeit auf dem Gebiet der Wissenschaft

Neben den religiösen und genealogischen Verbindungen, die Herodot zwischen Ägypten und Griechenland herstellt, konstatiert er eine Abhängigkeit auch auf wissenschaftlichem Gebiet.[47] So haben die Ägypter nicht nur den Kalender, sondern auch die Geometrie erfunden:

δοκέει δέ μοι ἐνθεῦτεν [es geht um die Vermessung des Ackerlandes] γεωμετρίη εὑρεθεῖσα ἐς τὴν Ἑλλάδα ἐπανελθεῖν.[48]

Neben diesen mathematischen Errungenschaften schreibt Herodot den Ägyptern auch außergewöhnliche Begabung auf dem Gebiet der Geschichte zu:

αὐτῶν δὲ δὴ Αἰγυπτίων οἳ μὲν περὶ τὴν σπειρομένην Αἴγυπτον οἰκέουσι, μνήμην ἀνθρώπων πάντων ἐπασκέοντες μάλιστα λογιώτατοί εἰσι μακρῷ, τῶν ἐγὼ ἐς διάπειραν ἀπικόμην.[49]

Mit μνήμη ist, wie Wiedemann zutreffend feststellt, hier nicht das Gedächtnis gemeint, „sondern die Erinnerung, die durch schriftliche Aufzeichnung bewahrt wurde"[50]. Man könnte noch einen Schritt weiter gehen und μνήμη hier geradezu mit „Geschichte" übersetzen.[51] In bezug auf die Geschichte also sind die Ägypter bei weitem die sachkundigsten unter allen Menschen, die Herodot kennengelernt hat. Dies ist natürlich auch eine Kritik der griechischen Überlieferung. Von hier aus begreift es sich, daß Herodot so oft der ägyptischen Überlieferung (oder was er dafür hält) folgt. Ein bezeichnendes Licht auf die griechischen «Leistungen» auf diesem Gebiet wirft die Tatsache, daß Herodot hier nicht einmal den Versuch macht, eine Abhängigkeit von den der Ägypter aufzuzeigen.

Selbst auf dem Gebiet der Philosophie, wo man es vielleicht am allerwenigsten vermuten möchte, sind die Griechen von den Ägyptern abhängig, so

---

47 Manches andere, was Herodot aus Ägypten herleitet, kann nicht einmal kursorisch behandelt werden, man denke nur an Schild und Helm, Hdt. IV 180,4.

48 Zum Kalender siehe Hdt. II 4,1 („The implication is that the" Egyptians „invented the calendar and then passed it on to others", sagt Lloyd, a.(Anm. 46)a.O., S. 20); die im Text zitierte Stelle bezüglich der Erfindung der Geometrie steht Hdt. II 109,3.

49 Hdt. II 77,1.

50 Wiedemann, a.(Anm 41)a.O., S. 321.

51 Vgl. den Vorschlag bei J. Enoch Powell: A Lexicon to Herodotus, Cambridge 1938, S. 227, s. v. μνήμη 2.: „history". So auch Lloyd im Kommentar zur Stelle (a.a.O., S. 330).

beispielsweise in bezug auf die Lehre von der unsterblichen Seele und der mit dieser zusammenhängenden Lehre von der Seelenwanderung:

τούτῳ τῷ λόγῳ εἰσὶ οἳ Ἑλλήνων ἐχρήσαντο, οἱ μὲν πρότερον, οἱ δὲ ὕστερον, ὡς ἰδίῳ ἑωυτῶν ἐόντι· τῶν ἐγὼ εἰδὼς τὰ οὐνόματα οὐ γράφω.[52]

Verschweigt Herodot hier die Namen der griechischen Philosophen, so gibt es doch zwei Fälle, wo er die Abhängigkeit konkreter Personen behauptet. Einer dieser Fälle ist Solon, der bezüglich seiner Gesetzgebung von den Ägyptern abhängig ist, und zwar ist es eine kluge Einrichtung des Königs Amasis, die Solon kopiert hat:

νόμον δὲ Αἰγυπτίοισι τόνδε Ἄμασίς ἐστι ὁ καταστήσας· ἀποδεικνύναι ἔτεος ἑκάστου τῷ νομάρχῃ πάντα τινὰ Αἰγυπτίων, ὅθεν βιοῦται, μὴ δὲ ποιεῦνται ταῦτα μηδὲ ἀποφαίνοντα δικαίην ζόην ἰθύνεσθαι θανάτῳ. Σόλων δὲ ὁ Ἀθηναῖος λαβὼν ἐξ Αἰγύπτου τοῦτον τὸν νόμον Ἀθηναίοισι ἔθετο· τῷ ἐκεῖνοι ἐς αἰεὶ χρέωνται ἐόντι ἀμώμῳ νόμῳ.[53]

Bezeichnend ist Wiedemanns Kommentar zur Stelle: „Dass ... auf der Unterlassung der Anzeige die Todesstrafe stand, ist nicht glaublich; ebensowenig hat Solon das Gesetz aus Aegypten entnommen. Zunächst war Solon erst nach seiner Gesetzgebung in Aegypten (Her. I. 30), was freilich nicht verhinderte, dass man ihn auch sonst von hier seine Gesetze ... entlehnen liess. Dann konnte er nicht 594 ein Gesetz des 564 zur Regierung gekommenen Amasis einführen. Endlich stammen die Grundzüge desselben, des νόμος ἀργίας gar nicht von Solon ..."[54]

So wird der Autor erstens, zweitens, drittens von seinem Kommentator widerlegt, historisch sicher zu Recht. Doch, noch einmal sei daran erinnert: Es geht hier nicht um die Frage, ob Herodot historisch im Recht ist oder nicht. Bemerkenswert ist vielmehr die Tatsache, daß schon im 5. Jahrhundert Herodot eine Abhängigkeit des Solon von den Ägyptern behauptet.

---

[52] Hdt. II 123,3.

[53] Hdt. II 177,2. Daß nach römischer Theorie die solonischen Gesetze wiederum Vorbild für die Zwölftafelgesetze waren, sei hier nur am Rande vermerkt (die einschlägigen Belege finden sich bei Peter Siewert: Die angebliche Übernahme solonischer Gesetze in die Zwölftafeln. Ursprung und Ausgestaltung einer Legende, Chiron 8 (1978), 331-344).

[54] Wiedemann, a.a.O., S. 605.

Der zweite namentlich genannte Autor ist Aischylos, der nach Herodot eine ägyptische Sage entlehnt hat:

> ἐκ τούτου δὲ τοῦ λόγου καὶ οὐδενὸς ἄλλου Αἰσχύλος ὁ Εὐφορίωνος ἥρπασε, τὸ ἐγὼ φράσω, μοῦνος δὴ ποιητέων τῶν προγενομένων· ἐποίησε γὰρ Ἄρτεμιν εἶναι θυγατέρα Δήμητρος.[55]

Man beachte hier die Ausdrucksweise des Herodot: Er verwendet das Verbum ἁρπάζειν; damit stellt er den Aischylos als Räuber hin.[56] Das wird - was die Ausdrucksweise angeht - auch in der Theorie vom «Diebstahl der Hellenen», die sich dann bei den Apologeten findet, nicht mehr überboten.

6. Zusammenfassende Würdigung

Die Literatur, die zu Herodot geschrieben wurde, läßt an Umfang nichts zu wünschen übrig. Merkwürdigerweise aber stehen die Kommentatoren ratlos vor dem in diesem Paragraphen behandelten Phänomen. Der gewiß sehr verdienstvolle Kommentar Wiedemanns beschränkt sich zumeist darauf, «Richtiges» von «Falschem» zu unterscheiden. Im übrigen verweist Wiedemann auf Herodots „Aegyptomanie".[57] Nur einmal kommt er darauf zu sprechen, daß die „Herleitung der Götter aus dem Nilthale" den Grund habe, „denselben ein höheres Alter und damit einen gewissen Adel zu verschaffen"[58].

Auch Lloyd wird seinem Autor nicht besser gerecht, kommt er doch bei jeder Gelegenheit auf die von ihm so genannte *„post hoc ergo propter hoc* fallacy"[59] zu sprechen - als ob damit etwas erklärt wäre!

Will man Herodot nicht bloß seine Fehler nachweisen, sondern ihn wirklich verstehen, so hat man einerseits nach dem Grund der von Wiedemann angeführten „Aegyptomanie", andrerseits nach der Absicht der vielfältigen Herleitungen aus Ägypten zu fragen. Über den Grund für die „Aegypto-

---

[55] Hdt. II 156,6.

[56] Das Wort begegnet in bezug auf „literary piracy" bei Herodot nur hier, vgl. Powell, a.(Anm. 51)a.O., S. 47, s.v. ἁρπάζω.

[57] Wiedemann, a.a.O., S. 20.

[58] Wiedemann, a.a.O., S. 29.

[59] Lloyd, [I] Introduction, S. 51; 147ff.; [II] Commentary, S. 225f.; 266; 345; [III] Commentary, S. 23; 183; u.ö.

manie" braucht hier nichts mehr gesagt zu werden. Es genügt, an das Erlebnis im Tempel zu Theben zu erinnern, das im Paragraphen über Hekataios erörtert worden ist. Die Absicht aber, die Herodot mit den Herleitungen aus Ägypten verfolgt, ist offenbar eine rein apologetische. Sie entspringt der Verlegenheit, in die Herodot sich wie Hekataios versetzt sah aufgrund des außerordentlichen Alters der ägyptischen Tradition. Wenn wirklich gilt πρεσβύτερον κρεῖττον - und in *diesem* Zusammenhang kann es daran keinen Zweifel geben -, so blieb Herodot nichts anderes übrig, als für seine griechische Tradition Anschluß an dieses πρεσβύτερον zu suchen. Dies tat er in der Weise, daß er beinahe alles und jedes aus Ägypten entlehnt sein läßt, Anregungen folgend, die er von Hekataios empfangen hatte.

Anhang: Die „Flunkereien der ägyptischen Priester"

Für Eduard Zeller stellt sich der Sachverhalt gänzlich anders dar. Er führt wesentliche Teile der in diesem Paragraphen diskutierten Theorie Herodots auf seine (angeblichen) Gewährsleute, die ägyptischen Priester, zurück:

> „Die Beweggründe dieser Erdichtungen [sc. der ägyptischen Priester] liegen am Tage: mit der Nationaleitelkeit des alten Kulturvolks verband sich in diesem Fall zu Herodots Zeit das politische Interesse, sich den Hellenen, auf deren Unterstützung man für die Abschüttlung des persischen Joches angewiesen war, als ihre geistigen Vorfahren, als die Metropole darzustellen, deren sie sich anzunehmen durch verwandtschaftliche Bande verpflichtet seien; seit Alexander der Wunsch, dem herrschenden Volk Achtung und Teilnahme einzuflößen. Geschichtlich angesehen, sind die Flunkereien der ägyptischen Priester ungefähr gleich viel wert wie die Versicherung, die 1. Makk. 12,21 sogar einem spartanischen König in den Mund gelegt ist, daß nach dem Zeugnis dortiger Schriften die Spartaner ebenso wie die Juden von Abraham abstammen."[60]

Wäre dies richtig, so hätten die ägyptischen Priester schon zu Herodots Zeit einen detaillierten Altersbeweis geführt, auf den Herodot (und möglicherweise auch schon Hekataios) - *sit venia verbo* - «hereingefallen» wä-

---

[60] Eduard Zeller: Die Philosophie der Griechen in ihrer geschichtlichen Entwicklung, I 1: Allgemeine Einleitung. Vorsokratische Philosophie, Erste Hälfte, Darmstadt 1963 (Nachdr. der 6. Aufl., Leipzig 1919), S. 22f., Anm. 2. Zu dem behaupteten Zusammenhang zwischen Juden und Spartanern, auf den Zeller sich bezieht, vgl. unten Kapitel III, Einleitung (S. 146f.). Zeller vergleicht hier Vorstellungen aus hellenistischer Zeit mit solchen aus der Zeit Herodots. Das ist mehr als problematisch. M.E. zulässig wäre der Vergleich, wenn es sich um Diodor statt Herodot handelte. Für Diodors Zeit kann man mit gutem Grund ägyptischen Priestern dergleichen zuschreiben, wie das Beispiel des Chairemon lehrt (zu diesem vgl. unten § 5 dieses Kapitels, S. 66 mit Anm. 5).

ren. Der Altersbeweis der christlichen Apologeten hätte in diesem Falle nicht nur einen jüdischen, sondern auch einen um noch drei Jahrhunderte älteren ägyptischen Vorläufer.

Diese Anschauung Zellers vermag ich mir jedoch nicht zu eigen zu machen. Das Fundament, auf dem sie ruht, scheint mir für so weitreichende Schlußfolgerungen nicht tragfähig genug zu sein. Selbst wenn man die Fehlingsche Skepsis im ganzen nicht teilt, wird man sich doch von seiner Karikatur warnen lassen:

„Es ist, bei Lichte besehen, ein ziemlich starkes Stück, wie der sprichwörtliche philologische Scharfsinn durch zwei einander ergänzende reine Ad-hoc-Thesen - deren eine das Ägyptische subtrahiert, die andere das Griechische addiert - nach der Formel a - a + b = b Ägypter gewonnen hat, die for all practical purposes, wie die Engländer sagen, reine Griechen, ja lauter Herodotte sind. Schade nur, daß sie als Wesen von Fleisch und Blut nicht leicht vorzustellen sind. Sie horchen eifrig, was die Griechen erzählen, und jonglieren mit griechischen Mythen, sind aber dabei so ungebildet, daß sie von aller heimischen Überlieferung nicht die allergeringste Ahnung haben, das wiederum, obwohl es zu ihren Aufgaben gehört, Fremden die heimischen Baudenkmäler zu erklären.“[61]

Auch wenn man die Glaubwürdigkeit Herodots um einiges positiver beurteilt als Fehling selbst[62], wird man von Herodots Angaben nicht ohne weiteres auf Meinungen und Absichten ägyptischer Priester schließen können. Wir wissen über ägyptische Priester des 5. Jahrhunderts einfach zu wenig[63], um hier über ein *non liquet* hinauszukommen. Mögen sie sich auch der

---

[61] Detlev Fehling, a.(Anm. 18)a.O., S. 6, Anm. 32.

[62] Zu Fehlings Einschätzung vgl. oben Anm. 18.

[63] Zutreffend stellt William Arthur Heidel (Hecataeus and the Egyptian Priests in Herodotus, Book II, Memoirs of the American Academy of Arts and Sciences XVIII 2, Boston 1935, 53-134) fest: „One can readily understand ... why it would be highly desirable to be able to accept the picture of Egypt given by Herodotus, *because authentic documents, which are available for earlier and later periods, are almost entirely wanting for the Fifth Century;* and there are undoubtedly certain valuable data to be gleaned from him, though one will do well to have the priests entirely out of the reckoning.“ (S. 133, Hervorhebung von mir.) Bezüglich der Priester sind wir - sieht man von Herodot als Quelle ab - auf Vermutungen angewiesen. Dabei liegt aber doch klar zutage (*pace* Lloyd *passim*), daß Herodot den Priestern auch solche Aussagen zuschreibt, die nicht einmal *cum grano salis* akzeptabel sind; so z.B. in II 118,1, wo er sagt, die ägyptischen Priester machten sich anheischig, Wissen über den trojanischen Krieg zu besitzen, für welches sie keinen geringeren Gewährsmann als - *Menelaos* ins Feld führten.

„Flunkereien" schuldig gemacht haben, daß sie schon einen Altersbeweis geführt haben, wie es später jüdische und christliche Apologeten tun, läßt sich bei dieser Quellenlage nicht erweisen.[64]

---

[64] Bezüglich der Priester zuversichtlicher ist Wiedemann, der jedoch ebenfalls zu dem Schluß kommt, daß man die Argumentation des Herodot nicht schon seinen (angeblichen) Gewährsleuten zuschreiben darf:

> Zum einen hätte sich „in Aegypten kein höherer Priester dazu hergegeben ..., sich mit einem fremden Reisenden über die Geheimnisse der ägyptischen Religion zu unterhalten; dann aber legen die angeblich priesterlichen Angaben über die ägyptische Religion Zeugniss ab von einer ganz oberflächlichen Kenntniss derselben und von Unwissenheit gerade in fundamentalen Punkten. Ebensowenig konnte ein ägyptischer wirklicher Priester die Tendenz haben ägyptische und griechische Götter zu identifiziren und Verbindungen zwischen der ägyptischen Geschichte und der griechischen Sage herzustellen. Die Aegypter haben, wo ihnen fremde Götter entgegen traten, nie versucht, dieselben den ihren gleichzustellen, sie haben diese Wesen vielmehr einfach in ihr Pantheon aufgenommen und neben den einheimischen Göttern verehrt. Ein umgekehrtes Bestreben kennzeichnet die Griechen und an ihrer Spitze Herodot. Sie hatten eine wahre Leidenschaft, überall ihre Götter wiederzufinden und dieselben auf die alleroberflächlichsten Merkmale hin den Göttern fremder Völker zu identifiziren. Griechisch ist weiter die Herleitung der Götter aus dem Nilthale, um denselben ein höheres Alter und damit einen gewissen Adel zu verschaffen; griechisch die Sucht, Belege für die Sagen im Auslande zu finden."

(Wiedemann, a.(Anm. 41)a.O., S. 29.)

§ 3 *Aristophanes*

Die beiden Stellen aus Aristophanes, die in diesem Paragraphen diskutiert werden, sollen zeigen, daß der Altersbeweis nicht auf literarische Zusammenhänge beschränkt ist. Vielmehr handelt es sich um eine Argumentation, die durchaus auch im täglichen Leben ihren Platz hat. Dies zu erkennen ist wichtig für die Einschätzung des Altersbeweises bei den Apologeten. Denn wenn es stimmt, daß diese Argumentation praktisch eine alltägliche ist, so kann es den profanen Leser einer Apologie nicht wundernehmen, wenn auch in deren Zusammenhang so argumentiert wird; vielmehr muß die Argumentation als solche für ihn gänzlich unanstößig sein.

In den „Ekklesiazusen“ versuchen die Frauen von Athen, angeführt von Praxagora, einen Beschluß der Volksversammlung herbeizuführen, die Stadt den Frauen zu übergeben. Zu diesem Zweck wollen die Frauen - als Männer verkleidet - sich in die Volksversammlung einschleichen. Zur Probe hält Praxagora vorher eine Rede, die sie dann später in der Volksversammlung selbst zu halten gedenkt. Ihr Ziel lautet: ταῖς γὰρ γυναιξὶ φημὶ χρῆναι τὴν πόλιν ἡμᾶς [die vermeintlichen und die wirklichen Männer] παραδοῦναι[1].

Diesen Vorschlag gilt es zu begründen. Denn auf die Frage: πότερον οὖν αἱ γυναῖκες ἐν ταῖς πόλεσιν φρονιμώτεραί σοι δοκοῦσιν εἶναι ἢ οἱ ἄνδρες, ὡς τὸ ὅλον εἰπεῖν γένος; würde wohl eine überwältigende Mehrheit der stimmberechtigten Männer in der Volksversammlung unbesehen antworten: οἱ ἄνδρες.[2] Praxagora sagt, die Frauen seien deshalb zur Führung der politischen Geschäfte qualifiziert, weil sie τοὺς τρόπους βελτίονες als die Männer sind.[3] Der Grund dafür ist der, daß die Frauen κατὰ τὸν ἀρχαῖον νόμον handeln und keine Experimente machen.[4] Dies qualifiziert offensichtlich hinlänglich zum Regieren. Denn auf diese Weise würde der Kardinalfehler

---

[1] Aristophanes: Ecclesiazusae 210f.

[2] Frage und Antwort finden sich bei Platon: Cratylus 392 c 6-9.

[3] Ar. Ec. 214f.

[4] Ar. Ec. 216ff.

der Athener Politik, sich stets um irgendeine Neuerung (τι καινὸν ἄλλο)[5] zu bemühen, vermieden. Daß die Frauen in der Tat den alten Brauch hochhalten, legt Praxagora anhand von neun Beispielen dar. Jedes dieser Beispiele endet mit ὥσπερ καὶ πρὸ τοῦ, „wie auch früher schon“[6]: Sie sitzen beim Braten - wie auch früher schon, sie tragen auf den Köpfen - wie auch früher schon, sie feiern Thesmophorien - wie auch früher schon, sie backen ihre Kuchen - wie auch früher schon, sie quälen ihre Männer - wie auch früher schon, sie haben ihre μοιχούς - wie auch früher schon, sie haben ihre Freude an Süßigkeiten - wie auch früher schon, sie trinken gerne ungemischten Wein - wie auch früher schon, βινούμεναι χαίρουσιν[7] - wie auch früher schon.

Mag die Szene auch komische Züge haben - es handelt sich schließlich um eine Satire (das Wort im modernen Sinne verstanden) -, so kann doch kein Zweifel daran bestehen, daß das Argument, Vertreter des ἀρχαῖος νόμος zu sein, durchaus auch in einer wirklichen Volksversammlung als echtes Argument verstanden worden wäre. „Aristophanes stellt die innere Widersprüchlichkeit scharf heraus: sie [sc. die Frauen] legitimieren sich damit in einer Polis, der nichts so lieb und teuer war, als ständig etwas Neues auszuprobieren. Aristophanes kannte wohl seine Athener: dem Neuen hingen sie an, nur durfte es eben nicht neu aussehen, es mußte sich durch hohes Alter ausweisen können.“[8] Deshalb stellt Praxagora die Frauen als Vertreterinnen des ἀρχαῖος νόμος hin, obwohl es in diesem Fall ja nicht die Männer sind, die nach Neuerungen streben, sondern die Frauen selbst.

Die Frauen sind besser dazu geeignet, die Staatsgeschäfte zu führen, als die Männer, denn weil das πρεσβύτερον das κρεῖττον ist, müssen die Vertreterinnen des ἀρχαῖος νόμος auch die Staatsgeschäfte besser führen können.

---

[5] Ar. Ec. 220.

[6] Ar. Ec. 221ff. Vgl. dazu Joachim Dalfen: „... wie auch früher schon“. Ein Kapitel politischer Psychologie bei Aristophanes, in: FS Franz Egermann, München 1985, S. 67-80.

[7] Der Text des Aristophanes bringt mich hier in Verlegenheit; zwar gibt es ein deutsches Äquivalent für βινέω, aber dieses ist nicht zitierfähig. Dalfen, a.a.O., S. 68, rettet sich mit drei Punkten über die Stelle hinweg. LSJ geben abschwächend (und selbst das noch - sicherheitshalber - lateinisch) „*inire, coïre*“ (s.v. βινέω, S. 315).

[8] Dalfen, a.a.O., S. 74.

Die Legitimität des Anspruchs der Frauen wird hier also durch eine Art Altersbeweis begründet.

Einen geradezu modellhaften Altersbeweis trägt Aristophanes in den „Vögeln" vor. Das Stück beschreibt, wie zwei Athener, Euelpides und Pisthetairos, aus ihrer Heimatstadt auswandern, um sich im Land der Vögel anzusiedeln. Einer Versammlung der Vögel entwickelt Pisthetairos seine weitreichenden Pläne. Er legt den Vögeln dar, daß sie einst als Könige geherrscht hätten. Auf die überraschte Gegenfrage: „Wir? Könige? Über was?" antwortet Pisthetairos:

ὑμεῖς
πάντων ὁπόσ' ἔστιν, ἐμοῦ πρῶτον, τουδί, καὶ τοῦ Διὸς αὐτοῦ,
ἀρχαιότεροι πρότεροί τε Κρόνου καὶ Τιτάνων ἐγένεσθε,
καὶ γῆς.[9]

Die Vögel übertreffen also nicht nur die gegenwärtigen Menschen - als Beispiele werden Pisthetairos und Euelpides genannt - und das Geschlecht der olympischen Götter - Zeus selbst wird angeführt -, sondern auch Kronos und die Titanen, ja sogar die Erde selbst an Alter, d.h. sie sind völlig ohne jede Konkurrenz, was das Alter anbelangt. Daraus zieht Pisthetairos sodann *expressis verbis* die Folgerung:

οὔκουν δῆτ' εἰ πρότεροι μὲν γῆς πρότεροι δὲ θεῶν ἐγένοντο,
ὡς πρεσβυτάτων αὐτῶν ὄντων ὀρθῶς ἐσθ' ἡ βασιλεία;[10]

„Dieser Schluß kommt etwas überraschend, da eine Existenz vor den Göttern notwendig noch nicht einen größeren Anspruch auf Herrschaft in sich schließt"[11] - so lautet der moderne Einwand. Freilich stellt sich angesichts dieses Einwandes die Frage, ob er antiken Vorstellungen in hinreichendem Maße Rechnung trägt, d.h. ob der antike Hörer oder Leser des Aristophanes diesen Einwand auch erhoben hätte. Hätte er nicht vielmehr (in der Regel) den Schluß bejaht: „Den Älteren gebührt die Herrschaft", „Die Vögel sind die Älteren", also gilt: „Den Vögeln gebührt die Herrschaft"? Daß Aristo-

---

[9] Aristophanes: Aves 467-470.

[10] Ar. Av. 477f.

[11] Heinz Hofmann: Mythos und Komödie. Untersuchungen zu den *Vögeln* des Aristophanes, Diss. Tübingen 1975 (=Spudasmata 33, Hildesheim/New York 1976), S. 168.

phanes im folgenden den „Beweis ihrer tatsächlichen ursprünglichen Herrschaft auf Grund mehrerer auch heute noch vorhandener Indizien“[12] antritt, widerspricht dem nicht.

Mag diese Frage immerhin auf sich beruhen, die Argumentation des Pisthetairos stellt im ganzen einen geradezu klassischen Altersbeweis dar: Weil die Vögel ursprünglich geherrscht haben, sind sie auch jetzt legitimiert zu herrschen.

Die beiden Beispiele aus Aristophanes sind gleichsam aus dem Leben gegriffen. Praxagora hätte (abgesehen davon, daß sie eine Frau ist) auch in einer wirklichen Volksversammlung so argumentieren können, wie Aristophanes sie in seinem Stück argumentieren läßt. Dies gilt *mutatis mutandis* auch für Pisthetairos. Daraus ergibt sich, daß der Altersbeweis nicht auf gelehrte Bücher beschränkt ist, die damals wie heute nur wenige Leser finden. Die Ausführungen der Praxagora und des Pisthetairos zeigen vielmehr, daß eine solche Argumentation ebenso gut auch im täglichen Leben verwendet werden kann.

[12] Ebd.

§ 4 *Platon*

Von Aristophanes her kommend empfiehlt es sich, diesen Paragraphen mit einer Stelle aus dem Protagoras zu beginnen, da Protagoras hier ähnlich argumentiert wie die Praxagora des Aristophanes.

1. Protagoras über die frühen Sophisten

Hippokrates, ein junger Athener, möchte mit der Hilfe des Sokrates den Protagoras überreden, ihn als Schüler anzunehmen. Sie treffen den Protagoras in einer größeren Gesellschaft, und da erhebt sich die Frage: πότερον, ἔφη [Protagoras], μόνῳ βουλόμενοι διαλεχθῆναι ἢ καὶ μετὰ τῶν ἄλλων;[1] Sokrates will die Entscheidung dem Protagoras überlassen: ἀκούσας δὲ οὗ ἕνεκα ἥλθομεν, αὐτὸς σκέψαι.[2] Auf die Frage des Protagoras, weswegen sie denn gekommen seien, erklärt Sokrates, daß Hippokrates sich dem Protagoras als Schüler anvertrauen wolle und daß sie gekommen seien, um mit ihm darüber zu sprechen. Darauf sagt Protagoras, daß Sokrates nicht ohne Grund sich Sorgen mache. Denn er - Protagoras - ziehe ja als ein Fremder von Stadt zu Stadt, um die vorzüglichsten jungen Männer zu überreden, sich zu ihm zu halten (die finanzielle Seite des Unternehmens wird diskret übergangen[3]), und das verursache leicht φθόνοι καὶ ἄλλαι δυσμένειαι καὶ ἐπιβουλαί[4]. Protagoras fährt fort:

> ἐγὼ δὲ τὴν σοφιστικὴν τέχνην φημὶ μὲν εἶναι παλαιάν, τοὺς δὲ μεταχειριζομένους αὐτὴν τῶν παλαιῶν ἀνδρῶν, φοβουμένους τὸ ἐπαχθὲς αὐτῆς, πρόσχημα ποιεῖσθαι καὶ προκαλύπτεσθαι, τοὺς μὲν ποίησιν, οἷον Ὅμηρόν τε καὶ Ἡσίοδον και Σιμωνίδην, τοὺς δὲ αὖ τελετάς τε καὶ χρησμῳδίας, τοὺς ἀμφί τε Ὀρφέα καὶ Μουσαῖον· ἐνίους δέ τινας ᾔσθημαι καὶ γυμναστικήν κτλ.[5]

---

[1] Platon: Protagoras 316 b 3-4.

[2] Pl. Prt. 316 b 5-6.

[3] Weniger zurückhaltend ist Hippias (Pl. Hp. Mi. 364 d 3-6). Er renommiert mit seinem finanziellen Erfolg (Pl. Hp. Ma. 283 d-e). Doch auch Protagoras selbst gilt in dieser Hinsicht als besonders erfolgreich (Pl. Men. 91 d 2-5).

[4] Pl. Prt. 316 d 2-3.

[5] Pl. Prt. 316 d 3-9.

Die Interpreten sind sich nicht einig, was sie von dieser Argumentation des Protagoras halten sollen. So meint beispielsweise A.E. Taylor: „Protagoras is, of course, speaking playfully when he suggests that Homer, Simonides, and others were really «sophists» who tried to escape unpopularity by passing themselves off for something different."[6] Ganz im Gegenteil meint Wilhelm Nestle: „Wenn Protagoras in dem nach ihm benannten Dialog die Sophistik «eine alte Kunst» nennt ... und ihrem Begriff einen viel weiteren Umfang gibt, als er zu seiner Zeit hatte, so ist er damit vollkommen im Recht ..."[7]

M. E. sind beide Interpretationen verfehlt. A.E. Taylor geht zumindest mit dem „of course" zu weit - mag immerhin eine Spur Ironie in den Worten des Protagoras zu finden sein: daran kann es keinen Zweifel geben, daß Protagoras grundsätzlich im Ernst spricht. Insoweit stimme ich Nestle zu. Wenn dieser aber dann seine Auslegung in dem Satz gipfeln läßt: „So läßt sich zusammenfassend sagen: in der vorplatonischen Zeit ist σοφιστής ziemlich gleichbedeutend mit σοφός und kann jeden bezeichnen, der eine Tätigkeit meisterhaft auszuüben versteht"[8], so ist hier der entscheidende Punkt gänzlich übersehen.

Die Argumentation des Protagoras ist eine apologetische. Er muß sich verteidigen gegen die Meinung derer, die seinen Beruf für gefährlich halten, die meinen, es zeuge von μανία, sich einem Sophisten anzuvertrauen, weil die Sophisten λώβη τε καὶ διαφθορὰ τῶν συγγιγνομένων[9] seien. Es geht ihm an dieser Stelle nicht darum, im Scherz oder im Ernst über die Geschichte der Sophistik zu belehren, sondern er hat sich konkreter Vorwürfe zu erwehren. Einer dieser Vorwürfe - ein ganz ähnlicher Vorwurf wurde später gegen die Christen erhoben - besteht darin, die Sophistik als neu und schon deswegen als gefährlich hinzustellen. Dem widerspricht Protagoras sogleich *expressis verbis:* ἐγὼ δὲ τὴν σοφιστικὴν τέχνην φημὶ μὲν εἶναι παλαιάν. Die sophistische Kunst ist keineswegs neu, nein, sie ist alt. Ist dies richtig, so hat es schon früher Vertreter dieser Kunst gegeben. Diese müßten dann eigentlich - diesen Zwischengedanken setzt Protagoras voraus - ebenso angefeindet worden sein wie die jetzigen Sophisten. Dies war jedoch des-

---

[6] A. E. Taylor: Plato. The Man and His Work, London 1969 (Nachdr. der siebenten Aufl. von 1960), S. 241, Anm. 1.

[7] Wilhelm Nestle [Hg.]: Platon: Protagoras, 8., von Heinz Hofmann ergänzte Aufl., Stuttgart 1978, S. 1.

[8] W. Nestle, a.a.O., S. 3.

[9] Diese Ansicht äußert Anytos bei Platon: Men. 91 c 1-5. Auch der platonische Protagoras behauptet dies (allerdings nur in bezug auf seine Kollegen): οἱ μὲν γὰρ ἄλλοι [sc. σοφισταί] λωβῶνται τοὺς νέους (Pl. Prt. 318 d 9).

wegen nicht der Fall, weil jene frühen Vertreter nur heimliche Vertreter der sophistischen Kunst waren (φοβουμένους τὸ ἐπαχθὲς αὐτῆς).

Bezeichnenderweise beginnt die Liste der früheren Sophisten mit dem Paar Homer und Hesiod. Dieses Paar begegnet schon bei Herodot als eine Art chronologischer Fixpunkt[10], der die älteste erreichbare griechische Tradition markiert. Wenn nun Protagoras die beiden Dichter als Sophisten vereinnahmt, so führt er die sophistische Kunst also auf den Ausgangspunkt der griechischen Literatur zurück.

Protagoras befindet sich in der gleichen Lage wie die Praxagora des Aristophanes: Beide streben etwas Neues an, Praxagora will die Regierungsgewalt für die Frauen, Protagoras will seinen Beruf «salonfähig» machen. Beide geraten dabei in Schwierigkeiten. Beide greifen zum Altersbeweis, um ihr jeweiliges Ansinnen zu begründen. „Aristophanes kannte wohl seine Athener: dem Neuen hingen sie an, nur durfte es eben nicht neu aussehen, es mußte sich durch hohes Alter ausweisen. Vielleicht [m. E. kann man sagen: gewiß] zielt auch Platon auf diese Mentalität ab, wenn er seinen Protagoras ... behaupten läßt, die sophistische Techne sei schon alt ...“[11]

Einen Schritt weiter als der platonische Protagoras geht der Verfasser des im *corpus Platonicum* überlieferten Minos[12], wenn er sagt:

> ὅτι μὲν γὰρ ὁ Ζεὺς σοφιστής ἐστιν καὶ ἡ τέχνη αὕτη παγκάλη ἐστί, πολλαχοῦ καὶ ἄλλοθι δηλοῖ [sc. Ὅμηρος], ἀτὰρ καὶ ἐνταῦθα [Od. XIX 178f.].[13]

Damit wird Homer als Vater der Sophistik noch übertrumpft und Zeus selbst zum Ahnherrn dieser Kunst gemacht. Der Altersbeweis des Protagoras wird also gleichsam perfektioniert - denn Zeus als πρῶτος εὑρετής

---

[10] Herodot II 53,3. Vgl. dazu oben § 2, Abschnitt 1 mit Anm. 10. Die Zusammenstellung begegnet auch an anderen Stellen, z.B. Symposion 209 d 1; Politeia II 363 a 8; 377 d 4; Minos 318 e 2; u.ö.

[11] Joachim Dalfen: „... wie auch früher schon“. Ein Kapitel politischer Psychologie bei Aristophanes, in: FS Franz Egermann, München 1985, S. 67-80, Zitat S. 74.

[12] Wie die Epinomis (vgl. oben § 2, Anm. 2) hält Wichmann auch den Minos für platonisch (a.a.O., S. 130, Anm. 254).- An anderer Stelle bezeichnet Sokrates auch den Gott Hades als τέλεος σοφιστής (Pl. Cra. 403 e 4). Vgl. auch Smp. 203 d 7-8, wo Eros δεινὸς γόης καὶ φαρμακεὺς καὶ σοφιστής genannt wird.

[13] (Ps.[?])Platon: Minos 319 c 3-4. Die beiden Verse aus der Odyssee werden zitiert in Min. 319 b 5-6.

wäre ja allenfalls noch mit einem Argument à la Aristophanes zu übertreffen, das dann aber seinerseits eines weiteren Altersbeweises bedürfte.[14]

2. Eros als ältester Gott

Im Symposion kommen die Teilnehmer überein, daß ein jeder eine Lobrede auf den Gott Eros halten solle. Die erste Rede hält Phaidros, der so beginnt:

> ἔφη [sc. der Erzähler] Φαῖδρον ἀρξάμενον ἐνθένδε ποθὲν λέγειν, ὅτι μέγας θεὸς εἴη ὁ Ἔρως καὶ θαυμαστὸς ἐν ἀνθρώποις τε καὶ θεοῖς, πολλαχῇ μὲν καὶ ἄλλῃ, οὐχ ἥκιστα δὲ κατὰ τὴν γένεσιν. τὸ γὰρ ἐν τοῖς πρεσβύτατον εἶναι τὸν θεὸν τίμιον κτλ.[15]

Auch für einen Gott also ist es ein Lob, wenn man von ihm sagt, daß er auf ein hohes Alter zurückblicken kann! Sogleich folgt dann das τεκμήριον: Eros hat keine Eltern, solche werden auch nicht bei einem Dichter angeführt. Bei Hesiod kommt gleich nach dem Chaos Erde und Eros. Diese Meinung wird auch von Akusilaos und Parmenides vertreten.[16] So kann Phaidros das Ergebnis formulieren:

> πρεσβύτατος δὲ ὢν [sc. ὁ Ἔρως] μεγίστων ἀγαθῶν ἡμῖν αἴτιός ἐστιν[17].

Diesen Gedanken nimmt Phaidros dann am Schluß seiner Rede auf den Eros noch einmal auf:

> οὕτω δὴ ἔγωγέ φημι Ἔρωτα θεῶν καὶ πρεσβύτατον καὶ τιμιώτατον καὶ κυριώτατον εἶναι κτλ.[18]

Den Kommentar zu dieser Rede liefert Quintilian, wenn er sagt: *addunt*

---

[14] Vgl. oben § 3 über den Altersbeweis in den Vögeln.

[15] Platon: Symposion 178 a 6 - b 1. Zur Konstruktion des letzten zitierten Satzes: „the clause τό ... θεόν is the subject, τίμιον (*sc.* ἐστί) the predicate ... ἐν τοῖς with a superlative which does not agree with τοῖς is a fixed phrase." (Kenneth Dover [Hg.]: Plato: Symposium, Cambridge 1980, S. 90.)

[16] Pl. Smp. 178 b 1-11. Dover bezeichnet die Behauptung des Phaidros bezüglich der Eltern des Eros als „untrue, for many poets ... had specified the parents of Eros" (ebd.), doch darauf kommt es in diesem Zusammenhang nicht an.

[17] Pl. Smp. 178 c 2-3.

[18] Pl. Smp. 180 b 6-7.

etiam diis honorem parentes, ut si quis sit filius Iovis, addit antiquitas, ut iis, qui sunt ex Chao[19].

Exkurs: Die rhetorische Lehre bezüglich des *genus laudativum*

Die Argumentation des Phaidros ist kein Einzelfall. Sie entspricht genau der rhetorischen Lehre bezüglich des *genus laudativum*. Was bei den Göttern die *antiquitas*, ist bei den Menschen die alte Familie, und sogar für die *laudatio* von Städten gibt es eine einschlägige Anweisung des Quintilian: *laudantur autem* u r b e s *similiter atque homines. nam pro parente est conditor, et multum auctoritatis adfert vetustas, ut iis, qui terra dicuntur orti*[20]. Ganz gleich also, wem die *laudatio* gilt, einem Gott, einem Menschen oder einer Stadt: die *antiquitas* ist in jedem Fall ein Faktor, den kein Redner unberücksichtigt lassen wird.

Neben anderen Gründen wäre es also schon von der rhetorischen Lehre her geboten, daß die Apologeten auf die *antiquitas* zu sprechen kommen. Nun sind die Apologeten allerdings, streng genommen, nicht Verfasser von *laudationes*; sie sind jedoch immer, jedenfalls in gewissem Sinne, *laudatores* ihrer Sache. Umgekehrt versuchen die Gegner sowohl der Juden als auch der Christen - sie erscheinen ja stets als λοιδορούντες, auch wenn sie nicht eine *vituperatio* im strengen Sinn schreiben -, diese *antiquitas* zu bezweifeln bzw. gänzlich zu bestreiten. Wie man z.B. aus der Entgegnung des Josephus schließen kann, geschah dies nicht ohne Erfolg.[21]

Hätte Quintilian in seinem Werk schon den *laudator religionis Iudaeorum* bzw. *Christianorum* im Auge gehabt, so hätte er unschwer seine einschlägigen Regeln um diesen Fall erweitern können: *laudantur autem religiones similiter etc.*

3. Der Altersbeweis für Platons Politeia

Im Dialog Timaios berichtet Kritias einen λόγος, dessen Urheber ὁ τῶν ἑπτὰ σοφώτατος Σόλων ist.[22] Dieser Solon reiste nach Sais in Ägypten und wurde dort ehrenvoll empfangen. Aber es erging ihm wie später dem Hekataios und dem Herodot:

> καὶ δὴ καὶ τὰ παλαιὰ ἀνερωτῶν ποτε τοὺς μάλιστα περὶ ταῦτα τῶν ἱερέων ἐμπείρους, σχεδὸν οὔτε αὐτὸν οὔτε ἄλλον Ἕλληνα οὐδένα οὐδὲν ὡς ἔπος εἰπεῖν εἰδότα περὶ τῶν τοιούτων ἀνευρεῖν[23].

---

19 Quintilian: Institutio oratoria III 7,8.- Zum *genus laudativum* vgl. Josef Martin: Antike Rhetorik. Technik und Methode, HAW II 3, München 1974, S. 177ff.

20 Quint. Inst. III 7,26.

21 Josephus: Contra Apionem I 1-5. Hier begegnet auch das Stichwort λοιδορούντες (§ 3).

22 Platon: Timaios 20 d 7 - e 1.- Vgl. dazu Henri Joly: Platon égyptologue, RPFE 107 (1982), 255-266, besonders S. 259-262.

23 Pl. Ti. 22 a 1-4.

Hier wird in aller Kürze - von einem Griechen! - der Sachverhalt formuliert, den die Apologeten den Griechen vorzuhalten nicht müde werden. Als Beispiel sei hier nur Josephus angeführt, der sagt: ἐπέρχεταί μοι πάνυ θαυμάζειν τοὺς οἰομένους δεῖν περὶ τῶν παλαιοτάτων ἔργων μόνοις προσέχειν τοῖς Ἕλλησι[24], um sodann nachzuweisen, daß dies ganz und gar unberechtigt ist, denn τὰ μὲν γὰρ παρὰ τοῖς Ἕλλησιν ἅπαντα νέα καὶ χθὲς καὶ πρῴην[25]. Platon zufolge hätte Josephus sich hier gar nicht erst zu bemühen brauchen. Denn Platon läßt Solon kurz und knapp feststellen, wie es mit dem Wissen der Griechen in bezug auf τὰ παλαιά steht: οὐδένα οὐδέν ... εἰδότα ... ἀνευρεῖν.

Doch nicht nur der Anfang dieser Geschichte erinnert stark an Hekataios und Herodot, auch das folgende scheint beinahe eine Dublette zum Erlebnis des genealogisierenden Hekataios: Solon berichtet den Priestern τὰ ἀρχαιότατα, was Griechen überhaupt zu bieten haben, von Phoroneus und Niobe, von Deukalion und Pyrrha,

> καὶ τοὺς ἐξ αὐτῶν γενεαλογεῖν, καὶ τὰ τῶν ἐτῶν ὅσα ἦν οἷς ἔλεγεν πειρᾶσθαι διαμνημονεύων τοὺς χρόνους ἀριθμεῖν· καί τινα εἰπεῖν τῶν ἱερέων εὖ μάλα παλαιόν· „Ὦ Σόλων, Σόλων, Ἕλληνες ἀεὶ παῖδές ἐστε, γέρων δὲ Ἕλλην οὐκ ἔστιν.“[26]

Der Sinn dieser von späteren Autoren häufig angeführten Aussage des ägyptischen Priesters ist nicht „that the Greek *temperament* is that of the 'eternal child', but that the historical records of the Greek world do not go back to a distant period.“[27] Das wird sogleich deutlich, wenn der ägyptische Priester fortfährt:

> νέοι ἐστέ ... τὰς ψυχὰς πάντες· οὐδεμίαν γὰρ ἐν αὐταῖς ἔχετε δι' ἀρχαίαν ἀκοὴν παλαιὰν δόξαν οὐδὲ μάθημα χρόνῳ πολιὸν οὐδέν[28].

So ergeht es dem platonischen Solon in Ägypten nicht anders als Hekataios und Herodot. Staunend steht er vor der chronologischen Perspektive,

---

[24] Josephus: Contra Apionem I 6.

[25] Jos. Ap. I 7.

[26] Pl. Ti. 22 a 5 - b 5.

[27] A.E. Taylor: A Commentary on Plato's Timaeus, Oxford 1928, S. 52.

[28] Pl. Ti. 22 b 6-8.

die sich hier, verglichen mit der griechischen, auftut. Der Gedanke liegt daher nahe, daß Platon diese Szene im Anschluß an Hekataios bzw. Herodot entworfen hat.[29] Zwar erwähnt Platon weder den Hekataios noch den Herodot irgendwo[30], aber daran, daß Platon beide gekannt und gelesen hat, wird man nicht zweifeln können, und die Ähnlichkeit der Szenen ist eine so weitgehende, daß es schwer vorstellbar erscheint, Platon wäre hier nicht von Hekataios und/oder Herodot angeregt worden.[31]

Die Bedeutung dieser Stelle kann man nicht leicht überschätzen. Denn von allen Werken Platons wurde der Timaios am meisten gelesen: „The *Timaeus* remained the most important single dialogue during the Middle Platonic period“[32].

Was die Autoren, die so fleißig den Ausspruch Ὦ Σόλων, Σόλων κτλ. zitieren, verschweigen, ist die Fortsetzung der Geschichte vom Erlebnis des Solon in Sais; damit wird die eigentliche Pointe, auf die die Geschichte zusteuert, unterschlagen. Kann der Leser nämlich sich zunächst auf vertrautem Boden wähnen, solange das weit höhere Alter der ägyptischen Tradition im Vergleich zu der griechischen gewürdigt und erklärt wird[33], so wird er danach von einer abrupten Wendung überrascht, auf die er durchaus nicht vorbereitet war: Die Göttin Athene

> τήν τε ὑμετέραν [πόλιν, sc. Athen] καὶ τήνδε [sc. Sais] ἔλαχεν καὶ ἔθρεψεν καὶ ἐπαίδευσεν, προτέραν μὲν τὴν παρ' ὑμῖν ἔτεσιν χιλίοις, ... τήνδε δὲ ὑστέραν[34].

Solon also erfährt aus dem Munde des Priesters, daß der Staat der Athener

---

[29] Hekataios FGrHist 1 F 300 = Herodot II 143-145, vgl. oben § 1.

[30] Leonard Brandwood: A Word Index to Plato, Leeds 1976, S. 323 bzw. 440.

[31] Die Bemerkung bei Taylor z. St. ist wenig ergiebig: „Herodotus (ii. 143) has a similar story of the way in which the priests at Thebes bragged of their antiquity to Hecataeus“ (S. 53). Vgl. auch Christian Froidefond: Le mirage égyptien dans la littérature grecque d'Homère à Aristote, Thése Paris 1971, der eine literarische Abhängigkeit Platons von Herodot annimmt: „La fameuse entrevue d'Hécatée et des prêtres de Thébes ... est agrémentée par Platon d'un certain nombre de détails qui suffisent à faire de cette anecdote un conte“ (S. 288).

[32] John Dillon: The Middle Platonists. A Study of Platonism 80 B.C. to A.D. 220, London 1977, S. 8.

[33] Pl. Ti. 21 e 7 - 23 b 6.

[34] Pl. Ti. 23 d 6 - e 2. Ein Widerspruch zu dem vorher Gesagten liegt allerdings nicht vor; anders jedoch J. Gwyn Griffiths: Atlantis and Egypt, Hist 34 (1985), 3-28, S. 3f.

die 8000jährige ägyptische Tradition um ganze 1000 Jahre übertrifft. Damals schon gab es einen Staat in Attika, und dieser war

πόλις ἀρίστη πρός τε τὸν πόλεμον καὶ κατὰ πάντα εὐνομωτάτη διαφερόντως· ᾗ κάλλιστα ἔργα καὶ πολιτεῖαι γενέσθαι λέγονται κάλλισται πασῶν ὁπόσων ὑπὸ τὸν οὐρανὸν ἡμεῖς ἀκοὴν παρεδεξάμεθα[35].

Platon läßt den Kritias durch die Geschichte von Solon einen Altersbeweis führen. Was aber ist das Ziel dieses Altersbeweises? Platon argumentiert - soviel ist deutlich - nicht für den «real existierenden» Staat der Athener. Diesem steht er bekanntlich durchaus skeptisch gegenüber. Doch worum geht es ihm dann? Um diese Frage beantworten zu können, muß man auf den Anfang des Dialogs Timaios zurückgehen. Der Timaios läßt sich - grob gesprochen - in drei Teile gliedern, die man, den hauptsächlichen Sprechern nach, bezeichnen kann als

1. Die Wiederholung des Sokrates,
2. Kritias über den Urstaat der Athener und
3. Timaios über die Entstehung der Welt.[36]

Im ersten Teil faßt Sokrates die Ergebnisse einer Rede zusammen, die er am Vortage über den Staat gehalten hat.[37] Diese Zusammenfassung beschließt Sokrates mit den Worten:

ἡδέως γὰρ ἄν του λόγῳ διεξιόντος ἀκούσαιμ᾽ ἂν ἄθλους οὓς πόλις ἀθλεῖ, τούτους αὐτὴν ἀγωνιζομένην πρὸς πόλεις ἄλλας κτλ.[38]

Diesem Wunsch kommt Kritias dann im zweiten Teil nach, indem er die Geschichte des Solon erzählt, die er selbst von seinem Großvater Kritias gehört haben will.[39] Diese Geschichte nun handelt von dem Urstaat der Athener, der dem von Sokrates am Vortag konstruierten Idealstaat ent-

---

[35] Pl. Ti. 23 c 5 - d 1.

[36] A.E. Taylor gliedert folgendermaßen:
„(a) introductory recapitulation of the contents of *Republic* i.-v. by Socrates (17a-19b) ...
(b) relation of Critias of the alleged heroic exploit of Athens in resisting and defeating the kings of Atlantis (20c-26d);
(c) the cosmological discourse of Timaeus ... (27c-92c)."
(A.E. Taylor, a.(Anm. 6)a.O., S. 438.)

[37] Pl. Ti. 17 c 1ff.

[38] Pl. Ti. 19 c 2-4.

[39] Pl. Ti. 20 d 7ff.

sprechend eingerichtet war; er „enjoyed the very institutions described in *Republic* i-v“[40].

Eine Funktion der Erzählung des Kritias[41] ist also, zu zeigen, daß der in Politeia I-V konstruierte Staat durchaus «lebensfähig» ist, weil er - in grauer Vorzeit - bereits ein «real existierender» Staat gewesen ist. Die von Platon am «Schreibtisch» konstruierte Verfassung ist demnach keineswegs neu oder bloße Theorie. Es handelt sich also um einen Altersbeweis für den in Politeia I-V beschriebenen Staat, der hier im Timaios sozusagen nachgeliefert wird.

Dieser Altersbeweis ist schon von antiken Interpreten Platons als solcher erkannt worden. Von Anfang an war die Interpretation dieses Teils des Timaios heftig umstritten. Die eine Richtung der Erklärung suchte ihr Heil in der Allegorese: „Amelius, the friend and editor of Plotinus, thought that the war of Athens and Atlantis symbolizes the contrasted motions of the planets (the offspring of Atlas) and the 'heaven' of the 'fixed' stars“[42]. Die gegenteilige Interpretation hatte Krantor inauguriert, der hier ψιλὴ ἱστορία sieht:

τὸν περὶ τῶν 'Ατλαντίνων σύμπαντα τοῦτον λόγον οἱ μὲν ἱστορίαν εἶναι ψιλήν φασιν, ὥσπερ ὁ πρῶτος τοῦ Πλάτωνος ἐξηγητὴς Κράντωρ[43].

Das Adjektiv ψιλή ist dahingehend zu verstehen, daß es sich um „bloße“ ἱστορία handelt, wobei das „bloße“ im Gegenüber zu den Interpreten zu sehen ist, die «hinter» dem Text noch einen weiteren (darüber hinausgehenden) Sinn entdecken wollen, wie später Amelius; es ging Krantor „um die Abwehr einer (möglicherweise schon früh) versuchten allegorischen Erklärung“[44]. Darum versucht Krantor auch, seine Behauptung zu belegen mit dem Hinweis:

μαρτυροῦσι δὲ καὶ οἱ προφῆται ... τῶν Αἰγυπτίων ἐν στήλαις ταῖς ἔτι σωζομέναις ταῦτα γεγράφθαι λέγοντες[45].

Außerdem hat Krantor noch eine Erklärung, warum Platon überhaupt auf diese ψιλὴ ἱστορία zurückzugreifen gezwungen war: Platon nämlich sei von seinen Zeitgenossen verspottet worden ὡς οὐκ αὐτὸν ὄντα τῆς πολιτείας

---

[40] Pl. Ti. 24 a 2ff. Das Zitat findet sich bei A.E. Taylor, a.(Anm. 27)a.O., S. 13.

[41] Daß Teil 2 des Dialogs nicht zu Teil 3 hinführt, hat A.E. Taylor richtig gesehen: „The tale is not really specially relevant to the *Timaeus*“ (a.(Anm. 27)a.O., S. 51), doch seine Erklärung ist m.E. nicht hinreichend: „It is meant to prepare the way for the fuller account of the Athenian exploit which was to be given by Critias [sc. im Dialog Kritias]“ (ebd.). Man muß daneben vor allem die Verbindung zurück zur Politeia in Anschlag bringen.

[42] A.E. Taylor, a.(Anm. 27)a.O., S. 50.

[43] Krantor 5.1 (Z. 1-3) Dörrie.

[44] Dörrie im Kommentar z.St. (I 329).

[45] Krantor 5.1 (Z. 11-12) Dörrie.

εὑρετήν[46]. Der Vorwurf der Zeitgenossen des Platon zielte also darauf ab, daß Platon nicht selbst seinen Staat „erfunden" habe, sondern daß er von den Ägyptern abhängig sei (μεταγράψαντα τὰ Αἰγυπτίων[47]), es sich bei seinem Werk mithin um ein Plagiat handele. Um sich nun dieses Vorwurfs erwehren zu können, habe Platon - so Krantor - die Atlantis-Geschichte auf Ägypter zurückgeführt „so, als ob die Athener zu irgendeiner Zeit gemäß der im «Staat» dargestellten Verfassung gelebt hätten", d.h. „durch den Bericht von Atlantis tritt Platon den Beweis an, daß die Athener einst die ideale Staatsform - wie im «Staat» beschrieben - besaßen und darum das Volk von Atlantis besiegten"[48]. Der Gedankengang ist nicht ganz leicht nachzuvollziehen: Platon wird vorgeworfen, seinen Staat bei den Ägyptern entlehnt zu haben. Dagegen behauptet er, daß der Staat, den er in der Politeia geschildert hat, nicht ein ägyptischer, sondern in Wahrheit ein altattischer ist. Genau dieses bezeugen die ägyptischen Dokumente, auf Grund derer er die Atlantis-Geschichte berichtet. Mit Hilfe von ägyptischen Dokumenten kann Platon demnach das höhere Alter des altattischen Staates erweisen und sich gleichzeitig von dem Verdacht des Plagiats befreien. Dörrie faßt die Theorie zutreffend zusammen: „Somit hätte Platon, um seinen «Staat» vor dem Verdacht des Plagiates zu schützen, die darin dargestellte Staatsform als einen altattischen Besitz dargestellt."[49]

Schon antike Platon-Interpreten haben also diesen Altersbeweis des Platon aufgespürt und damit zweifellos etwas Richtiges gesehen. Denn der von diesen Interpreten zusätzlich eingeführten Begründung, wonach Platon sich hier gegen den Vorwurf des Plagiats zur Wehr setze, bedarf es ja gar nicht. Vielmehr kann man auch ohne diese zusätzliche Information die Funktion der Atlantis-Erzählung dahingehend bestimmen, daß sie

1. der Verklammerung des Timaios mit dem Kritias dient (so Taylor) und
2. - dies ist m. E. noch wichtiger - den Altersbeweis für den in Politeia I-V geschilderten Staat führen soll.

---

[46] Krantor 5.1 (Z. 4-5) Dörrie.

[47] Krantor 5.1 (Z. 6) Dörrie.

[48] Krantor 5.1 (Z. 7-10) Dörrie; das Zitat bei Dörrie im Kommentar z.St. (I 329).

[49] Dörrie ebd. Dörrie bezweifelt allerdings (S. 329f.), daß dies schon auf Krantor zurückgehe; plausibel sei lediglich, daß Krantor gegen den Vorwurf des Plagiats „etwas unternommen" habe (S. 330). Doch kommt es für mich nicht darauf an, ob der im Text skizzierte Gedankengang auf Krantor oder einen Nachfolger zurückgeht.

Man kann sich diese doppelte Funktion so veranschaulichen:

Politeia I-V = ausführliche Darstellung des 1. Teils des Timaios	⟵ Timaios 2. Teil [3. Teil] ⟶	Kritias sozusagen = Timaios 4. Teil

Dem 2. Teil des Timaios kommt demnach im Rahmen der Trilogie Politeia/Timaios/Kritias eine Schlüsselstellung zu.

§ 5 *Die inhaltlichen Voraussetzungen des Altersbeweises der jüdischen und christlichen Apologetik in der späteren griechischen Literatur*

Im Rahmen seiner Interpretation der Eumeniden des Aischylos kommt Karl Reinhardt auf den „Gegensatz von Neu und Alt" zu sprechen.[1] Löst man diese Sätze aus ihrem Zusammenhang, so bieten sie fast so etwas wie eine Zusammenfassung des bisher in Kapitel I Besprochenen:

„... «alt» kann zur Bezeichnung alles dessen werden, was altheilig, streng gebunden, unerbittlich, Inbegriff alles dessen ist, was zu erhalten, hinüberzuretten ist. Dann steigt auf der anderen Seite die Gefahr des Laxen, des Sittenverfalles, der Erschütterung aller Grundlagen, des «Neuen» auf. Erklingt doch das Wort «neu» im Attischen meist nicht mit angenehmen Obertönen. «Neue Götter», schon der Name ist ein Vorwurf. Man denke an den Prozeß des Sokrates! «Neu» eignet sich nicht als Parole, steht nicht im Programm des Fortschritts, «neu» ist Einspruch von konservativer Seite. «Neu» ist fast schon «unerhört». Man tut es, aber rühmt sich dessen nicht. Im Gegenteil, das Neue rechtfertigt sich gern als Altes. Sogar die Sophistik legitimiert sich als uralt (Platons Protagoras). Auch die Olympier in den Eumeniden nennen sich nicht «neu», sie werden von den «Alten» voller Vorwurf so genannt. Es ist nicht wie im fortschrittlichen neunzehnten Jahrhundert. Nein, die Eumeniden feiern keinen «Fortschritt». Für «alt» hat das Griechische zwei Worte, «anfänglich» (archaios) und «vorzeitlich» (palaios). Zum Tadel kann nur das erste werden. «Vorzeitlich» ist hochehrwürdig. Auf das «Alter» kann man sich sehr wirkungsvoll berufen, und die Eumeniden tun es weidlich ... Das «Neue» hat keinen guten Klang."[2]

Auf diesem Hintergrund ist klar, daß ein Altersbeweis eines jüdischen oder christlichen Apologeten in *formaler* Hinsicht keinen griechischen Leser verwundern konnte; daß dies auch in *materialer* Hinsicht gilt, versuche ich in diesem Paragraphen zu zeigen. Hier sollen drei Aspekte behandelt wer-

---

[1] Karl Reinhardt: Aischylos als Regisseur und Theologe, Sammlung Überlieferung und Auftrag, Reihe Schriften, Band 6, Bern 1949, S. 157.

[2] Reinhardt, a.a.O., S. 157f.

den, die für den Altersbeweis der jüdischen und christlichen Apologeten von *inhaltlicher* Bedeutung sind. Es sind dies

1. Die Anschauungen der Griechen über die Herkunft der Philosophie;
2. Ägypten als *das* Land der Bildung für angehende Philosophen;
3. Die Juden aus griechischer Sicht: φιλόσοφοι τὸ γένος.

1. Die Anschauungen der Griechen über die Herkunft der Philosophie

Wenn beispielsweise Justin den christlichen Glauben als Philosophie interpretiert, darf man a *priori* annehmen, daß das für seine heidnischen Hörer bzw. Leser nicht etwas Abwegiges gewesen sein kann. Diese Annahme läßt sich aber auch positiv begründen: Denn dergleichen war schon lange vor Justin ein weit verbreitetes Mittel, das ganz verschiedenen Zwecken dienstbar gemacht werden konnte.

Wendet man sich zunächst den jüdischen Vorgängern des Justin zu, so fällt auf, daß beispielsweise Josephus die verschiedenen Gruppen unter dem Stichwort αἵρεσις beschreibt: Pharisäer wie Sadduzäer, Essener wie Zeloten werden hier den Lesern als Vertreter philosophischer Schulen vorgestellt.[3] Ähnliches begegnet auch bei Philon, der ja schon Mose als philosophischen Lehrer darstellt.[4] Und der ägyptische Zeitgenosse des Josephus, der Priester Chairemon, stellt seinerseits die ägyptischen Priester als Philosophen dar.[5] Man könnte unschwer weiteres Material aus dieser Zeit anführen. Dies soll hier nicht geschehen; ich will vielmehr versuchen, die Voraussetzungen für diese Anschauung von Ägyptern, Juden und Christen noch etwas zu erhellen. In diesem Zusammenhang verdient ein Fragment von Aristoteles Be-

---

[3] Flavius Josephus: De bello Iudaico II 119: τρία γὰρ παρὰ Ἰουδαίοις εἴδη φιλοσοφεῖται. In § 120ff. beschreibt Josephus zunächst die Essener; in § 162ff. folgen die Pharisäer und die Sadduzäer. Von τρεῖς αἱρέσεις τῶν Ἰουδαίων spricht Josephus z.B. in Antiquitates XIII 171 (hier findet sich in § 171-173 ebenfalls eine kurze Beschreibung der drei Philosophenschulen). Dieselben Schulen nennt er Antiquitates XVIII 11 φιλοσοφίαι τρεῖς. Nach einer erneuten Beschreibung derselben (§ 11-22) kommt Josephus in § 23 dann auf die vierte Philosophenschule (d. h. die Zeloten) zu sprechen: τῇ δὲ τετάρτῃ τῶν φιλοσοφιῶν ὁ Γαλιλαῖος Ἰούδας ἡγεμὼν κατέστη.

[4] Philon: De vita Mosis I 21ff.

[5] Pieter Willem van der Horst [Hg.]: Chaeremon: Egyptian priest and stoic philosopher. The fragments collected and translated with explanatory notes, EPRO 101, Leiden 1984, F 10 (S. 16ff.).

achtung:

Eudoxus qui inter sapientiae sectas clarissimam utilissimamque eam (magicam) intellegi voluit, Zoroastren hunc sex milibus annorum ante Platonis mortem fuisse prodidit. sic et A r i s t o t e l e s.[6]

Nach Eudoxos und Aristoteles hat es also schon 6000 Jahre vor Platon philosophische Schulen (*secta* = αἵρεσις) gegeben, und die Philosophie ist demnach gar keine griechische Erfindung. Daß die genannten μάγοι nicht eine vereinzelte Erscheinung sind, zeigt ein weiteres Fragment des Aristoteles:

Ἀριστοτέλης δ' ἐν πρώτῳ περὶ φιλοσοφίας καὶ πρεσβυτέρους εἶναι (τοὺς μάγους) τῶν Αἰγυπτίων κτλ.[7]

Aristoteles hat also offenbar in seinem Dialog Περὶ φιλοσοφίας nicht nur die μάγοι als Philosophen bezeichnet, sondern auch die Ägypter; und er hat darüber hinaus auch die chronologischen Fragen erörtert und den μάγοι die Priorität zugesprochen.[8]

Damit eröffnet sich für jeden Interessierten ein weites Feld. Denn wenn die Geschichte der Philosophie schon zu Aristoteles' Zeit einen Zeitraum von 6000 Jahren umfaßt, so ist es ja durchaus keine Schwierigkeit, in diesen so weit gespannten Rahmen noch die eine oder andere Gestalt bzw. Schule einzuzeichnen, sei es Numa oder Mose, seien es ägyptische Priester oder jüdische Erzväter.

Dies war umso leichter, als die herrschende Meinung ja ohnehin dahin ging, daß die Philosophie zuerst bei den Barbaren heimisch war. Es mag genügen, dies an zwei Beispielen zu erläutern. Ich wähle dazu einen Zeitgenossen der jüdischen Apologeten - Poseidonios - und einen Gewährsmann aus der Zeit der christlichen Apologeten - Lukian.

---

[6] Aristoteles F 34 Rose (= Plin. Nat. XXX 3). Nach Werner Jaeger: Aristoteles. Grundlegung einer Geschichte seiner Entwicklung, Berlin ²1955, S. 133ff., kann an der „Zuverlässigkeit" dieses Fragments kein Zweifel sein. Im Unterschied zu Rose ist allerdings Jaeger der Meinung, daß es dem Buch Περὶ φιλοσοφίας entstammt (a.a.O., S. 136ff.).

[7] Aristoteles F 6 Rose (= Diogenes Laertios I 8).

[8] „Diese streng durchgeführte Chronologie ist nicht das Ergebnis eines bloß antiquarischen Wissenstriebes, es steht ein philosophisches Prinzip dahinter. Aristoteles lehrt, daß die selben Wahrheiten nicht nur ein- oder zweimal, sondern unendlich oft in der Menschheit auftauchen" (Jaeger, a.(Anm. 6)a.O., S. 131).

Poseidonios stammte aus Apamea in Syrien[9] und lehrte in Rhodos: σχολὴν δ' ἔσχεν ἐν Ῥόδῳ[10], wo ihn nicht nur ein philosophisch interessierter Mann wie Cicero, sondern auch Pompeius aufsuchte.[11] Im Blick auf die Herkunft der Philosophie ist folgendes Fragment von Bedeutung:

> εἰ δὲ δεῖ Ποσειδωνίῳ πιστεῦσαι, καὶ τὸ περὶ τῶν ἀτόμων δόγμα παλαιόν [*varia lectio* παλαιοῦ] ἐστιν ἀνδρὸς Σιδονίου Μώχου πρὸ τῶν Τρωικῶν χρόνων γεγονότος.[12]

Nicht auf Demokrit oder Leukipp also geht die Lehre von den Atomen zurück, sondern auf den Phoinikier Mochos, der vor dem trojanischen Krieg gelebt hat.[13]

---

[9] Poseidonios, FGrHist 87 T 1. Die neueste Ausgabe der Fragmente von Poseidonios ist die Theilersche (Willy Theiler [Hg.]: Poseidonios. Die Fragmente, I Texte, II Erläuterungen, TK 10,1.2, Berlin/New York 1982); außerdem ist heranzuziehen: L. Edelstein/I.G. Kidd [Hg.]: Posidonius I. The Fragments, Cambridge Classical Texts and Commentaries 13, Cambridge 1972 (den soeben erschienenen Kommentar von Kidd konnte ich nicht mehr einsehen); Jürgen Malitz: Die Historien des Poseidonios, Zetemata 79, München 1983.

[10] FGrHist 87 T 1, Z. 10. Für das folgende ist von Bedeutung, daß Poseidonios zwar aus Syrien stammte, für das Land seiner Herkunft aber keine weiteren Sympathien hegte: „Im Unterschied zu den meisten bekannten Historikern hatte Poseidonios eine ausgesprochen schlechte Meinung von den Menschen seiner Heimat und sparte in den Historien nicht mit Spott über ihre Dekadenz und ihren Luxus" sagt Malitz a.(Anm. 9)a.O., S. 7. Insbesondere verbindet ihn nichts mit Phoinikien; er spricht also nicht als Apologet, wie das etwa Chairemon oder Josephus tun, wenn er einen Phoinikier zum Vater der Atomlehre macht (dazu siehe gleich).

[11] FGrHist 87 T 8a.b. Für Pompeius schrieb Poseidonios ein Geschichtswerk: καὶ τὴν ἱστορίαν συνέγραψε τὴν περὶ αὐτόν (sc. τὸν Πομπήιον), T 11. Freilich mußte er im Fall des Pompeius nicht mit einem Entwurf von dessen eigener Hand konkurrieren, wie das bei Cicero der Fall gewesen wäre (vgl. dazu unten Kapitel II, § 3, Abschnitt 1 mit Anm. 25).

[12] FGrHist 87 F 67 (Strabon: Geographica XVI 2,24). Theiler (s. o. Anm. 9) druckt den Text als F 57a (der Kommentar Theilers, Band II, S. 65, ist für die vorliegende Fragestellung wenig ergiebig). Edelstein/Kidd (s. o. Anm. 9) haben die Stelle unter der Überschrift „HISTORY OF PHILOSOPHY[:] Sidonian Mochus inventor of atom theory" als F 285.

[13] Mochos wird auch von anderen Autoren erwähnt, so von Josephus (Antiquitates I 107: μαρτυροῦσι δέ μου τῷ λόγῳ πάντες οἱ παρ' Ἕλλησι καὶ βαρβάροις συγγραφάμενοι τὰς ἀρχαιολογίας· καὶ γὰρ καὶ Μανέθων ὁ τὴν Αἰγυπτίων ποιησάμενος ἀναγραφὴν καί Βηρωσὸς ὁ τὰ Χαλδαϊκὰ συναγαγὼν καὶ Μῶχός τε καὶ Ἑστιαῖος καὶ πρὸς τούτοις ὁ Αἰγύπτιος Ἱερώνυμος οἱ τὰ Φοινικικὰ συγγραφάμενοι συμφωνοῦσι τοῖς ὑπ' ἐμοῦ λεγομένοις ...).
Athenaios nennt ihn zusammen mit Σαγχουνιάθων (Deipnosophistai III 100, 4-7), Euseb bietet die weiterführende Notiz, daß die Werke des Mochos von einem gewissen Laitos εἰς Ἑλληνίδα φωνήν übersetzt worden seien (Praeparatio Evangelica X 11,10).
Möglicherweise ist auch bei Diogenes Laertios (Vitae philosophorum I 1) statt Ὦχον: Μῶχον zu lesen (so beispielsweise Diels/Kranz: Demokritos 68 A 55). Iamblichos nennt den Mochos φυσιόλογος und προφήτης (De vita Pythagorica § 14). Damaskios schließlich zitiert ihn als Gewährsmann für τὴν Φοινίκων μυθολογίαν (De principiis, S. 323, Z. 6ff. Ruelle).

Wie Poseidonios sich das Verhältnis zwischen Mochos und Leukipp bzw. Demokrit vorstellt, kann man auch dem folgenden Fragment leider nicht entnehmen:

(καὶ τῶν σώματα φαμένων ...) Δημόκριτος δὲ καὶ Ἐπίκουρος ἀτόμους, εἰ μή τι ἀρχαιοτέραν ταύτην θετέον τὴν δόξαν, καὶ ὡς ἔλεγεν ὁ Στωϊκὸς Ποσειδώνιος, ἀπὸ Μώχου τινὸς ἀνδρὸς Φοίνικος καταγομένην.[14]

Die Aussage wird m.E. eindeutig überinterpretiert, wenn man sagt, von Mochos sei die Atomlehre „zu den Griechen gelangt."[15] Kein Zweifel aber kann daran bestehen, daß Poseidonios in Mochos den πρῶτος εὑρετής der Atomlehre gesehen hat.

Wenn aber ein Mann wie Poseidonios einen Mochos aus der Zeit vor dem trojanischen Krieg für den Erfinder der Atomlehre halten konnte, wie sollten dem Leser einer jüdischen apologetischen Schrift Bedenken kommen, wenn er von Mose las, der vor dem trojanischen Krieg gelebt habe und der Erfinder der Astrologie gewesen sei?

Bezüglich der Philosophie überhaupt, nicht nur im Blick auf einzelne Lehren, behauptet im zweiten Jahrhundert *Lukian* die Priorität der Barbaren. In den *Fugitivi* stellt Lukian ein Gespräch zwischen Apollon und Zeus dar. Dieses wird unterbrochen durch die Φιλοσοφία, die von der Erde heraufgekommen ist.[16] Zeus selbst hatte sie ursprünglich auf die Erde hinunter geschickt, damit sie zur Heilung menschlicher Gebrechen tätig würde.[17] Interessant ist nun der Weg, den die Φιλοσοφία nimmt; sie sagt:

Ἧιξα μέν, ὦ πάτερ [sc. Zeus], οὐκ ἐπὶ τοὺς Ἕλληνας εὐθύς, ἀλλ' ὅπερ ἐδόκει μοι χαλεπώτερον τοῦ ἔργου εἶναι, τὸ βαρβάρους παιδεύειν καὶ διδάσκειν, τοῦτο πρῶτον ἠξίουν ἐργάσασθαι.[18]

Die Tatsache, daß die Φιλοσοφία sich zuerst zu den Barbaren wendet,

---

[14] F 57b Theiler; F 286 Edelstein/Kidd (= Sextus Empiricus: Adversus Mathematicos IX 363); das Fragment fehlt bei Jacoby in den FGrHist.

[15] So Ernst Günther Schmidt: Atome bei Mochos, Nonnos und Demokrit, Ph. 122 (1978), 137-143, Zitat S. 137. Das καταγομένην sagt nicht mehr, als daß die Atomlehre auf Mochos zurückzuführen sei; eine Abhängigkeit des Leukipp bzw. Demokrit von Mochus ist darin nicht unbedingt impliziert.

[16] Lukian: Fugitivi § 3.

[17] Fug. § 5.

[18] Fug. § 6.

wird zwar sogleich mit einer Polemik gegen diese Barbaren verbunden und dadurch in ein für die Griechen möglichst günstiges Licht gerückt, doch sie bleibt als solche bestehen. Zuerst wendet sich die Φιλοσοφία zu den Indern, dann nach Äthiopien und Ägypten. Anschließend gelangt sie nach Babylon und über Skythien und Thrakien schließlich ἐς τὴν Ἑλλάδα.[19] Demnach stellt sich die Geschichte der Philosophie folgendermaßen dar: Die Philosophie ist ein Geschenk des Zeus für die Menschen. Sie wurde zunächst zu den Barbaren, erst später dann zu den Griechen gesandt.

Wie weit diese Anschauung verbreitet gewesen sein muß, kann man an dem Werk des Diogenes Laertios sehen. Denn dieses beginnt mit dem Satz:

Τὸ τῆς φιλοσοφίας ἔργον ἔνιοί φασιν ἀπὸ βαρβάρων ἄρξαι.[20]

Im folgenden bemüht sich Diogenes nach Kräften, diese Anschauung zu widerlegen. Ein alter Ausleger charakterisiert dieses Bemühen trefflich so:

Diogenes Laertius, in prooemio, quod libris suis de vitis illustrium philosophorum praemisit, omnem movet lapidem, ut philosophiam, non a barbaris, sed Graecis, initium habuisse demonstret.[21]

Wäre die Meinung τὸ τῆς φιλοσοφίας ἔργον ἀπὸ βαρβάρων ἄρξαι nicht weit verbreitet gewesen, hätte Diogenes sich die Mühe sparen können. Im 3. Jahrhundert mögen die ἔνιοι, die Diogenes in seinem Vorwort bekämpft, hauptsächlich Christen gewesen sein. Doch in den Jahrhunderten davor waren es neben jüdischen Autoren vor allem Griechen selbst, die diese Anschauung vertreten haben.

---

[19] Fug. § 6-8.

[20] Diogenes Laertios: Vitae philosophorum I 1. Falls Diogenes Laertios wirklich ins 3. Jahrhundert n. Chr. zu datieren wäre (die Datierung ist umstritten; „nicht vor dem 3. Jhdt. n. Chr." meint Eduard Schwartz: Art. Diogenes Laertios, PRE V 738-763, wieder abgedruckt in: ders.: Griechische Geschichtschreiber, Leipzig ²1959, 453-491, Zitat hier S. 453.), könnte man in den Ausführungen des Prooemiums sogar ein Echo auf christliche Apologeten vermuten. Allerdings läßt sich eine Kenntnis einschlägiger christlicher Behauptungen jedenfalls nicht aus dem Prooemium des Diogenes erweisen.

[21] Christiani Kortholti in Justinum Martyrem, Athenagoram, Theophilum Antiochenum, Tatianum Assyrium commentarius, Francofurti & Lipsiæ 1686, S. 68 (zu Tatians Oratio ad Graecos I 1, wo es heißt: ποῖον γὰρ ἐπιτήδευμα παρ' ὑμῖν [angesprochen sind die ἄνδρες Ἕλληνες] τὴν σύστασιν οὐκ ἀπὸ βαρβάρων ἐκτήσατο;). Die Schreibweise Kortholts habe ich den heutigen Gepflogenheiten angepaßt (e statt ë, ae statt æ usw.).

2. Ägypten als das Land der Bildung für angehende Philosophen

Wenn die Philosophie zuerst bei Barbaren heimisch war, so ist damit die eine Voraussetzung des apologetischen Altersbeweises schon gegeben: Es bleibt dem jüdischen oder christlichen Apologeten nur noch die Aufgabe, nachzuweisen, daß insbesondere Mose unter diese barbarischen Vorläufer der griechischen Philosophie zu rechnen ist. Nun findet sich aber bei den Apologeten daneben häufig die Vorstellung, daß die Griechen ihrerseits direkt von diesem Mose abhängig sind. Auch für diese Vorstellung war der Boden insofern bereitet, als bei den Griechen selbst die Theorie von der Abhängigkeit einzelner Weiser längst verbreitet war.

In seiner außerordentlich materialreichen Untersuchung über „Orient und griechische Philosophie" zeigt Theodor Hopfner, „daß fast alle bedeutenderen Philosophen bis auf Platon als direkte Schüler der Orientalen, hauptsächlich der Ägypter und Perser, betrachtet wurden."[22] Dies beruht nach Hopfner auf der Meinung, wonach „die Orientalen und namentlich die Ägypter ... überhaupt die Begründer der Philosophie" seien.[23] Zur Veranschaulichung genügt es, sich die Wiedemannsche Liste der Ägyptenreisenden vor Augen zu halten:

„Alcäus (Str. I. 37).
Anaxagoras von Clazomenä (Amm. Marc. 22. 16. 22 ...).
Archimedes (Diod. V. 37).
?Bias (Plut. de aud. poet. 38b).
Chrysippus von Cnidus (Diog. Laert. VII. 7. 10 ...).
Dädalus (Diod. I. 96f.).
Democritus von Abdera (Diod. I. 96, 98 ...).
Eudoxus von Cnidus (Diod. I. 96, 98 ...).
Eumolpides (Diod. I. 29).
Euripides (Diog. L. III. 8 ...).
Hellanicus (Plut. de Is. 34 ...).
Homer ...

[22] Theodor Hopfner: Orient und griechische Philosophie, BAO 4, Leipzig 1925, S. 8 (im Original teilweise gesperrt gedruckt).

[23] Ebd. (im Original gesperrt).

Kleobulos (Diog. L. I. 6. 7 ...).
Lykurgus (Diod. I. 96, 98 ...).
Melampus (Diod. I. 96).
Musäus (Diod. I. 96).
Oenopides von Chius (Diod. I. 96, 98).
Orpheus ...
Pherecydes von Syros ...
Plato (Diod. I. 96, 98 ...).
Pythagoras ...
Simmias (Plut. de gen. Socr. p. 578f.).
Solon (Diod. [I] 69, 96, 98; ... Her. I. 30).
Sphärus (Diog. L. VII. 6. 2; 7. 8).
Telekles (Diod. I. 98).
Thales (Plut. de plac. philos. I. 3 ...).
Theodorus (Diod. I. 98).
Xenophanes aus Colophon (Plut. de Is. 70)."[24]

Alle diese lernbegierigen Männer werden den Apologeten von der griechischen Tradition schon angeboten, bevor diese überhaupt die Feder in die Hand nehmen. So besteht die Aufgabe für sie nur noch darin, einen Zusammenhang zwischen einem oder mehreren dieser philosophischen Touristen[25] und der αἵρεσις des Mose herzustellen. Sämtliche inhaltliche Voraussetzungen für den Altersbeweis finden die Apologeten also schon vor. Heinrich

[24] Alfred Wiedemann: Herodots zweites Buch mit sachlichen Erläuterungen, Leipzig 1890, S. 460-462. Wiedemann leitet seine Liste ein mit den Sätzen: „In dieser Art, ohne genügende Begründung alles Bedeutende in Hellas aus dem Nilthale abzuleiten, hat Herodot unter den Neuern wie unter den Alten zahlreiche Nachfolger gefunden; besonders in alexandrinischer Zeit erschien es als selbstverständlich, dass die grossen Männer der Vergangenheit alle in Aegypten gewesen wären, wobei es wenig verschlug, ob dies in ihre historische Biographie hineinpasste oder nicht. Als Besucher des Nilthales werden in diesem Sinne genannt ..." (S. 460).

[25] Plausibel ist die Vermutung Olof Gigons, wonach die Meinung ursprünglich dahin ging, die Philosophen seien ἱστορίης ἕνεκεν gereist: „Es ließe sich einigermaßen zeigen, wie diese Reisen [Gigon bezieht sich auf die Reisen von „Thales, Pythagoras, Demokrit und Platon"] ursprünglich als ein Ausdruck ionischer periegetischer Polyhistorie galten, dann aber umgewertet wurden in das Bestreben der Griechen, sich durch die Repräsentanten älterer philosophischer Traditionen bei den Barbarenvölkern belehren zu lassen." (Olof Gigon: Das Prooemium des Diogenes Laertios: Struktur und Probleme, in: Horizonte der Humanitas (FS Walter Wili), Bern/Stuttgart 1960, 37-64, Zitat S. 43.)

Dörrie geht noch etwas weiter, wenn er die Situation so beschreibt:

> Seit der Generation Alexanders des Großen gelten den Griechen „die Barbaren als die Bewahrer und Verkünder uralter, geheiligter Wahrheit ... Ihre alten Überlieferungen - νόμιμα βαρβαρικά - schienen in ihrem Wahrheitsgehalt nicht nur denen der Griechen weit überlegen zu sein; sie waren insbesondere dazu angetan, denen, die aufnahmebereit waren, das Heil - σωτηρία - zu bringen. Kurz, die zuvor verachteten Barbaren, ihrer knechtischen Gesinnung wegen gescholten, galten nun als die Bewahrer und als die Künder des Heils."[26]

Im Rahmen der vorliegenden Arbeit ist es nicht erforderlich, der chronologischen Frage nachzugehen, seit wann Griechen ihre Philosophen vom Orient abhängig sein lassen. Hopfner äußert sich dazu folgendermaßen: „Von den ältesten griechischen Philosophen als Schülern der Orientalen wird, wenn wir von der belanglosen Notiz des Herodot über Thales und der ebensowenig besagenden Nachricht des Kritias und Platon über Solon absehen, zuerst von Isokrates im Jahre 391 und von seinem Zeitgenossen Antiphon gesprochen, während die gehaltreicheren Bemerkungen über Solon, Thales, Pythagoras, Demokrit, Platon und Eudoxos erst siebzig Jahre später mit Hekataios von Abdera um das Jahr 320 v. Chr. einzusetzen beginnen."[27] Selbst wenn diese Meinung zutreffend wäre - Herodot und Platon werden von Hopfner vielleicht doch etwas zu leichthin abgetan[28], auch seine Aristoteles-Interpretation[29] bedürfte einer eingehenderen Prüfung -, so wäre Hekataios von Abdera immer noch früh genug, da er älter als alle einschlägigen jüdischen Autoren ist.

3. Die Juden aus griechischer Sicht: φιλόσοφοι τὸ γένος

Damit ist das Material, das die griechische Tradition den jüdischen Apologeten für ihren Altersbeweis bereitstellt, noch nicht erschöpft. Selbst die Anschauung, daß die Juden eine philosophische αἵρεσις sind, konnten die ersten jüdischen Apologeten schon in griechischen Büchern finden. So schreibt Theophrast über die Ἰουδαῖοι:

> κατὰ δὲ πάντα τοῦτον τὸν χρόνον [sc. während der zuvor beschriebenen

[26] Heinrich Dörrie: Die Wertung der Barbaren im Urteil der Griechen. Knechtsnaturen? Oder Bewahrer und Künder heilbringender Weisheit?, in: Antike und Universalgeschichte (FS Hans Erich Stier), Münster 1972, 146-175, Zitat S. 146.

[27] Hopfner, a.(Anm. 22)a.O., S. 11 (im Original gesperrt gedruckt).

[28] Zu Platon und Solon s. oben § 4, Abschnitt 3.

[29] Hopfner, a.a.O., S. 10f.

Opferhandlung], ἅτε φιλόσοφοι τὸ γένος ὄντες, περὶ τοῦ θείου μὲν ἀλλήλοις λαλοῦσι, τῆς δὲ νυκτὸς τῶν ἄστρων ποιοῦνται τὴν θεωρίαν, βλέποντες εἰς αὐτὰ καὶ διὰ τῶν εὐχῶν θεοκλυτοῦντες.[30]

Dies ist keine vereinzelte Stimme. In gleichem Sinne äußern sich neben Theophrast auch Megasthenes[31] und Klearchos[32].

Versucht man zum Schluß, das Ergebnis dieses Kapitels mit Blick auf die jüdischen Apologeten zusammenzufassen, so kann man feststellen, daß die griechische Tradition den jüdischen Apologeten alle Voraussetzungen für ihren Altersbeweis liefert.[33] Dies gilt sowohl in *formaler* als auch in *materialer* Hinsicht.

In *formaler* Hinsicht zeigte es sich, daß der Altersbeweis ein Argument ist, das in durchaus unterschiedlichen Gattungen der griechischen Literatur beheimatet ist, in der Komödie ebenso wie in der Geschichtsschreibung, in dem philosophischen Dialog ebenso wie in der Tragödie. Das berechtigt zu dem Schluß, *daß diese Art von Argumentation sich allgemeiner Verbreitung erfreute. Bemerkenswert ist auch, daß sie* - soweit ich sehe - *nirgendwo prinzipiell in Frage gestellt wird.*

In *materialer* Hinsicht wurde gezeigt, daß schon in klassischer, besonders extensiv dann aber in hellenistischer Zeit, die Abhängigkeit griechischer Denker von orientalischer (insbesondere ägyptischer) Weisheit - interpretiert als Philosophie - angenommen worden ist. Zudem sind gerade die Ju-

---

[30] Theophrast: De pietate, GLAJJ I 4 (= S. 10, Z. 7-9). Anscheinend sieht Theophrast die Juden als „a type of philosophical caste among the Syrians“ (Stern im Kommentar z. St.). Die Frage, ob Theophrast oder Hekataios von Abdera „was the first Greek writer to deal expressly with the Jews“, kann hier unentschieden bleiben (vgl. Stern, a.a.O., S. 8).

[31] Megasthenes sagt in seinen Indica (GLAJJ I 14 [= S. 46]): ἅπαντα μέντοι τὰ περὶ φύσεως εἰρημένα παρὰ τοῖς ἀρχαίοις λέγεται καὶ παρὰ τοῖς ἔξω τῆς Ἑλλάδος φιλοσοφοῦσι, τὰ μὲν παρ' Ἰνδοῖς ὑπὸ τῶν Βραχμάνων, τὰ δὲ ἐν τῇ Συρίᾳ ὑπὸ τῶν καλουμένων Ἰουδαίων, d.h. er rechnet die Juden zu den Philosophen.

[32] Klearchos berichtet in seinem Buch De somno (GLAJJ I 15 [= S. 49f.]), den Aristoteles zitierend, von einem Juden: ... κἀκεῖνος τοίνυν τὸ μὲν γένος ἦν Ἰουδαῖος ἐκ τῆς Κοίλης Συρίας. οὗτοι δέ εἰσιν ἀπόγονοι τῶν ἐν Ἰνδοῖς φιλοσόφων, καλοῦνται δέ, ὥς φασιν, οἱ φιλόσοφοι παρὰ μὲν Ἰνδοῖς Καλανοί, παρὰ δὲ Σύροις Ἰουδαῖοι, τοὔνομα λαβόντες ἀπὸ τοῦ τόπου· προσαγορεύεται γὰρ ὃν κατοικοῦσι τόπον Ἰουδαία (a.a.O., S. 49, Z. 12-16).

[33] Dabei sehe ich in diesem Zusammenhang von der jüdischen Tradition (insbesondere der Septuaginta) ab - obwohl man diese auch zu den Voraussetzungen zählen könnte, da für sie ja der Altersbeweis geführt wird. Siehe die Einleitung zu Kapitel III (unten S. 144ff.).

den schon in der griechischen Tradition als *Philosophen* bezeichnet worden.

Damit ist alles beisammen, was ein jüdischer Apologet an Voraussetzungen benötigt, um seinen Altersbeweis führen zu können.

Zweites Kapitel

Eine zeitgenössische Parallele des apologetischen Altersbeweises: Die römische Literatur

Einleitung

Wollte man das πρεσβύτερον κρεῖττον ins Lateinische übersetzen, so müßte man formulieren *antiquior melior*; doch diese Verbindung habe ich im Sinne des πρεσβύτερον κρεῖττον nirgends finden können.

In seinem Kommentar zu Josephus' *Contra Apionem* verweist Müller auf „eine allgemeine Anschauung des Alterthums, die sich verhältnissmässig lang bei den Römern erhalten hat, dass man das Aeltere für das Bessere hielt, wie Nonnius 425 (288 ed. Roth) sagt: *Antiquior melior*. So erhellt dies aus vielen Redensarten (*nihil antiquius habere quam ut*, u. dgl.), besonders bei Cicero und Livius."[1] Leider erweisen sich diese Angaben Müllers durchweg als verkehrt:

1. Die zitierte Phrase *antiquior melior* läßt sich in der Tat nachweisen, aber bei Nonius Marcellus (nicht „Nonnius", wie Müller angibt) und durchaus nicht in dem Müllerschen Sinne. Der Zusammenhang bei Nonius[2] zeigt vielmehr, daß mit der Phrase *antiquior melior* gemeint ist: „Der Komparativ *antiquior* wird im Sinne von *melior* verwendet" und nicht: „Das Ältere (*antiquior*) ist das Bessere (*melior*)."

2. Ebenso steht es mit der von Müller zitierten Redewendung *nihil antiquius habere quam ut*. Sie ist tatsächlich durchaus geläufig, bedeutet aber nicht das, was Müller unterstellt. Als Beispiel sei eine Cicero-Stelle zitiert:

nec habui quicquam antiquius, quam ut Pansam statim convenirem, das soll heißen: „Die Hauptsache war mir, sofort mit Pansa zusammenzutreffen"[3] und hat mit der Frage des Alters absolut nichts zu tun. Im ThLL findet sich eine Fülle von Belegen für diese Redensart, nirgendwo aber ist sie im Mül-

---

[1] J.G. Müller: Des Flavius Josephus Schrift gegen den Apion. Text und Erklärung, Basel 1877, S. 289.

[2] Wallace M. Lindsay [Hg.]: Nonii Marcelli de conpendiosa doctrina libros XX, Vol. I.II.III, Leipzig 1903, Bd. III, S. 688f.

[3] Helmut Kasten [Hg.]: M. Tulli Ciceronis epistularum ad familiares libri XVI (lat.-dt., Tusc), München 1964, Zitat XI 6,1, Übersetzung von Kasten.

lerschen Sinne verstanden.[4]

Ergebnis: Das lateinische *antiquior melior* entspricht nicht dem griechischen πρεσβύτερον κρεῖττον.

Obwohl also die Hochschätzung des Alten im Lateinischen anscheinend nicht so einprägsam formuliert worden ist wie im Griechischen, kann es doch keinen Zweifel daran geben, daß römische Autoren im Zweifelsfall dem Alten gegenüber noch positiver eingestellt sind. Von Cicero bis Augustin wird die Sentenz des Ennius zitiert:

moribus antiquis res stat Romana virisque[5].

Einen ersten Kommentar zu diesem Satz des Ennius liefert sogleich Cicero, wenn er sagt:

itaque ante nostram memoriam et mos ipse patrius praestantes viros adhibebat, et veterem morem ac maiorum instituta retinebant excellentes viri.[6]

Cicero spricht von einem wechselseitigen Verhältnis: Die hergebrachte Sitte zieht hervorragende Männer heran; diese halten dann ihrerseits an der alten Sitte fest. So verwundert es nicht, wenn sich beispielsweise ein römischer Politiker stets auf das Alte beruft und sich als Wahrer des Alten darstellt, ganz gleich, welche politischen Ziele er selbst verfolgt. Das klassische Beispiel für eine solche Haltung ist Caesar. Seine Gegenspieler denunziert er als solche, die Neuerungen anstreben, sich selbst charakterisiert er als Wahrer des *mos maiorum*. Man denke etwa an den Keltenfürsten Dumnorix, den Caesar als

cupidus rerum novarum[7]

bezeichnet. Das *novis rebus studere* ist eine Eigenschaft, die Caesar den Galliern immer wieder ankreidet. Nach seiner Darstellung hat er es mit Leuten zu tun, die

mobilitate et levitate animi novis imperiis studebant[8],

---

4 ThLL II, Sp. 180, Z. 9ff.

5 Ennius F 467 Warmington (= F 156 Skutsch); Cicero: De re publica V 1; Augustin: De civitate Dei II 21 (Dombart/Kalb I 81).

6 Cic. Rep. V 1.

7 Caesar: De bello Gallico I 18,3; wiederholt in Gal. V 6,1. In Gal. I 9,3 sagt Caesar, Dumnorix sei ein Mensch, der *cupiditate regni adductus novis rebus studebat.*

8 Caes. Gal. II 1,3.

ja, ganz allgemein läßt sich sagen:

omnes fere Gallos novis rebus studere[9].

Diesen neuerungssüchtigen Galliern aber steht ein Feldherr gegenüber, dem dergleichen gänzlich fremd ist. Seiner Art entspricht es vielmehr, stets

more et exemplo populi Romani[10]

zu verfahren und sich dabei zu allem Überfluß noch auf die Gewohnheiten der

dii immortales[11]

zu berufen.

Es steht hier nicht zur Debatte, wer eigentlich derjenige war, der in den fünfziger Jahren des ersten Jahrhunderts vor Christus das *novis rebus studere* wirklich betrieb, der römische Feldherr oder die von ihm bekämpften Gallier.[12] Es geht vielmehr um die den zitierten Stellen zugrundeliegende Anschauung, die dergleichen Terminologie allererst hervorruft. Diese Anschauung nun geht eindeutig dahin, daß man sich am Herkommen - dem *mos maiorum* - zu orientieren hat.[13] Wer dies tut, der handelt richtig, er ist ein *vir bonus*. Ja, man kann noch einen Schritt weiter gehen und sagen: Ganz gleich, was einer tut, es empfiehlt sich stets, sich und sein eigenes Verhalten im Lichte des *mos maiorum* darzustellen und dem jeweiligen Gegner das *novis rebus studere* vorzuwerfen. Dies jedenfalls ist offenbar Caesars Maxime.[14]

---

[9] Caes. Gal. III 10,3. Caesar weiß aus Erfahrung, *quod sunt [sc. Galli] in consiliis capiendis mobiles et novis plerumque rebus student* (Gal. IV 5,1).

[10] Caes. Gal. I 8,3. Vgl. auch Gal. I 43,8, wo Caesar sich auf die *populi Romani consuetudo* beruft, welche, wie Gal. I 45,1 zeigt, ganz mit der seinigen übereinstimmt.

[11] Caes. Gal. I 14,5.

[12] Interessant ist in diesem Zusammenhang das Urteil Eduard Meyers: „Revolutionär war er [sc. Caesar] durch und durch" (Eduard Meyer: Caesars Monarchie und das Principat des Pompejus. Innere Geschichte Roms von 66 bis 44 v. Chr., Stuttgart/Berlin [3]1922 (Nachdr. Essen o.J.), S. 141). Und in bezug auf die Eroberung Galliens urteilt Christian Meier: „Das alles widersprach den römischen Maximen, nach denen nur gerechte Kriege geführt werden durften. Und gerecht war ein Krieg nur, wenn es um Wiedergutmachung von Unrecht ging. Unrecht aber konnte es kaum sein, wenn eine auswärtige Macht nicht tat, was Caesar von ihr verlangte." (Christian Meier: Caesar, Taschenbuchausgabe München 1986, S. 313.)

[13] Die *consuetudo a maioribus tradita* wird sogar als Argument in Feindesmund verwendet (Caes. Gal. IV 7,3).

[14] Ich habe Caesar lediglich als Beispiel angeführt und auch nur Stellen aus dem Bellum Gallicum beigebracht. Man könnte aber genauso zum Bellum civile greifen, vgl. etwa, wie

Diese römische Anschauung wird in geradezu klassischer Weise formuliert in einem Edikt der Censoren Cn. Domitius Ahenobarbus und L. Licinius Crassus aus dem Jahre 92 v. Chr. Da heißt es:

Renuntiatum est nobis esse homines, qui novum genus disciplinae instituerunt, ad quos iuventus in ludum conveniat; eos sibi nomen inposuisse Latinos rhetoras; ibi homines adulescentulos dies totos desidere. maiores nostri quae liberos suos discere et quos in ludos itare vellent instituerunt. haec nova, quae praeter consuetudinem ac morem maiorum fiunt, neque placent neque recta videntur. quapropter et his qui eos ludos habent, et his qui eo venire consuerunt, visum est faciundum, ut ostenderemus nostram sententiam, nobis non placere.[15]

Hier hat man die entscheidenden Elemente beisammen: Ein *novum genus disciplinae* - unerhört, so etwas überhaupt in Erwägung zu ziehen! - muß natürlich von vornherein *praeter consuetudinem ac morem maiorum* sein. Damit ist dann schon entschieden, wie das Urteil lauten muß: *neque placent neque recta videntur.*

Man geht wohl nicht fehl, wenn man diese Formulierung verallgemeinert und die römische Anschauung dem Neuen gegenüber auf die Formel bringt:

nova neque placent neque recta videntur.

Nicht nur die Censoren Cn. Domitius Ahenobarbus und L. Licinius Crassus lassen sich von dieser Maxime leiten. Diese ist vielmehr für die Mehrheit der römischen Bürger maßgeblich, wie gerade auch aus Zeugnissen von Leuten hervorgeht, die dezidierte Gegner dieser Maxime sind. Als Beispiel sei hier nur Q. Horatius Flaccus, ein sehr genauer Beobachter seiner Zeit und seiner Zeitgenossen, genannt. Er bezeichnet den *populus Romanus* in seinem Brief an Augustus als

fautor veterum,

Caesar seine Gegner in Civ. I 6 und I 7 darstellt (*quod ante id tempus accidit nunquam*, Civ. I 6,7; *contra omnia vetustatis exempla*, ebd.; *novum in re publica introductum exemplum*, I 7,2; *novi generis imperia* habe man gegen ihn eingeführt, heißt es an späterer Stelle: I 85,8). Man könnte natürlich auch andere Beispiele diskutieren, etwa Sallust, den Caesar als Statthalter einsetzte: „Der beutete das Land dann derart aus, daß er nur gegen sehr hohe Bestechungssummen in Rom freigesprochen wurde. In seinem Geschichtswerk präsentiert er sich als Vertreter der altrömischen Moral." (Christian Meier, a.a.O., S. 508.)

[15] Das Edikt ist überliefert bei Aulus Gellius: Noctes Atticae XV 11,2. Es wird außerdem (in fast demselben Wortlaut) zitiert bei C. Suetonius: De grammaticis et rhetoribus 25,1.

„in das Alte vernarrt", wie Rudolf Helm übersetzt.[16] Ekel und Haß, so sagt Horaz, empfinde das Volk allem gegenüber, was nicht von weit her und aus vergangener Zeit komme.[17] Eine Folge dieser Haltung sei es, daß das Volk das Zwölftafelgesetz, die Bücher der Priester und anderes für von den Musen selbst diktiert halte.[18] Derselben Haltung entspringt es, wenn man etwas verwirft,

... non quia crasse
conpositum inlepideve putetur, sed quia nuper,
nec veniam antiquis, sed honorem et praemia posci.[19]

Horaz selbst ist damit keineswegs einverstanden, und er bietet alle ihm zu Gebote stehenden Mittel auf, um diese Haltung *ad absurdum* zu führen. Denn der *laudator temporis acti*[20] ist keine Figur, die sich seiner Sympathie erfreuen könnte. Aus diesem Grund kämpft Horaz „gegen einen rückständigen Geschmack" und bemüht sich um eine „Apologie der zeitgenössischen Dichtkunst"[21]. Diese Apologie ist deswegen erforderlich, weil der rückständige Geschmack, der sich an das Alte hält, sich großer Beliebtheit erfreut: „Im Einverständnis ist der Dichter jeweils mit wenigen erlesenen Freunden aus dem geistigen Adel Roms."[22] Der durchschnittliche Römer, dem die Erlesenheit abgeht, hält sich an die *auctoritas veterum*[23], ihm geht ja die *auctoritas antiquitatis*[24] über alles, ja, man hat geradezu von einer *fides vetustatis*[25] gesprochen, dem Vertrauen, das auf dem Alter beruht (und das dem Alter daher auch entgegengebracht wird).

---

[16] Rudolf Helm [Hg.]: Q. Horatii Flacci sermones et epistulas (lat.-dt., BAW.RR), Zürich/ Stuttgart 1962, hier Epistulae II 1, 23 (= S. 306f.).

[17] A.a.O., 20ff. (= S. 306). Die beiden Verben sind *fastidit et odit.*

[18] A.a.O., 23-27 (*...dictitet Albano Musas in monte locutas).*

[19] A.a.O., 76-78 (= S. 310).

[20] Horaz: De arte poetica 173 (= S. 364).

[21] Friedrich Klingner: Horazens Brief an Augustus, SBAW.PH 1950,5, S. 32.

[22] A.a.O., S. 30.

[23] Quintilian: Institutio oratoria IV 2,118.

[24] A.a.O. I 6,39.

[25] A.a.O., XII 4,2.

Wo vom „Wesen des Römertums“[26] die Rede ist, darf man darum die prägnante Zusammenfassung des Ennius:

moribus antiquis res stat Romana virisque

nicht vergessen.[27] Denn die *veneratio antiquitatis*[28] macht Römer für den Altersbeweis womöglich noch empfänglicher als Griechen.

---

[26] Hans Oppermann: Römertum. Ausgewählte Aufsätze und Arbeiten aus den Jahren 1921-1961, WdF 18, Darmstadt 1962, hier Einleitung, S. 9.

[27] In dem genannten Werk kommt der *mos antiquus* jedenfalls zu kurz. Das gilt auch für den ebenfalls von Hans Oppermann herausgegebenen Sammelband: Römische Wertbegriffe, WdF 34, Darmstadt 1967.

[28] Diese Formulierung findet sich im Martyrium der Perpetua und Felicitas, I 1 (Gustav Krüger/Gerhard Ruhbach [Hg.]: Ausgewählte Märtyrerakten, SQS NF 3, Tübingen [4]1965, S. 36).

τῆς Ῥωμαίων πόλεως, τοιαύτην ἐκ μακροῦ δύναμιν κεκτημένης καὶ τοιαύτας πράξεις κατορθούσης πολεμικάς, οὔθ' ὁ Ἡρόδοτος οὔτε Θουκυδίδης οὔτε τῶν ἅμα τούτοις γενομένων οὐδὲ εἷς ἐμνημόνευκεν, ἀλλ' ὀψέ ποτε καὶ μόλις αὐτῶν εἰς τοὺς Ἕλληνας ἡ γνῶσις διεξῆλθεν.[1]

Josephus, von dem diese Zeilen stammen, steht nicht in dem Verdacht, römerfeindlich zu sein. Aber selbst für einen Freund der Römer ist es nicht zu leugnen: „Daß die Griechen erst sehr spät ihre Aufmerksamkeit auf Rom gerichtet haben, ist gewiß, und wird auch ausdrücklich bezeugt."[2] Nicht ohne eine gewisse Schadenfreude führt der Jude Josephus dieses Argument ins Feld; denn wenn schon nichts sonst, so haben die Römer wenigstens dies mit den Juden gemeinsam, daß die Griechen erst spät überhaupt von ihnen Notiz genommen haben. Zutreffend führt Josephus die Klassiker Herodot und Thukydides an, die beide Rom mit keinem Wort erwähnen. Wenn er diesen beiden Namen aber hinzufügt: οὔτε τῶν ἅμα τούτοις γενομένων οὐδὲ εἷς, so ist dies nicht richtig. Denn es sind Fragmente von drei griechischen Historikern erhalten, die alle etwas jünger sein dürften als Herodot, aber doch alle drei eindeutig noch ins 5. Jahrhundert gehören, die Rom erwähnen. Es sind dies Hellanikos von Lesbos[3], Damastes von Sigeion[4] und Antiochos von Syrakus[5]. Der Irrtum des Josephus scheint verzeihlich angesichts der Tatsache, daß man noch in einem renommierten Standardwerk unseres Jahrhunderts liest, das Wort Rom komme in der griechischen Literatur zuerst bei Aristoteles vor.[6] Und immerhin ist dem Josephus zu-

---

[1] Josephus: Contra Apionem I 66.

[2] A. Schwegler: Römische Geschichte I 1, 2. Aufl. Tübingen 1867, S. 3. Hier auch zahlreiche weitere Belege für diesen Sachverhalt (S. 3-7 mit Anmerkungen). Die Materialsammlungen Schweglers sind bis heute nicht überholt.

[3] FGrHist 4 F 84.

[4] FGrHist 5 F 3.

[5] FGrHist 555 F 6. Alle drei Fragmente entstammen Dionysios von Halikarnassos: Antiquitates Romanae I 72 und 73. Hermann Strasburger: Zur Sage von der Gründung Roms, SHAW.PH 1968, 5, S. 14, bezeichnet das Antiochos-Fragment als das älteste Zeugnis, jedoch ohne dafür eine Begründung zu geben.

[6] LSJ, Art. Ῥώμη, S. 1578: „first mentioned in Gr. literature by Arist. *Fr.* 610". Das Ari-

zugestehen, daß die Notizen bei Hellanikos, Damastes und Antiochos außerordentlich kurz sind. Selbst der Sammlerfleiß eines Dionysios von Halikarnassos vermochte offenbar für das 5. Jahrhundert mehr nicht zusammenzubringen.

Im Vergleich mit den Juden freilich steht es mit den Römern noch viel schlimmer: Nicht nur, daß die Griechen zunächst keine Notiz von ihnen nahmen - sie haben auch selbst keinen einzigen alten Historiker aufzuweisen:

παλαιὸς μὲν οὖν οὔτε συγγραφεὺς οὔτε λογογράφος ἐστὶ Ῥωμαίων οὐδὲ εἷς.[7]

Um noch einmal Schwegler zu zitieren: „In der That ist Fabius Pictor der älteste römische Geschichtschreiber, von dem wir wissen: als den ältesten bezeichnet ihn auch Livius mit ausdrücklichen Worten."[8] Aus welcher Perspektive man die Dinge auch betrachtet, aus griechischer, römischer oder jüdischer, die einhellige Meinung der antiken Autoren geht dahin, daß es mit den Quellen für die älteste römische Geschichte nicht zum besten steht und daß insbesondere die römische Geschichtsschreibung selbst erst mit Fabius Pictor beginnt.

1. Quintus Fabius Pictor

Die Lage wird vollends deutlich, wenn man die Frage aufwirft, welche Art von Quellen dem Fabius Pictor zur Verfügung gestanden hat. Was zunächst die römische Literatur angeht, so lag diese zu seiner Zeit in den allerersten Anfängen. Livius Andronicus hatte die Odyssee ins Lateinische übersetzt, Naevius, „der erste Römer, der es verdient, ein Dichter zu heißen"[9], hatte die Gründungssage (in seinem Stück *Romulus*) und den er-

---

stoteles-Fragment 610 (Rose) stammt aus Plutarch: Kamillos 22,4. Es ist wesentlich später als die oben genannten Autoren, die ja ins 5. Jahrhundert gehören. Ebenfalls ein schiefes Bild vermittelt der Art. Ῥωμαῖος (LSJ, S. 1578), wo lediglich Polybios zitiert wird, obwohl das Wort schon Mitte des 4. Jahrhunderts belegt ist (bei Aristoxenos, Fragment 17 Wehrli, vgl. Diels/Kranz 14 (d.i. Pythagoras) F 12). Die Fehlinformationen bei LSJ sind umso unverständlicher, als schon bei Schwegler, a.a.O., S. 3ff., das gesamte Material zusammengestellt ist. Walter Bauer folgt in seinem Wörterbuch (s.v. Ῥωμαῖος und s.v. Ῥώμη, Sp. 1464) offenbar den falschen Informationen von LSJ.

7 D. H. I 73,1. Der Satz könnte genausogut bei Josephus stehen.

8 Schwegler, a.a.O., S. 3, mit Hinweis auf Livius I 44,2: *scriptorum antiquissimus Fabius Pictor* und Livius II 40,10: *apud Fabium, longe antiquissimum auctorem etc.*

9 Theodor Mommsen: Römische Geschichte I 903.

sten punischen Krieg (in dem Epos *Bellum Punicum*) behandelt, Plautus hatte griechische Stücke in lateinischem Gewand auf die Bühne gebracht. Ennius schließlich ist schon den Zeitgenossen des Fabius Pictor zuzurechnen.

Aufgrund dieser literarischen Erzeugnisse eine Geschichte Roms zu schreiben ist schlechterdings nicht denkbar. Darüber hinaus gab es „eine magere Stadtchronik, die kaum über die Mitte des 4. Jahrhunderts zurückreichte, dazu einige Listen von Magistraten, die allenfalls in der Mitte des 5. Jahrhunderts einsetzte. Für die Königszeit und die frühe Republik fehlte also praktisch jede Tradition. Und doch konnte die Herrin der Welt nicht ohne eine Frühgeschichte sein, und da man sie nicht hatte, mußte man sie rekonstruieren.“[10]

Nun ist es gewiß einer Überlegung wert, was einen Mann wie Fabius Pictor veranlassen konnte, sich solcher Aufgabe zuzuwenden. Denn für einen römischen Senator gab es ja in und auch nach dem hannibalischen Krieg wahrlich Aufgaben genug, und noch zur Zeit Ciceros galt eine literarische Betätigung in Kreisen der Nobilität nicht ohne weiteres als standesgemäß. Und Fabius Pictor war ja nicht ein beliebiges Mitglied des Senats, wie z.B. die Mission nach Delphi im Anschluß an die Schlacht bei Cannae im Jahre 216 beweist.[11] „Obwohl er natürlich das Orakel mit betonter Pietät befragte, wie er selbst berichtete, waren seine Informationen über die antirömische Stimmung unter den Griechen, die von den griechischen Historikern Hannibals genährt wurde, der regierenden Körperschaft gewiß wichtiger. Der ganze Tenor und die Tendenz seines Werkes vermitteln den Eindruck, daß seine Annalen - griechisch für Griechen geschrieben - als Antwort auf die Propaganda des Todfeindes in Griechenland und den hellenistischen Königreichen gedacht waren.“[12]

Auf den ersten Blick mag es verwundern, daß ein dem tagespolitischen Streit entsprungenes Werk wie das des Fabius Pictor seinen Ausgangspunkt

---

[10] Jochen Bleicken: Rom und Italien, S. 27-96 in: Propyläen Weltgeschichte IV (Berlin/ Frankfurt/Wien 1963), Zitat S. 47.

[11] Die Texte sind gesammelt bei FGrHist 809 T 3. Es ist bezeichnend, daß Fabius Pictor ein „griechischer Historiker“ ist!

[12] Andreas Alföldi: Das frühe Rom und die Latiner, Darmstadt 1977, S. 162. Zur Orakelbefragung vgl. FGrHist 809 T 3 d (= Livius XXIII 11).

in grauer Vorzeit, genauerhin bei Aeneas, nimmt. Wäre es nicht naheliegend gewesen, sich auf die Zeitgeschichte zu beschränken? Welchem Zweck soll es dienen, so weit auszuholen und bis auf die Gründung der Stadt, ja bis auf die «römische Vorgeschichte» zurückzugreifen?

Die Anlage des Werkes des Fabius Pictor erhellt aus Dionysios von Halikarnassos; dieser berichtet, Fabius Pictor habe die selbsterlebte Zeit gründlich (ἀκριβῶς) behandelt, die ältere Geschichte nach der Gründung der Stadt aber nur summarisch (κεφαλαιωδῶς).[13] Der Anfang der Ereignisse (bis hin zur κτίσις) und die Gegenwart bzw. die jüngste Vergangenheit waren dem Fabius Pictor wichtig.[14] Wenn es richtig ist, „daß Fabius Pictor seine Annalen zunächst schrieb, um der Propaganda der griechischen Geschichtsschreiber Hannibals, des Silenos, Chaireas, Sosylos und anderer, entgegenzutreten“[15], so müssen die Annalen des Fabius Pictor zumindest *auch* als Propaganda angesehen werden. In diesem Zusammenhang sei daran erinnert, daß Fabius Pictor, wie auch seine Nachfolger, nicht lateinisch, sondern griechisch schrieben, daß sie also auf ein griechisches Publikum[16] zielten. Vor diesem Publikum gilt es, zunächst einmal das Vorurteil auszuräumen, als seien die Römer ein Haufen von Barbaren. Aus einem *populus novus* gilt es einen *populus antiquus* zu machen. Rom soll Griechenland als ebenbürtig an die Seite gestellt werden, zumindest was die Länge der Tra-

---

[13] D. H. I 6,2. Interessanterweise folgt noch M. Porcius Cato diesem Aufriß. Auch er behandelt die Zeit zwischen den *origines* und der «Zeitgeschichte» *capitulatim* (Cornelius Nepos: Vita Catonis 3,4).

[14] Matthias Gelzer: Römische Politik bei Fabius Pictor, in: ders.: Kleine Schriften III, Wiesbaden 1964, S. 51-92, behandelt dieses Testimonium (S. 51), um sich sogleich dem 3. Jahrhundert zuzuwenden. Die Frage, warum Fabius Pictor neben dem „Selbsterlebte[n]“ auch „die κτίσις Roms breit“ darstellt, taucht bei Gelzer nicht auf. Wie ausführlich Fabius Pictor die Ereignisse bis hin zur κτίσις geschildert haben muß, kann man sich an der behaglichen Breite, in der die Geburt und Jugend von Romulus und Remus erzählt werden (FGr Hist 809 F 4), klarmachen. Für meine Argumentation ist die Frage ohne Belang, bis *wann* für Fabius Pictor die Zeit der κτίσις reicht. Vgl. dazu Dieter Timpe: Fabius Pictor und die Anfänge der römischen Historiographie, in: ANRW I 2 (1972), 928-969, hier besonders S. 932-940. Timpe kommt zu dem Ergebnis, daß die κτίσις „bis 450“ reiche (a.a.O., S. 940).

[15] Alföldi, a.a.O., S. 164. Silenos von Kaleakte (FGrHist 175), Chaireas (FGrHist 177) und Sosylos von Lakedaimon (FGrHist 176) schreiben „mindestens teilweise für ein griechisches publikum, bei dem Hannibal sympathien zu erwecken suchte, soweit solche nicht schon vorhanden waren“, bemerkt Jacoby in der Einleitung zu FGrHist 175 (S. 600, Z. 33-35).

[16] Gelzer, a.a.O., S. 51. Vgl. auch die Skizze von Arnaldo Momigliano: The Historians of the Classical World and Their Audiences, The American Scholar 47 (1978), 193-204.

dition angeht. Das römische Volk muß nicht nur mit einer ruhmreichen, sondern auch mit einer altehrwürdigen Geschichte ausgestattet werden.

Ein Altersbeweis ist es also, mit dem man hofft, auf die Griechen Eindruck machen zu können. Die Anknüpfung der römischen Geschichte an die griechische Mythologie dient dem Bestreben, dem römischen Volk eine respektable Ahnenreihe zu verschaffen, eine Ahnenreihe, die offenbar auch in Fragen der Tagespolitik Vorteile bietet. Deswegen ist die Vorstellung, wonach Rom letztlich auf Aeneas und seine Nachkommen zurückgeht, fester Bestandteil des Werkes des Fabius Pictor und seiner Nachfolger.[17] Gerade dieser Teil seines Werkes sollte dem „Hauptanliegen“ des Fabius Pictor dienen, „richtige, das heißt für Rom günstige Ansichten über den Charakter der römischen Politik zu verbreiten.“[18]

Schon das erste Fragment ist von ganz besonderer Bedeutung: Der Traum des Aeneas ist von solcher Art

> *ut omnia, quae ab Aenea gesta sunt, quaeque illi acciderunt, ea fuerint, quae ei secundum quietem visa sunt.*[19]

Dadurch wird die Bedeutung des Aeneas und seines künftigen Tuns in besonderer Weise hervorgehoben. Träume als solche sind freilich nichts Be-

---

[17] Bis hin zu A. Postumius Albinus (Consul 151) schreiben die römischen Annalisten griechisch; L. Cincius Alimentus knüpft wie Fabius Pictor an die Ilia an (F 3 bei Peter, HRR), A. Postumius Albinus handelt *de adventu Aeneae* (F 3 bei Peter, HRR). C. Acilius dagegen scheint direkt an griechische Gestalten angeknüpft zu haben (F 1 bei Peter, HRR); ob er daneben auch Aeneas behandelt hat, ist nicht mehr zu erkennen.

[18] Gelzer, a.a.O., S. 51. Ähnlich Friedrich Klingner: Römische Geschichtsschreibung, in: ders.: Römische Geisteswelt, München [5]1965, S. 66-89: „Er ist mit einem griechischen Werke unter die Griechen getreten und hat ihnen Rom und sein Handeln verständlich zu machen und seine Sache geistig zu verfechten gesucht“ (S. 72).

[19] Offensichtlich ist die Reihenfolge Jacobys hier der Peterschen (in HRR) vorzuziehen. Es handelt sich um FGrHist 809 F 1 = HRR F 3. Einer Inschrift zufolge, die weder Peter noch Jacoby kennen konnten, hat Fabius Pictor sogar auf Herakles zurückgegriffen:

Κόι]ντος Φάβιος ὁ Πι-
κτω]ρῖνος ἐπικαλού-
μεν]ος, Ῥωμαῖος, Γαίου
υἱό]ς· *(vac.)*
ὃς] ἱστόρηκεν τὴν
Ἡρ]ακλέους ἄφιξιν
εἰς] Ἰταλίαν ...

(Giacomo Manganaro: Una biblioteca storica nel ginnasio di Tauromenion e il P.Oxy. 1241, ParPass 29 (1974), 389-409, der Text der Inschrift findet sich S. 394.) Leider kann man der Inschrift nicht entnehmen, welchen Zusammenhang Fabius Pictor zwischen Herakles und der römischen Vorgeschichte herstellt.

sonderes, aber ein Traum, der alles Künftige dem Träumenden enthüllt, zeigt, daß es sich hier nicht um einen gewöhnlichen Menschen handeln kann. Die Anfänge Roms, das soll deutlich werden, verlieren sich nicht im Dunkel der «Vorgeschichte». Auf keinen Geringeren als Aeneas gehen sie zurück, und sie stehen von vornherein im hellen Licht der Geschichte, ja, mehr noch, sie ereignen sich nach einem ganz genau festgelegten Plan, der dem Helden bereits gänzlich enthüllt worden ist.

Wunder und Zeichen begleiten Aeneas, wie auch das zweite Fragment zeigt.[20] Hier wird dem Aeneas ein Orakel zuteil, wonach ein Vierfüßler ihm zeigen werde, wo er eine Stadt gründen solle. Als er im Begriff war, eine trächtige weiße Sau zu opfern, sei diese ihm entronnen und zu einem Hügel gelaufen, wo sie 30 Ferkel geworfen habe.

τὸν δὲ Αἰνείαν τό τε παράδοξον θαυμάσαντα καὶ τὸ λόγιον ἀνανεούμενον ἐπιχειρῆσαι μὲν οἰκίσαι τὸν τόπον.[21]

Von diesem Plan wird Aeneas jedoch abgehalten durch ein weiteres Traumgesicht (ἰδόντα δὲ κατὰ τὸν ὕπνον ὄψιν), welches ihm enthüllt, daß die Gründung dieser Stadt erst in 30 Jahren erfolgen solle.[22]

Der erste römische Geschichtsschreiber[23] beginnt sein Werk mit einem Altersbeweis *ad maiorem populi Romani gloriam.* Sein Beispiel hat Schule gemacht, denn jeder „Annalist nach ihm verließ sich in seinem Werk direkt oder doch letztlich auf ihn. Sein Bild vom frühen Rom bildete das Gerüst aller späteren Darstellungen“[24]. Alle diese Darstellungen beginnen also mit einem Altersbeweis.

---

[20] FGrHist 809 F 2 = HRR 4.

[21] FGrHist 809 F 2, Z. 20-22.

[22] FGrHist 809 F 2, Z. 22ff. Das nächste Fragment (F 5a Peter, F 4 bei Jacoby) führt dann von Aeneas über Numitor zu Ilia, der Mutter des Romulus und des Remus, worauf an dieser Stelle nicht weiter eingegangen zu werden braucht.

[23] Vgl. neben dem Zeugnis des Livius (oben Anm. 8) Gelzer, a.a.O., S. 51, sowie ders.: Der Anfang römischer Geschichtsschreibung, a.a.O., S. 93-103; ders.: Nochmals über den Anfang der römischen Geschichtsschreibung, a.a. O., S. 104-110; sowie A. Alföldi, a.a.O., S. 162ff.

[24] Alföldi, a.a.O., S. 165. Dieter Timpe sieht die spezifische Leistung des Fabius Pictor in der Verbindung von Zeitgeschichte und Mythos der Frühzeit „zu einem Kontinuum römischer Geschichte“ (a.(Anm. 14)a.O., S. 959). Diese Verbindung ist m.E. *der* Tendenz des Fabius Pictor zu verdanken, die oben im Text skizziert wurde.

Zum Schluß mag der Hinweis nicht überflüssig sein, daß die Vorstellung von Aeneas als dem Urahn der Römer natürlich nicht eine *creatio ex nihilo* darstellt; damit ist zugleich gesagt, daß Fabius Pictor nicht deren πρῶτος εὑρετής ist. Diese Tradition ist möglicherweise weit älter, als man früher angenommen hat. Ein Satz wie: „Es ist anerkannt, daß selbst so zentrale Geschichten wie die Herkunft der Römer von Troja sich erst im 4. Jh. v. Chr. entwickelt haben“[25] könnte heute in dieser apodiktischen Form nicht mehr geschrieben werden. Denn die griechischen Zeugnisse für Aeneas als Städtegründer sind mehrere Jahrhunderte älter als Fabius Pictor, und archäologische Zeugnisse für diese Tradition existieren spätestens ab dem 6. Jahrhundert.[26] Hatte die ältere Forschung zu klären versucht, ob diese Tradition eine römische Erfindung oder aber von griechischen Schriftstellern übernommen ist, so kann man heute sagen, daß wohl beides nicht zutrifft. Aeneas haben die Römer von den Latinern übernommen, denen er wiederum von den Etruskern überkommen war. Eine direkte Abhängigkeit der römischen Tradition von griechischen Quellen ist so gut wie ausgeschlossen. Die Abhängigkeit von den Griechen ist allenfalls eine durch Etrusker und Latiner vermittelte. Damit ist deutlich, daß jedenfalls die Grundlage der Vorstellung des Fabius Pictor und seiner Nachfolger eine jahrhundertealte Geschichte hat, bevor sie von diesem erstmals im einzelnen schriftlich entwickelt wurde. Diesen Prozeß hier im einzelnen nachzuzeichnen würde zu weit führen. Es seien nur einige wichtige Belege genannt. Bei den Griechen ist Aeneas im 6. Jahrhundert allenthalben auf Wanderschaft. Die Fahrt des Aeneas nach dem Westen ist literarisch durch Stesichoros von Himera[27], numismatisch durch eine Münze der Stadt Aenea am Thermaischen Golf bezeugt. Diese zeigt „the flight of Aeneas and members of his familiy from Troy and is inscribed AINEAΣ, the city's name in the genitive“[28]. Was die Etrusker betrifft, so reichen die archäologischen Zeugnisse für Aeneas ebenfalls ins 6. Jahrhundert zurück, wie ein Skarabäus zeigt, auf dem Aeneas seinen Vater auf den Schultern trägt.[29]

---

[25] Kurt Latte: Römische Religionsgeschichte, HAW V 4, München 1976 (unveränderter Nachdr. der 1. Aufl. von 1960), S. 7.

[26] Franz Bömer: Rom und Troia. Untersuchungen zur Frühgeschichte Roms, Baden-Baden 1951, S. 14ff.

[27] Tabula Iliaca A 184 Jahn (=Otto Jahn: Griechische Bilderchroniken. Aus dem Nachlasse des Verfassers herausgegeben und beendigt von Adolf Michaelis, Bonn 1873, S. 68). Diese Datierung beruht auf der Zuweisung der Ἰλίου πέρσις κατὰ Στησίχορον, innerhalb derer die fragliche Bemerkung Αἰνῆας σὺν τοῖς ἰδίοις ἀπαίρων εἰς τὴν Ἑσπερίαν sich findet. Die Authentizität des Fragments ist nicht unumstritten. Gegen die Verfasserschaft des Stesichoros spricht sich beispielsweise aus D.L. Page [Hg.]: Poetae Melici Graeci. Alcmanis Stesichori Ibyci Anacreontis Simonidis Corinnae poetarum minorum reliquias carmina popularia et convivialia quaeque adespota feruntur, Oxford 1962, S. 110f.

[28] N.G.L. Hammond/G.T. Griffith: A history of Macedonia II: 550-336 B.C., Oxford 1979, S. 79. Hammond hält es sogar für möglich „that there may well be a historical basis to the tradition of migrations by Trojans and Tyrreni from the Thermaic Gulf to the Adriatic coast via the Tsangon pass.“ (S. 25, vgl. auch N.G.L. Hammond: A history of Macedonia I: Historical geography and prehistory, Oxford 1972, S. 300ff.)

[29] Bömer, a.a.O., S. 15.

Zusammenfassend kann man daher sagen: „Evidence is now available of the Aeneas myth and even of the Aeneas cult in central Italy as far back as the sixth century B C, but so far none of it from Rome itself."[30] Seit wann Aeneas in Rom heimisch ist, wird nach wie vor kontrovers diskutiert. Feststehen scheint jedenfalls, „daß in Rom selbst die Aeneaslegende nicht eine lebendige Volkstradition war, sondern ... von oben herab ins Volk getragen wurde ... Die Legende war ein Instrument der Außenpolitik ..."[31]

2. Marcus Porcius Cato

Die Annalen des Fabius Pictor haben Epoche gemacht. Wie der erste Verfasser einer Atthis, Hellanikos von Lesbos, für alle seine Nachfolger das entscheidende Vorbild wurde, so waren auch die Annalen des Fabius Pictor das Modell für alle weiteren Versuche. Über Hellanikos sagt Jacoby: „the 'scheme' had been designed ..., and it was used in all subsequent *Atthides* for which the first 'Ἀττικὴ ξυγγραφή remained the point of departure and the foundation, in the contents as well as the form"[32], und das gilt *mutatis mutandis* auch für Fabius Pictor und seine Nachfolger.

Was also war zu tun, wenn der Altersbeweis des Fabius Pictor sich als unzureichend erwies? Wenn die trojanischen Urahnen für Rom nicht genügten, um den Anspruch, eine πόλις Ἑλληνίς[33] zu sein, zu legitimieren? Nach Fabius Pictor war es jedenfalls nicht mehr möglich, Aeneas etwa gegen Odysseus auszutauschen - obgleich sich diese Version durchaus auf literarische Vorbilder hätte stützen können.[34]

Wollte man den Altersbeweis des Fabius Pictor verbessern, so mußte man einen anderen Weg einschlagen. Eine Verbesserung aber schien dringend geboten. Noch Dionysios von Halikarnassos hält es für nötig,

---

[30] Moses I. Finley: The Ancient Historian and his Sources, in: ders.: Ancient History. Evidence and Models, London 1985, 7-26, Zitat S. 22.

[31] Karl Galinsky: Aeneas in Latium: Archäologie, Mythos und Geschichte, in: 2000 Jahre Vergil. Ein Symposion, herausgegeben von Viktor Pöschl, Wolfenbütteler Forschungen 24, Wiesbaden 1983, 37-62, Zitat S. 48.

[32] Felix Jacoby: Atthis. The Local Chronicles of Ancient Athens, Oxford 1949, S. 225. Vgl. auch die Gegenüberstellung Fabius Pictor d[illegible] Hellanikos in Anm. 56 (S. 397f.).

[33] So schon Herakleides Pontikos bei Plutarch: Kamillos 22,3 (=Fragment 102 Wehrli).

[34] Z.B. Hellanikos von Lesbos, FGrHist 4 F 84, wo Odysseus mit Aeneas bei der Gründung Roms zusammenwirkt, „sozusagen die erste Garnitur von Ktistai, die Hellas zu vergeben hatte" (Bömer, a.a.O., S. 41).

τοῖς βαρβάρων καὶ δραπετῶν καὶ ἀνεστίων ἀνθρώπων καταφυγὴν τὴν Ῥώμην ποιοῦσιν[35]

zu widersprechen. Dergleichen Vorwürfe ein für allemal zu entkräften war dem Fabius Pictor offenbar nicht gelungen.

Bemerkenswert ist nun aber, daß sich Marcus Porcius Cato Censorius, ein Mann, der griechische Bildung nicht genug hat verdammen können und dem es ein Anliegen war, seine griechisch schreibenden Mitsenatoren der Lächerlichkeit preiszugeben[36], der deshalb sein Geschichtswerk, die *Origines*, auch nicht griechisch, sondern lateinisch schrieb, also gewiß nicht auf ein griechisches Publikum zielte, daß dieser Marcus Porcius Cato Censorius seine Vorgänger in den Schatten stellt, indem er die Latiner nicht nur auf die Trojaner zurückführt, sondern über die *Aborigines* auf die Griechen selbst.

Cato in originibus hoc dicit ...: Primo Italiam tenuisse quosdam, qui appellabantur Aborigines. hos postea adventu Aeneae Phrygibus iunctos Latinos uno nomine nuncupatos.[37]

So begann[38] das erste Buch der *Origines* des Cato, und schon hier werden die Weichen gestellt, wie gleich das folgende Fragment zeigt:

Ἕλληνας αὐτοὺς *[sc. Aborigines]* εἶναι λέγουσι *[sc. Cato et C. Sempronius et alii]* τῶν ἐν Ἀχαΐᾳ ποτὲ οἰκησάντων, πολλαῖς γενεαῖς πρότερον τοῦ πολέμου τοῦ Τρωικοῦ μεταναστάντας.[39]

Obwohl also Cato, dem Vorbild des Fabius Pictor folgend, an Aeneas anknüpft, wird der Altersbeweis des Fabius Pictor doch überboten, indem zusätzlich die griechische Herkunft[40] der italischen Urbevölkerung behauptet

---

35 D. H. I 89,1.

36 Vgl. den bei Aulus Gellius: Noctes Atticae XI 8,4 erhaltenen Ausspruch Catos über den Consul des Jahres 151, A. Postumius Albinus. Zu Cato vgl. die Charakterisierung Klingners in dessen Essay: Cato Censorius und die Krisis Roms, in: ders.: Römische Geisteswelt, S. 34-65, hier besonders S. 34f.

37 Cato F 5 (ich zitiere Cato durchweg nach Peter, HRR, ohne dies im folgenden noch zu vermerken).

38 Nach einer plausiblen Vermutung Klingners (Friedrich Klingner: Italien. Name, Begriff und Idee im Altertum, in: ders.: Römische Geisteswelt, S. 11-33, hier S. 18).

39 Cato F 6.

40 In seinem Kommentar geht Schröder leider nicht auf die Frage ein, wieso ausgerechnet Cato solches behauptet (Wilt Aden Schröder: M. Porcius Cato: Das erste Buch der Origines. Ausgabe und Erklärung der Fragmente, BKP 41, Meisenheim am Glan 1971, S. 108-110).

wird, so daß zwar nicht gerade Odysseus und Aeneas bei der Gründung Roms zusammenwirken, die Herkunft der Latiner aber doch auf Griechen und Trojaner zurückgeführt wird. Man ist versucht, von einer «Verdoppelung» des Altersbeweises zu sprechen.

Nachdem der zweite Gewährsmann, C. Sempronius Tuditanus (Consul 129[41]), beträchtlich jünger ist als Cato (234-149), ist Cato die älteste Quelle für diese außerordentliche These.

In engem Zusammenhang mit diesen beiden Fragmenten ist auch F 19 zu sehen:

> Ὥστε τύραννος ἦν ὁ Ῥωμύλος, πρῶτον μὲν τὸν ἀδελφὸν ἀνελὼν καὶ τὸν μείζονα καὶ πράττων ἀλόγως τὰ προσπίπτοντα. ταύτῃ καὶ Κυρῖνος προσηγορεύθη οἱονεῖ κύριος, κἂν εἰ Διογενιανῷ τῷ λεξιγράφῳ ἄλλως δοκῇ· οὐδὲ γὰρ ἀγνοήσας ὁ Ῥωμύλος ἢ οἱ κατ' αὐτὸν δείκνυται κατ' ἐκεῖνο καιροῦ τὴν Ἑλλάδα φωνήν, τὴν Αἰολίδα λέγω, ὥς φασιν ὅ τε Κάτων ἐν τῷ περὶ Ῥωμαϊκῆς ἀρχαιότητος Βάρρων τε ὁ πολυμαθέστατος ἐν προοιμίοις τῶν πρὸς Πομπήιον αὐτῷ γεγραμμένων, Εὐάνδρου καὶ τῶν ἄλλων Ἀρκάδων εἰς Ἰταλίαν ἐλθόντων ποτὲ καὶ τὴν Αἰολίδα τοῖς βαρβάροις ἐνσπειράντων φωνήν.[42]

Abgrenzung und Interpretation dieses Fragments sind umstritten. Klingner will die Herleitung des Namens des Romulus, Quirinus (Z. 15), dem Cato zuschreiben[43], wohingegen Schröder „die Interpretation dieses Fragments durch F. Klingner" als unzutreffend bezeichnet, weil Klingner „nicht zwischen Lydus' eigener Behauptung und Beweisführung und dem, was Cato gehört, trennt"[44]. Daher ist es unbedingt erforderlich, den Zusammenhang zu betrachten, in dem dieser Text bei Ioannes Lydus steht.

Dieser beginnt mit Aeneas (I 1), um sodann chronologische Berechnungen

---

41 Peter, HRR ^{2}I, S. CCI.

42 Cato F 19 = Ioannes Lydus: De magistratibus populi Romani I 5 (im folgenden zitiert nach Seite und Zeile der Teubneriana ed. Richard Wünsch, Stuttgart 1967 (Nachdr. der Ausgabe von 1903); auf diese bezieht sich auch die oben im Text gegebene Zeilennumerierung. Wünsch liest in Z. 16 λεξογράφῳ).

43 Klingner, a.(Anm. 36)a.O., S. 61.

44 Schröder, a.(Anm. 40)a.O., S. 177.

über den Zeitraum von Aeneas bis zu seiner eigenen Zeit (6. Jahrhundert n. Chr.) anzustellen (I 2). In I 3 wird die Herrschaft des Romulus und Remus folgendermaßen charakterisiert: ὄνομα δὲ τῆς ἀρχῆς αὐτῶν, ὃ Ἰταλοὶ λέγουσι ῥήγιον οἷον τυραννικόν.[45] Um den Nachweis führen zu können, daß es sich um eine tyrannische Herrschaftsform handelt, unterscheidet Lydus sogleich die Begriffe βασιλεία, τυραννίς und αὐτοκρατορία.[46] Für den τύραννος ist bezeichnend, daß er κατ' ἐξουσίαν ἀλόγως handelt.[47] Darauf nimmt er zu Beginn des Abschnitts I 5 Bezug, wenn er zusammenfassend sagt: Ein Tyrann also war Romulus.[48] Auf die Beschreibung des Tyrannen wird mit dem Wort ἀλόγως ausdrücklich zurückgegriffen. Damit ist klar, daß dieser Satz (Z. 13-15) auf das Konto des Lydus selbst geht. Somit kann das Cato-Zitat frühestens mit der Quirinus/κύριος-These einsetzen. Sicher ist so viel, daß diese nicht auf Lydus zurückgeht, da er ja erwähnt, daß der Lexikograph Diogenianos (der in hadrianischer Zeit schreibt[49]) eine andere Meinung vertreten hat (Z. 16f.). Geht die Quirinus/κύριος-These also doch auf Cato zurück? Schröder bestreitet dies. Er will dem Cato lediglich die „Behauptung ... , daß Romulus den aiolischen Dialekt des Griechischen beherrsche", zuschreiben, deren „Voraussetzung" die „Sage von der Einwanderung der Arkader unter Euander" sei.[50] Hier verfällt Schröder in genau denselben Fehler, den er seinerseits Klingner zum Vorwurf macht. Denn Schröder unterscheidet hier nicht catonisches und varronisches Gut. Der Schluß des Fragments (Z. 22-24 über Euander und seine Schar) nämlich kann keinesfalls auf Cato zurückgehen, weil er mit dessen Bild der Frühzeit nicht in Einklang zu bringen ist. Zur Begründung seien zwei Argumente angeführt:

1. Cato könnte in diesem Zusammenhang nicht von Barbaren sprechen. Denn ihm zufolge sind die *Aborigines* ja Griechen, die als Barbaren zu bezeichnen schlechterdings absurd wäre. Legte man aber den traditionellen Ansatz für Euander (nämlich *vor* Aeneas[51]) zugrunde, so wäre dieser nach der catonischen Rekonstruktion nur auf *Aborigines*, auf Griechen also, gestoßen. Selbst wenn man Euander nach Aeneas ansetzte, zu der Zeit also, als sich nach Cato Phrygier und *Aborigines* zu Latinern verbunden haben, könnte man nicht von Barbaren sprechen.

2. Cato könnte hier nicht ein lateinisches Äquivalent der Formulierung ἐνσπειράντων (Z. 23f.) wählen. Denn wenn schon viele Generationen vorher

---

[45] Wünsch, a.a.O., S. 9, Z. 14f. Das Wort ῥήγιος fehlt bei LSJ. Offenbar ist ὄνομα ῥήγιον = *nomen regium*.

[46] Wünsch, a.a.O., S. 9, Z. 19-21.

[47] Wünsch, a.a.O., S. 10, Z. 8.

[48] Wünsch, a.a.O., S. 11, Z. 13. Alle im folgenden angeführten Zeilenangaben beziehen sich auf diese Seite; sie sind auch dem zitierten Text oben beigefügt.

[49] Hans Gärtner: Art. Diogenianos 2., KP II, 48-49: „griechischer Grammatiker in hadrianischer Zeit" (Sp. 48, Z. 48f.).

[50] Schröder, a.a.O., S. 176.

[51] Hans von Geisau: Art. Euandros 1., KP II, 394-395. Die Behauptung: „Mindestens seit dem 3. Jh. gilt E. als der 1. Siedler auf dem Boden des späteren Rom" (Sp. 394, Z.53-55) läßt die catonischen Fragmente 5 und 65 außer acht.

Griechen sich in Latium niedergelassen haben (πολλαῖς γενεαῖς πρότερον τοῦ πολέμου τοῦ Τρωικοῦ[52]), wie soll dann erst Euander das Griechische „einsäen"?[53]

Damit ist klar, daß dieser Teil (Z. 22-24; die Bemerkung τὴν Αἰολίδα λέγω in Z 18f. basiert darauf, ist also keinesfalls catonisch) des Textes eindeutig Varro, nicht Cato, zuzuschreiben ist. Nun nennt aber Lydus neben Varro *expressis verbis* auch Cato. Ein Teil des Textes also muß auch diesem zuzuschreiben sein. Man wird nicht fehlgehen, wenn man sagt, daß für Cato (im Gegensatz zu Varro) die Schwierigkeit nicht darin bestand, daß die Römer zur Zeit des Romulus *schon* griechisch verstanden; für ihn konnte die Schwierigkeit doch allenfalls darin liegen, zu zeigen, daß die Römer zur Zeit des Romulus *noch* griechisch verstanden, lag die Welle der griechischen Einwanderer doch schon so lange zurück! Wenn also Cato davon gesprochen hat, daß zur Zeit des Romulus Kenntnis des Griechischen in Rom vorhanden war - und soviel geht aus dem Zeugnis des Lydus jedenfalls hervor -, so konnte dies aus der Sicht Catos nicht mit dem Euanderargument, sondern allenfalls mit der Quirinus/κύριος-These aufgewiesen werden. Da nun einmal feststeht, daß Lydus dieses Argument in seiner Tradition bereits vorfand, da er ferner als Gewährsleute Cato und Varro anführt und da schließlich (wie meine Analyse ergeben hat) für Cato eine substantielle Aussage sonst nicht übrigbleibt, so liegt es nahe, die Quirinius/κύριος-These dem Cato zuzuschreiben.

Man kann daher sagen, daß Lydus, um den Beweis zu führen, Romulus sei ein Tyrann gewesen, außer dem Brudermord und dem doch recht blassen Hinweis auf sein unvernünftiges (ἀλόγως) Verhalten nichts anzuführen weiß. Darum greift er auf Cato zurück, der behauptet, Quirinus sei aus κύριος abzuleiten. Damit ist Lydus in der schwierigen Lage, des Romulus Griechischkenntnisse erweisen zu müssen. Zu diesem Zweck beruft er sich auf die Euander-Sage, die er dem Varro entnimmt.

Ist demnach die Klingnersche Abgrenzung des catonischen Anteils die richtige, so halte ich seine Interpretation dieses catonischen Anteils nichtsdestoweniger für verkehrt. Er sagt nämlich: „Diesen Zoll zahlte also auch der Griechenhasser Cato der griechischen Sage und Altertumskunde. Um so deutlicher wird es, daß, wollte man überhaupt die frühe Vergangenheit er-

---

52 Cato F 6.

53 Man kann auch nicht annehmen, daß mit den in F 6 genannten Griechen Euander und seine Schar gemeint wäre. Dies verbietet der Kommentar des Dionysios von Halikarnassos (Cato, F 6, Z. 4ff. = D. H. I 11,1), der ausdrücklich feststellt, Cato habe weder Stamm noch Stadt noch den Namen des Anführers der Einwanderer genannt. - Der Hinweis Schröders auf F 56 (S. 176) verfängt nicht. Denn selbst falls Cato - wie es F 56 nahelegt - des Euander gedacht haben sollte, so folgt daraus doch nicht, daß dieser für ihn dieselbe Funktion wie für Varro hatte. Das ist vielmehr, wie oben gezeigt, gänzlich unmöglich.

forschen, man notwendig auf griechische Verknüpfungen traf, wie sie in Büchern niedergelegt und gewiß auch in das Allgemeinbewußtsein schon tief eingedrungen waren."[54] Diese Folgerung, die Klingner zu ziehen müssen glaubt, wird dem Befund der erhaltenen Fragmente nicht gerecht. Denn Cato unterscheidet sich ja, soweit die bruchstückhafte Überlieferung das noch erkennen läßt, gerade dadurch von seinen griechisch schreibenden römischen Vorgängern, daß er, was die „griechische[n] Verknüpfungen" angeht, weit über sie hinausgeht. Es war doch keineswegs notwendig und für einen Patrioten wie Cato schon gar nicht selbstverständlich, die *Aborigines* auf Griechen zurückzuführen, den Beinamen des Romulus aus κύριος herzuleiten, Römern und anderen griechische Sprachkenntnisse zuzuschreiben oder vollends den *mos maiorum populi Romani* über die Sabiner auf die Spartaner zurückzuführen:

> *Cato autem et Gellius a Sabo Lacedaemonio trahere eos [sc. Sabinos] originem referunt; porro Lacedaemonios durissimos fuisse omnis lectio docet, Sabinorum etiam mores populum Romanum secutum idem Cato dicit.*[55]

Wer selbst den *mos maiorum* auf Griechen zurückführt, der treibt den Altersbeweis auf die Spitze. Wenn es richtig ist, daß Cato in bezug auf den Altersbeweis schon viel weiter geht als etwa ein halbes Jahrhundert vor ihm Fabius Pictor, dann müßte die zitierte Aussage Klingners dahingehend verschärft und zugespitzt werden, daß diese Anbindung der römischen Geschichte an die griechische Sagenwelt zur Zeit des Cato schon so weit verbreitet war - man ist versucht zu sagen: schon eine solche Selbstverständlichkeit war -, daß selbst ein Mann wie Cato sich dem nicht entziehen konnte. Kein Zweifel kann jedenfalls daran bestehen, daß Cato in der Anwendung des Altersbeweises weit über seine Vorgänger hinausgegangen ist.

---

[54] Klingner, a.(Anm 36)a.O., S. 61.

[55] Cato F 51; vgl. auch F 50.

§ 2 *Die Pythagorasrenaissance*

Eine besondere Parallele zu dem Altersbeweis der jüdischen und christlichen Apologeten bietet die Pythagorasrenaissance in Rom um die Zeitenwende. Diese, beziehungsweise der Erfolg derselben, beruht ihrerseits zu einem guten Teil auf einem Altersbeweis.

Zum Verständnis dieses Altersbeweises sind einige Vorbemerkungen historischer Art erforderlich. Die Lebensdaten des Pythagoras sind nicht genau feststellbar, unbestritten ist, daß sein Leben ins 6. Jh. fällt.[1] Für die Übersiedlung von Samos nach Italien werden verschiedene Jahre genannt, so etwa das „5. J. der Herrschaft des Polykrates, 532/31"[2] oder „um 529"[3]. Das Todesjahr wird mit „etwa 497/96"[4] angegeben.

Die chronologischen Angaben für den ersten Nachfolger des Romulus, Numa Pompilius, sind noch unsicherer.[5] Geht man von dem in einem Zweig der Tradition immerhin fest verankerten (fiktiven) Jahr 753 als Gründungsdatum Roms aus, so wird man den Beginn seiner Regierungszeit noch ins 8. Jahrhundert setzen müssen. Nach der üblichen Chronologie datiert man ihn auf 715-672.[6]

---

[1] Die einschlägigen Quellen diskutiert B.L. van der Waerden: Die Pythagoreer. Religiöse Bruderschaft und Schule der Wissenschaft (BAW.FD), Zürich/München 1979, S.13ff.

[2] Heinrich Dörrie: Art. Pythagoras 1., KP IV, 1264-1269, hier Sp. 1264, Z. 52ff. Von der Herrschaft des Polykrates ist bei „Cicero, rep. 2,28" (ebd.) allerdings nicht die Rede. Es heißt da vielmehr: *quartum iam annum regnante Lucio Tarquinio Superbo Sybarim et Crotonem et in eas Italiae partis Pythagoras venisse reperitur.*

[3] van der Waerden, a.a.O., S. 13.

[4] Dörrie, a.a.O., Sp. 1265, Z. 3.

[5] Das Fehlen „praktisch jede[r] Tradition" über die Königszeit führte zu deren phantasievollen Rekonstruktion, wie wir sie etwa bei Livius finden, vgl. Jochen Bleicken: Rom und Italien, S. 27-96 in: Propyläen Weltgeschichte IV (Berlin/Frankfurt/Wien 1963), S. 47ff., Zitat S. 47.

[6] So etwa Livius I 21,6; vgl. die Übersicht bei Hans Jürgen Hillen [Hg.]: T. Livius: Römische Geschichte Buch I-III, München und Zürich bzw. Darmstadt 1987, S. 645. Eine umfangreiche Diskussion der einschlägigen Quellen bietet A. Schwegler: Römische Geschichte im Zeitalter der Könige [2]I 2, Tübingen 1869, S.539ff., zur Frage der Chronologie besonders S. 549 mit Anm. 4.

Zwischen Pythagoras und Numa Pompilius liegen demnach wenigstens 100 Jahre. Soweit die Vorbemerkung zur Chronologie[7].

Nun gibt es in Rom - diesen chronologischen Tatsachen zum Trotz - die Tradition, wonach der sagenhafte Nachfolger des Romulus ein Schüler des Pythagoras gewesen sei. Nach dessen Vorschriften habe Numa dann als König die römischen Kulte eingerichtet und geordnet. Der älteste Gewährsmann für diese Vorstellung ist ein römischer Annalist aus der Mitte des 2. Jahrhunderts, L. Cassius Hemina:

Cassius Hemina, vetustissimus auctor annalium, quarto eorum libro prodidit, Cn. Terentium scribam agrum suum in Ianiculo repastinantem effodisse arcam, in qua Numa, qui Romae regnavit, situs fuisset, in eadem libros eius repertos P. Cornelio L. filio Cethego, M. Baebio Q. filio Tamphilo cos., ad *quos a regno Numae colliguntur anni DXXXV. hos fuisse e charta, maiore etiamnum miraculo, quod infossi duraverunt. (quapropter in re tanta ipsius Heminae verba ponam: 'Mirabantur alii, quomodo illi libri durare possent. ille ita rationem reddebat: lapidem fuisse quadratum circiter in media arca evinctum candelis quoquoversus. in eo lapide insuper libros insitos fuisse, propterea arbitrarier non computuisse. et libros citratos fuisse, propterea arbitrarier tineas non tetigisse. in iis libris scripta erant philosophiae Pythagoricae'.) eosque combustos a Q. Petilio praetore, quia philosophiae scripta essent.*[8]

Die genannten Konsuln, P. Cornelius Cethegus und M. Baebius Tamphilus, amtierten im Jahre 181[9]. In diesem Jahr also findet der Schreiber Cn. Terentius auf, d.h. genauer in seinem Acker die brisanten Bücher des Numa. Nur dem Interesse des Plinius für Beschreibstoffe[10] haben wir es zu verdanken, daß diese Geschichte aus Cassius Hemina uns erhalten geblieben

---

[7] Sofern man in bezug auf möglicherweise gänzlich fiktive Personen überhaupt von Chronologie sprechen kann.

[8] L. Cassius Hemina, F 37 Peter (= C. Plinius Secundus: Naturalis Historia XIII 84-86).

[9] Das Jahr 181 entspricht dem Jahr 573 *ab urbe condita*, „Plinius sagt: *535* Jahre nach der Regierung Numas. Danach hätte diese i.J. 38 der Stadt (=716 v. Chr.) ihr Ende gefunden. Diese Daten sind fragwürdig" (Roderich König/Gerhard Winkler [Hg.]: C. Plinii Secundi naturalis historiae libri XII/XIII, München 1977, S. 280). Insbesondere widersprechen diese Daten den oben gegebenen Regierungsjahren Numas. Das ist jedoch ohne Belang.

[10] Karl Dziatzko: Untersuchungen über ausgewählte Kapitel des antiken Buchwesens. Mit Text, Übersetzung und Erklärung von Plinius, Nat. Hist. XIII § 68-89, Leipzig 1900, behandelt die Stelle in ihrem Zusammenhang.

ist. Dieses Interesse bestimmt natürlich auch den Ausschnitt des Zitats. Für Plinius interessant ist die Feststellung: *mirabantur alii, quomodo illi libri durare possent etc.* Wer sich mehr für die Hintergründe des Geschehens als für die Dauerhaftigkeit des Beschreibstoffes interessiert, muß zu anderen Quellen greifen. Zum Glück fehlt es an solchen nicht. So schreibt Varro (nach Augustin):

Nam, sicut apud eundem Varronem legitur in libro de cultu deorum, „Terentius quidam cum haberet ad Ianiculum fundum et bubulcus eius iuxta sepulcrum Numae Pompilii traiciens aratrum eruisset ex terra libros eius, ubi sacrorum institutorum scriptae erant causae, in Urbem pertulit ad praetorem. at ille cum inspexisset principia, rem tantam detulit ad senatum. ubi cum primores quasdam causas legissent, cur quidque in sacris fuerit institutum, Numae mortuo senatus adsensus est, eosque libros tamquam religiosi patres conscripti, praetor ut combureret, censuerunt.“[11]

Im Unterschied zu Cassius Hemina wird der Beruf des Terentius hier bei Varro nicht genannt; dagegen ist es nur ein Knecht (*bubulcus*=‘Ochsenknecht’) des Terentius, der sich auf dem Acker betätigt. Hier wird über den Inhalt der Bücher des näheren gesagt, daß in ihnen *sacrorum institutorum scriptae erant causae.* Ein Hinweis auf einen Zusammenhang mit der pythagoreischen Philosophie fehlt. Über Cassius Hemina hinaus geht die Nachricht, daß die Bücher Varro zufolge aufgrund eines Senatsbeschlusses verbrannt werden.

Viel weiter geht die Version bei Livius, wo es heißt:

---

[11] Augustin: De civitate Dei VII 34 (Dombart/Kalb I 317, Z. 5-15). Interessant ist die Interpretation des Vorgangs bei Augustin: *Credat quisque quod putat; immo vero dicat, quod dicendum suggesserit vesana contentio, quilibet tantae impietatis defensor egregius. me admonere sufficiat sacrorum causas a rege Pompilio Romanorum sacrorum institutore conscriptas nec populo nec senatui nec saltem ipsis sacerdotibus innotescere debuisse ipsumque Numam Pompilium curiositate inlicita ad ea daemonum pervenisse secreta, quae ipse quidem scriberet, ut haberet unde legendo commoneretur; sed ea tamen, cum rex esset, qui minime quemquam metueret, nec docere aliquem nec delendo vel quoquo modo consumendo perdere auderet. ita quod scire neminem voluit, ne homines nefaria doceret, violare autem timuit, ne daemones iratos haberet, obruit, ubi tutum putavit, sepulcro suo propinquare aratrum posse non credens. senatus autem cum religiones formidaret damnare maiorum et ideo Numae adsentiri cogeretur, illos tamen libros tam perniciosos esse iudicavit, ut nec obrui rursus iuberet, ne humana curiositas multo vehementius rem iam proditam quaereret, sed flammis aboleri nefanda monumenta, ut, quia iam necesse esse existimabant sacra illa facere, tolerabilius erraretur causis eorum ignoratis, quam cognitis civitas turbaretur* (a.a.O. 317, Z. 15 - 318, Z. 2).

Eodem anno [nämlich 181] *in agro L. Petilii scribae sub Ianiculo, dum cultores altius moliuntur terram, duae lapideae arcae octonos ferme pedes longae, quaternos latae inventae sunt operculis plumbo devinctis. litteris Latinis Graecisque utraque arca inscripta erat, in altera Numam Pompilium Pomponis filium, regem Romanorum, sepultum esse, in altera libros Numae Pompilii inesse. eas arcas cum ex amicorum sententia dominus aperuisset, quae titulum sepulti regis habuerat, inanis inventa sine vestigio ullo corporis humani aut ullius rei, per tabem tot annorum omnibus absumptis. in altera duo fasces candelis involuti septenos habuere libros non integros modo, sed recentissima specie. septem Latini de iure pontificio erant, septem Graeci de disciplina sapientiae, quae illius aetatis esse potuit. adicit Antias Valerius Pythagoricos fuisse vulgatae opinioni, qua creditur Pythagorae auditorem fuisse Numam, mendacio probabili accomodata fide.*[12] *primo ab amicis, qui in re praesenti fuerunt, libri lecti; mox pluribus legentibus cum vulgarentur, Q. Petilius praetor urbanus studiosus legendi libros eos a L. Petilio sumpsit; et erat familiaris usus, quod scribam eum quaestor Q. Petilius in decuriam legerat. lectis rerum summis cum animadvertisset pleraque dissolvendarum religionem esse, L. Petilio dixit sese libros eos in ignem coniecturum esse; priusquam id faceret, se ei permittere, uti, si quod seu ius seu auxilium se habere ad eos libros repetendos existimaret, experiretur; <id> integra sua gratia eum facturum. scriba tribunos plebis adit, ab tribunis ad senatum res est reiecta. praetor se ius iurandum dare paratum esse aiebat libros eos legi servarique non oportere. senatus censuit satis habendum, quod praetor ius iurandum polliceretur; libros primo quoque tempore in comitio cremandos esse; pretium pro libris, quantum Q. Petilio praetori maiorique parti tribunorum plebis videretur, domino solvendum esse. id scriba non accepit. libri in comitio igne a victimariis facto in conspectu populi cremati sunt.*[13]

Das Anwachsen der Tradition ist nicht zu übersehen. Über Cassius Hemina hinaus bietet Livius seinen Lesern nicht nur eine Verdoppelung der

---

[12] Nach Peter hat Livius hier seine Gewährsleute durcheinandergebracht: „*nihilo minus in libro XL c. 29 ... certum annalium Pisonianorum indicium exstare arbitror, quamquam sub Valerii Antiatis nomine ... hanc ipsam famam, quam hic ut Valerianam edidit Livius, Pisonis fuisse ex certo Plinii testimonio compertum habemus (fr. 11) ... unde, si quid video, necessario consequitur, Livium hoc loco Pisone et Valerio Antiate inter se confusis Valerii Antiatis nomen scripsisse pro Pisone*" (HRR, S. CXCI).

[13] Livius XL 29,3-14.

Kisten, sondern auch genaue Angaben bezüglich der Abmessungen derselben. Zur leichteren Orientierung sind die Kisten mit je einem *titulus* versehen. Die Zahl der Bücher ist ebenso präzisiert wie die Angaben bezüglich ihres Inhalts. In diesem Zusammenhang bringt Livius eine scharfe Polemik gegen seinen Vorgänger Valerius Antias[14]: Daß es sich um pythagoreische Schriften gehandelt habe, sei eine Lüge, eine Lüge allerdings, die auf dem Hintergrund der *vulgata opinio* eine gewisse Plausibilität habe.[15] Damit stellt sich die Frage nach der Herkunft dieser *vulgata opinio*. Diese Frage steht in engem Zusammenhang mit der Interpretation der soeben zitierten Quellen, welche neuerdings wieder umstritten ist.

Heinrich Fliedner, der Verfasser des Artikels Numa Pompilius im Kleinen Pauly, konnte noch feststellen: „Pythagoras und N. [=Numa] stehen nach einer alten Tradition im Lehrer-Schülerverhältnis ... In diesen Zusammenhang gehört die Auffindung angeblicher Schriften des N., z.T. kultischen, z.T. pythagoreischen Inhalts a. 181 v.Chr. in Rom ... Denkbare Ziele dieser Fälschung wären die Anerkennung der griech. Philos. in Rom auf Grund der Autorität des N. ... oder eine Reform der röm. Religion nach pythagoreischem Vorbild“[16]. Für die letztere Auffassung verweist Fliedner auf Kurt Latte, der meint: „Numa war damals [d.h. 181] bereits mit Pythagoras in Verbindung gebracht, sowenig sich das der konventionellen Chronologie fügen wollte, und daher verdient die Angabe Glauben, daß der Inhalt der Bücher pythagoreische Lehren enthielt ... Es scheint sich also bei dieser durch ihre Dreistigkeit eindrucksvollen Fälschung um nichts Geringeres gehandelt zu haben als um den Versuch, die römische Kultübung nach den Lehren des damaligen Pythagoreismus zu reformieren.“[17] Die andere von Fliedner zitierte Auffassung vertritt K. R. Prowse: „It may be that Pythagorean elements in the city, perhaps especially in danger of persecution after the affair of the Bacchanalia, seized an opportunity to attempt to prove the authenticity of their beliefs, by bringing the books to light,

---

[14] Falls Peters Interpretation zutrifft (vgl. o. Anm. 12), richtet sich die Polemik des Livius nicht gegen Antias, sondern gegen Piso. Livius hat von Anfang an gegen die Schülerschaft des Numa polemisiert und das chronologische Argument ins Feld geführt. Er sagt: *Auctorem doctrinae eius [sc. Numae], quia non exstat alius, falso Samium Pythagoram edunt, quem Servio Tullio regnante Romae centum amplius post annos in ultima Italiae ora circa Metapontum Heracleamque et Crotonem iuvenum aemulantium studia coetus habuisse constat* (Liv. I 18,2).

[15] Hillen übersetzt *mendacio probabili* in seiner Liviusausgabe (XXXIX-XLI, S. 193) durch „mit einer glaubhaften Lüge“.

[16] Heinrich Fliedner: Art. Numa Pompilius, KP IV 185-186, Zitat Sp. 186, Z. 22-23.28-31. und 32-36.

[17] Kurt Latte: Römische Religionsgeschichte (HAW V 4), München 1960 (Nachdr. 1976), S. 269.

after 'finding' them where they had been planted in a new, or perhaps old, tomb."[18]

Beiden Argumenten wird die Grundlage entzogen, wenn die Historizität des Ereignisses aus dem Jahre 181 bezweifelt wird. In diese Richtung argumentiert neuerdings Alberto Grilli.[19] Er geht von der Feststellung aus, daß Numa ein Schüler des Pythagoras gewesen sei, sei „cronologicamente impossibile", aber nichtsdestoweniger „*vulgata opinio*", wie Livius an der oben zitierten Stelle sagt. Auf die Frage : „Quando sorse questa convinzione?" antwortet Grilli: „Non ci è dato dirlo; ma forse *non molto prima della data fittizia del dialogo ciceroniano* [sc. De re publica], cioè del 129 a.C."[20] Problematisch ist das (von Grilli selbst so genannte) *argumentum ex silentio:* „Catone non parlava del fatto, ché altrimenti Plinio e Varrone non avrebbero mancato di rifarsi alla sua autorità"[21]. Wäre die Auffassung Grillis zutreffend, so wäre das Ereignis aus dem Jahre 181 fingiert, und der Altersbeweis bestünde in eben dieser Fiktion, die Grilli ungefähr auf das Jahr 146[22] datiert.

Offenbar ohne Kenntnis von dem Grillischen Aufsatz zu haben, bestreitet Klaus Rosen zwar nicht die Historizität des Ereignisses aus dem Jahr 181, wohl aber die Behauptung, es habe sich um Bücher pythagoreischen Inhalts gehandelt.[23] Rosen wendet sich sowohl gegen jene, die „in weitausgreifenden Erörterungen Numa als Verfasser verteidigten", als auch gegen diejenigen, die den Bücherfund „in das Reich der annalistischen Fabel" verweisen.[24] Im Unterschied dazu hält er es für naheliegend, „daß der Fund ... inszeniert wurde. Der *scriba* dürfte sogar der Verfasser der Bücher gewesen sein."[25] Auf dem Hintergrund eines Edikts von 213 und des *senatus consultum de Bacchanalibus* von 186 sieht er die Absicht des *scriba* so: „Für Cn. Terentius ... ergibt sich ..., daß er die Bücher an den Praetor übergab, um ihre staatliche Anerkennung als originale Schriften Numas zu erreichen."[26] Vom Praetor wurde die Angelegenheit vor den Senat gebracht, wo entschieden wurde, die Bücher seien zu verbrennen. „Das Senatusconsultum, das dem Praetor dazu den Auftrag erteilte, gab als Grund an, *quia philoso-*

---

18 K.R. Prowse: Numa and the Pythagoreans: A Curious Incident, GaR 11 (1964), 36-42, Zitat S. 42.

19 Alberto Grilli: Numa, Pitagora e la politica antiscipionica, in: Politica e religione nel primo scontro tra Roma e l'Oriente, Contributi dell'Istituto di storia antica 8, Milano 1982, 186-197.

20 Alberto Grilli, a.a.O., S. 186 (alle Zitate sind von dieser Seite; die Hervorhebung im letzten Zitat stammt von mir).

21 A.a.O., S. 195.

22 Ebd.

23 Klaus Rosen: Die falschen Numabücher. Politik, Religion und Literatur in Rom 181 v. Chr., Chiron 15 (1985), 65-90.

24 A.a.O., S. 65 mit Anm. 1 und 2.

25 Ebd.

26 A.a.O., S. 72. Das Edikt von 213 steht Liv. XXV 1,12, das *senatus consultum de Bacchanalibus* CIL I^2 581.

phiae scripta essent. Mit diesen Worten endet das Hemina-Zitat bei Plinius."[27] Dagegen stammt die Aussage *in iis libris scripta erant philosophiae Pythagoricae* nicht aus der Feder des Cassius Hemina: „Der Satz ist vielmehr eine Parenthese, die Plinius durch den Indikativ von der referierenden Oratio obliqua und der wörtlich übernommenen Wechselrede des Terentius und seiner Freunde absetzt. Durch den nachfolgenden Schlußsatz über das Autodafé tritt die Unterbrechung noch schärfer hervor."[28] Damit ist an und für sich noch nicht gesagt, daß dieser Zusatz des Plinius zu dem Text des Cassius Hemina *inhaltlich* unzutreffend ist. Doch auch dieses versucht Rosen zu zeigen. Es handele sich nicht um Bücher pythagoreischen Inhalts, Thema der Bücher sei vielmehr Numas geheimer „Umgang mit der Quellnymphe oder Muse Egeria"[29]. Diese Theorie ist m.E. ziemlich spekulativ. Dennoch seien die Folgerungen, die sich aus der Rosenschen Rekonstruktion für meine Darstellung ergäben, hier kurz skizziert:

1. Es wäre nicht der Verfasser der fingierten Bücher, der einen Altersbeweis für die Philosphie des Pythagoras in Rom führen wollte, sondern der Annalist L. Calpurnius Piso (cos. 133), der Rosen zufolge als erster den Namen des Pythagoras mit dem Bücherfund in Verbindung gebracht hätte.[30]
2. Der Verfasser der Bücher selbst hätte auch nach Rosen einen Altersbeweis geführt, allerdings für ein anderes Anliegen.

Ganz gleich also, ob man der traditionellen Auffassung folgt, der Grillischen oder der Rosenschen: Es handelt sich um einen Altersbeweis, der entweder (der traditionellen Auffassung nach) von demjenigen inszeniert wurde, der die Bücher vergrub, oder (nach Grilli) von dem Erfinder dieser Geschichte, Cassius Hemina, oder (nach Rosen) sowohl vom Verfasser der Bücher als auch (freilich in anderem Sinne) von L. Calpurnius Piso. Ich bleibe im folgenden der Einfachheit halber bei der traditionellen Auffassung.

Die von Livius so genannte *vulgata opinio*, derzufolge der König Numa ein Schüler des Pythagoras gewesen ist, ist das Ergebnis eines außerordentlich originellen Altersbeweises, der mit dem Namen des *scriba* Cn. Terentius[31] verknüpft ist. In seinem Acker nämlich wurde der angebliche Sarg des Königs Numa gefunden, der pythagoreische Bücher enthalten haben soll. Diese Bücher stellen das Bindeglied zwischen Numa und Pythagoras dar. Denn die Lehre des Pythagoras ist natürlich alt und bedürfte als solche

---

[27] A.a.O., S. 73.

[28] Ebd.

[29] A.a.O., S. 79. „Mit *philosophiae scripta* war kein philosophischer Traktat gemeint, sondern eine Darstellung, die Numas Wirken unter einer bestimmten philosophischen Voraussetzung behandelte." (ebd.)

[30] Vgl. die Darstellung Rosens, a.a.O., S. 74-78.

[31] Der Name wird sowohl in dem varronischen als auch in dem plinianischen Zitat aus Cassius Hemina genannt. Die Änderung des Namens in Petilius bei Livius und seinen Vorgängern ist deutlich sekundär. Nach Rosen geht sie auf Piso zurück (a.a.O., S. 69f.).

gar keines Altersbeweises. Aber die Tatsache, daß Römer - womöglich gar senatorischen Standes - den Lehren des Pythagoras anhängen, ist ein *novum*. Um dieses zu legitimieren, wurde der in diesem Paragraphen diskutierte Altersbeweis ins Werk gesetzt.[32] War nämlich Numa Schüler des Pythagoras, ja, hatte er selbst nicht nur seine Einrichtungen auf religiösem Gebiet (*omnisque partis religionis statuit sanctissime*, läßt Cicero den Scipio sagen[33]) im Sinne des Pythagoras vorgenommen, sondern sogar pythagoreische Bücher hinterlassen, die - so will es die Inszenierung des Altersbeweises - zufällig im Jahre 181 ans Licht kamen, so ist die pythagoreische Philosophie auch in Rom mitnichten neu. Sie fällt also keineswegs unter das Verdikt *nova neque placent neque recta videntur* und widerspricht auch dem *mos maiorum* in keiner Weise, kann sie sich doch auf das *exemplum* des Nachfolgers des Romulus stützen.

Der durchschlagende Erfolg dieses Altersbeweises wird an den vielen Stellen deutlich, an denen dagegen polemisiert wird, daß Numa ein Schüler des Pythagoras gewesen sei: Generationen von Historikern und anderen Gelehrten hatten sich damit auseinanderzusetzen.[34]

---

[32] Interessant ist in diesem Zusammenhang die Meinung Ciceros, der sagt: *quin etiam arbitror propter Pythagoreorum admirationem Numam quoque regem Pythagoreum a posterioribus existimatum* (Tusculanae disputationes IV 3). Läse man *propter Numae admirationem etc.*, so wäre der hier besprochene Altersbeweis genau charakterisiert. Das kann Cicero natürlich nicht schreiben; er führt an dieser Stelle seinerseits einen Altersbeweis, will er doch zeigen, daß schon um 500 v. Chr. die pythagoreische Lehre in Rom bekannt wurde (IV 2), um damit „das hohe Alter philosophischen Bemühens bei den Römern zu beweisen" (Olof Gigon [Hg.]: Marcus Tullius Cicero: Gespräche in Tusculum (lat.-dt., Tusc), München ²1970, S. 525).

[33] Cic. Rep. II 26.

[34] Neben den bereits oben (in Anm. 2, 13 und 14) genannten Stellen kommen beispielsweise noch in Betracht: Cicero: De oratore II 154; Tusculanae disputationes IV 2-3 (vgl. dazu oben Anm. 32); Plutarch: Numa 1,3 (anders in 8,5-21, wo Plutarch der Schülerschaft des Numa überraschenderweise positiver gegenübersteht). Weitere einschlägige Stellen nennt Konrat Ziegler zu Numa 1,3 (Plutarchi vitae parallelae III 2, Leipzig ²1973, S. 49, Testimonia zu Z. 11).

Anhang:
Die Schrift des Ocellus Lucanus Περὶ τῆς τοῦ παντὸς φύσεως

In *De aeternitate mundi* weist Philon darauf hin, daß einige (ἔνιοι) der Meinung sind, die Lehre von der Ewigkeit der Welt gehe nicht auf Aristoteles, sondern auf gewisse Pythagoreer zurück.[1] Er fährt fort:

ἐγὼ δὲ καὶ Ὀκέλλου συγγράμματι, Λευκανοῦ γένος, ἐπιγραφομένῳ „Περὶ τῆς τοῦ παντὸς φύσεως" ἐνέτυχον.[2]

Diese Schrift stammt nicht - wie Philon wohl annimmt - von dem Pythagorasschüler Okellos[3]; es handelt sich vielmehr um ein pseudepigraphisches Werk, welches vom Herausgeber Richard Harder auf das 2. Jahrhundert v. Chr. datiert wird.[4] Es wird hier besprochen, obwohl es sich um eine griechische Schrift handelt, weil es sachlich, chronologisch und möglicherweise auch geographisch aufs engste mit der soeben behandelten Pythagorasaneignung in Rom zusammengehört. Sachlich, weil es hier der Pythagorasschüler Okellos ist, dessen Autorität sich der Verfasser der Schrift bedient; chronologisch, weil es sich hier wie dort um das zweite vorchristliche Jahrhundert handelt; schließlich geographisch, weil der Verfasser[5] möglicherweise aus Süditalien kommt.

Vergleicht man „Ocellus Lucanus" mit anderen, insbesondere mit jüdischen Pseudepigrapha, so fällt sogleich ein bemerkenswerter Sachverhalt auf: Im Gegensatz zu dem üblichen Verfahren wählt der Verfasser hier nicht einen bedeutenden Namen, um sein Werk damit zu schmücken, sondern ein nachgerade unbeschriebenes Blatt: Okellos. Viel näherliegend wäre es doch gewesen, das Werk wenigstens einem bekannten Schüler des Mei-

---

1 Philon: De aeternitate mundi, § 12.

2 Ebd.

3 Zu diesem vgl. Diels/Kranz 48.

4 Richard Harder [Hg.]: „Ocellus Lucanus". Text und Kommentar, Berlin 1926 (Nachdr. Dublin/Zürich 1966), S. 47.149; zustimmend referiert von Heinrich Dörrie: Art. Okellos, KP IV 270.

5 Auf die Frage, „was den Verfasser ... veranlaßt hat, sein Buch gerade auf den Namen Ocellus zu taufen", läßt sich nach Harder „kaum" antworten, „höchstens könnte man aus dem Lob der Lucaner, das er Plato in den Mund legt, abnehmen, daß er irgendwie epichorisch (etwa durch eigne Herkunft) an Lucanien interessiert war." (Harder, a.a.O., S. 47f.)

sters zuzuschreiben oder womöglich gleich dem Pythagoras selbst. Die Verlegenheit, in die der Verfasser durch die Wahl gerade des Namens Okellos kommt, wird deutlich an der Tatsache, daß er dem eigentlichen Werk einen fingierten Briefwechsel voranstellt. Es handelt sich dabei um ein Schreiben des Pythagoreers Archytas an Platon und dessen Antwort darauf.[6] Es kann kein Zweifel daran bestehen, „daß diese beiden Briefe vom Ocellus-Fälscher selbst stammen"[7]. Zutreffend bemerkt Harder: „Die Absicht des Briefwechsels ist natürlich zunächst die Beglaubigung der Echtheit; sodann soll das Lob Platos der Empfehlung dienen."[8] Doch kann man wohl noch etwas mehr sagen. Das Lob Platons dient gewiß der Empfehlung, aber eben der Empfehlung eines bis dahin nur dem Namen nach (oder vielleicht sogar nicht einmal dem Namen nach[9]) bekannten Gefolgsmannes des Pythagoras. Ein literarischer und philosophischer *homo novus* soll auf diese Weise allererst etabliert werden.

Eine andere Auffassung vertritt Holger Thesleff.[10] „In my opinion they [sc. die beiden Briefe] do not serve as letters of introduction to, or guarantees of the genuineness of, certain spurious writings; but their chief purpose is to make a Lucanian appear as the most important intermediary of Early Pythagorism to those two authors who were generally known to have handed it over to the public, i.e. Plato and Archytas; and hence, to provoke in the reader interest and respect towards the Lucanians in general."[11] Der

---

6 Beide Briefe finden sich auch bei Diogenes Laertios VIII 80-81, der angeblich von Platon verfaßte auch in dessen Briefcorpus als Nr. 12. Ich zitiere beide Briefe nach der Ausgabe Harders, dort S. 7.

7 Harder, a.a.O., S. 39.

8 Harder, a.a.O., S. 40.

9 Harder meint: „Die Angaben über Ocellus [sc. bei Iamblichos: De vita Pythagorica 267 = Testimonium 1, Harder S. 3, Z. 1-6] können nicht erst aus unsrer Fälschung abgeleitet sein, denn in ihr gab es keinen Anhaltspunkt für die Existenz des Bruders und der Schwester" (a.a.O., S. 31). Dieses Argument ist nicht hinreichend, zumal dann nicht, wenn man mit Harder (S. 40.44-45) annimmt, daß das Pseudepigraphon aus insgesamt vier Traktaten bestand, von welchen sich nur einer erhalten hat. Kann sich nicht in einem der drei verlorenen Traktate ein „Anhaltspunkt für die Existenz des Bruders und der Schwester" befunden haben? In anderem Zusammenhang argumentiert übrigens Harder selbst so (S. 33).

10 Holger Thesleff: Okkelos, Archytas, and Plato, Er. 60 (1962), 8-36. Zur Schreibung des Namens (Okkelos bzw. Okellos) vgl. Thesleff S. 10, Anm. 2: „With most modern authors I prefer the form Ὄκκελος which is *lectio difficilior*."

11 A.a.O., S. 32. Dem Verfasser der Briefe schreibt Thesleff „a considerable naivety" (ebd.) zu; es sei „difficult to imagine the letters to have been composed in any cultural metropolis; and the author is very likely to have been a Lucanian" (ebd.). Als solcher sei der

Verfasser der Schrift Περὶ τῆς τοῦ παντὸς φύσεως ist nach Thesleff mit dem Fälscher des Briefwechsels nicht nur nicht identisch, sondern er wurde durch diesen fingierten Briefwechsel allererst zu seiner Produktion „inspired“[12]. Wäre die Thesleffsche These zutreffend, so hätte man in den Briefen den Versuch vor sich, in Rom Propaganda für die Lukaner zu machen[13], einen Versuch, der seinerseits eines Altersbeweises nicht entraten könnte. (Auf diesen Altersbeweis gehe ich gleich noch im Text des näheren ein.) Die Thesleffsche These scheitert m.E. an dem, was Harder schon gegen Usener ausführt (demzufolge ein und derselbe Fälscher zunächst die Briefe, dann die Schriften publiziert hätte): „Doch wäre dieses Vorgehen umständlich, und wirkungsvoll durchzuführen nur unter modernen Publikationsverhältnissen. Bei konkreter Vergegenwärtigung der Umstände ergibt sich mir als denkbar für den Fälscher nur ein Weg: er mußte die beiden Briefe in der Ausgabe selbst, als eine Art Vorrede, veröffentlichen.“[14] In der Tat ist es schwer vorstellbar, wie der Verfasser der Briefe diese überhaupt (im 2. Jahrhundert v. Chr.) ausgerechnet in Rom hätte «publizieren» können. Wer hätte sich damals in Rom für dergleichen interessiert? Ganz anders sieht es aus, wenn man (mit Harder) annimmt, daß Briefe und Schrift zugleich veröffentlicht wurden. Dafür könnte man sogar in Rom potentielle Leser angeben: zumindest die Kreise, die hinter dem Ereignis von 181 stehen, hätten diese Schrift nicht ungern gelesen.

Im Brief des Archytas wird nach einem einleitenden Satz das Thema angesprochen: περὶ δὲ τῶν ὑπομνημάτων[15]. D.h. dem Leser des fingierten Briefwechsels wird suggeriert, Platon habe bei Archytas wegen gewisser Schriften (sc. des Okellos) angefragt, und darauf antworte nun Archytas.[16] Er sagt:

περὶ δὲ τῶν ὑπομνημάτων ἐπεμελήθημες καὶ ἀνήλθομες ὡς Λευκανὼς καὶ ἐνετύχομες τοῖς Ὀκκέλω ἐκγόνοις.[17]

Die Apeltsche Übersetzung der Stelle ist falsch: „Was die Schriftwerke

---

Verfasser möglicherweise Gründer einer „Lucanian variant of Neo-Pythagorism“ (S. 33) gewesen.

12 A.a.O., S. 33.

13 So Thesleff, a.a.O., S. 34.

14 Harder, a.a.O., S. 40.

15 Harder, a.a.O., S. 7, Z. 4.

16 Der Leser wird „nach beliebter Fälschermethode mitten in einen Briefwechsel hineinversetzt. In diesem Plato-Brief, so sollen wir schließen, stand der Auftrag, sich nach den Ocellus-Schriften umzusehen“ (Harder, a.a.O., S. 43). Anders Thesleff: „We need not necessarily imagine that Plato has previously ... asked him [sc. Archytas] to look for certain writings. The use of the article may, in my opinion, be due to the idea that a Pythagorean is naturally only concerned with one kind of ὑπομνήματα, The Scriptures“ (a.(Anm. 10)a.O., S. 13).

17 Harder, a.a.O., S. 7, Z. 4-5.

anlangt, so habe ich mich darum bemüht und habe eine Reise nach Lukanien gemacht, wo ich die Schriften des Okellos gefunden habe.“[18] Denn τοῖς 'Οκκέλω ἐκγόνοις heißt doch nicht „die Schriften des Okellos“.[19] Vielmehr ist ἔκγονος der Nachkomme, möglicherweise näherhin der Enkel.[20] Archytas hat also in Lukanien Kontakt mit der Familie des Okellos aufgenommen und von dieser die einschlägigen Schriften ausgehändigt bekommen. „In dem Entdeckungsroman darf natürlich der typische Zug der Familientradition nicht fehlen“, sagt Harder.[21] Zugleich ist der Hinweis auf die ἔκγονοι dazu geeignet, einen chronologischen Anhaltspunkt zu fingieren. Geht man nämlich von Archytas (1. Hälfte des 4. Jahrhunderts) zwei[22] Generationen zurück, so gelangt man in die Mitte des fünften Jahrhunderts. Damit würde Okellos in die unmittelbare Nähe zu Pythagoras selbst gerückt; er wäre mithin ein Schüler der ersten Generation.[23]

Doch nicht dieser Aspekt ist es, der in dem fingierten Antwortschreiben Platons hervorgehoben wird:

ἔδοξεν ἡμῖν εἶναι ἀνὴρ ἄξιος ἐκείνων τῶν πάλαι προγόνων· λέγονται γὰρ δὴ οἱ ἄνδρες οὗτοι Μύριοι εἶναι (οὗτοι δ' ἦσαν τῶν ἐπὶ Λαομέδοντος ἐξαναστάντων Τρώων), ἄνδρες ἀγαθοί, ὡς ὁ παραδεδομένος μῦθος δηλοῖ.[24]

Nicht daß Okellos Schüler des Pythagoras war, wird zu seinem Ruhm be-

[18] Diogenes Laertius: Leben und Meinungen berühmter Philosophen. Buch I-X. Aus dem Griechischen übersetzt von Otto Apelt, herausgegeben von Klaus Reich, PhB 53/54, Hamburg ²1967, hier II 149. Die zugehörige Bemerkung des Herausgebers („So ist wohl hier das ἔκγονα *[sic]* zu verstehen“, Anm. 15, auf S. 371) liefert keine Begründung.

[19] Harder nennt die Deutung im Sinne von *animi foetus* „ganz indiskutabel“ (a.a.O., S. 43, Anm. 2).

[20] LSJ, s.v. ἔκγονος, S. 503.

[21] Harder, a.a.O., S. 43. Vgl. etwa die Art, wie Kritias bei Platon im Timaios seinen λόγος auf Solon zurückführt (Pl. Tim. 20 d 7ff.) und sich im Kritias dann sogar noch auf Papiere des Solon beruft, die sich angeblich in seiner Familie erhalten haben (Pl. Criti. 113 b 2ff.).

[22] Zwei Generationen hat man anzusetzen, wenn man ἔκγονος als „Enkel“ versteht. So wird die Stelle auch verstanden von Dörrie, a.(Anm. 4)a.O., Sp. 270, Z. 15.

[23] Unbeschadet seiner anderen Auffassung bezüglich des Zwecks des fingierten Briefwechsels ist auch Thesleff der Ansicht: „Our Archytas probably expects us to regard Okkelos as one of the personal pupils of Pythagoras ... Naturally we cannot assume the writer to be very clear about the chronology even if he knew something about a Pythagorean διαδοχή“ (a.(Anm. 10)a.O., S. 20, Anm. 4).

[24] Harder, a.a.O., S. 7, Z. 11-14.

merkt, sondern daß er ἄξιος ἐκείνων τῶν πάλαι προγόνων war. Was dann über die Vorfahren des Okellos gesagt wird, ist eine der römischen Sage sehr ähnliche Konstruktion: Hier wie dort wird der Ursprung eines in Italien ansässigen Stammes auf die Trojaner zurückgeführt. So liegt in diesem pseudoplatonischen Brief ein Altersbeweis in klassischer Kürze vor.

Abschließend sei noch auf eine Besonderheit dieses Pseudepigraphons hingewiesen, die bis in die Neuzeit Alter und Authentizität der Schrift nicht nur als diskutabel, sondern als gesichert erscheinen ließ: das dorische Gewand.[25] Nicht erst den Neuplatonikern war diese Dialektform „ein Symbol der uralten Herkunft dieser ihnen ehrwürdigen Schriften."[26] Vielmehr war es gerade die Absicht des Verfassers der pseudepigraphischen Schrift, schon sprachlich deren uralte Herkunft zu suggerieren.

Zusammenfassend charakterisiert Dörrie die Absicht des Verfassers folgendermaßen: „Vorwiegend peripatet. Philosopheme werden in eine Frühzeit zurückprojiziert; die Schrift dient einem Archaismus, der aus früher Bezeugung Gültigkeit herleitet."[27]

Funktion und Durchführung des Altersbeweises lassen sich an „Ocellus Lucanus" geradezu paradigmatisch studieren. Es geht um eine (für den anonymen Verfasser doch offenbar aktuelle) Kontroverse: Ist die Welt ewig oder vergänglich? Die Stoa behauptet Vergänglichkeit, der Peripatos Ewigkeit. In diese Diskussion will der Verfasser eingreifen. Er tut dies nicht, indem er neue Argumente vorbringt; solche stehen ihm nicht zu Gebote. Also muß er zu anderen Mitteln greifen, um den altbekannten Argumenten des Peripatos Ansehen zu verschaffen. Dazu bedient er sich einer literarischen Fiktion: Er gibt seine Schrift als Werk des Pythagorasschülers Okellos aus. Dieses Vorhaben setzt er auf eindrucksvolle Weise in die Tat um. Zunächst erweckt er den Anschein der Authentizität, indem er archaisierendes Dorisch schreibt. Um sodann dem (weithin oder gänzlich) unbekannten

---

[25] Vgl. dazu Harder, a.a.O., S. XVIIIff. Vizzanius und Bentley hielten die dorische Sprache für den Beweis der Echtheit (Harder, S. XIX, Anm. 1).

[26] Harder, a.a.O., S. XXIf.

[27] Dörrie, a.(Anm. 4)a.O., Sp. 270, Z. 41-44. In diesem Zusammenhang kann man auch das „Zitat" aus Genesis 1,28 sehen, das sich bei Ocellus Lucanus in § 46 (Harder, a.a.O., S. 22, Z. 18) findet. Vgl. dazu Harders Kommentar (S. 128-132) und GLAJJ 40 (I 131-133).

Okellos zu Rang und Namen zu verhelfen, stellt er einen Briefwechsel der ἥρωες Archytas und Platon voran. Dadurch wird der Eindruck erweckt, als seien die Niederungen der Schulstreitigkeiten zwischen Stoa und Peripatos verlassen. Denn hier nimmt ja ein Mann der Vorzeit, ein Schüler des Pythagoras, das Wort. Und dessen Schrift ist immerhin einem Platon so wichtig, daß er sich nachdrücklich um sie bemüht. Auf diese Weise wird dem peripatetischen Standpunkt Unterstützung von gleichsam neutraler Seite zuteil. Der Verfasser spricht sozusagen von einer höheren Warte aus. Die Lehre des Peripatos erscheint als in Wahrheit pythagoreisch. Ihr hohes Alter bürgt für ihre Richtigkeit.

Dem Verfasser dieses Pseudepigraphons war durchschlagender Erfolg beschieden, was seine literarische Fiktion angeht. Angefangen bei dem eingangs zitierten Philon bis ins 19. Jahrhundert wurde sein Werk als Schrift des Pythagorasschülers Okellos angesehen.[28]

[28] Noch der Herausgeber Aug. Fr. Wilh. Rudolph (Leipzig 1801) hielt die Schrift für echt, vgl. Harder, a.a.O., S. XXIIIf.

§ 3 *M. Tullius Cicero*

Es wurde oben[1] schon auf das Diktum aus der Epinomis hingewiesen:

λάβωμεν δὲ ὡς ὅτιπερ ἂν Ἕλληνες βαρβάρων παραλάβωσι, κάλλιον τοῦτο εἰς τέλος ἀπεργάζονται[2].

Diesen Ausspruch könnte man *mutatis mutandis* als Motto über einen Teil der einschlägigen Bemühungen Ciceros setzen. Auch er befindet sich in der Defensive und dies in einem wohl ungleich größeren Ausmaß als der Verfasser der Epinomis. Handelte es sich bei diesem um das Verhältnis Barbaren - Hellenen, so geht es nun bei Cicero um die Abhängigkeit der Römer von den Griechen.

Cicero sagt:

... *meum semper iudicium fuit omnia nostros aut invenisse per se sapientius quam Graecos aut accepta ab illis fecisse meliora, quae quidem digna statuissent, in quibus elaborarent.*[3]

Das *invenisse per se sapientius quam Graecos* will nicht viel besagen - denn natürlich haben die Römer nicht alles von den Griechen übernommen, wie Cicero auch im folgenden nachzuweisen bemüht ist; wie das Prooemium als Ganzes zeigt, kommt es Cicero hier auf die *accepta* an: *accepta ab illis fecisse meliora* aber ist beinahe eine Übersetzung des griechischen κάλλιον τοῦτο εἰς τέλος ἀπεργάζονται.[4]

Bedenkt man die Überlegenheit der griechischen Kultur im Vergleich mit der römischen, so sollte man meinen, daß jedes Argumentieren gegen diesen klar zutage liegenden Sachverhalt von vornherein zum Scheitern verurteilt

---

1 Im Paragraphen über Herodot, Kapitel I, § 2 (S. 34).

2 (Ps.[?])Platon: Epinomis 987 d 9 - e 1.

3 M. Tullius Cicero: Tusculanae disputationes I 1. Vgl. zur Stelle auch De re publica II 30, wo Cicero den Scipio sagen läßt: *quin hoc ipso sapientiam maiorum statues esse laudandam, quod multa intelleges etiam aliunde sumpta meliora apud nos multo esse facta, quam ibi fuissent unde huc translata essent atque ubi primum extitissent.*

4 Richard Harder: Das Prooemium von Ciceros Tusculanen (Die Antithese Rom-Griechenland), zuerst in: ΕΡΜΗΝΕΙΑ (FS Otto Regenbogen), Heidelberg 1952, 104-118, dann in ders.: Kleine Schriften, München 1960, 413-430, sagt: „Cicero kannte die Epinomis gut, ein anderes Zitat de or. 3,21" (S. 107, Anm. 21). Demnach handelte es sich hier also in der Tat um eine Übersetzung.

ist. Cicero jedoch läßt sich dadurch nicht beirren. Er läßt keine Gelegenheit - insbesondere kaum ein Vorwort zu einem seiner Bücher - vorübergehen, ohne zu versuchen, dagegen zu argumentieren. Das Prooemium zum ersten Buch der Tusculanae disputationes, aus dem das Zitat stammt, reiht sich ein in eine große Zahl ähnlicher Versuche. Unter diesen findet sich auch der eine oder andere Altersbeweis - aber diese dominieren nicht. Um Cicero als Apologeten der Römer recht würdigen zu können, genügt es daher nicht, nur seine Altersbeweise darzustellen. Vielmehr halte ich es für erforderlich, auch die andern von ihm ins Feld geführten Argumente zu behandeln, denn erst auf diese Weise wird es möglich, ihn mit seinen jüdischen und christlichen «Apologetenkollegen» zu vergleichen; nur so nämlich werden die Alternativen zum Altersbeweis deutlich, deren Cicero sich bedient und deren sich jüdische und christliche Apologeten bei ihrer Verteidigung gegenüber einer dominierenden kulturellen Tradition auch bedienen bzw. bedient haben könnten. Denn der Ausgangspunkt eines jüdischen und eines römischen Autors in Sachen Verteidigung des Eigenen gegen die Griechen ist ja durchaus vergleichbar.[5] Umso interessanter wird es sein, festzustellen, ob auch die Mittel der Verteidigung hier wie dort die gleichen sind oder nicht. Den Altersbeweis jedenfalls führen Römer wie Juden wie Christen in gleicher Weise. Für Cicero aber, um zum Ausgangspunkt dieser Überlegungen zurückzukehren, ist er nur eines unter mehreren Mitteln.

Es gibt im Prinzip drei Möglichkeiten für Cicero, die Superiorität der Griechen zu bestreiten: Er kann entweder im Sinne des *accepta ab illis fecisse meliora* argumentieren, d.h. er erkennt nicht nur an, daß den Griechen die Priorität zukommt (das πρεσβύτερον), sondern er gibt auch zu, daß die Römer den umstrittenen Gegenstand von den Griechen übernommen haben, behauptet aber zugleich, die Römer hätten diesen so verbessert, daß sie nun die Griechen übertreffen (womit also das κρεῖττον den Griechen erfolgreich streitig gemacht wäre); oder er argumentiert im Sinne des *invenisse per se sapientius quam Graecos*, d.h. er bestreitet überhaupt eine Abhängigkeit der Römer und führt den Nachweis, daß die Römer auf diesem Gebiet die Griechen übertreffen; schließlich kann er - noch einen Schritt weiter gehend -

[5] Vergleiche dazu das oben in § 1 dieses Kapitels Gesagte (S. 83f.) sowie unten Kapitel III, Einleitung.

nicht nur eine Abhängigkeit der Römer von den Griechen leugnen, sondern darüber hinaus den Römern die Priorität zusprechen (so daß das πρεσβύτερον κρεῖττον also zugunsten der eigenen Seite ins Feld geführt wird).

Für die Darbietung des Materials ergibt sich daher die folgende Gliederung:

1. Die Römer übertreffen die Griechen wegen des *fecisse meliora*;
2. Die Römer übertreffen die Griechen wegen des *invenisse sapientius*;
3. Altersbeweise zugunsten der Römer.

Bevor ich nun zum ersten Abschnitt übergehe, halte ich es für angezeigt, ein Wort zu den «Widersprüchen» des Cicero zu sagen.

Jeder Leser, der größere Teile (oder gar das Ganze) seines ausgedehnten *opus* liest, wird auf zahlreiche Widersprüche stoßen. Das bräuchte an sich nicht zu verwundern bei einem Mann wie Cicero, der sich meisterhaft darauf versteht, einen Sachverhalt je nach Lage der Dinge und Adressatenkreis in jeweils gänzlich anderem Licht erscheinen zu lassen; ein solcher muß sich nach und nach in Widersprüche verwickeln. Das führt dann beispielsweise dazu, daß ein und dieselbe Person völlig unterschiedlich bewertet wird. So sind - um nur ein Beispiel zu nennen - Tiberius und Gaius Gracchus zu Recht mit dem Tode bestraft worden (z.B. De officiis I 76; II 43). In der zweiten Rede gegen das Ackergesetz (Agr. II 10) dagegen werden die beiden gelobt als *clarissimi, ingeniosissimi, amantissimi viri*. In der Rede für sein Haus (Dom. § 82.102) erscheinen sie wieder als *homines seditiosissimi*.[6] Ähnlich verhält es sich mit Catilina, Gabinius, Piso und vielen anderen Gestalten, wie sich unschwer zeigen ließe.

Von entwaffnender Offenheit ist in dieser Beziehung eine Passage des Brutus; Cicero hat den Tod des Coriolanus erzählt und fügt dem hinzu:

> *„nam etsi aliter apud te est, Attice, dc Coriolano, concede tamen, ut huic generi mortis potius assentiar." at ille ridens „tuo vero" inquit „arbitratu; quoniam quidem concessum est rhetoribus ementiri in historiis, ut aliquid dicere possint argutius. ut enim tu nunc de Coriolano, sic Clitarchus, sic Stratocles de Themistocle finxit."*[7]

Dieser Abschnitt verdient mehrfache Lektüre. Die Version des Todes des Coriolanus, die Cicero erzählt hat, widerspricht der Darstellung, die Atticus in seinem einschlägigen Geschichtswerk, den Annalen, gegeben hat. Darauf weist Cicero zu Beginn der zitierten Stelle hin mit den Worten *aliter apud te est, Attice, de Coriolano*. Dieser stellt die Abweichung in das Belieben Ciceros (*tuo arbitratu*) und fügt den bezeichnenden Satz hinzu, daß den Rhetoren das Lügen ja erlaubt sei *(concessum est rhetoribus ementiri in historiis)*. Selbst wenn das *in historiis* als Einschränkung gedacht sein sollte - dem Redner das Lügen also nicht generell erlaubt würde -, ist dies eine sehr weit

---

[6] Hans Schoenberger: Beispiele aus der Geschichte, ein rhetorisches Kunstmittel in Ciceros Reden, Programm des ... Gymnasiums St. Stephan in Augsburg, Augsburg 1911, S. 18ff. bietet einschlägiges Material in Fülle.

[7] Cicero: Brutus § 42.

gehende Aussage.[8] Denn hier wird dem Redner das Recht eingeräumt, das man ansonsten allenfalls dem Märchenerzähler oder dem Dichter zuzubilligen geneigt ist.[9]

Sieht man die «Widersprüche» des Cicero unter diesem Aspekt, so muß man sich eher darüber wundern, daß sie nicht noch zahlreicher sind.

Für die folgende Darstellung ergibt sich daraus jedoch das Problem, daß der Leser nie sicher sein kann, ob es sich nun gerade um die Meinung Ciceros handelt oder um eine These, die er lediglich des *dicere argutius* wegen *ad hoc* vertritt. Diese Unklarheit hätte sich aber auch dann nicht vermeiden lassen, wenn es nicht (schon aus Platzgründen) unmöglich gewesen wäre, jeweils das ganze einschlägige Material vorzulegen. Darüber hinaus erscheint es mir fraglich, ob man hier - selbst bei eingehender Würdigung jeweils des gesamten Materials - zu befriedigenden Ergebnissen würde kommen können. Umso wichtiger erschien es mir, zu Beginn auf dieses Phänomen hingewiesen zu haben.

1. *Die Römer übertreffen die Griechen wegen des* fecisse meliora

a) Die Redekunst[10]

Das klassische Beispiel für die Theorie, wonach die Römer die von den Griechen übernommenen Dinge (*accepta ab illis*) verbessert haben (*fecisse meliora*), ist die Entwicklung der Beredsamkeit in Griechenland und in Rom. Griechenland wird in diesem Fall in erster Linie durch Athen repräsentiert:

> *hoc autem studium non erat commune Graeciae, sed proprium Athenarum. quis enim aut Argivum oratorem aut Corinthium aut Thebanum scit fuisse temporibus illis?*[11]

Athen überragt Rom an Alter bei weitem, wie Cicero an dem Beispiel des

---

[8] Zu diesem Zitat aus dem Brutus und seiner Bedeutung vgl. Timothy Peter Wiseman: Clio's Cosmetics. Three Studies in Greco-Roman Literature, Leicester 1979, S. 31ff.

[9] Belege s.v. *mentiri* im ThLL VIII, Sp. 779, Z. 68 - Sp. 780, Z. 3. Livius sagt zwar in bezug auf seine Vorgänger (namentlich genannt wird insbesondere Valerius Antias): *adeo nullus mentiendi modus est* (XXVI 49,3), aber davon, daß er das billigt, ist (anders als im Brutus) keine Rede. Cicero selbst läßt seinen Bruder Quintus die Unterscheidung treffen: *alias in historia leges observandas ..., alias in poemate*, und er erläutert, daß *in illa [sc. historia] ad veritatem ... <cuncta> referantur* (De legibus I 5).

[10] Im Prooemium der Tusculanen sagt Cicero zwar *omnia ... accepta ... fecisse meliora*. Das ist aber eine rhetorische Übertreibung, die man nicht weiter ernst nehmen sollte. Vgl. die Meinung Harders: „Die durchgängige Verbesserung des von den Römern Übernommenen nachzuweisen, mußte schwerfallen. Da sollen denn Hilfsthesen helfen ..." (a.(Anm. 4)a.O., S. 414). Daher beschränke ich mich in diesem Abschnitt auf zwei herausragende Fälle.

[11] Cicero: Brutus § 49f.

Solon und des Peisistratos erläutert. Für diese nämlich gilt:

nam etsi Servio Tullio regnante viguerunt, tamen multo diutius Athenae iam erant quam est Roma ad hodiernum diem.[12]

Das Gespräch, in dem diese Bemerkung gemacht wird, ist auf das Frühjahr 46 (vor dem Selbstmord des M. Porcius Cato Uticensis) zu datieren[13], d.h. *ab urbe condita* 707. Zur Zeit des Solon und des Peisistratos, so sagt Cicero, bestand Athen schon *multo diutius* als diese 707 Jahre. An Alter ist Athen Rom gegenüber also klar im Vorteil. So verwundert es nicht, wenn auch die Redekunst dort sehr viel früher zur Blüte kam als in Rom. Die Entwicklung verläuft parallel, aber eben um einige Jahrhunderte zeitversetzt:

quam multi enim iam oratores commemorati sunt et quam diu in eorum enumeratione versamur, cum tamen spisse atque vix, ut dudum ad Demosthenem et Hyperidem, sic nunc ad Antonium Crassumque pervenimus. nam ego sic existumo hos oratores fuisse maxumos et in his primum cum Graecorum gloria Latine dicendi copiam aequatam.[14]

Was für die Entwicklung der griechischen Beredsamkeit im 4. Jahrhundert Demosthenes und Hyperides sind, das sind dann später in Rom Antonius und Crassus. Damit ist der Gleichstand erreicht. Es fehlt noch die entscheidende Verbesserung gemäß dem *accepta ab illis fecisse meliora*[15], denn zweifellos gehört die Redekunst zu denjenigen Gegenständen, die Cicero bei seinem *quae quidem digna statuissent, in quibus elaborarent*[16] im Auge hat.

Deshalb sagt Cicero im Zusammenhang einer ausführlichen Würdigung der beiden Redner bei der Gelegenheit einer genaueren Fixierung ihrer Lebenszeit, er gebe diese Datierung deswegen,

ut dicendi Latine prima maturitas in qua aetate exstitisset, posset notari et

[12] Brut. § 39. Zum Altersvergleich Rom/Griechenland siehe auch Rep. I 58 und II 18.

[13] Vgl. zur Datierung z.B. Karl Büchner (Cicero. Bestand und Wandel seiner geistigen Welt, Heidelberg 1964, S. 324): „Die Zeit des Gespräches ist das Jetzt, die Zeit der Niederschrift. Sie läßt sich bestimmen: Brutus ist noch nicht in seine Provinz, *Gallia cisalpina*, abgereist ... und die Schlacht von Thapsus ist noch nicht geschlagen (6. 4. 46): also Frühjahr 46."

[14] Brut. § 138.

[15] Tusc. I 1.

[16] Ebd. Daß die Redekunst darunter fällt, sagt Cicero Tusc. I 5.

intellegeretur iam ad summum paene esse perductam, ut eo nihil ferme quisquam addere posset, nisi qui a philosophia, a iure civili, ab historia fuisset instructior.[17]

Darauf läßt Cicero den Brutus in aller Naivität fragen:

erit aut iam est iste, quem exspectas,

worauf Cicero selbst in aller Bescheidenheit antwortet:

nescio.[18]

Denn, um mit Karl Büchner zu reden: „Niemand konnte zweifeln, daß die lateinische Redekunst von Cicero zu einer noch nicht gekannten Höhe, ja zu ihrer klassischen Vollendung geführt worden war. Und wenn jemand zweifelte, so hatte Cicero soviel echtes Selbstgefühl und soviel Bewußtheit, daß er sich auf sein eigenes *iudicium* verlassen konnte."[19] Aus dem Brutus geht hervor, daß Cicero sich nicht nur als den römischen Demosthenes betrachtet[20], sondern eher geneigt ist, sich noch über Demosthenes zu stellen. Dies machen auch andere Stellen klar.[21]

Immer wieder rühmt sich Cicero der Tatsache, daß er die Griechen übertrifft. Dies wird sehr schön deutlich aus einer Stelle des Briefwechsels mit Atticus. Cicero bestätigt hier dem Atticus den Eingang eines *commentarius consulatus mei [sc. Ciceronis] Graece scriptus*[22]. Dieses Werk hat er zwar gerne *(libenter)* gelesen, doch muß er das Fehlen jeglicher *ornamenta*[23] bemängeln. Ciceros eigene Schrift zu diesem Thema dagegen krankt nicht an diesem Fehler. Sie hat er an Poseidonios nach Rhodos geschickt (verbun-

---

[17] Brut. § 161.

[18] Brut. § 162. Besser hätte Cicero den Brutus fragen lassen sollen: σὺ εἶ ὁ ἐρχόμενος κτλ.; Zur Sache vgl. etwa noch Brut. § 254 und De oratore III 95.

[19] Karl Büchner, a.(Anm. 13)a.O., S. 323f.

[20] So interpretiert Gelzer: „Wir sahen, daß Cicero sich längst für Demosthenes entschieden hatte [sc. in dem Streit zwischen Asianismus und Atticismus] und sich *als den römischen Demosthenes fühlte* [sic; Hervorhebung von mir]" (Matthias Gelzer: Cicero. Ein biographischer Versuch, Wiesbaden 1969, S. 269).

[21] So sagt Cicero - um nur ein Beispiel zu nennen - im Orator: *nemo enim orator tam multa ne in Graeco quidem otio scripsit, quam multa sunt nostra* (§ 108). Vgl. auch De officiis I 3.

[22] Cicero: Epistulae ad Atticum II 1,1.

[23] Zu den *ornamenta* vgl. Timothy Peter Wiseman, a.(Anm. 8)a.O., hier Part I: Clio's Cosmetics, S. 1-53.

den mit der Aufforderung, doch auch zur Förderung des Ruhmes seines Consulats zur Feder zu greifen - Cicero sagt: *ut ornatius de iisdem rebus scriberet*) mit dem Ergebnis:

non modo non excitatum esse [sc. Posidonium] ad scribendum sed etiam plane deterritum[24].

Triumphierend fügt Cicero hinzu:

quid quaeris? conturbavi Graecam nationem[25].

Dies ist ein Erfolg, der sogar einem Cicero nicht selbstverständlich zufällt. Die zugrundeliegende Anschauung ist offenbar die, daß die griechische Überlegenheit in literarischen Dingen unbestritten feststeht. Umso heller leuchtet dann natürlich der Ruhm dessen, der sogar Griechen in den Schatten zu stellen in der Lage ist.

Dieses Beispiel läßt sich - das sei am Rande angemerkt - verallgemeinern: will man eine literarische oder eine rhetorische Leistung loben, so stellt man sie neben oder sogar über eine vergleichbare griechische. Dafür liefern nicht nur die Schriften Ciceros zahlreiche Beispiele.

So läßt Cicero in De re publica den Philus die Erwartung äußern:

spero enim multo uberiora fore quae a te dicentur, quam illa quae a Graecis nobis scripta sunt omnia.[26]

Das also ist die höchste Erwartung, die man in bezug auf einen bevorstehenden Vortrag hegen kann, daß er die griechischen Vorbilder übertreffen möge. Scipio, dem gegenüber diese Erwartung geäußert worden war, sagt auch ausdrücklich:

permagnam tu quidem expectationem, quod onus est ei qui magnis de rebus dicturus est gravissimum, inponis orationi meae.[27]

---

[24] Cic.: Att. II 1,2. Beachtet werden muß dabei, daß Poseidonios ja nicht ein beliebiger griechischer Zeitgenosse des Cicero ist. Zur Würdigung des Poseidonios vgl. beispielsweise Max Pohlenz, der sagt: „Seine Schriften müssen die höchste Blüte des hellenistischen Prosastils gebildet haben" (Max Pohlenz: Die Stoa. Geschichte einer geistigen Bewegung, I Göttingen [5]1978, S. 211). Zusammenfassend spricht Pohlenz von Poseidonios als dem „größte[n] wissenschaftliche[n] Geist, den der Hellenismus hervorgebracht hat" (a.a.O., S. 238).

[25] Ebd. Kasten übersetzt: „Was sagst Du dazu? Ich habe die griechische Welt in Verlegenheit gebracht!" (Helmut Kasten [Hg.]: Marcus Tullius Cicero: Atticus-Briefe (lat.-dt., Tusc), München [3]1980, S. 83; Kasten schreibt irrtümlich: „grieschische"). Noch drastischer formuliert Shackleton Bailey: „The fact is, I have dumbfounded the whole Greek community" (D. R. Shackleton Bailey [Hg.]: Cicero's Letters to Atticus, Volume I: 68-59 B.C., Cambridge 1965, S. 193). Im Text folge ich für den Briefwechsel mit Atticus der Kastenschen Edition.

[26] Cicero: De re publica I 37.

[27] Ebd. Ein ähnliches Beispiel findet sich De oratore III 228, wo Crassus mit den Worten gelobt wird: *tu vero ... collegisti omnia, quantum ego possum iudicare, ita divinitus, ut non*

Das einschlägige Material bei Cicero ist zu umfangreich, als daß ich es hier ausbreiten könnte.[28] Nur eine Stelle sei noch erwähnt, weil es hier ein anderer ist, der in bezug auf eine Schrift des Cicero äußert, selbst bei den Griechen habe er nichts Besseres gelesen. Cicero berichtet seinem Bruder Quintus:

> *nam primum librum [sc.* des ciceronianischen Epos *De temporibus suis] se legisse scripsit [sc. Caesar] ad me ante, et prima sic ut neget se ne Graeca quidem meliora legisse.*[29]

Da gleich darauf eine kritische Bemerkung Caesars angeführt wird, erscheint es durchaus glaubhaft, daß Caesar sich über den ersten Teil des Epos im Sinne des *neget se ne Graeca quidem meliora legisse* ausgesprochen hat. Daß Caesar die literarischen Fähigkeiten Ciceros hoch eingeschätzt hat, ist bekannt.[30] Trotzdem ist es bemerkenswert, daß sich ein solches Lob Ciceros ausgerechnet im Anticato des Caesar findet, einer Schrift also, die gegen Ciceros *laudatio* des M. Porcius Cato Uticensis gerichtet ist. In derselben Schrift vergleicht Caesar den Cicero auch mit Perikles und Theramenes.[31] „... es ist ein hohes Lob, wenn man [sc. Caesar] Ciceros λόγος mit dem des Perikles, sein Leben, den βίος, mit dem des Theramenes vergleicht", sagt Büchner zu dieser Stelle.[32] Mag letzterer Vergleich auch „schon ein etwas zweischneidiges Lob" sein, wie Gelzer[33] meint, jedenfalls ist die zugrundeliegende Topik unverkennbar: Ciceros Leistung soll gelobt werden, indem er dem Perikles und dem Theramenes an die Seite gestellt wird. Auch bei Caesar findet sich also das Schema Ciceros, das man «Lob durch Vergleich mit den Griechen» nennen könnte.[34]

---

a Graecis sumpsisse, sed eos ipsos haec docere posse videare.

[28] Hingewiesen sei beispielsweise auf Rep. II 21-22 (Scipio wird über alle Griechen, insbesondere aber über Platon gestellt, von dem hier gesagt wird, er sei *princeps ille, quo nemo in scribendo praestantior fuit* - darf man daraus schließen, Cicero möchte jenem *princeps* Konkurrenz machen?); De legibus I 5; De finibus bonorum et malorum I 8; Att. XIII 13,1 (= XIII 25,1 Kasten; hier behauptet Cicero von seinen Academici libri, sie seien besser als alles, was Griechen zu bieten haben: *libri quidem ita exierunt, nisi forte me communis* φιλαυτία *decipit, ut in tali genere ne apud Graecos quidem simile quicquam).*

[29] Cicero: Epistulae ad Quintum fratrem II 16,5 (= Shackleton Bailey, Nr. 20).

[30] Caesar: Anticatonis libri II, F 4 Klotz (Alfred Klotz [Hg.]: C. Iuli Caesaris commentarii, Vol. III, Leipzig 1927, S. 188); vgl. auch den Kommentar Tschiedels zur Stelle (Hans Jürgen Tschiedel: Caesars „Anticato". Eine Untersuchung der Testimonien und Fragmente, IdF 37, Darmstadt 1981, S. 69-76).

[31] A.a.O., F 3 Klotz.

[32] Karl Büchner, a.(Anm. 13)a.O., S. 501.

[33] Matthias Gelzer: Caesar. Der Politiker und Staatsmann, Wiesbaden [6]1960, S. 280. Büchner teilt diese Einschätzung Gelzers nicht (a.a.O., S. 501).

[34] Der Vergleich kann natürlich auch ganz anderen Zwecken dienen, vgl. dazu Nicholas Petrolichos: Roman Attitudes to the Greeks, S. Saripolos's Library 25, Athens 1974, S. 144-145.

b) Die Philosophie

Neben der Redekunst ist vor allem anderen die Philosophie das Feld, auf dem die Römer sich anschicken, die Griechen zu übertreffen:

> ... *cum omnium artium, quae ad rectam vivendi viam pertinerent, ratio et disciplina studio sapientiae, quae philosophia dicitur, contineretur, hoc mihi Latinis litteris inlustrandum putavi, non quia philosophia Graecis et litteris et doctoribus percipi non posset, sed meum semper iudicium fuit omnia nostros aut invenisse per se sapientius quam Graecos aut accepta ab illis fecisse meliora, quae quidem digna statuissent, in quibus elaborarent.*[35]

Sehr schön charakterisiert Harder die in diesen Sätzen zum Ausdruck kommende Absicht Ciceros: „«Man kann die Philosophie wohl auch auf Griechisch lernen, aber ...»: das müßte folgerichtig weitergehen: wie auch sonst die Römer das Übernommene verbessert haben, so gedenke ich durch meine lateinische Darstellung die griechischen Vorlagen zu übertreffen. Das zu erreichen glaubte Cicero ja im stillen wirklich (Att. 13, 13, 1) ...“[36]

Auf derselben Linie liegt, was Cicero im Eingang des zweiten Buches der Tusculanen sagt:

> *quam ob rem hortor omnis, qui facere id possunt, ut huius quoque generis* [gemeint ist die Philosophie] *laudem iam languenti Graeciae eripiant et transferant in hanc urbem, sicut reliquas omnis, quae quidem erant expetendae, studio atque industria sua maiores nostri transtulerunt.*[37]

Bis zu Ciceros eigenen Tagen, so muß man das wohl verstehen, waren die Griechen den Römern überlegen. Nun aber ist es so weit gekommen - nicht zuletzt durch Ciceros eigene Leistung -, daß es nur noch eine Frage der Zeit ist, bis die Römer die Griechen auch auf diesem Gebiet aus dem Feld schlagen, so daß Cicero dann von der Philosophie im ganzen sagen kann, was er bislang nur von einem seiner philosophischen Werke behauptet: ... *ut in tali genere ne apud Graecos quidem simile quicquam.*[38]

---

[35] Tusc. I 1.

[36] Harder, a.(Anm. 4)a.O., S. 416. Die Stelle Att. XIII 13, auf die Harder hinweist, wurde oben Anm. 28 bereits zitiert.

[37] Tusc. II 5.

[38] Vgl. oben Anm. 28.

2. Die Römer übertreffen die Griechen wegen des invenisse sapientius

a) Die römischen Gesetze

In seiner „erste[n] *causa publica* (vor dem Geschworenengericht für Mord)“[39] hielt Cicero die Rede für Sextus Roscius aus Ameria, der des Vatermordes beschuldigt war; er benutzt sogleich die Gelegenheit, die *maiores* zu rühmen:

> *itaque cum multis ex rebus intellegi potest maiores nostros non modo armis plus quam ceteras nationes verum etiam consilio sapientiaque potuisse, tum ex hac re vel maxime quod in impios singulare supplicium invenerunt. qua in re quantum prudentia praestiterint eis qui apud ceteros sapientissimi fuisse dicuntur considerate.*[40]

Man braucht nicht zu fragen, wer wohl diejenigen sein mögen, die sonst als die Weisesten gelten: Es sind die Griechen. Doch diese tragen dieses ἐπίθετον ganz zu Unrecht; vielmehr steht es den römischen *maiores* zu. Dies weist Cicero sogleich an dem in Rede stehenden Fall nach. Die Athener nämlich, die doch angeblich (unter den Griechen) die *prudentissima civitas* bilden, denen der weiseste Bürger, Solon, die noch heute geltenden Gesetze gab, können noch nicht einmal ein Gesetz betreffend den Vatermord ihr eigen nennen.[41]

> *quanto nostri maiores sapientius! qui cum intellegerent nihil esse tam sanctum quod non aliquando violaret audacia, supplicium in parricidas singulare excogitaverunt ut, quos natura ipsa retinere in officio non potuisset, ei magnitudine poenae a malificio summoverentur.*[42]

Nur um einen Einzelfall zwar handelt es sich hier; aber dieser jedenfalls zeigt, was Cicero meint, wenn er von *invenisse per se sapientius quam Graecos* spricht. Bezeichnenderweise verwendet er in dieser Rede sogar eben dieses Wort: *quanto nostri maiores sapientius!*

Nach der Meinung Ciceros scheint man diesen hier angesprochenen einzelnen Fall durchaus verallgemeinern zu können. Immerhin läßt er in De oratore den Crassus die weitreichende Behauptung aufstellen:

---

39 Gelzer, a.(Anm. 20)a.O., S. 19.

40 S. Rosc. § 69.

41 S. Rosc. § 70.

42 Ebd. Vgl. zur Sache die Aussage in der Rede Pro A. Caecina § 34.

> *fremant omnes licet, dicam quod sentio: bibliothecas mehercule omnium philosophorum unus mihi videtur XII tabularum libellus, si quis legum fontis et capita viderit, et auctoritatis pondere et utilitatis ubertate superare.*[43]

Das Zwölftafelgesetz übertrifft *(superare)* trotz seines geringen Umfangs alles, was Philosophen zum Thema Recht geschrieben haben. Und nicht nur diese werden von den römischen Gesetzen in den Schatten gestellt, sondern auch die griechischen Gesetzgeber selbst:

> *percipietis etiam illam ex cognitione iuris laetitiam et voluptatem, quod, quantum praestiterint nostri maiores prudentia ceteris gentibus, tum facillime intellegetis, si cum illorum Lycurgo et Dracone et Solone nostras leges conferre volueritis. incredibile est enim, quam sit omne ius civile praeter hoc nostrum inconditum ac paene ridiculum; de quo multa soleo in sermonibus cotidianis dicere, cum hominum nostrorum prudentiam ceteris omnibus et maxime Graecis antepono.*[44]

Auch wenn man in Rechnung stellt, daß es nicht Cicero selbst ist, der diese Sätze spricht; daß er diese Sätze vielmehr dem Crassus in den Mund legt, von dem er anderwärts sagt, es sei eines seiner Charakteristika, *nostrorum hominum in omni genere prudentiam Graecis anteferre*[45] - aber dazu neigt ja gelegentlich auch Cicero selbst! -, bleibt diese Aussage erstaunlich genug.

b) Der römische Staat

Daß zumindest *diese* dem Crassus zugeschriebene Meinung[46] durchaus auch von Cicero selbst vertreten wird, wird sich sogleich zeigen. Denn nicht nur speziell in bezug auf die Gesetze, sondern auch im Blick auf den römischen Staat behauptet Cicero, daß er alle anderen Staaten übertreffe. Die

---

43 De orat. I 195.

44 De orat. I 197.

45 De orat. II 4.

46 Alles dem Crassus in den Mund Gelegte aber dem Cicero zuzuschreiben, halte ich für überaus bedenklich. Dazu neigt beispielsweise Mary Alexaidia Trouard (Cicero's Attitude towards the Greeks, Diss. Chicago 1942, S. 40.50 u.ö.). Ein besonders krasser Fall findet sich S. 62: „Cicero, who learned the Laws of the Twelve Tables when he was a boy, esteemed them above the libraries of the philosophers" wird hier mit Berufung auf De orat. I 195 behauptet. Die Bemerkung S. 26, Anm. 6 genügt nicht, um dergleichen zu rechtfertigen.

einschlägige Passage im Prooemium der Tusculanen lautet:

nam mores et instituta vitae resque domesticas ac familiaris nos profecto et melius tuemur et lautius, rem vero publicam nostri maiores certe melioribus temperaverunt et institutis et legibus.[47]

Mit diesem Satz wiederholt Cicero nur, was er in seinen Büchern über den Staat breiter ausgeführt hatte. Dort heißt es gleich zu Anfang des Gesprächs, Scipio sei der Meinung

optimum longe statum civitatis esse eum quem maiores nostri nobis reliquissent.[48]

Und Scipio selbst sagt in aller Feierlichkeit:

sic enim decerno, sic sentio, sic adfirmo, nullam omnium rerum publicarum aut constitutione aut discriptione aut disciplina conferendam esse cum ea, quam patres nostri nobis acceptam iam inde a maioribus reliquerunt.[49]

Dies soll gezeigt werden, indem die drei «reinen» Verfassungen, Monarchie (*regnum*), Oligarchie (*civitas optimatium*) und Demokratie (*civitas popularis*), dargestellt und der römischen «gemischten» Verfassung gegenübergestellt werden:

itaque quartum quoddam genus rei publicae maxime probandum esse sentio, quod est ex his quae prima dixi moderatum et permixtum tribus.[50]

Im Unterschied zu den griechischen Philosophen muß der Sprecher im Dialog Ciceros keinen idealen Staat erfinden, sondern er braucht lediglich den bestehenden zu beschreiben - weil *dieser* «ideal» ist! „Der Gedanke ... läßt sich nur dahin explizieren, daß die maiores die Stelle der griechischen Philosophen einnehmen“, sagt Alfred Heuss[51], und dem kann man hinzufügen: Die *maiores* nehmen die Stelle der Philosophen nicht nur ein, sie übertreffen ihre Konkurrenten auch, indem sie *optimum longe statum civitatis* schaffen.

---

47 Tusc. I 2.

48 Rep. I 34.

49 Rep. I 70.

50 Rep. I 45.

51 Alfred Heuss: Ciceros Theorie vom römischen Staat, NAWG.PH, Göttingen 1975, 193-272, S. 198.

3. Altersbeweise zugunsten der Römer

a) Die römische Religion

Im Prooemium der Tusculanen gibt Cicero unumwunden zu:

doctrina Graecia nos et omni litterarum genere superabat.[52]

An anderer Stelle ist jedoch von solchem Zugeständnis keine Rede mehr. So führt Cicero beispielsweise im Sommer 56 in der Rede *De haruspicum responso* aus:

deinde, si quid habui otii, etiam cognovi multa homines doctos sapientisque et dixisse et scripta <de> deorum immortalium numine reliquisse. quae quamquam divinitus perscripta video, tamen eius modi sunt, ut ea maiores nostri docuisse illos, non ab illis didicisse videantur.[53]

Hier erscheinen die römischen Vorfahren *(maiores nostri)* als Fachleute *de deorum immortalium numine*, als Fachleute, denen die einschlägigen Schriftsteller verpflichtet sind. Dabei ist ersichtlich nicht an lateinische Schriftsteller gedacht. Denn in bezug auf lateinische Autoren wäre die Aussage *ut ea maiores nostri docuisse illos* bestenfalls trivial. Sind aber griechische Schriften gemeint - und daran kann es keinen Zweifel geben -, so kann dies nur angehen, wenn man für die Tradition der *maiores nostri* ein höheres Alter anzusetzen bereit ist als für die griechischen *scripta de deorum immortalium numine.* Es hat also den Anschein, als rechne Cicero *de deorum immortalium numine* nicht nur zu den Gegenständen, von denen er im Prooemium der Tusculanen sagt: *nostros invenisse per se sapientius quam Graecos*[54], sondern als fasse er hier in der Tat eine Abhängigkeit der Griechen von den Römern ins Auge. Freilich wird nicht deutlich, wie er sich in diesem Falle das Lehrer-Schüler-Verhältnis vorstellt; *scripta de deorum immortalium numine* haben die römischen Vorfahren ja gerade nicht hinterlassen![55]

---

[52] Tusc. I 3.

[53] Har. § 19.

[54] Tusc. I 1.

[55] Das genaue Verständnis des lateinischen Textes von Har. § 19 ist schwierig. So übersetzt Fuhrmann:

„obwohl diese Schriften, wie ich sehe, durch göttliche Eingebung entstanden sind, erweckt ihr Inhalt den Eindruck, als seien unsere Vorfahren die Lehrmeister der Verfasser, nicht deren Schüler gewesen.“ (Marcus Tullius Cicero: Sämtliche Reden. Eingeleitet, übersetzt und erläutert von Manfred Fuhrmann (BAW.RR), Band V, Zürich und München

Nun hat sich Cicero in der Schrift *De natura deorum* (aus dem Jahre 45) grundsätzlich mit diesem Thema befaßt. Hier läßt er den Stoiker Balbus sagen:

et si conferre volumus nostra cum externis, ceteris rebus aut pares aut etiam inferiores reperiemur, religione, id est cultu deorum, multo superiores.[56]

Diese Äußerung wird man ohne weiteres dem Cicero selbst zuschreiben dürfen, zumal sie ganz auf der Linie dessen liegt, was aus der Rede *De haruspicum responso* angeführt wurde. Daraus ergibt sich, daß Cicero seine Ansicht in dem Dezennium zwischen der genannten Rede und der Abfassung des Werkes *De natura deorum* nicht geändert hat.

Allerdings finden sich auch anderslautende Stellungnahmen; so sagt derselbe Balbus an späterer Stelle:

multae autem aliae naturae deorum ex magnis beneficiis eorum non sine causa et a Graeciae sapientissimis et a maioribus nostris constitutae nominataeque sunt.[57]

1978, S. 426).

Kasten dagegen übersetzt:

„Was sie zu sagen wissen, ist gewiß vortrefflich; indessen sieht man doch, daß sie es offenbar von unsern Vorfahren gelernt haben, und nicht diese von ihnen." (Helmut Kasten [Hg.]: Cicero: Staatsreden II, SQAW 27, Berlin 41981, S. 201).

Was zunächst die Übersetzung des *quae quamquam divinitus perscripta video* angeht, so scheint mir die Kastensche Übersetzung den Sinn besser zu treffen. Dafür sprechen zwei Erwägungen: 1. Wie oben im Text ausgeführt, ist an griechische Schriften (philosophischer Provenienz) gedacht. Über solche zu sagen, sie seien „durch göttliche Eingebung entstanden", wie Fuhrmann übersetzt, liegt gerade in einer Rede, die die Kompetenz der römischen *haruspices* hervorhebt, nicht nahe. 2. Das Wort *divinitus* kann durchaus im übertragenen Sinn benutzt werden; dieser ist gerade bei Cicero gut bezeugt (vgl. den Artikel im ThLL V 1, 1617-1618, wo I *proprie* und II *translate* unterschieden wird - unsere Stelle findet sich s.v. II *translate:* Sp. 1618, Z. 15-16).

Was sodann das *tamen eius modi sunt* betrifft, ist m.E. das Fuhrmannsche „erweckt ihr Inhalt den Eindruck" zu schwach; denn diese Nuance hätte Cicero - wenn er es denn darauf angelegt hätte - im Lateinischen unschwer wiedergeben können, was er aber eben nicht tut.

Das Kastensche „offenbar" allerdings scheint mir nun doch etwas zu weit zu gehen. So genau will Cicero sich hier gewiß nicht festlegen!

Ich schlage daher folgende Übersetzung vor:

Obwohl diese Schriften hervorragend sind, ist doch nicht zu verkennen, daß eher unsere Vorfahren sie [sc. die Verfasser der Schriften] das gelehrt haben ...

[56] De natura deorum II 8. In De divinatione I 1 bringt Cicero ein weiteres Beispiel: *itaque ut alia nos melius multa quam Graeci, sic huic praestantissimae rei nomen [sc. divinationis] nostri a divis, Graeci ut Plato interpretatur a furore duxerunt.*

[57] N.D. II 60.

Hier erscheinen die griechischen und die römischen Sachkenner (durch *et - et* verbunden) als gleichberechtigt.[58] Das muß nicht unbedingt als Widerspruch zu der vorigen Äußerung gewertet werden - eine gewisse Spannung jedoch läßt sich gewiß nicht leugnen. In eine etwas andere Richtung weist eine weitere Stelle aus der Rede des Balbus:

non enim philosophi solum, verum etiam maiores nostri superstitionem a religione separaverunt.[59]

Hier werden die griechischen Philosophen und die römischen *maiores* nebeneinander genannt. Der Vergleich muß nicht notwendigerweise zugunsten der griechischen Philosophen ausfallen, doch bleibt das in diesem Falle offen.

b) Die lateinische Sprache

An anderen Stellen schlägt Cicero einen anderen Ton an und stellt die römische Seite nicht nur qualitativ über die griechische. Dies tut er nicht selten im Zusammenhang mit dem Vergleich der griechischen und der lateinischen Sprache:

haec duo [sc. die Wörter *labor* und *dolor] Graeci illi, quorum copiosior est lingua quam nostra, uno nomine appellant. itaque industrios homines illi studiosos vel potius amantis doloris appellant, nos commodius laboriosos: aliud est enim laborare, aliud dolere. o verborum inops interdum, quibus abundare te semper putas, Graecia!*[60]

Die Übersetzung des griechischen φιλόπονος mit *laboriosus* ist es, die Cicero hier dazu veranlaßt, wenigstens an einem Beispiel die Superiorität der lateinischen Sprache aufzuzeigen. Das ist nun nicht ein belangloser Nebenzug,

---

[58] Das gleichwertige Gegenüber griechischer und römischer Autoritäten wird spezifiziert im Laelius: *plus apud me antiquorum auctoritas valet vel nostrorum maiorum qui mortuis tam religiosa iura tribuerunt, quod non fecissent profecto, si nihil ad eos pertinere arbitrarentur, vel eorum qui in hac terra fuerunt magnamque Graeciam quae nunc quidem deleta est, tum florebat, institutis et praeceptis suis erudierunt,* wobei hier noch ein Dritter hinzugenommen wird: *vel eius qui Apollinis oraculo sapientissimus est iudicatus, qui non tum hoc tum illud ut in plerisque, sed idem semper, animos hominum esse divinos iisque, cum ex corpore excessissent, reditum in caelum patere optimoque et iustissimo cuique expeditissimum* (§ 13).

[59] N.D. II 71.

[60] Tusc. II 35. Vgl. den Kommentar Gigons z. St. (Olof Gigon [Hg.]: Marcus Tullius Cicero: Gespräche in Tusculum (lat.-dt., Tusc), München ²1970, S. 495).

sondern eine Tatsache von erheblichem Gewicht. Gerade weil die griechische Sprache in der Regel als für die Philosophie angemessener galt[61], setzt Cicero seinen Ehrgeiz drein, das Gegenteil zu erweisen:

> *et quoniam saepe diximus, et quidem cum aliqua querela non Graecorum modo, sed eorum etiam, qui se Graecos magis quam nostros haberi volunt, nos non modo non vinci a Graecis verborum copia, sed esse in ea etiam superiores, elaborandum est ut hoc non in nostris solum artibus, sed etiam in illorum ipsorum adsequamur.*[62]

Hier spricht es Cicero mit aller wünschenswerten Deutlichkeit aus: Was die *copia verborum* angeht, übertrifft die lateinische Sprache die griechische. Dabei freilich bleibt Cicero keineswegs stehen. Denn die Überlegenheit der lateinischen Sprache erstreckt sich nicht nur auf die *copia verborum*:

> *Graeci autem μανίαν unde appellent, non facile dixerim; eam tamen ipsam distinguimus nos melius quam illi. hanc enim insaniam, quae iuncta stultitiae patet latius, a furore disiungimus. Graeci volunt illi quidem, sed parum valent verbo...*[63]

Gerne würden auch die Griechen sich präziser ausdrücken, wenn ihnen nicht die Wörter fehlten. D.h. die behauptete größere *copia verborum* des Lateinischen hat ganz handfeste Auswirkungen: Die Ausdrucksmöglichkeiten des Griechischen sind beschränkter, worunter notwendigerweise - zumal auf dem Gebiet der Philosophie - die Präzision leidet. So kann Cicero kurzerhand formulieren:

> *multoque melius haec notata sunt verbis Latinis quam Graecis. quod aliis quoque multis locis reperietur; sed id alias, nunc, quod instat.*[64]

---

[61] Darauf kommt Cicero des öfteren zu sprechen. Hier mag der Hinweis auf Fin. V 96 genügen: *quae enim dici Latine posse non arbitrabar* - sagt Atticus -, *ea dicta sunt a te verbis aptis nec minus plane quam dicuntur a Graecis.*

[62] Fin. III 5. Weitere Beispiele für die größere *copia* der lateinischen Sprache finden sich De orat. II 18; N.D. I 8.

[63] Tusc. III 11. Ähnliche Äußerungen finden sich De orat. II 18; Leg. I 27; Tusc. III 16. Trouard (a.(Anm. 46)a.O., S. 53f.) beschäftigt sich mit dem „error committed here [es geht um die Stelle Tusc. III 11] by Cicero". In ähnlichem Zusammenhang ertappt sie Cicero dann sogleich bei „several errors" (S. 54); „Cicero blundered" (S. 55) auch in bezug auf Tusc. II 35 (siehe oben) ... Ob die Behauptungen, die Cicero aufstellt, zutreffend sind, ist eine Frage, der nachzugehen ich in diesem Zusammenhang nicht für sinnvoll halte.

[64] Tusc. III 10-11. Ähnlich De divinatione I 1: *itaque ut alia nos melius multa quam Graeci, sic huic praestantissimae rei nomen [sc. divinatio] nostri a divis, Graeci ut Plato interpretatur a furore duxerunt.* Weitere Beispiele finden sich Tusc. III 23 und Cato maior de

Wie schon im vorigen Zitat begegnet auch hier das triumphierende *melius*. Besser geeignet also ist die lateinische Sprache für die Philosophie als die griechische! Die weitestgehende Aussage zielt auch auf den Aspekt des Alters ausdrücklich ab:

Auf die Frage: *quid? tibi omnisne animi commotio videtur insania?*
wird die Antwort gegeben: *non mihi quidem soli, sed, id quod admirari saepe soleo, maioribus quoque nostris hoc ita visum intellego multis saeculis ante Socratem, a quo haec omnis, quae est de vita et de moribus, philosophia manavit.*[65]

Hier zieht Cicero die Konsequenzen aus der sprachlichen Überlegenheit der Römer: Viele Jahrhunderte vor Sokrates schon, behauptet er kühn, hätten die römischen *maiores* Erkenntnisse gewonnen, die sich jetzt die Griechen zugute hielten. Die römische Sprache ist also nicht nur wortreicher als die griechische; sie erlaubt nicht nur eine präzisere Ausdrucksweise; vielmehr sind in ihr philosophische Erkenntnisse verborgen, die älter, ja: weit älter sind als alles, was griechische Philosophen zu bieten haben.[66]

Gigon charakterisiert diese Bemühungen Ciceros folgendermaßen:

„Diese Beispiele (die sich noch vermehren ließen) lehren, daß Cicero den Versuch unternommen hat, auf dem Wege über sprachliche Beobachtungen den Römer gewissermaßen als eine *anima naturaliter philosopha* zu erweisen. Man wird wohl die Hypothese nicht ganz ausschließen, daß er darin durch Varro, den solche Dinge sicher beschäftigt haben, angeregt worden ist. Dies ändert aber nichts an dem Ergebnis, daß er da die Möglichkeit gesehen hat, in einem gewissen Umfang das philosophische Denken in der römischen Tradition zu verankern."[67]

---

senectute § 45.

[65] Tusc. III 8.

[66] Gigon bezeichnet es in seinem Kommentar zur Stelle als bedenklich, „daß Cicero in seinem Eifer in § 8 behauptet, weit über die Zeit des Sokrates hinauf kommen zu können; hat er die angeblichen leges regiae, noch jenseits der lex XII tabularum im Auge?" (a.(Anm. 60)a.O., S. 504).

[67] Olof Gigon: Cicero und die griechische Philosophie, ANRW I 4 (1973), 226-261, Zitat S. 253. Das Aperçu Gigons begegnet in insgesamt drei Lesarten. Hieß es in dem oben aus ANRW I 4 zitierten Text *anima naturaliter philosopha*, so schreibt Gigon im Kommentar zu seiner Tusculanenausgabe (a.(Anm. 60)a.O. S. 504) *anima naturaliter philosophica*, wohingegen es im Nachdruck des ANRW-Artikels (Olof Gigon: Die antike Philosophie als Maßstab und Realität, herausgegeben von Laila Straume-Zimmermann, BAW.FD, Zürich/München 1977, 162-

Man kann diesen Altersbeweis Ciceros nach zwei Richtungen hin interpretieren: Für das heimische Publikum kann die Argumentation dazu dienen, dem Unternehmen Philosophie das Neue und Fremde zu nehmen, indem gezeigt wird, daß schon die *maiores* sozusagen verkappte Philosophen waren. (Ganz ähnlich hatte ja der platonische Protagoras behauptet, schon Homer und Hesiod seien Sophisten gewesen, nur habe das keiner gemerkt.) In der Auseinandersetzung mit den Griechen dagegen dient das Argument dem Nachweis, daß die Römer keineswegs *homines novi* sind, was die Philosophie angeht. Lange vor Sokrates haben die *maiores* vielmehr schon Erkenntnisse gewonnen, die die Griechen ihrerseits erst Jahrhunderte später fanden. Die lateinische Sprache ist der Beweis: Die Römer haben eine *anima naturaliter philosophica*.

Dies zeigt an seinem Teil der sagenhafte König Numa, den die Überlieferung bekanntlich mit Pythagoras zusammenzubringen nicht müde wird. Daß das aus chronologischen Gründen völlig verfehlt ist, zeigt Cicero ohne Mühe.[68] Aber auch diesem Problem vermag er eine überraschende Wendung zu geben:

> *...Numam Pompilium regem nostrum fuisse Pythagoreum ferunt, qui annis ante permultis fuit quam ipse Pythagoras; quo etiam maior vir habendus est, cum illam sapientiam constituendae civitatis duobus prope saeculis ante cognovit, quam eam Graeci natam esse senserunt*[69].

Dies läßt Cicero den Catulus sagen, um die Behauptung zu belegen: *philo-*

207, Zitat S. 198) heißt: *anima naturaliter philosophus*. Die zuletzt genannte Lesart ist ersichtlich indiskutabel, bleibt also die Wahl zwischen *philosopha* und *philosophica*. Da es sich bei der Gigonschen Formulierung offenbar um eine Analogiebildung zu der berühmten *anima naturaliter Christiana* des Tertullian (Apologeticum 17,6) handelt, und da Tertullian selbst ausschließlich (*philosophus* als Adjektiv kommt bei Tertullian überhaupt nicht vor, vgl. Gösta Claesson: Index Tertullianeus II, Paris 1975, S. 1171f.) die spätere Form *philosophica* benutzt (z.B. Apol. 47,9; vgl. auch Alexander Souter: A Glossary of Later Latin to 600 A.D., Oxford 1949 (Nachdr. 1964), S. 302, s.v. *philosphicus* und - zu dem „on." - das Vorwort Souters, S. V), schreibe ich im folgenden *anima naturaliter philosophica*.

[68] Zum Problem s. oben § 2. Die Belege aus Cicero finden sich § 2, Anm. 2 und 34. Im Prooemium des vierten Buches der Tusculanen nimmt Cicero überraschenderweise dann doch eine Abhängigkeit der Römer von Pythagoras an, bemerkt aber gerade noch rechtzeitig, daß er beginnt, sich selbst zu widersprechen (*multa etiam sunt in nostris institutis ducta ab illis* [sc. den Pythagoreern]; *quae praetereo, ne ea, quae repperisse ipsi putamur, aliunde didicisse videamur*, sagt er Tusc. IV 4).

[69] De orat. II 154.

sophiam ... haec civitas aspernata numquam est[70]; d.h. die Tatsache, daß Numa *kein* Schüler des Pythagoras war, taugt dem Cicero ebenso als Altersbeweis wie die von ihm abgelehnte Behauptung, Numa sei Schüler des Pythagoras gewesen, im zweiten Jahrhundert v. Chr. als Altersbeweis gedient hatte. War damals diese Legende in die Welt gesetzt worden, um das Alter der philosophischen Studien in Rom möglichst weit hinauf zu schieben, so dreht Cicero den Spieß einfach um: Numa kann nicht Schüler des Pythagoras gewesen sein, das ist wahr, aber das hindert ihn doch in keiner Weise daran, Philosoph lange *vor* Pythagoras gewesen zu sein: *quo etiam maior vir habendus est!*

4. Zusammenfassende Würdigung

Versucht man zum Schluß, die Bemühungen Ciceros aufgrund des diskutierten Materials zu würdigen, so kommt man zu dem Ergebnis, *daß Cicero auch als Apologet zu betrachten ist.* Was Harder speziell vom Prooemium der Tusculanen sagt: „Cicero spricht in diesem Prooemium als Redner. Wir lesen in aller Kürze eine richtige Verteidigungsrede"[71], gilt für das hier behandelte Material generell: es ist apologetisch geprägt. Dabei ist nicht zu verkennen, daß Cicero in mancherlei Hinsicht eine exponierte Stellung einnimmt. Das wirkt sich natürlich auf seine Thesen zum Verhältnis Rom/Griechenland bis ins einzelne aus. Er schreckt auch nicht davor zurück, ziemlich abwegige Theorien aufzustellen, die sonst selbst von römischen Autoren nicht geteilt werden.[72]

Will man Cicero verstehen, so muß man sich daran erinnern, daß er ein *homo novus* ist, d.h. was andere spielend erreichen aufgrund ihres Namens und aufgrund ihrer Verbindungen, das muß er sich hart erarbeiten. Immer wieder lassen seine Schriften „die tiefe Kluft, die den *homo novus* von den Herrenmenschen der Nobilität schied"[73], erkennen. Nachdem er dann sein

---

[70] Ebd.

[71] Harder, a.(Anm. 4)a.O., S. 419.

[72] Die These bezüglich der Superiorität der lateinischen Sprache etwa „does not seem to have been shared by other Roman authors", stellt Petrochilos (a.(Anm. 34)a.O., S. 58-59, mit Belegen) fest.

[73] Gelzer, a.(Anm. 20)a.O., S. 41.

höchstes Ziel - das Consulat - im Jahre 63 erreicht hat und selbst in den erlauchten Kreis der *principes civitatis*[74] aufgestiegen ist, beschäftigt ihn immer aufs neue die Verteidigung des erreichten Ranges. Zutreffend hat Gelzer den Lebensabschnitt nach dem Consulatsjahr daher mit „Die Verteidigung der Consulatspolitik"[75] überschrieben. Nicht nur wegen der Fragestellung dieser Arbeit, sondern auch aus sachlichen Gründen ist es deshalb angemessen, Cicero als *Apologeten* zu würdigen.[76]

Cicero ist Apologet einerseits *unter Römern*, indem er nach innen für die griechische Kultur eintritt, andrerseits ist er Apologet *für Römer*, indem er nach (innen und) außen die römischen Leistungen verteidigt. Man kann sagen, er ist ein Apologet nach innen und außen. Nach innen hat er sich nicht nur als *homo novus*, sondern erst recht als *homo Platonicus*[77] zu verteidigen. Nach außen verteidigt Cicero die römischen Leistungen auf literarischem Feld gegenüber den Griechen.

Diese Konstellation ist denkbar schlecht geeignet, ein widerspruchsfreies oder gar in sich geschlossenes System zu errichten.[78]

Bemerkenswert ist, daß der Altersbeweis in beiden Fällen vorkommt, aber in keinem Fall eine dominierende Rolle spielt. So argumentiert Cicero gegen die Griechen mit dem Altersbeweis in bezug auf die römische Religion und die lateinische Sprache, hat daneben aber ein reiches Repertoir anderer Möglichkeiten, wie sich zeigte. Nach innen argumentiert er mit dem Altersbeweis, indem er die *maiores*, insbesondere den König Numa, als *sapientes*, als alteingesessene römische Philosophen, darstellt. Auch hier handelt es sich um *ein* Argument unter vielen anderen.[79]

---

[74] Vgl. Gelzer, a.a.O., S. 61.

[75] Gelzer, a.a.O., S. 105. Ähnlich Karl Büchner, der das entsprechende Kapitel seines Buches mit „Verteidigung" überschreibt (a.(Anm. 13)a.O., S. 192).

[76] Bei dieser Gelegenheit sei beklagt, daß die TRE keinen Artikel Cicero bietet, obwohl es zu Aristoteles merkwürdigerweise einen gibt (TRE III 726-768); aus patristischer Sicht ist das nicht zu rechtfertigen.

[77] Vgl. dazu Gelzer, a.a.O., S. 55 mit Anm. 27.

[78] Dies ist der wichtigste Grund dafür, daß die Gliederung des in diesem Paragraphen diskutierten Materials fragwürdig ist.

[79] Eine spezielle Art von Altersbeweisen, die sich bei Cicero findet, wird im folgenden Paragraphen behandelt.

Was schließlich die Hochschätzung des Alters überhaupt anlangt, so sind die Schriften Ciceros eine wahre Fundgrube für einschlägige Sentenzen, was, gemessen an ihrem Umfang, freilich auch kein Wunder ist. Auch hier allerdings zeigt sich die Wendigkeit des Rhetors, der alles so darstellt, wie er es gerade braucht. So kann Cicero *auch* sagen:

errabat enim multis in rebus antiquitas[80].

Dieser Ausspruch ist umso bemerkenswerter, als er sich in De divinatione findet. Dieses Werk beginnt mit dem Satz:

Vetus opinio est iam usque ab heroicis ducta temporibus eaque et p. Romani et omnium gentium firmata consensu, versari quandam inter homines divinationem, quam Graeci μαντικὴν *appellant.*[81]

Hier wird nicht nur das Alter ins Feld geführt, sondern auch das *argumentum e consensu omnium*[82]. Im folgenden wird das hohe Alter dieser *opinio* noch genauer angegeben. Auch einheimische Beispiele in großer Zahl werden vorgebracht:

quodque me maxime delectat, plurimis nostris exemplis usus es, et iis quidem claris et inlustribus.[83]

Diese schöne Sentenz wird freilich im weiteren Verlauf als reine *captatio benevolentiae* entlarvt. Denn gerade *nostra exempla* ist Cicero offenbar durchaus nicht mehr bereit, gelten zu lassen, im Gegensatz zu allem, was man bisher aus seinem Munde gehört hat. Ja, selbst die *antiquitas* soll nun nicht mehr gelten!

et tamen credo Romulum, qui urbem auspicato condidit, habuisse opinionem esse in providendis rebus augurandi scientiam (errabat enim multis in rebus antiquitas), quam vel usu iam vel doctrina vel vetustate immutatam videmus.[84]

Mag Romulus diese Meinung gehabt haben - Cicero räumt das ein -, falsch ist sie auf jeden Fall, und auch ehrwürdige Tradition will in diesem Falle nichts besagen, denn: *errabat multis in rebus antiquitas.* Diese lakonische Zwischenbemerkung ist geradezu verblüffend. Denn es sind ja nicht nur *nostra exempla* von größter *antiquitas*, die unter dieses Verdikt fallen, es handelt sich hier um eine religiöse Frage, und zwar um eine religiöse Frage mit weitreichender politischer Bedeutung.[85] Für einen römischen Bürger ist die Gründung Roms ja nicht irgendein politisches Ereignis. Für den Senator und

---

[80] De divinatione II 70.

[81] Div. I 1.

[82] Vgl. dazu die Arbeit von Ruth Schian: Untersuchungen über das „argumentum e consensu omnium", Diss. Tübingen 1971, besonders S. 160ff. Ähnlich läßt Cicero seinen Bruder argumentieren in Div. I 11.

[83] Div. II 8.

[84] Div. II 70.

[85] Cicero spricht an anderer Stelle in ähnlichem Zusammenhang von *fundamenta nostrae civitatis* (De natura deorum III 5).

Consular Cicero, für den ehemaligen *princeps civitatis* und jetzigen Auguren[86] ist es geradezu revolutionär zu sagen: *errabat enim multis in rebus antiquitas*. Denn in der Regel macht ihm ja der Einwand *non erat hoc apud antiquos*[87] doch beträchtliche Schwierigkeiten, wie Cicero selbst einräumt:

> *habet autem, ut in aetatibus auctoritatem senectus, sic in exemplis antiquitas, quae quidem apud me ipsum valet plurimum.*[88]

Aber dieser Ausspruch ist für Cicero singulär und für seine diesbezügliche Anschauung ganz und gar untypisch. Denn in der Regel gilt für die *antiquitas*, daß sie *apud me ipsum valet plurimum*.

---

[86] Unmittelbar vor der zitierten Stelle setzt Cicero selbst sich kurz mit dem Einwand auseinander: *Difficilis auguri locus ad contra dicendum* (II 70). Cicero wurde im Jahre 53 in das *collegium* gewählt, vgl. Fam. VIII 3,1; Leg. II 31; Brut § 1, weitere Belege bei Gelzer, a.(Anm. 20)a.O., S. 206.

[87] Orator § 168.

[88] Or. § 169.

§ 4 *Altersbeweise in utramque partem*

Im Rahmen der platonischen Schule wurde die Wahrung der Tradition besonders hoch geschätzt. „In dieser Tradition heimisch zu sein, ist für den Platoniker eine vornehmliche Aufgabe; dagegen würde er das Ansinnen, er möge ein originaler Denker sein, mit Abscheu von sich weisen. Neuerungen einführen - νεωτερίζειν - ist gleichbedeutend mit »Umstürzenwollen«."[1] Dieser Tatsache zum Trotz blieb auch die platonische Tradition nicht von Änderungen und Neuerungen verschont. Dörrie hebt in diesem Zusammenhang besonders den „Reformversuch des Arkesilaos (Scholarch 268/5-241/0)" und die „Kursänderung durch Antiochos von Askalon (Scholarch etwa 80-69 v.Chr.)" hervor.[2] In beiden Fällen ist der Vorwurf des νεωτερίζειν erhoben worden.[3] In beiden Fällen wurde von jeweils beiden Seiten zur Verteidigung der eigenen Position mit einem Altersbeweis gearbeitet. In Anlehnung an die berühmte Formel Ciceros spreche ich daher von Altersbeweisen *in utramque partem.*[4]

Die einschlägigen Auseinandersetzungen sind hauptsächlich bei Cicero erhalten geblieben, der einerseits bei Antiochos studiert hat[5], andrerseits selbst aber ein Anhänger des Arkesilaos war[6]. Deswegen wäre es naheliegend gewesen, das einschlägige Material im Paragraphen über Cicero zu behandeln. Da dieses Material aber diesen Paragraphen gesprengt hätte und da die Schriften des Cicero hier in erster Linie lediglich als Steinbruch für anderes verwendet werden, habe ich den Altersbeweisen *in utramque partem* einen eigenen Paragraphen gewidmet.

Es ist vielleicht nicht überflüssig, darauf hinzuweisen, daß gerade von platonischer Seite den Christen immer das νεωτερίζειν zum Vorwurf gemacht worden ist.[7] Daher verdient das in diesem Paragraphen diskutierte

---

[1] Heinrich Dörrie: Die geschichtlichen Wurzeln des Platonismus. Bausteine 1-35: Text, Übersetzung, Kommentar, Der Platonismus in der Antike. Grundlagen - System - Entwicklung, Band 1, Stuttgart-Bad Cannstatt 1987, S. 19.

[2] Dörrie, a.a.O., S. 34.

[3] Vgl. Dörrie, a.a.O., S. 33.

[4] Cicero verwendet diese Formel an mehr als dreißig Stellen, z.B. De oratore III 80.107; Lucullus § 7; De finibus bonorum et malorum III 3; V 10; De natura deorum II 168.

[5] Von seinem Studium bei Antiochus spricht Cicero z. B. Luc. § 98; Fin. V 1; N.D. I 6.

[6] Cic. Ac. § 43.

[7] Z.B. bei Kelsos III 5 (Robert Bader: Der ΑΛΗΘΗΣ ΛΟΓΟΣ des Kelsos, TBAW 33, Stuttgart/Berlin 1940, S. 85, Z. 5-7); III 9 (S. 86); III 10 (S. 86, Z. 2-4); VII 53 (S. 189, Z.1f.).

Material nicht nur in *formaler* Hinsicht Interesse.

1. *Arkesilaos – Vertreter einer nova academia?*

In seiner Schrift *Academici libri* läßt Cicero den Varro, einen Anhänger des Antiochos, die Geschichte der Philosophie von Sokrates „bis auf die alte Akademie und den Stoiker Zenon“[8] darstellen. „Über die Neuerungen aber, die zur skeptischen Richtung innerhalb der Akademie führten, bittet er [sc. Varro] Cicero zu berichten.“[9] Diese Bitte formuliert Varro folgendermaßen:

> *tuae sunt nunc partes, inquit, qui ab antiquorum ratione desciscis et ea quae ab Arcesila novata sunt probas, docere quod et qua de causa discidium factum sit, ut videamus satisne ista sit iusta defectio.*[10]

Die Terminologie spricht hier Bände: Cicero hat sich – aus der Sicht Varros – eines Vergehens schuldig gemacht, das schwer wiegt: *ab antiquorum ratione* ist er abgefallen, und den *Neuerungen*[11] des Arkesilaos stimmt er zu. Arkesilaos aber hat ein *discidium* bzw. eine *defectio* verursacht. Ein Apostat also ist Arkesilaos genauso wie sein Anhänger Cicero, jemand, der bewußt und mutwillig sich von der *antiquorum ratio* distanziert. Das ist die Sprache eines Ketzerbestreiters.[12] Der so Angeredete wird als Häretiker gebrandmarkt.[13]

---

[8] Wilhelm Süß: Cicero. Eine Einführung in seine philosophischen Schriften (mit Ausschluß der staatsphilosophischen Werke), AAWLM.G 1965,5, Wiesbaden 1966, S. 51.

[9] Ebd.

[10] Ac. § 43.

[11] Vgl. das Urteil bei Diogenes Laertios IV 28 (= Dörrie 12.1): Ἀρκεσίλαος ... πρῶτος τὸν λόγον ἐκίνησε τὸν ὑπὸ Πλάτωνος παραδεδομένον. Treffend bemerkt Dörrie zur Stelle: „... damit wird ihm nicht etwa der Ruhm des »ersten Erfinders« – πρῶτος εὑρετής – zugestanden. Im Gegenteil: Das ... πρῶτος enthält den Vorwurf, daß Arkesilaos ohne Legitimation Neues einführte“ (a.(Anm. 1)a.O., S. 410).

[12] Es ist aufschlußreich, zu beobachten, daß beide lateinischen Wörter, sowohl *discidium* als auch *defectio*, bei christlichen Schriftstellern in ebensolchem Zusammenhang begegnen, vgl. ThLL V 1, Sp. 1314, Z. 32ff. *(discidium)* bzw. Sp. 287, Z. 12ff. *(defectio)*.

[13] Bezeichnenderweise kann Cicero sich in bezug auf die Stoa genau derselben Terminologie bedienen, wie das vierte Buch von De finibus bonorum et malorum zeigt: Zenon ist von seinen Vorgängern abgewichen (*dissideret* IV 3), die Frage erhebt sich, *cur Zeno ab hac antiqua constitutione desciverit* (Fin. IV 19), die Stoiker haben eine *nova disciplina* (Fin. IV 21) und betreiben *correctio philosophiae veteris et emendatio* (ebd.). Die Neuerungssucht der Stoiker kann Cicero allerdings auch wieder herunterspielen: *Quamquam ex omnibus philosophis Stoici plurima novaverunt, Zenoque, eorum princeps, non tam rerum*

Noch weiter geht der Vorwurf des Lucullus. Er vergleicht Arkesilaos mit Tiberius Gracchus:

> *nonne cum iam philosophorum disciplinae gravissimae constitissent tum exortus est <ut> in optuma re publica Tib. Gracchus qui otium perturbaret sic Arcesilas qui constitutam philosophiam everteret* ...[14]

Ruhestörer sind sie beide, Tiberius Gracchus genauso wie Arkesilaos, und wer sich in die Nachfolge des Arkesilaos stellt, hat daher einen schweren Stand. Daran kann auch der von Arkesilaos geführte Altersbeweis nichts ändern:

> [Lucullus spricht:] *primum mihi videmini (me [sc. Ciceronem] autem nomine appellabat) cum veteres physicos nominatis facere idem quod seditiosi cives solent cum aliquos ex antiquis claros viros proferunt quos dicant fuisse populares, ut eorum ipsi similes esse videantur.*[15]

Revolutionäre berufen sich gern auf ehrwürdige Vorbilder. Das gilt sowohl für die *seditiosi cives* der römischen Geschichte[16] als auch für den Skeptiker Arkesilaos, der sich mit Hilfe der *veteres physici* zu legitimieren sucht. Ein Mann wie Lucullus läßt sich dadurch nicht beirren.

Es ist daher an Cicero, den Altersbeweis des Arkesilaos zu verbessern: Dieser Altersbeweis - derjenige *für* Arkesilaos - steht *Academici libri* 43ff. Hier versucht Cicero zu zeigen, daß Arkesilaos illustre Vorgänger hatte, die wie er wegen der *obscuritas rerum* vorsichtig waren. Es werden hier neben Sokrates (*et iam ante Socratem*) genannt: Demokrit, Anaxagoras, Empedokles und *omnes paene veteres, qui nihil cognosci nihil percipi nihil sciri posse dixerunt*[17].

D.h. der Vorwurf der Neuheit ist nicht nur nicht berechtigt: Die Akademie des Arkesilaos erweist sich vielmehr als die alte Akademie, die Platons

---

inventor fuit quam verborum novorum (Fin. III 5). (Einen noch einmal ganz anderen Ton schlägt Cicero in Fin. V 74 an, wo die Stoiker mit Dieben verglichen werden: Sie sind auch nicht besser als *reliqui fures*.)

[14] Luc. § 15 (= Dörrie 12.2).

[15] Luc. § 13.

[16] Süß bemerkt zur Stelle: „man weiß, wie ungern Cicero in diese schlechte Gesellschaft gebracht wird!" (a.(Anm. 8)a.O., S. 35, Anm. 2).

[17] Ac. § 44. Vgl. auch Fin. II 2, wo Cicero sagt, Arkesilaos habe die alte Sitte wiederhergestellt: *qui mos cum a posterioribus non esset retentus, Arcesilas eum revocavit* ... (es geht hier um die sokratische Methode).

eigentliche Intention zur Geltung bringt:

hanc Academiam novam appellant, quae mihi vetus videtur, si quidem Platonem ex illa vetere numeramus, cuius in libris nihil affirmatur et in utramque partem multa disseruntur, de omnibus quaeritur nihil certi dicitur.[18]

„Der erste Nachweis, den Cicero führt, hat folgendes Ergebnis: Arkesilaos befand sich im vollen Einklang mit seinen Vorgängern, als er die Möglichkeit leugnete, objektive Erkenntnis zu gewinnen ... Es ist nicht gerechtfertigt, daß man Arkesilaos damit belastet, eine *Academia nova* begründet zu haben. Im Gegenteil: Die Akademie des Arkesilaos ist recht eigentlich die alte und wahre Akademie, so wie Platon sie wollte."[19]

Dies ist ein kleiner Ausschnitt aus einer Diskussion, die über Jahrhunderte hin von beiden Seiten mit Erbitterung geführt wurde. Beide Seiten suchten den Vorwurf des νεωτερίζειν mit Hilfe eines Altersbeweises zu widerlegen.

2. *Antiochos von Askalon - antiquorum sententiam persequi*[20]

Daß mit dem Namen des Antiochos von Askalon eine Wende in der Geschichte der Akademie verbunden ist, darüber sind sich antike wie moderne Beurteiler einig. So sagt, um zunächst einen modernen Autor zu zitieren, John Dillon: „Antiochus is a significant figure, inasmuch as he turned the Platonic Academy away - for ever, as ist turned out - from the Scepticism that had taken its inspiration from Socrates..."[21]. Ein antiker Autor, Numenios, urteilt so:

Φίλωνος [sc. des Philon von Larissa] δὲ γίγνεται ἀκουστὴς 'Αντίοχος, ἑτέρας ἄρξας 'Ακαδημίας[22].

Obwohl Antiochos als Schüler des Philon in «orthodoxer» Tradition steht,

---

[18] Ac. § 46.

[19] Dörrie, a.(Anm. 1)a.O., S. 415.

[20] Diese Formulierung findet sich bei Cicero: De Finibus V 14. Antiochos hätte jederzeit für sich in Anspruch genommen, was hier über ihn gesagt wird: *antiquorum autem sententiam Antiochus noster mihi videtur persequi diligentissime.*

[21] John Dillon: The Middle Platonists. A Study of Platonism 80 B.C. to A.D. 220, London 1977, S. 105. Dillon bietet eine eingehende Diskussion von Leben und Werk des Antiochos (a.a.O., S. 52-106).

[22] Numenios F 28 des Places (S. 79, Z. 12-13; bei Dörrie, a.(Anm. 1)a.O. 20.6).

sagt Numenios, habe er doch etwas Neues begonnen, und er fügt hinzu: μυρία τε ξένα προσῆψε τῇ Ἀκαδημίᾳ.[23]

Letzteres freilich hätte Antiochos selbst aufs schärfste bestritten. Nie hätte er zugegeben, der Lehre der Akademie ξένα zugefügt zu haben. Er war vielmehr stets davon überzeugt, die Lehre der Alten Akademie zur Geltung zu bringen,

> *in qua, ut dicere Antiochum audiebas, non ii soli numerantur, qui Academici vocantur, Speusippus, Xenocrates, Polemo, Crantor ceterique, sed etiam Peripatetici veteres, quorum princeps Aristoteles, quem excepto Platone haud scio an recte dixerim principem philosophorum.*[24]

Diesen seinen Altersbeweis zu führen, war Antiochos nicht zuletzt durch äußere Umstände gezwungen worden. Wie Cicero den Lucullus ausführlich erzählen läßt, wurde Antiochos nämlich durch ein Buch seines Lehrers Philon überrascht, dessen Brisanz offenbar darin bestand, daß dieser sich darin öffentlich von seinem Schüler distanzierte.[25] Deswegen war Antiochos gezwungen, die Legitimität seiner Lehre zu erweisen. „War es schon schlimm, daß der einstige Lehrer, Philon, seinen früheren Schüler Antiochos öffentlich zur Ordnung rief, so war das Umgekehrte geradezu unerhört. In der Aufwallung dieses Zornes verfaßte Antiochos eine Schrift *contra doctorem*, die den Titel Sosus erhielt. Damit war der Faden der *diadoché* endgültig zerschnitten."[26] Umso wichtiger war es für Antiochos, seinen Altersbeweis zu führen.

Aber auch die Gegner des Antiochos greifen ihrerseits zum Altersbeweis, so daß man, wie auch im Falle des Arkesilaos, von Altersbeweisen *in*

---

[23] ebd. (S. 80, Z. 14-15). Dörrie sagt im Kommentar z.St.: „damit wird der Vorwurf des νεωτερίζειν erhoben" (a.a.O., S. 466).

[24] Fin. V 7. Zur Übereinstimmung zwischen Alter Akademie und Peripatos sind auch heranzuziehen etwa Fin. II 34; Ac. § 17. Ob zu den *veteres*, auf die Antiochos sich beruft, auch Platon selbst zu zählen ist, mag hier offen bleiben. Dillon meint, „the ancients" sei „a title of honour which comprised, as a solid group, Plato, Speusippus, Xenocrates, and Polemon, with the Peripatetics Aristotle and Theophrastus" (a.a.O., S. 55), wohingegen Dörrie Platon nicht dazurechnet: „Über Platon fällt in diesem Zusammenhang kein Wort"; und: „Antiochos setzte nicht bei Platon, sondern er setzte bei den Schülern Platons an, als er die Systematik und Dogmatik der *veteres* geschichtlich erweisen wollte" (a.a.O., S. 467).

[25] Luc. 11-12 (Dörrie 19.2). Zur Würdigung des Ereignisses vgl. Dillon, a.a.O., S. 54ff. und Dörries Kommentar z. St. (a.a.O., S. 451f.).

[26] Dörrie, a.a.O., S. 451.

utramque partem sprechen kann:

> *unde autem subito vetus Academia revocata est? nominis dignitatem videtur, cum a re ipsa descisceret, retinere voluisse.*[27]

Wenn Antiochos von der Alten Akademie spricht - so also lautet der gegnerische Vorwurf -, betreibt er nichts anderes als Etikettenschwindel, denn an der Sache der Alten Akademie hält er - nach Meinung der Gegner - eben gerade nicht fest, sondern nur mit dem Namen möchte er sich schmücken. Dies wird auch im einzelnen ausgeführt:

> *num quid horum probat noster Antiochus? ille vero ne maiorum quidem suorum. ubi enim [et]*[28] *Xenocraten sequitur, cuius libri sunt de ratione loquendi multi et multum probati aut ipsum Aristotelem, quo profecto nihil est acutius nihil politius; a Chrysippo pedem nusquam.*[29]

Der Altersbeweis des Antiochos wird also Punkt für Punkt bestritten: Er folgt keineswegs - wie er vorgibt - der Alten Akademie (einem Xenokrates etwa), und er folgt auch nicht dem Peripatos (namentlich genannt wird Aristoteles). Vielmehr handelt es sich bei Antiochos um einen verkappten Stoiker, der auf den Spuren des Chrysippos wandelt. Und was gar die Alten angeht - damit ist der Altersbeweis gegen Antiochos unwiderleglich -, *omnes paene veteres* (Cicero nennt Sokrates, Demokrit, Anaxagoras, Empedokles) waren es doch, *qui nihil cognosci nihil percipi nihil sciri posse dixerunt.*[30]

Aus patristischer Sicht sind die in diesem Paragraphen besprochenen Altersbeweise - abgesehen von dem formalen Grund, daß es sich eben um *Altersbeweise* handelt - in doppelter Hinsicht von Interesse. Einmal im Blick auf die innerkirchliche Diskussion, in der gerade in bezug auf (wirkliche oder vermeintliche) Häretiker schon bald mit dem Alter argumentiert wurde; zum andern im Blick auf die Verteidigung gegen heidnische und insbesondere platonische Vorwürfe bezüglich der Neuheit des Christentums.

---

[27] Luc. § 70.

[28] Diese Klammern stammen - im Unterschied zu sonst allen in Zitate eingefügten eckigen Klammern (vgl. „Zur Zitierweise", oben S. XIII) - nicht von mir, sondern vom Herausgeber O. Plasberg.

[29] Luc. § 143 (Dörrie 20.3b).

[30] Ac. § 44. Es liegt im Wesen dieser Verschränkung der Altersbeweise *in utramque partem*, daß, was Altersbeweis für Arkesilaos ist (vgl. oben S. 134), gleichzeitig Altersbeweis gegen Antiochus ist.

§ 5 *Ne quid novi fiat*

Im Unterschied zu den in Kapitel I behandelten griechischen Autoren sind die römischen Schriftsteller mit an Sicherheit grenzender Wahrscheinlichkeit nicht Vorgänger der jüdischen oder christlichen Apologeten. Vielmehr hat man ihre Bemühungen als eine Parallele zu betrachten, eine Parallele zumindest zu den jüdischen Apologeten[1]. Da diese Parallele - wie ich hoffe - bereits bei der Behandlung der einzelnen Autoren hinlänglich deutlich geworden ist, benutze ich diesen abschließenden Paragraphen dazu, ein Problem zu behandeln, das sowohl mit der Hochschätzung des Alten seitens der Römer als auch mit dem Altersbeweis jüdischer und christlicher Apologeten zusammenhängt, trotzdem aber bisher noch nicht zur Sprache gekommen ist, obwohl es auf seine Weise geradezu eine Voraussetzung für den apologetischen Altersbeweis darstellt: die Ablehnung von Neuerungen speziell auf religiösem Gebiet.

Wie für so vieles findet sich auch für dieses Problem die klassische Formulierung bei Cicero. Sie lautet:

ne quid novi fiat contra exempla atque instituta maiorum[2].

Cicero zitiert hier die Meinung des Q. Catulus, gegen die er sich im folgenden wendet. Das ändert aber nichts an der Tatsache, daß er selbst an zahllosen Stellen sich auf eben diese Anschauung beruft und daß diese geradezu das Motto der römischen Politik (neben dem berühmten Satz des Ennius, *moribus antiquis res stat Romana virisque*[3] und sozusagen als dessen Umkehrung) genannt zu werden verdient.

Daß diese grundlegend positive Haltung dem Alten gegenüber und die daraus resultierende Skepsis in bezug auf Neues nicht auf das republikanische Rom beschränkt ist, soll wenigstens an einem Beispiel gezeigt werden. Bezeichnend hierfür ist die Rede, die Tacitus den Rechtsgelehrten C. Cassius im Senat halten läßt. Diese Rede beginnt C. Cassius folgendermaßen:

saepe numero, patres conscripti, in hoc ordine interfui, cum contra instituta

---

1 Vgl. dazu die Einleitung zu Kapitel III, wo dieser Gedanke näher ausgeführt wird.

2 Cicero: De imperio Cn. Pompei § 60.

3 Vgl. oben, S. 78 mit Anm. 5.

et leges maiorum nova senatus decreta postularentur; neque sum adversatus, non quia dubitarem super omnibus negotiis melius atque rectius olim provisum et quae converterentur in deterius mutari, sed ne nimio amore antiqui moris studium meum extollere viderer.[4]

„Die Gesinnung, die aus der von Tacitus berichteten Senatsrede ... spricht, ist, etwas überspitzt formuliert, im Grunde die Gesinnung der römischen Juristen und der an der Rechtsbildung verantwortlich Beteiligten überhaupt."[5] Die entscheidende Aussage geht dahin, daß jede Änderung an dem Bestehenden zugleich eine Verschlechterung sei (*quae converterentur in deterius mutari*).[6]

Dies gilt insbesondere für alles Neue auf religiösem Gebiet, wie ebenfalls Cicero zeigt, wenn er in De legibus als Rechtssatz formuliert:

separatim nemo habessit deos neve novos neve advenas nisi publice adscitos; privatim colunto quos rite a patribus <cultos acceperint>[7].

Die Römer sind konservativ, und sie sind dies - oder geben doch gerne vor, es zu sein - insbesondere auf religiösem Gebiet. Zur Begründung führt Cicero an:

suosque deos aut novos aut alienigenas coli confusionem habet religionum et ignotas caerimonias nos<tris> sacerdotibus.[8]

---

4 Tacitus: Annales XIV 43.

5 Fritz Schulz: Prinzipien des römischen Rechts, Berlin 1954 (unveränderter Nachdr. der [wann erschienenen?] ersten Auflage), S. 57f.

6 Es ist hier nicht der Ort, auf Anlaß und Inhalt der Rede im einzelnen einzugehen. Doch will ich wenigstens noch eine Passage hervorheben, deren Bedeutung für die ersten christlichen Generationen gewiß nicht überschätzt werden kann. Zum Verständnis muß lediglich noch vorausgeschickt werden, daß der Anlaß der Rede des Cassius die bevorstehende Hinrichtung Hunderter von Sklaven ist, die, dem alten Recht folgend, wegen der Ermordung des Stadtpräfekten Pedanius Secundus durch einen seiner Sklaven erfolgen sollte (Tac. Ann. XIV 42). Cassius tritt für diese Hinrichtung ein, u.a. mit dem folgenden Argument:

postquam vero nationes in familiis habemus, quibus diversi ritus, externa sacra aut nulla sunt, conluviem istam non nisi metu coercueris (Tac. Ann. XIV 44).

Was dies im Ernstfall für Sklaven bedeuten mußte, die Christen waren - solche hat es zur Zeit dieser Rede (im Jahr 61 n. Chr.) in Rom ohne Zweifel schon in beträchtlicher Zahl gegeben - kann man sich vorstellen.

7 Cicero: De legibus II 19.

8 Leg. II 25. Ziegler übersetzt die Stelle folgendermaßen: „Eigene Götter für sich, entweder neue oder auswärtige, zu verehren, bringt Verwirrung in das gottesdienstliche Wesen und Bräuche, die unsern Priestern unbekannt sind." (Konrat Ziegler [Hg.]: Cicero: Staatstheoretische Schriften, Darmstadt 1974, S. 269.)

Die Rücksichtnahme auf die armen Priester ist fast rührend zu nennen, und den Hinweis auf die *confusio* wird man auch nicht gerade als durchschlagendes Argument werten können. Aber mit echten Argumenten braucht Cicero hier gar nicht zu operieren, im Zweifelsfall hätte ein Hinweis auf das *ne quid novi fiat* eben durchaus genügt. Was zählt, ist das Alter:

> *iam ritus familiae patrumque servare, id est, quoniam antiquitas proxume accedit ad deos, a dis quasi traditam religionem tueri.*[9]

Es ist wohl keine unerlaubte Vereinfachung, wenn man die Meinung Ciceros dahingehend zusammenfaßt: Die römische Religion geht auf die Götter selbst zurück und wurde von den *maiores* überliefert. Darum darf hier nichts geändert werden.

Man kann eine lange Liste von Entscheidungen aufstellen, die das praktisch belegt, was Cicero hier in der Theorie formuliert, angefangen bei dem Edikt aus dem Jahr 213[10] über die mehrfache Ausweisung von Philosophen (das berühmteste Beispiel: die Gesandtschaft aus Athen im Jahre 154 v. Chr.) bis hin zu der Ausweisung von Juden aus Rom unter Kaiser Claudius, die im Zusammenhang mit Paulus immer wieder diskutiert wird: Alles weltanschaulich Suspekte - und was ist nicht weltanschaulich suspekt? - wird abgelehnt *ne quid novi fiat contra exempla atque instituta maiorum.*

Inwieweit die römische Theorie mit der Praxis des einzelnen übereinstimmt, ist natürlich eine ganz andere Frage. Immerhin gibt der Römer gern vor, so zu denken, wie es Cicero seinen Bruder ausdrücken läßt:

> *nihil ... equidem novi nec quod praeter ceteros ipse sentiam; nam cum antiquissimam sententiam tum omnium populorum et gentium consensu comprobatam sequor.*[11]

Wenn nun Menschen auftreten, die ausgerechnet auf religiösem Gebiet *aliquid novi* vertreten, was dem *consensus omnium populorum et gentium* wi-

---

[9] Leg. II 27. „Die Tätigkeit der *maiores* ist hier ... nicht das Instituieren, sondern das Pflegen und Tradieren. Denn die Götter selbst haben die *religio* geschaffen ... Die Formen der Götterverehrung sind ... den *maiores* von den Göttern selbst übergeben worden, die *maiores* haben dann die Einzelheiten der Kulte festgesetzt." (Heinrich Roloff: Maiores bei Cicero, Diss. Leipzig 1936, Göttingen 1938, S. 109.)

[10] Vgl. dazu oben S. 101 mit Anm. 26.

[11] Cicero: De diviniatione I 11.

derspricht, kann man sich die Reaktion vorstellen. Genau jenes tun aber sowohl Juden als auch Christen in einem erschreckenden Ausmaß und mit bemerkenswerter Entschiedenheit.[12]

Nun ist das Judentum insofern ein Sonderfall, als seine Religion als *religio licita*[13] gilt.

Nicht nur im Rahmen des *imperium Romanum*, sondern auch schon in den Jahrhunderten zuvor unter ptolemäischer und seleukidischer Herrschaft genossen die Juden gewisse Privilegien, die ihnen die Religionsausübung ermöglichten.[14] „It was Caesar and Augustus in particular whom the Jews had to thank for their formal recognition in the Roman empire."[15]

Anders stand es mit den Christen. Sobald sie sich - auch für Außenstehende - hinlänglich deutlich vom Judentum abgesetzt hatten, wurde das *ne quid novi fiat* auf sie angewandt. Das führte dann zu der kurzen Formel, die Tertullian als römische Maxime in bezug auf die Christen zitiert: *non licet esse vos.*[16]

---

[12] Tertullian spricht in bezug auf die Christen von deren *obstinatio*: *illa ipsa obstinatio, quam exprobratis, magistra est. quis enim non contemplatione eius concutitur ad requirendum, quid intus in re sit?* (Apologeticum 50,15).

[13] Dies scheint ein moderner Begriff zu sein. Im ThLL jedenfalls findet sich s.v. *licitus* (VII 2, Sp. 1370) außer der berühmten Tertullian-Passage (Apologeticum 21,1: *... quasi sub umbraculo insignissimae religionis* [sc. der jüdischen], *certe licitae ...*) kein einziger Beleg für *religio licita*. Vgl. auch die Darstellung bei Schürer: „The expression *religio licita* is never found; *only* Tertullian, *Apol.* 21, uses the phrase: 'insignissima religio, certe licita'; it is not a technical term in Roman jurisprudence." (Emil Schürer: The history of the Jewish people in the age of Jesus Christ (175 B.C. - A.D. 135), A new English version revised and edited by Geza Vermes, Fergus Millar, Martin Goodman, III 1, Edinburgh 1986, S. 117, Anm. 40.)
A.M. Rabello (The Legal Condition of the Jews in the Roman Empire, ANRW II 13 (1980), 662-762) diskutiert das Problem unter dem Aspekt *privilegium* (S. 691ff.): „According to their content, the privileges were intended to enable the Jews to live 'in accordance with their own laws'" (S. 692). In bezug auf die Diaspora ändert sich daran auch nach dem Jahre 70 n. Chr. nichts: „Vespasian and Titus ... left their privileges intact" (S. 693).

[14] Schürer III 1, S. 114ff.

[15] Schürer III 1, S. 116.

[16] Tertullian: Apologeticum 4,4. Zur Reaktion heidnischer Autoren auf das Christentum vgl. auch die Einleitung zu Kapitel IV.

Drittes Kapitel

Der Altersbeweis in der jüdisch-hellenistischen Literatur

Einleitung

In Analogie zu Martin Hengels berühmter Studie *Judentum und Hellenismus* könnte man auch ein Buch schreiben über *Römertum und Hellenismus*.[1] So interessant ein solches Buch zu werden verspräche, noch interessanter wäre ein Vergleich beider Phänomene: Wie unterscheiden sich Juden und Römer, was ihre Begegnung mit dem Hellenismus angeht? Auf eine bemerkenswerte Übereinstimmung hat Elias Bickermann aufmerksam gemacht:

> „Dionysius [von Halikarnassos] wanted to explain Greek ignorance of 'the earlier Roman history' by anti-Roman prejudice. The suggestion is significant for the history of Greek opposition to Rome, but as the explanation of Greek disregard for Roman traditions, it does not carry conviction. As a matter of fact, a century after Dionysius, Flavius Josephus no less bitterly complains that the Greek authors misrepresent the primitive history of another chosen people because they have not read the Bible."[2]

Sieht man näher zu, so erkennt man, daß hinter dieser Übereinstimmung ein tiefgreifender Unterschied steht. Ein Grieche, der etwa Fabius Pictor oder einen seiner griechisch schreibenden Nachfolger liest, findet sich im Prinzip auf vertrautem Boden: Er hört von Trojas Fall - die einschlägigen

---

[1] Martin Hengel: Judentum und Hellenismus. Studien zu ihrer Begegnung unter besonderer Berücksichtigung Palästinas bis zur Mitte des 2. Jh.s v. Chr., WUNT 10, Tübingen ²1973. Immerhin hat beispielsweise Joseph Vogt schon Überlegungen unter der Überschrift „Römertum und Hellenismus" angestellt (Joseph Vogt: Die Römische Republik, Freiburg/München ⁶1973, *Dritter Teil*, IV. Kapitel: Römertum und Hellenismus, S. 231ff.). Vgl. auch Franz Altheim: Rom und der Hellenismus, Amsterdam/Leipzig o.J., der sich allerdings auf den Beginn der Auseinandersetzung beschränkt.

[2] Elias J. Bickerman: Origines Gentium, CP 47 (1952), 65-81, Zitat S. 68. Der Aufsatz ist wieder abgedruckt in: ders.: Religions and Politics in the Hellenistic and Roman Periods (ed. by E. Gabba and M. Smith), Biblioteca di Athenaeum 5, Como 1985, 399-417.

Geschichten sind ihm von Kindesbeinen an vertraut –, der Wanderung des Aeneas usw. Der römische Autor kommt ihm nicht nur insofern entgegen, als er griechisch für Griechen schreibt, sondern er bietet dem griechischen Leser jedenfalls zunächst Altbekanntes: griechische Sagen aus der Vorzeit. Ganz anders erginge es einem Griechen, der die Septuaginta läse. Denn diese ist zwar griechisch – aber was ist das schon allein sprachlich für eine Zumutung! Weit schwerer noch wiegt der Anstoß, den der griechische Leser am Inhalt nähme: Er hätte sich durch eine ungeheuere Stoffmasse durchzuarbeiten, ohne auch nur auf *eine* vertraute Gestalt zu stoßen. So ist es kein Wunder, daß wir von keinem einzigen Griechen vor dem 2. Jahrhundert n. Chr. mit Sicherheit sagen können, er habe die Septuaginta gelesen.[3] Selbst wenn man die Bemühungen jüdischer Autoren berücksichtigt, welche „labored to make their past palatable to Greek taste, by shortening, adapting and paraphrasing the scriptural account", kommt man zu dem Schluß: „Their work was of no avail."[4]

Der entscheidende Unterschied zwischen den jüdischen und den römischen Autoren liegt darin, daß die jüdischen keine inhaltlichen Konzessionen machen. Während die römischen Annalisten mit Freuden die griechische Vorgeschichte aufgreifen, um die römische Frühgeschichte in diesen Rahmen einzuzeichnen, also zwar einen Altersbeweis *ad maiorem populi Romani gloriam* führen, aber eben: einen Altersbeweis nicht nur nach griechischer Methode und mit griechischem Material, sondern auch im Rahmen

---

[3] Die ersten paganen Leser, von denen wir wissen, sind bekanntlich Numenius von Apamea (vgl. F 1c und F 10a, des Places S. 43 und S. 52) und Kelsos (z.B. I 17ff., Bader S. 45ff.). „There is ... no sign that the Gentiles at large ever became acquainted with the Bible [sc. der LXX]: it was bad Greek. No Hellenistic poet or philosopher quoted it, although modern scholars have sometimes deluded themselves on this subject." (Arnaldo Momigliano: Alien Wisdom. The Limits of Hellenization, Cambridge 1975, S. 91.)
Eine Ausnahme stellt vielleicht „Ocellus Lucanus" dar, falls bei ihm in der Tat ein Zitat aus der Genesis vorliegen sollte (vgl. dazu o. S. 108, Anm. 27). In römischer Zeit käme Alexander Polyhistor in Frage, dem Walter Kenntnis der LXX zuschreibt (Nikolaus Walter: Untersuchungen zu den Fragmenten der jüdisch-hellenistischen Historiker, HabSchr. Halle/Wittenberg 1968, S. 8f.). In noch spätere Zeit (erstes nachchristliches Jahrhundert?) gehört der Verfasser der Schrift *De sublimitate* (GLAJJ 148; vgl. die Diskussion bei Stern I 361- 336: „... he is, it seems, one of the very few Greek writers to quote the Bible before the spread of Christianity in the realm of the Roman Empire", sagt Stern S. 361). Ganz ungewiß ist die Lage in bezug auf Ekphantos (GLAJJ 564a und 564b, vgl. die Ausführungen Sterns, III 33-35).

[4] Bickerman, a.a.O., S. 68.

der griechischen Welt, gehen die jüdischen Autoren einen anderen Weg: Ihr Altersbeweis ist gleichsam offensiv.[5] Hier wird kein Aeneas und kein Odysseus bemüht, sondern hier ist von Abraham und Mose die Rede (welcher Grieche hätte je von Abraham oder Mose gehört?).[6] Hier behauptet niemand, daß die Juden eigentlich Trojaner oder gar Griechen[7] seien, sondern die Juden sind Juden, und darauf sind sie stolz. Ihre ὑπόστασις ist eine durchaus eigene.[8] Nicht die Juden sind von den Griechen in irgendeiner Weise abhängig, vielmehr verhält es sich genau umgekehrt: Die Griechen sind von den Juden abhängig.

Dieser grundlegende Unterschied beruht auch auf der ganz und gar verschiedenen Ausgangsbasis, von der die jeweiligen Autoren auszugehen hatten. Was war das kümmerliche Gerüst von Daten und Prodigien, angereichert mit einigen Familientraditionen und durchsetzt mit griechischen Legenden - mehr hatte der erste Annalist nicht zur Verfügung - im Vergleich

---

5 Zum Unterschied zwischen einer „defensiven" und einer „offensiven" apologetischen Strategie vgl. unten, S. 161ff.

6 Für Abraham vgl. Jeffrey S. Siker: Abraham in Graeco-Roman Paganism, JSJ 18 (1987/88), 188-208, der die einschlägigen Quellen so charakterisiert: „Among the vast writings of the Graeco-Roman era there is only evidence that Abraham was mentioned explicitly by eleven Graeco-Roman authors" (S. 189). Abraham wird erst im 1. Jahrhundert v. Chr. bei paganen Autoren namentlich genannt (zuerst offenbar bei Apollonius Molon, GLAJJ 46).
Für Mose vgl. John G. Gager: Moses in Greco-Roman Paganism, SBLMS 16, Nashville/New York 1972. Mose wird immerhin schon bei Hekataios von Abdera genannt (GLAJJ 11). Die (spätere) Bekanntheit des Mose auch bei paganen Autoren ist nach Gager Ergebnis der apologetischen Bemühungen von Juden und Christen (a.a.O., S. 76-79, vgl. auch unten § 5 über den Erfolg der jüdischen Apologetik). Die Konstante dieser „apologetic tradition" durch die Jahrhunderte lautet nach Gager: „Moses ... was in no way inferior and in many respects superior to his pagan counterparts" (a.a.O., S. 79).

7 Philon immerhin bemüht griechische Lehrer für Mose; doch fällt das inhaltlich nicht ins Gewicht, zumal jene sogleich von ihrem Schüler überflügelt werden (vgl. dazu unten, S. 188).

8 Im Prooemium zum ersten Buch von Contra Apionem sagt Josephus:
ἱκανῶς μὲν ὑπολαμβάνω καὶ διὰ τῆς περὶ τὴν ἀρχαιολογίαν συγγραφῆς ... τοῖς ἐντευξομένοις αὐτῇ πεποιηκέναι φανερὸν περὶ τοῦ γένους ἡμῶν τῶν Ἰουδαίων, ὅτι καὶ παλαιότατόν ἐστι καὶ τὴν πρώτην ὑπόστασιν ἔσχεν ἰδίαν κτλ. (§ 1).
Damit ist gemeint, „das jüdische Volk habe seine ursprüngliche Realisierung aus sich selbst gehabt" (Heinrich Dörrie: Ὑπόστασις. Wort- und Bedeutungsgeschichte, NAWG.PH 1955,3, 35-92; jetzt in: ders.: Platonica Minora, Studia et Testimonia Antiqua 8, München 1976, 12-69 [im Inhaltsverzeichnis, S. 5, ist versehentlich „13" angegeben], hier S. 21 mit Anm. 49) - d.h. es ist nicht von anderen Völkern ableitbar.

zu der Septuaginta?[9] Der *mos maiorum* in allen Ehren, aber wieviel davon war schriftlich fixiert? Was sind die Zwölftafeln verglichen mit dem Pentateuch? Allein die schiere Masse des Materials versetzte den jüdischen Apologeten in eine ganz andere Lage. Er hatte es nicht nötig, die Vorgeschichte seines Volkes mühsam aus griechischen Legenden zusammenzusetzen; seine Geschichte stand unverrückbar fest, und es konnte hier allenfalls darum gehen, sie Griechen verständlich zu machen.

Die „Legende von der *Verwandtschaft der Juden mit den Spartanern*"[10] steht nicht in Gegensatz zu dem Gesagten. Selbst wenn diese Legende, wie Hengel annimmt, „weit in die vormakkabäische Zeit" hineinreichen sollte[11], geht sie doch schwerlich auf Hekataios von Abdera zurück. Auch „daß schon er [sc. Hekataios] an einen Vergleich mit dem von Plato so geschätzten Sparta dachte"[12], läßt sich nicht erweisen.[13] Diese Vermutung stünde übrigens in Spannung zu der von Hengel zustimmend zitierten Sentenz, wonach „Claims of relationship ... were not proffered by the Hellenes but by the Non-Hellenes".[14] Denn in diesem Fall wäre es ja Hekataios, der die Verwandtschaft „angeboten" hätte. Außerdem sagt Hengel selbst: „Gerade die Reformpartei scheint an dieser Verwandtschaft ganz besonderes Interesse besessen zu haben, so daß die Entstehung der Legende vermutlich in ihren Kreisen zu suchen ist."[15] Wirft man nun einen Blick auf die Texte, in denen diese Legende sich niedergeschlagen hat (1 Makk 12,6-23 und 2 Makk 5,9), so erkennt man sofort den fundamentalen Unterschied zwischen dieser jüdischen und den einschlägigen römischen Konstruktionen: Während die Römer ihre Herkunft von Trojanern und/oder Hellenen herleiten - also keine eigene ὑπόστασις beanspruchen -, wird hier lediglich eine Verwandtschaft von Spartanern und Juden behauptet; bemerkenswert dabei ist, daß der gemeinsame Ahnherr eine Gestalt aus der jüdischen Tradition ist:

---

[9] „Die Annalisten hatten keine echten Kenntnisse der alten Zeit, und ihre chronologische Feingliederung war samt den dazugehörigen Einzelheiten pietätvoll erfunden" (Dieter Timpe: Fabius Pictor und die Anfänge der römischen Historiographie, in: ANRW I 2 (1972), 928-969, Zitat S. 966) - das mag *mutatis mutandis* auch für ein Buch wie die Priesterschrift gelten; diese aber war zur Zeit der jüdischen Apologeten längst Bestandteil eines größeren Ganzen, das altehrwürdig und sakrosankt geworden war.

[10] Hengel, a.(Anm. 1)a.O., S. 133.

[11] Ebd.

[12] A.a.O., S. 465.

[13] Arnaldo Momigliano meint: „...the comparison with Sparta is obvious, but only implicit" (a.(Anm. 3)a.O., S. 84). Selbst wenn man zugäbe, daß besagter comparison obvious wäre, so handelte es sich noch lange nicht um die Vorstellung von einer Verwandtschaft zwischen Juden und Spartanern. Eine solche ist bei Hekataios ersichtlich noch nicht vorhanden.

[14] A.a.O., S. 134, Anm. 121. Der von Hengel zitierte Satz stammt von Moses Hadas: Hellenistic Culture. Fusion and Diffusion, New York 1959, S. 87.

[15] A.a.O., S. 134.

Ἄρειος βασιλεὺς Σπαρτιατῶν Ονια ἱερεῖ μεγάλῳ χαίρειν. εὑρέθη ἐν γραφῇ περί τε τῶν Σπαρτιατῶν καὶ Ιουδαίων ὅτι εἰσὶν ἀδελφοὶ καὶ ὅτι εἰσὶν ἐκ γένους Αβρααμ.[16]

Ist aber Abraham der gemeinsame Ahnherr von Spartanern und Juden, so ist klar, daß von einem *Zugeständnis* jüdischerseits hier keine Rede sein kann. Sachlich und zeitlich am Anfang steht auch hier die *jüdische* Tradition; in sie wird die spartanische Genealogie eingezeichnet. Umgekehrt verhält es sich mit der römischen Vorgeschichte. Hier wird alles in einen *griechischen* Rahmen gezwängt.

Ich komme daher zu dem Ergebnis, daß die Legende von der Verwandtschaft zwischen Spartanern und Juden keine Gegeninstanz darstellt; vielmehr zeigt es sich, daß diese meine These insofern nur noch bestätigt, als auch sie auf ihre Weise deutlich macht, daß die jüdische Tradition die primäre ist, die griechische aber davon abgeleitet.

Zu einem ähnlichen Ergebnis kommt auch Burkhart Cardauns.[17] Er nimmt an, daß Ägypten das Bindeglied zwischen Abraham und den Spartanern bildet.[18] Diese Vermutung liegt sehr nahe, wenn man sich daran erinnert (vgl. o. S. 41-43), daß schon Herodot die Genealogie der spartanischen Könige auf Ägypten zurückführt. Hieran brauchte man nur anzuknüpfen und Abraham - der ohnehin Verbindungen nach Ägypten hatte - ins Spiel zu bringen. „Die Zurückführung der Genealogie auf Abraham kann nur das Werk eines gesetzestreuen, der Tradition seines Volkes verbundenen Juden gewesen sein."[19] Ob dann diese Vorstellung „vielleicht schon" ins „3. Jh. v. Chr."[20] zurückgeht, mag dahingestellt bleiben. Kein Zweifel kann jedenfalls daran bestehen, daß es sich um ein Produkt der „jüdische[n] Apologetik" handelt.[21]

Die Legende von der Verwandtschaft der Juden mit den Spartanern ist gerade ein Beispiel dafür, wie jüdische Apologetik - in diesem Fall ausnahmsweise an griechische Gegebenheiten anknüpfend und eine Verbindung zu Griechen herstellend - das jüdische Element in keiner Weise verleugnet, sondern die griechischen Verbindungen allenfalls dazu benutzt, jüdische Inhalte zu propagieren. Auch in diesem Fall wird (anders als bei den römischen Autoren) der Rahmen der griechischen Vorstellungen eindeutig gesprengt.

---

16 1 Makk 12, 20f. Bei der Schreibung der hebräischen Eigennamen folge ich dem Herausgeber der Septuaginta (also Ονια, Ιουδαίων, Αβρααμ).

17 Burkhart Cardauns: Juden und Spartaner. Zur hellenistisch-jüdischen Literatur, Hermes 95 (1967), 317-324.

18 A.a.O., S. 322.

19 A.a.O., S. 323.

20 A.a.O., S. 324.

21 Ebd.

§ 1 *Historiker*

Die historischen Werke jüdischer Autoren vor Josephus, die nicht in die Septuaginta aufgenommen worden sind, sind uns ebenso fragmentarisch erhalten wie die historischen Vorläufer des Livius im römischen Bereich. Im Unterschied zu Livius allerdings sind wenigstens die Werke des Josephus vollständig erhalten, obwohl sie „von den eigenen Glaubensgenossen anscheinend nicht beachtet wurden", wie Heinz Schreckenberg feststellt.[1] Die wenigen Fragmente der Vorgänger des Josephus verdanken wir ebenso der christlichen Tradition wie die Überlieferung des Josephus[2] und Philon.

Der erste dieser Historiker[3], von dem Fragmente erhalten sind, ist Demetrios, der noch ins dritte Jahrhundert gehört: „Hellanicus, Eratosthenes, Hecataeus of Abdera, Manetho, Berossus, and Fabius Pictor form the intellectual horizon within which Demetrius should be viewed."[4] Die wenigen Fragmente lassen nicht erkennen, wie nahe Demetrios, auch abgesehen von der ungefähren Gleichzeitigkeit, den genannten Autoren steht. Insbesondere ist für die Frage des Altersbeweises diesen Fragmenten nichts zu entnehmen.[5]

---

[1] Heinz Schreckenberg: Die Flavius-Josephus-Tradition in Antike und Mittelalter, ALGHJ 5, Leiden 1972, S. 172. Schreckenberg macht eine kleine Einschränkung, die aber für die Überlieferung als solche ohne Belang ist: „Mit Philo teilt Josephus das Schicksal, daß seine Werke von den eigenen Glaubensgenossen anscheinend nicht beachtet wurden, ausgenommen Agrippa II. und die zahlreichen jüdischen Käufer seiner Werke (Contra Ap. 1,51; vgl. Vita 363-367)."

[2] „Die Tradierung seiner Werke erfolgt ausschließlich im christlichen Raum, im griechischen Osten und im lateinischen Westen, seitdem im jungen Christentum historische Interessen wach wurden und der einzigartige Quellenwert des jüdischen 'pater historiae' für den zeitgeschichtlichen Hintergrund des Neuen Testamentes erkannt wurde." (Schreckenberg, ebd.)

[3] Die Fragmente sind jetzt bequem zugänglich in: Carl R. Holladay [Hg.]: Fragments from Hellenistic Jewish Authors, Volume I: Historians, SBLTT 20, Chico 1983. Ich zitiere stets nach dieser Ausgabe.

[4] Holladay, a.a.O., S. 52.

[5] Zwar heißt es bei Schürer: „As Eusebius says correctly, quoting Clement of Alexandria (*Hist. Eccl.* vi 13,7), Demetrius was one of the Jewish writers who tried to show to the Greeks the antiquity of Moses and the Jewish people" (Emil Schürer: The history of the Jewish people in the age of Jesus Christ (175 B.C. - A.D. 135). A new English version revised and edited by Geza Vermes, Fergus Millar, Martin Goodman, III 1, Edinburgh 1986, S. 515). Gleich im nächsten Satz aber liest man: „The subject matter is entirely Jewish, Demetrius

1. Der samaritanische Anonymos

Anders steht es mit den Fragmenten eines Nachfolgers des Demetrios, den man gewöhnlich den samaritanischen Anonymos nennt. Sein Wirken fällt in die erste Hälfte des zweiten Jahrhunderts.[6] Martin Hengel würdigt ihn so:

> „Abraham und Henoch sind [beim samaritanischen Anonymos] die weisesten Männer der Menschheit schlechthin. Der Anonymus konnte in diesem Punkt an die griechische Überlieferung eines Herodot, Plato und vor allem des Hekataios anknüpfen, nach denen die Griechen durch die Weisheit der Ägypter belehrt worden seien. Indem nun Abraham zum Lehrer der (Phönizier und) Ägypter gemacht wurde, erwies sich zugleich die biblische Überlieferung als die älteste Weisheit der Menschen überhaupt. Hierin folgten dem Anonymus auch der Palästiner Eupolemos ... und die Alexandriner Aristobul und Artapanos bis hin zu Josephus und den Kirchenvätern. Wir haben hier so den ersten Beleg für die jüdische und christlich-apologetische Anschauung, daß die griechischen Philosophen ihre Weisheit in Wirklichkeit von den Erzvätern und Mose bezogen hätten.“[7]

M.E. wird die Hengelsche Interpretation dem Text nicht ganz gerecht; insbesondere der letzte Satz greift wesentlich zu weit und findet an dem Text des Anonymos nur teilweise einen Anhalt, wie ich im folgenden zeigen werde.

Zunächst wird von Abraham gesagt, er habe die Astrologie erfunden (καὶ

---

failing even to attempt any synchronization of biblical chronology with that of other peoples“ (ebd.). Ich sehe nicht, wie man das Alter des Mose erweisen kann ohne jegliche „synchronization“. Zumindest die absoluten Zahlen („Mose lebte vor x Jahren, Homer aber nur vor y Jahren“) muß man doch vergleichen „to show to the Greeks the antiquity of Moses and the Jewish people“! Die erhaltenen Fragmente des Demetrios lassen ein solches Bemühen aber eben gerade nicht erkennen.

[6] Vgl. zuletzt Schürer: „A date in the first half of the second century B.C. is likely“ (Emil Schürer, a.a.O., S. 530). Alle einschlägigen Zeugnisse für die Datierung des samaritanischen Anonymos diskutiert Ben Zion Wacholder (Pseudo-Eupolemus' Two Greek Fragments on the Life of Abraham, HUCA 34 (1963), 83-113, hier S. 85-87).

[7] Martin Hengel: Judentum und Hellenismus. Studien zu ihrer Begegnung unter besonderer Berücksichtigung Palästinas bis zur Mitte des 2. Jh.s v. Chr., WUNT 10, Tübingen ^{2}1973, S. 166.

τὴν ἀστρολογίαν καὶ Χαλδαϊκὴν εὑρεῖν)[8]; nachdem er sich in Phoinikien niedergelassen hat, lehrt er die Phoinikier die einschlägigen Kenntnisse (τροπὰς ἡλίου καὶ σελήνης καὶ τὰ ἄλλα πάντα διδάξαντα τοὺς Φοίνικας).[9] Über die Tätigkeit des Abraham in Ägypten heißt es dann u.a.:

> συζήσαντα δὲ τὸν ʽΑβραὰμ ἐν ʽΗλιουπόλει τοῖς Αἰγυπτίων ἱερεῦσι πολλὰ μεταδιδάξαι αὐτοὺς καὶ τὴν ἀστρολογίαν καὶ τὰ λοιπὰ τοῦτον αὐτοῖς εἰσηγήσασθαι, φάμενον Βαβυλωνίους ταῦτα καὶ αὐτὸν εὑρηκέναι, τὴν δὲ εὕρεσιν αὐτῶν εἰς ʼΕνὼχ ἀναπέμπειν, καὶ τοῦτον εὑρηκέναι πρῶτον τὴν ἀστρολογίαν, οὐκ Αἰγυπτίους. Βαβυλωνίους γὰρ λέγειν πρῶτον γενέσθαι Βῆλον, ὃν εἶναι Κρόνον· ἐκ τούτου δὲ γενέσθαι Βῆλον καὶ Χαναάν, τοῦτον δὲ τὸν Χαναὰν γεννῆσαι τὸν πατέρα τῶν Φοινίκων, τούτου δὲ Χοὺμ υἱὸν γενέσθαι, ὃν ὑπὸ τῶν ʽΕλλήνων λέγεσθαι ʼΑσβολον, πατέρα δὲ Αἰθιόπων, ἀδελφὸν δὲ τοῦ Μεστραείμ, πατρὸς Αἰγυπτίων· ʽΕλληνας δὲ λέγειν τὸν ʼΑτλαντα εὑρηκέναι ἀστρολογίαν, εἶναι δὲ τὸν ʼΑτλαντα τὸν αὐτὸν καὶ ʼΕνώχ· τοῦ δὲ ʼΕνὼχ γενέσθαι υἱὸν Μαθουσάλαν, ὃν πάντα δι᾽ ἀγγέλων θεοῦ γνῶναι καὶ ἡμᾶς οὕτως ἐπιγνῶναι.[10]

Ein flüchtiger Blick auf diesen Text zeigt, daß der Anonymos im Gegensatz zu der Hengelschen Behauptung nur einen Teil jenes Altersbeweises führt. Denn zum einen ist ja nicht von Philosophie die Rede, zum andern ist das Gegenüber nirgends die griechische Weisheit (obwohl die Griechen in § 9 zweimal zitiert werden!); das Gegenüber sind einerseits die Phoinikier, andrerseits die Ägypter. *Diese* belehrt Abraham, nicht aber Griechen. Der von Hengel gemeinte Altersbeweis ergibt sich erst, wenn man die auf Hekataios von Milet und Herodot zurückgehende Anschauung hinzunimmt, nach der die Griechen von Phoinikiern und Ägyptern abhängig sind. *Das aber sagt der Anonymos nicht.* Nur wenn er das sagte, ergäbe sich die Abhängigkeit der Griechen (vermittelt durch Phoinikier und Ägypter) von Abraham. Die Hengelsche Aussage wäre also dementsprechend zu präzisieren. Der samaritanische Anonymos bietet nicht „den ersten Beleg für die jüdische und christ-

---

[8] Pseudo-Eupolemus F 1, § 3 Holladay. Holladay wählt die neutralere Bezeichnung „Pseudo-Eupolemus" für den samaritanischen Anonymus. F 1 stammt aus Euseb: Praeparatio Evangelica IX 17,1-9; bei Jacoby FGrHist 724 F 1; Holladay, S. 170ff., Zitat S. 170, Z. 20 - S. 172, Z. 1.

[9] F 1, § 4 (S. 172, Z. 4-5).

[10] F 1, § 8-9, S. 174, Z. 3-20.

lich-apologetische Anschauung, daß die griechischen Philosophen ihre Weisheit ... von den Erzvätern und Mose bezogen hätten"; was wir bei ihm finden, kann man aber als *Vorstufe* zu dieser Anschauung betrachten.[11]

Es ist nicht zu übersehen, daß F 1 Spannungen aufweist. Handelte es sich um einen neutestamentlichen Evangelientext, so würde man literarkritische Operationen für angebracht halten. Denn in § 3 hatte es geheißen, Abraham habe τὴν ἀστρολογίαν erfunden. In § 8 lehrt er diese Kunst die ägyptischen Priester, nachdem er sich schon in § 4 in Phoinikien als Lehrer betätigt hatte. Eine erste Spannung läßt daher § 8 erkennen, wenn hier plötzlich die Information nachgetragen wird, daß die Babylonier Miterfinder der ἀστρολογία sind (Βαβυλωνίους ... καὶ αὐτὸν εὑρηκέναι) - dies hätte man eher in § 3 erwartet. Vollends unmöglich aber wird die Lage, wenn im gleichen Atemzug auch noch Henoch als der πρῶτος εὑρετής dieser Kunst genannt wird (§ 8). Dies entspricht zwar jüdischer Tradition[12], paßt aber schlecht in den Rahmen von F 1, zumal in § 3 davon ja nichts gesagt wird. Soll man annehmen, Henoch sei hier interpoliert?

Bemerkenswert ist die Tatsache, daß Abraham ἐν Ἡλιουπόλει die ägyptischen Priester belehrt. Droge macht darauf aufmerksam, daß in Genesis 12, 10-20 „the precise location of Abraham's stay in Egypt" nicht erwähnt wird.[13]

Er zieht daraus den Schluß: „It suggests that the author was familiar with the tradition found in Herodotus which described the inhabitants of Heliopolis as 'the most learned' (λογιώτατοι) of the Egyptians, and the Egyptians as 'the wisest' (σοφώτατοι) of all men. The fact, then, that Abraham is portrayed as the *teacher* of the Egyptians, and in particular of the priests of Heliopolis, makes their great and venerable civilization ultimately dependent of the Hebrews. Furthermore, the anonymous author's specific reference to the 'priests of Egypt' may well indicate that he also has in view the

---

[11] Vollständig bietet diesen Altersbeweis beispielsweise Josephus in Antiquitates I 167-168. Dort lehrt Abraham die Ägypter τὴν ἀριθμητικὴν ... καὶ τὰ περὶ ἀστρονομίαν (*varia lectio* ἀστρολογίαν); dann heißt es: πρὸ γὰρ τῆς Ἀβράμου παρουσίας Αἰγύπτιοι τούτων εἶχον ἀμαθῶς· ἐκ Χαλδαίων γὰρ ταῦτ' ἐφοίτησεν εἰς Αἴγυπτον, ὅθεν ἦλθε καὶ εἰς τοὺς Ἕλληνας. Hier findet sich also sowohl der Übergang Abraham → Ägypter als auch der bei dem Anonymos noch fehlende: Ägypter → Griechen.

[12] So z.B. äthiopischer Henoch 72-82 (nach Schürer III 1 entstanden um 200 v. Chr., a.(Anm 5)a.O., S. 254.256); Jubiläenbuch 4, 17-21 (entstanden Mitte des 2. Jahrhunderts gemäß der Datierung bei Schürer III 1, S. 313f.).

[13] Arthur J. Droge: Homer of Moses? Early Christian Interpretations of the History of Culture, HUTh 26, Tübingen 1989, S. 24.

Egyptian history of Hecataeus, who boasted that 'all things for which the Greeks are admired were taken over from the priests of Egypt.' Thus, while our author grants Hecataeus' claim that the Greeks derived their culture from Egypt, he qualifies it by insisting that it was Abraham who established Egyptian civilization."[14]

Falls man es wirklich für erklärungsbedürftig hält, daß der Anonymos gerade Heliopolis nennt (die Priester sind m.E. selbstverständlich - wen soll Abraham denn sonst belehren?), so fragt sich doch, ob es unbedingt eine literarische Abhängigkeit sein muß, der er seine Kenntnisse verdankt. Selbst wenn man dies annähme, muß man m.E. keineswegs auf Herodot zurückgreifen. Näher liegt es - mindestens aus jüdischer Sicht -, an die LXX zu denken. Hier spielt Heliopolis schon im Pentateuch eine Rolle. So wird in Genesis 41,45.50; 46,20 das hebräische אוֹן mit Ἡλίου πόλις wiedergegeben; in Exodus 1,11 wird über die masoretische Grundlage hinaus ἥ ἐστιν Ἡλίου πόλις angefügt. Auch in späteren Büchern findet man einschlägige Belege (Jesaja 50,13; Ezechiel 30,17). Dies ist eine viel wahrscheinlichere Quelle der Kenntnis des Anonymos - falls er einer solchen überhaupt bedurfte.

Ich komme daher zu dem Schluß, daß sowohl Droge als auch Hengel den Text des F 1 überinterpretieren. Gegen Hengel halte ich daran fest, daß Abraham sagt, er *und die Babylonier* seien die Erfinder der Astrologie (Βαβυλωνίους ταῦτα καὶ αὑτὸν εὑρηκέναι, § 8). Das bedeutet, daß zwei Aussagen Hengels der Einschränkung bedürfen: Man kann nicht sagen, der „Anspruch des πρῶτος εὑρετής" werde hier für „eine biblische Person" erhoben[15], denn Abraham behauptet nur, zusammen mit den Babyloniern diese Dinge erfunden zu haben. Auch die Hengelsche Aussage: „Indem nun Abraham zum Lehrer der (Phönikier und) Ägypter gemacht wurde, erwies sich zugleich die biblische Überlieferung als die älteste Weisheit der Menschen überhaupt"[16] bedarf von da her der Modifikation, denn die Weisheit der Babylonier mag dem Anonymos zufolge ja ebenso alt sein wie die des Abraham. Wo die älteste Weisheit herkommt, darüber macht der Text keine Aussagen.

Im Unterschied zu Hengel und Droge bin ich der Ansicht, daß man nicht *mehr* sagen kann, als daß der samaritanische Anonymos mit seinen in F 1 erhaltenen Aussagen eine Vorstufe des Altersbeweises bildet, wie ihn später etwa Aristobul oder Josephus ausführen. Denn erstens behauptet er noch nicht, daß die Juden Besitzer der ältesten Weisheit seien, und zweitens sagt

---

[14] Ebd. Droge hat versehentlich „dervied" statt „derived".

[15] Hengel, a.(Anm. 7)a.O., S. 166. Hengel hat versehentlich εὑρέτης.

[16] Ebd.

er nichts davon, daß die *Griechen* Empfänger dieser ältesten Weisheit seien; gerade letzteres aber ist für alle einschlägigen Autoren von Aristobul angefangen der entscheidende Aspekt.

2. Eupolemos

In seiner Einleitung zu den Fragmenten des Eupolemos bemerkt Holladay: „The work [sc. of Eupolemos] belongs to a historiographical tradition well established in the Hellenistic period, and represented by authors such as Manetho and Berossus who sought to depict their own national history in the Greek language. ... typical of this tradition is the interest displayed in chronography as a means for establishing national and cultural respectability."[17] In diesem Bestreben stimmt Eupolemos insbesondere mit den römischen Annalisten überein. Wie diese nahm übrigens auch Eupolemos in führender Stellung an dem politischen Geschehen seiner Zeit teil. Wurde Fabius Pictor als römischer Gesandter in schwerer Zeit zum Orakel nach Delphi geschickt, so war es Eupolemos, der im Auftrag des Judas Makkabäus als jüdischer Gesandter nach Rom ging, um für Unterstützung des Aufstandes gegen die Seleukiden zu werben.[18] Chronologisch betrachtet ist sein römisches Gegenstück kein Geringerer als Marcus Porcius Cato Censorius, dessen Wirken wie das des Eupolemos in die 1. Hälfte des 2. Jahrhunderts

---

[17] Holladay, a.(Anm. 3)a.O., S. 95.- Zur Reihenfolge der hier behandelten Autoren sei angemerkt, daß die Datierung sowohl des Eupolemos als auch des samaritanischen Anonymos aus verständlichen Gründen nicht sehr genau sein kann. Insbesondere die Datierung des letzteren ist unsicher. Der entscheidende Grund für die Vorordnung des Anonymos vor den Eupolemos ist denn auch kein chronologischer, sondern ein sachlicher: Eupolemos bietet einen weiter entwickelten Altersbeweis als der Anonymos.
Die Unterscheidung der beiden Autoren wäre gänzlich hinfällig, wenn das oben diskutierte Fragment des samaritanischen Anonymos in Wahrheit Eupolemos zum Verfasser hätte. Diese Meinung vertritt neuerdings Doran (Robert Doran: The Jewish Hellenistic Historians Before Josephus, in: ANRW II 20,1 (1987), 246-297, hier S. 270-274). Seine Begründung überzeugt allerdings nicht: Der Hinweis auf die Liste bei Philon von Byblos (a.a.O., S. 273) ist gänzlich verfehlt, denn die Sonderstellung des Mose bei Eupolemos (dazu siehe gleich) würde eine Einordnung in eine solche Liste nie erlauben. Auch in bezug auf den Altersbeweis ist ein deutlicher Unterschied zwischen dem samaritanischen Anonymos und Eupolemos erkennbar.

[18] Zur Gesandtschaft des Fabius Pictor siehe oben, S. 85 mit Anm. 11. Alle mit der politischen Tätigkeit des Eupolemos zusammenhängenden Probleme erörtert Ben Zion Wacholder: Eupolemus. A Study of Judaeo-Greek Literature, MHUC 3, Cincinnati/New York/Los Angeles/Jerusalem 1974, S. 7-21.

fällt.[19] Vergleicht man das Werk des Eupolemos mit dem seines berühmten römischen Zeitgenossen, so wird deutlich, worin der Unterschied zwischen einer «offensiven» und einer «defensiven» Apologetik besteht.[20] Während Cato nicht genug griechische Verbindungen herstellen kann, zeigt schon F 1 des Eupolemos, daß hier ein ganz anderer Wind weht:

> Εὐπόλεμος δὲ ἐν τῷ περὶ τῶν ἐν τῇ Ἰουδαίᾳ βασιλέων τὸν Μωυσῆ φησι πρῶτον σοφὸν γενέσθαι καὶ γραμματικὴν πρῶτον τοῖς Ἰουδαίοις παραδοῦναι καὶ παρὰ Ἰουδαίων Φοίνικας παραλαβεῖν, Ἕλληνας δὲ παρὰ Φοινίκων.[21]

Demnach ist Mose nicht nur der erste Weise (πρῶτος σοφός) überhaupt - eine sehr weit gehende Behauptung[22] -, sondern auch der πρῶτος εὑρετής der Schrift (γραμματική[23]). Damit verbunden ist die noch weiter gehende These, wonach die Phoinikier die Schrift von den Juden empfangen hätten, die Griechen wiederum von den Phoinikiern, d.h. letztlich verdankten die Griechen die Schrift keinem anderen als Mose.

Euseb ist etwas ausführlicher als Clemens Alexandrinus; er fügt seinem

---

[19] Zu Cato und seiner apologetischen Annalistik vgl. oben, S. 90-95.

[20] Siehe dazu die Bemerkungen in der Einleitung zu diesem Kapitel, o. S. 144f.

[21] Eupolemos F 1 A Holladay. Das Fragment ist bei Clemens Alexandrinus: Stromateis I 23 (GCS, S. 95, Z. 20 - S. 96, Z. 3) - Fassung A - und bei Euseb: P.E. IX 26,1 (GCS, S. 519, Z. 5-8) - Fassung B - überliefert.- Eine ausführliche Diskussion aller mit F 1 zusammenhängender Probleme bietet Wacholder in seinem dritten Kapitel („The Hellenized Moses - Jewish and Pagan", a.(Anm.18)a.O., S. 71-96).

[22] Wacholder nimmt an, daß Eupolemos speziell die Sieben Weisen überbieten wollte: „Eupolemus' claim ... must ... be understood in the Greek sense, making him older then the Seven Wise Men who flourished in the seventh and sixth centuries B.C." (a.a.O., S. 77). Das ist eine ganz unnötige Einschränkung der Aussage des Eupolemos und jedenfalls viel zu „philosophiegeschichtlich" gedacht. Denn wie die folgenden Aussagen des Eupolemos zeigen, denkt er nicht speziell an Philosophen, sondern er hat Männer der Gattung πρῶτος εὑρετής im Blick.

[23] Holladay übersetzt γραμματική sinnvollerweise mit „alphabet"; vgl. zur Begründung Holladay, a.a.O., S. 137, Anm. 3. Euseb liest stattdessen γράμματα. Abwegig ist die Vermutung Dalberts, γράμματα stünde hier als Synonym für γραφαί: „Da auch der Gedanke, daß die griechischen Weisen von Mose und aus den heiligen Schriften überhaupt gelernt und geschöpft hätten, der hellenistisch-jüdischen Schriftstellerei absolut vertraut ist, wäre diese Annahme nicht unhaltbar." (Peter Dalbert: Die Theologie der hellenistisch-jüdischen Missions-Literatur unter Ausschluß von Philo und Josephus, ThF 4, Hamburg-Volksdorf 1954, S. 41.) Für die Vorstellung, daß die Griechen durch die Vermittlung der Phoinikier aus dem Pentateuch geschöpft hätten, gibt es weit und breit keinen Beleg. Daß die Phoinikier Schriften des Mose (in welcher Sprache?) an die Griechen weitergegeben hätten, wollte Eupolemos gewiß nicht sagen.

Exzerpt hinzu: νόμους ... πρῶτον γράψαι Μωσῆν τοῖς Ἰουδαίοις.[24] Holladay übersetzt: „Moses was the first to write down laws, and he did so for the Jews."[25] Diese Übersetzung erscheint auf den ersten Blick nicht zwingend. Näherliegend wäre: „Für die Juden schrieb Mose als erster Gesetze" - so daß theoretisch die Möglichkeit offen gelassen würde, daß jemand anderes noch *vor* Mose Gesetze (für ein anderes Volk) geschrieben hätte. Dies ist jedoch eine sehr unwahrscheinliche Auffassung, wenn man den Zusammenhang berücksichtigt. Denn ist Mose der Erfinder der Schrift, und hat er den Juden als erster Gesetze geschrieben, dann ist klar, daß er auch absolut der erste Gesetzgeber sein muß: So schnell konnten Phoinikier und später Griechen[26] die Schrift schwerlich erlernen, daß sie auch nur einen mit Mose gleichzeitigen Gesetzgeber hätten hervorbringen können. Das berechtigt daher zu dem Schluß, daß die Holladaysche Übersetzung das von Eupolemos Gemeinte zutreffend wiedergibt: „Moses was the first to write down laws, and he did so for the Jews."

Drei herausragende ἐπίθητα sind es also, die Eupolemos dem Mose beilegt: Mose ist der erste Weise überhaupt, er ist der Erfinder des Alphabets, und er ist der erste Gesetzgeber. Damit erweist sich das F 1 des Eupolemos als ein Schlüsseltext nicht nur für die Frage des Altersbeweises. Die Behauptung Wacholders allerdings: „Moses was the first 'wise man' - hence he was the father of 'wisdom,' the antecedent of (a) Greek philosophy; (b) the alphabet; and (c) written laws"[27] geht etwas zu weit, denn *expressis verbis* wird dies nur für (b) von Eupolemos gesagt. Und von der Behauptung, daß Mose der πρῶτος σοφός gewesen sei, zu der These, die griechischen Philosophen seien von ihm abhängig, ist eben doch noch ein Schritt zu tun (ähnlich verhält es sich im Fall der Gesetzgeber). Diesen Schritt tut für die Philosophen zwar

---

[24] F 1 B = Euseb: P.E. IX 26,1.

[25] A.a.O., S. 113.

[26] Griechen gelten zumindest dem Josephus als in dieser Hinsicht überaus begriffsstutzig: ὀψὲ δὲ καὶ μόλις ἔγνωσαν [sc. οἱ Ἕλληνες] φύσιν γραμμάτων, bemerkt er spöttisch in einem vergleichbaren Zusammenhang (Contra Apionem I 10).

[27] A.(Anm. 18)a.O., S. 83. Wacholder fährt fort: „Only in regard to the letters of the alphabet is it clearly stated by Eupolemus that Moses established a universal legacy. There is no reason to assume, however, that he wished to restrict the universality to Moses' invention of the alphabet alone" (ebd.). Dies ist zwar nicht zu widerlegen, aber positiv erweisen läßt es sich genausowenig.

Aristobul, aber Eupolemos offenbar nicht.[28]

Trotzdem kann dieses Fragment als Schlüsseltext gelten, weil hier bei Eupolemos zum ersten Mal *Mose* der nichtjüdischen Überlieferung gegenübergestellt wird. Damit war die Figur gefunden, die sich aus verschiedenen Gründen am besten dazu eignete, in der apologetischen Argumentation Verwendung zu finden.[29] Denn durch die Figur des Mose war die Verbindung zwischen *dem Buch der Juden*, das seit jeher als sein Werk galt, und Ägypten hergestellt, einem Land, das seit Hekataios von Milet wie kein zweites in dem Ruf stand, die Griechen an Alter zu übertreffen; einem Land, von dem seit Herodot ununterbrochen behauptet worden war, daß es kulturelle Errungenschaften an die Griechen weitergegeben hatte.

3. Artapanos

Im Unterschied zu Eupolemos, der ohne Zweifel in Palästina beheimatet ist, stammt Artapanos aus der ägyptischen Diaspora: „No other setting has been proposed which adequately accounts for both the mood and content of the work. Broad scholarly agreement exists on this point."[30] Sein Werk steht in mancherlei Hinsicht der Romanliteratur nahe, doch „the apologetic dimension of the fragments" ist nicht zu übersehen.[31]

Wie der samaritanische Anonymos behauptet auch Artapanos, daß Abra-

---

[28] Ich benutze die Gelegenheit, ausdrücklich darauf hinzuweisen, daß dergleichen Feststellungen methodisch insofern außerordentlich problematisch sind, als die Schriften dieser Autoren samt und sonders fragmentarisch überliefert sind. Nur falls die erhaltenen Fragmente für die Schriften der jeweiligen Autoren einigermaßen repräsentativ sind, kann die im Text gemachte Feststellung als zutreffend gelten.

[29] John G. Gager: Moses in Greco-Roman Paganism, SBLMS 16, Nashville/New York 1972, stellt fest: „Moses was by far the best-known figure of Jewish history in the pagan world" (S. 18) - damit waren die Voraussetzungen in seinem Falle von vornherein günstiger als etwa für Abraham, den der samaritanische Anonymos verwendet hatte.
Auch Wacholder betont die Bedeutung dieses Textes: „Eupolemus ... had laid down the principle upon which all subsequent synchronization was based" (Ben Zion Wacholder: Biblical Chronology in the Hellenistic World Chronicles, HThR 61 (1968), 451-481, Zitat S. 461). Er fügt hinzu: „What was remarkable about Eupolemus' claim was that with the passage of time even some pagan and atheistic chronographers accepted its premise." (ebd.)

[30] Holladay, a.a.O., S. 190.

[31] Ebd. Thomas Hägg: Eros und Tyche. Der Roman in der antiken Welt, Kulturgeschichte der antiken Welt 36, Mainz 1987, geht zwar auf die christlichen Werke dieser Gattung ein (S. 190ff.), nicht aber auf die hier in Frage kommenden jüdischen Schriften (nur nebenbei wird S. 199 „Joseph und Asenath" erwähnt).

ham in Ägypten τὴν ἀστρολογίαν gelehrt habe. Über den Anonymos hinaus bietet Artapanos allerdings die Nachricht, daß Abraham keinen Geringeren als τὸν τῶν Αἰγυπτίων βασιλέα Φαρεθώθην belehrt habe.[32] Ein Nachkomme (ἀπόγονος[33]) des Abraham, Joseph, war es, der als erster die ägyptische Landwirtschaft auf eine höhere Stufe geführt hat.[34] So erfand er auch μέτρα und wurde von den Ägyptern hoch geschätzt.[35] Am interessantesten aber ist, was Artapanos über Mose zu sagen hat:

> ταύτην [es ist von der Tochter des Pharao die Rede] δὲ στεῖραν ὑπάρχουσαν ὑποβαλέσθαι τινὸς τῶν Ἰουδαίων παιδίον, τοῦτο δὲ Μώϋσον ὀνομάσαι· ὑπὸ δὲ τῶν Ἑλλήνων αὐτὸν ἀνδρωθέντα Μουσαῖον προσαγορευθῆναι. γενέσθαι δὲ τὸν Μώϋσον τοῦτον Ὀρφέως διδάσκαλον. ἀνδρωθέντα δ' αὐτὸν πολλὰ τοῖς ἀνθρώποις εὔχρηστα παραδοῦναι ...[36]

Durch die Gleichung Mose = Musaios hat Artapanos einen Anknüpfungspunkt, der weit über Homer und den trojanischen Krieg hinaufführt; der Vorteil in bezug auf das Alter ist deswegen ein ganz erheblicher. Mose/Musaios wird als Lehrer des Orpheus eingeführt. Das entspricht zwar nicht der griechischen Tradition bezüglich des Verhältnisses von Orpheus und Musaios, hat aber für Artapanos den Vorteil, daß - mit dem (traditionellen) Mittelglied Orpheus - „Moses, not the Egyptian priests, becomes the ultimate source of Greek wisdom."[37] Die für uns erstmals bei Eupolemos faßbare Schlüsselstellung des Mose wird hier also im einzelnen ausgestaltet: Mose wird mit Musaios identifiziert und wird durch seinen Schüler Orpheus zugleich der eigentliche Lehrer Griechenlands. Doch damit nicht genug: Mose wird bei Artapanos zum Wohltäter der ganzen Menschheit, hat er doch erstaunliche Erfindungen aufzuweisen:

> πλοῖα καὶ μηχανὰς πρὸς τὰς λιθοθεσίας καὶ τὰ Αἰγύπτια ὅπλα καὶ τὰ

---

[32] F 1 Holladay (Z. 7-9); F 1 ist überliefert durch Euseb, P.E. IX 18,1 (GCS, S. 504, Zitat Z. 14-16).

[33] Artapanos, F 2 Holladay (S. 204, Z. 19); F 2 stammt ebenfalls aus Euseb: P.E. IX 23, 1-4 (GCS, S. 516f., Zitat Z. 15).

[34] A.a.O., Holladay, S. 206, Z. 7-15 (bei Euseb a.a.O., § 2).

[35] A.a.O., Holladay, Z. 15ff. (bei Euseb § 3).

[36] F 3 (Holladay, S. 208, Z. 17-23); aus Euseb: P.E. IX 27, 1-37, der zitierte Text bei Euseb § 3-4 (GCS, S. 519, Z. 15-19).

[37] Holladay, a.a.O., S. 232, Anm. 45.

ὄργανα τὰ ὑδρευτικὰ καὶ πολεμικὰ καὶ τὴν φιλοσοφίαν.[38]

Damit wird Mose in die Reihe der πρῶτοι εὑρεταί gestellt. Interessant ist insbesondere die Erfindung (ἐξευρεῖν ist das zugehörige Verbum) der Philosophie, die, so muß man sich das wohl vorstellen, offenbar von Mose/Musaios über Orpheus an die Griechen weitergegeben wurde. Damit haben wir in Artapanos einen derjenigen, die Diogenes Laertios in seinem Prooemium so nachdrücklich bekämpft, denn auch Artapanos behauptet hier, die Philosophie habe ihren Ausgang bei den Barbaren genommen.[39] Aufs Ganze gesehen ist die Philosophie jedoch nur eine unter mehreren Errungenschaften, die die Menschheit dem Mose verdankt:

> ἔτι δὲ τὴν πόλιν εἰς λϛ´ νομοὺς διελεῖν καὶ ἑκάστῳ τῶν νομῶν ἀποτάξαι τὸν θεὸν σεφθήσεσθαι, τά τε ἱερὰ γράμματα τοῖς ἱερεῦσιν, εἶναι δὲ καὶ αἰλούρους καὶ κύνας καὶ ἴβεις.[40]

Es ist ohne Zweifel ein origineller Gedanke, den Artapanos hier vorträgt. „He thought to enhance the reputation of Judaism by representing the patriarchs and Moses not only as creators of all the world civilizations, but as founders of the Egyptian polytheistic cults, as he understood them.“[41]

So kann man beinahe sagen, daß nach der Meinung des Artapanos die ägyptische Kultur auf die Juden zurückgeht: Abraham lehrt die Astrologie (F 1), Joseph bringt die Landwirtschaft auf Touren (F 2), und Mose schließlich ist es, der die übrigen Errungenschaften den Ägyptern bringt, angefangen bei den πλοῖα bis hin zu Philosophie und Religion; selbst diese also verdanken die Ägypter den Juden (F 3). Zugleich schließt Artapanos den Ring, indem er über Orpheus die griechische Kultur von den Ägyptern abhängig sein läßt, die ja ihrerseits alles den Juden verdanken.

Nur anhangsweise sei erwähnt, daß Artapanos nicht nur um die Griechen

---

[38] F 3 Holladay, S. 208, Z. 23-25 (bei Euseb § 4). Dalbert meint: „Diese Zusammenstellung ist Ausdruck einer recht primitiven Geistigkeit des Verfassers.“ (Dalbert, a.(Anm. 23)a.O., S. 48f.) Dieses Urteil zeigt seinerseits, daß Dalbert den Hintergrund dieser Zusammenstellung, die hellenistischen Heuremata-Kataloge, nicht kennt; andernfalls müßte das Urteil anders lauten.

[39] Zu Diogenes Laertios und seinem Prooemium (Τὸ τῆς φιλοσοφίας ἔργον ἔνιοί φασιν ἀπὸ βαρβάρων ἄρξαι) vgl. oben, S. 70.

[40] F 3 Holladay, S. 210, Z. 1-4 (Euseb § 4).

[41] Schürer III 1, S. 138; die Aussage greift etwas zu weit, denn von den Patriarchen ist in F 3 keine Rede.

besorgt ist. So erzählt er auch, daß Mose nach Äthiopien kam und den Äthiopiern die Beschneidung brachte.[42] Ebenso ist die Überschwemmung des Nils ist eine Sache, die man dem Mose und seinem Wirken verdankt:

> προελθόντα δὲ μικρὸν τὸν Νεῖλον τῇ ῥάβδῳ πατάξαι, τὸν δὲ ποταμὸν πολύχουν γενόμενον κατακλύζειν ὅλην τὴν Αἴγυπτον· ἀπὸ τότε δὲ καὶ τὴν κατάβασιν αὐτοῦ γίνεσθαι.[43]

Diese jedes Maß sprengenden Behauptungen[44] des Artapanos lassen sich möglicherweise auf die «Wettbewerbssituation» zurückführen, in der der Verfasser in Ägypten steht, wo eben nicht nur Juden Ansprüche auf hohes bzw. höchstes Alter anmelden. Collins verwendet in diesem Zusammenhang den Begriff «competitive historiography». Er sagt: „Artapanus provides the most elaborate example of «competitive historiography» which has survived from the Egyptian Diaspora. While he is extreme in his imaginative elaboration of the tradition, he represents a phenomenon which was widespread in Hellenistic Judaism“[45].

4. *Kleodemos Malchas*

Kleodemos Malchas wird von Holladay als „obscure figure“ bezeichnet.[46] Die Schwierigkeiten beginnen schon bei der Frage nach dem Namen. Dieser ist bei Josephus in der Form Κλεόδημος Μάλχος überliefert, bei Euseb dagegen als Κλεόδημος Μαλχᾶς.[47] Da auch die anderen in diesem Fragment des Kleodemos vorkommenden Namen bei Euseb besser erhalten zu sein scheinen, kann man davon ausgehen, daß dies auch für Μαλχᾶς gilt; es scheint sich hier um eine der Stellen zu handeln, wo Euseb „allein den genuinen

---

[42] F 3 Holladay, S. 212, Z. 5-6 (Euseb § 10).

[43] F 3 Holladay, S. 220, Z. 8-11 (Euseb § 28).

[44] Vgl. das Urteil Hans Conzelmanns (speziell bezogen auf die Stiftung der ägyptischen Religion durch Mose): „Das ist das stärkste Stück, das sich ein uns bekannter jüdischer Autor geleistet hat“ (Hans Conzelmann: Heiden - Juden - Christen. Auseinandersetzungen in der Literatur der hellenistisch-römischen Zeit, BHTh 62, Tübingen 1981, S. 151).

[45] John J. Collins: Between Athens and Jerusalem. Jewish Identity in the Hellenistic Diaspora, New York 1986, S. 38; zum Begriff „competitive historiography“ vgl. auch S. 33f.

[46] Holladay, a.a.O., S. 246.

[47] Josephus hat F 1 dieses Autors in Antiquitates I 239-241 (den Namen in § 240), Euseb zitiert aus Josephus in P.E. IX 20,2-4 (der Name in § 3).

Wortlaut [sc. des Josephus und zwar gegen die Handschriften des Josephus]"[48] bietet.

Die chronologische Ansetzung des Kleodemos ist ebenso umstritten wie die Frage nach seiner Heimat. Nikolaus Walter denkt an die jüdische Diaspora in Karthago, ein Vorschlag, dem Holladay „merit" bescheinigt.[49]

Interessant an dem Fragment des Kleodemos ist der genealogische Zusammenhang, den er zwischen Abraham und den Nachkommen des Herakles herstellt. Dies ist der Wortlaut nach Euseb:

> Κλεόδημος δέ φησιν ὁ προφήτης, ὁ καὶ Μαλχᾶς, ἱστορῶν τὰ περὶ Ἰουδαίων, καθὼς καὶ Μωσῆς ἱστόρηκεν ὁ νομοθέτης αὐτῶν, ὅτι ἐκ τῆς Χεττούρας Ἀβραάμῳ ἐγένοντο παῖδες ἱκανοί· λέγει δὲ αὐτῶν καὶ τὰ ὀνόματα, ὀνομάζων τρεῖς, Ἀφέρ, Ἀσσουρί, Ἀφράν· καὶ ἀπὸ Ἀσσουρὶ μὲν τὴν Ἀσσυρίαν, ἀπὸ δὲ τῶν δύο, Ἀφρά τε καὶ Ἀφέρ, πόλιν τε Ἀφρὰν καὶ τὴν χώραν Ἀφρικὰ ὀνομασθῆναι. τούτους δὲ Ἡρακλεῖ συστρατεῦσαι ἐπὶ Λιβύην καὶ Ἀνταῖον· γήμαντα δὲ τὴν Ἀφρὰ θυγατέρα Ἡρακλέα γεννῆσαι υἱὸν ἐξ αὐτῆς Διόδωρον. τούτου δὲ γενέσθαι Σοφωνᾶν, ἀφ' οὗ τοὺς βαρβάρους Σοφὰς λέγεσθαι.[50]

Hier wird also eine Verbindung hergestellt zwischen den Nachkommen des Abraham und denen des Herakles. Abraham erzeugt den Aphran, dessen Tochter wiederum Herakles heiratet. Aus dieser Ehe des Herakles gehen Diodoros und Sophon hervor. Zu dieser Genealogie gibt es eine Parallele bei Plutarch:

> Τιγγῖται δὲ μυθολογοῦσιν Ἀνταίου τελευτήσαντος τὴν γυναῖκα Τίγγην Ἡρακλεῖ συνελθεῖν, Σόφακα δ' ἐξ αὐτῶν γενόμενον βασιλεῦσαι τῆς χώρας καὶ πόλιν ἐπώνυμον τῆς μητρὸς ἀποδεῖξαι. Σόφακος δὲ παῖδα γενέσθαι Διόδωρον ...[51]

---

[48] Heinz Schreckenberg, a.(Anm. 1)a.O., S. 85.

[49] Nikolaus Walter [Hg.]: Fragmente jüdisch-hellenistischer Historiker, JSHRZ I 2, Gütersloh 1976, vertritt die Ansicht, „daß Kleodemos in Afrika, d.h. nach dem griechischen Verständnis dieser Bezeichnung: im Gebiet um Karthago bzw. in Karthago selbst, lebte" (S. 116). Das Zitat von Holladay findet sich a.a.O., S. 246.

[50] F 1 Holladay, S. 254, Z. 10-22 (Holladay nennt die Version des Euseb F 1 B; bei Euseb steht der zitierte Text in § 3-4).

[51] Plutarch: Sertorius 9,8-9. Vgl. dazu FGrHist 275 T 10 (Juba von Mauretanien) und Jacobys Kommentar zu diesem Testimonium (S. 323-324).

Stellt man die beiden Genealogien nebeneinander, so ergibt sich folgendes:

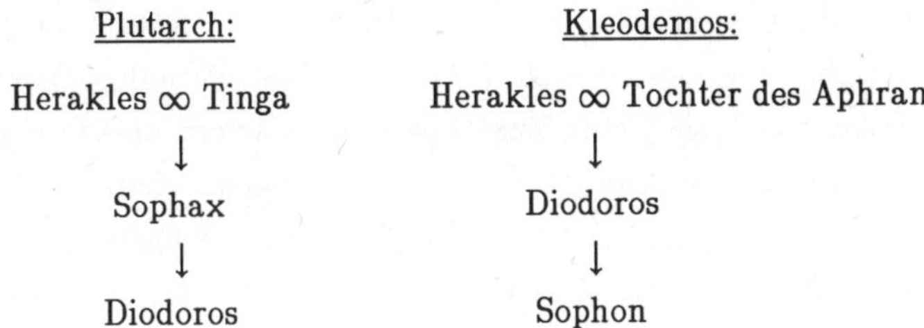

Warum bei Kleodemos die Reihenfolge Diodoros → Sophon umgekehrt ist, läßt sich schwerlich sagen. Entscheidend ist die Tatsache, daß Kleodemos an die Stelle der Tinga die Tochter des Aphran, mithin eine Enkelin des Abraham setzt. Damit wird erreicht, daß die Nachkommen des Herakles zugleich auch Nachkommen des Abraham werden. In gewisser Weise kann man also sagen, daß Kleodemos der griechischen Tradition entgegenkommt. Denn er „macht keineswegs den Versuch, die Libyer dem abrahamischen Stammbaum einfach einzuordnen, sondern denkt an eine Verschwägerung."[52]

5. *Der jüdische Weg*

Läßt man zum Schluß die hier behandelten jüdischen Historiker noch einmal Revue passieren, so fällt deutlich die Parallele zu den frühen römischen Annalisten ins Auge. Beide Gruppen reichen zurück bis zum Ende des 3. Jahrhunderts, wo wir auf der einen Seite Fabius Pictor, auf der andern Seite Demetrios am Werk finden. Beide bedienen sich der griechischen Sprache, weil sie nicht nur nach innen, sondern insbesondere auch nach außen wirken wollen. Die römischen Annalisten wie die hier besprochenen jüdischen Historiker sind von apologetischen Interessen bestimmt und insofern in ihren Zielen durchaus vergleichbar. Sehr verschieden sind allerdings die Mittel, derer sie sich zur Erreichung dieser Ziele bedienen. Während die römischen Annalisten alles daran setzen, um Rom als πόλις Ἑλληνίς zu erweisen, und daher bemüht sind, möglichst dichte Verbindungen zu der griechischen

---

[52] Nikolaus Walter, a.(Anm. 49)a.O., S. 117. Ungenau Collins (a.(Anm. 45) a.O., S. 40): „He [sc. Kleodemos Malchas] ... treats Heracles as an historical human being who can be integrated into the line of Abraham."

Mythologie herzustellen, ist von dergleichen Bemühungen bei den jüdischen Historikern kaum eine Spur zu finden.[53]

Im Gegensatz zu ihren «defensiven» römischen Kollegen weisen die jüdischen Historiker eine ausgesprochen «offensive» Strategie auf. «Offensiv», das soll heißen, daß sie keine Zugeständnisse machen an die griechische Mythologie oder an sonstige griechische Verbindungen. Ganz im Gegenteil versuchen sie, die zeitliche und sachliche Priorität der eigenen ἥρωες vor den einschlägigen griechischen Gestalten zu erweisen. Hier wird kein Euander, kein Aeneas, kein Odysseus als κτίστης bemüht, hier werden Abraham und Mose als πρῶτοι εὑρεταί erwiesen, von denen die Griechen abhängig sind, angefangen bei der Schrift über technische Errungenschaften bis hin zu Geometrie, Astrologie und Philosophie.

Im Unterschied zu ihren römischen Kollegen bedienen sich die jüdischen Historiker zwar auch griechischer Mittel, so z.B. der griechischen Sprache und griechischer Argumentationen (Alter; πρῶτος εὑρετής) - aber *inhaltlich* machen sie keine Zugeständnisse. Der Inhalt bleibt jüdisch.

Man kann sich das sehr gut klarmachen, wenn man einmal versucht, einschlägige Argumentationen römischer Annalisten in die jüdische Geschichte hineinzuprojizieren: Demnach wäre Abraham eigentlich gar nicht ein umherirrender Aramäer (אֲרַמִּי אֹבֵד)[54] gewesen, sondern - natürlich! - ein Grieche, den irgendein mythologisches Geschehen nach Mesopotamien verschlagen hat. Mose wäre ein griechischer Kolonist, der sich mit den Seinen in Ägypten angesiedelt hatte; am Hofe des König David und des König Salomo wäre selbstverständlich - griechisch gesprochen worden, und die Apophthegmata des Salomo könnte noch immer lesen wer will ... Der Phan-

---

[53] Eine solche Spur kann man sehen in der in der Einleitung zu diesem Kapitel erwähnten Verbindung mit den Spartanern (o. S. 146f.); eine zweite in der genealogischen Verbindung mit Herakles, die Kleodemos Malchas herstellt (o. S. 160f.).
In Nysa-Skythopolis wurde bei Ausgrabungen im März 1988 eine Inschrift gefunden, in der die Stadt als τῶν κατὰ Κοίλην Συρίαν Ἑλληνίδων πόλεων bezeichnet wird (Gideon Foerster/ Yoram Tsafrir: Nysa-Scythopolis - A New Inscription and the Titles of the City on its Coins, Israel Numismatic Journal 9 (1986/87), 53-58; der Text der Inschrift findet sich S. 57) „The new inscription shows that ΕΠ and ΕΛ.ΠΟΛ. [sc. auf den Münzen der Stadt Skythopolis] respectively, stand for Ἑλληνὶς πόλις" (a.a.O., S. 55). Man stelle sich so etwas einmal - im Blick auf Jerusalem behauptet - bei einem jüdischen Historiker vor!

[54] So lautet die Formulierung in Deuteronomium 26,5.

tasie sind keine Grenzen gesetzt. Man sieht: die jüdische Apologetik verfährt *totaliter aliter*.

Das unterscheidet diese jüdischen Autoren in eindeutiger Weise von ihren römischen Zeitgenossen. Und diese Unterscheidung gilt nicht nur für die hier untersuchten Historiker, den samaritanischen Anonymos, Eupolemos, Artapanos und Kleodemos Malchas, sondern sie gilt *mutatis mutandis* auch für Aristobul und für Josephus.[55]

[55] Ἐποχή übe ich in bezug auf Philon; allerdings neige ich dazu, auch ihn in diese Liste mit aufzunehmen, doch bin ich in diesem Falle nicht imstande, den Beweis dafür anzutreten. Zum Problem vgl. beispielsweise den Forschungsbericht von Runia (David T. Runia: Philo of Alexandria and the *Timaeus* of Plato, PhAnt 44, Leiden 1986, S. 7-31). Noch im Abschnitt „Conclusion" (S. 521-552) sagt Runia: „But Philo is and remains a Protean figure" (S. 541).

§ 2 *Aristobul*

Der Thoraausleger Aristobul[1] zählt ersichtlich nicht zu den Historikern, die im vorigen Paragraphen behandelt worden sind. Obwohl er sich zeitlich mit einigen der genannten Historiker überschneidet[2], ist die Einordnung dieser Autoren *vor* Aristobul aus sachlichen Gründen geboten: In bezug auf den Altersbeweis stellt Aristobul einen deutlichen Fortschritt über die Ansätze der Historiker hinaus dar. Während diese sich nämlich damit begnügen, das Alter der eigenen Tradition ins rechte Licht zu rücken und Abraham oder Mose als πρῶτος εὑρετής zu feiern, wobei dann allenfalls nebenbei ein Blick auf die Griechen fällt, die die Errungenschaften der eigenen ἥρωες übernommen haben, bietet Aristobul - für uns *als erster* - eine weiterentwickelte Version dieser Argumente. Er nennt Namen von Griechen, die seiner Meinung nach von Mose abhängig sind, und geht damit über die pauschalen Behauptungen der Abhängigkeit, wie sie die Historiker vortragen, hinaus.

Zwar kann auch Aristobul sich auf eine allgemeine Bemerkung beschränken wie:

> ὧν [die Rede ist von solchen, welchen πάρεστι τὸ καλῶς νοεῖν] εἰσιν οἱ προειρημένοι φιλόσοφοι καὶ πλείονες ἕτεροι καὶ ποιηταὶ παρ' αὐτοῦ [sc. Mose] μεγάλας ἀφορμὰς εἰληφότες, καθὸ καὶ θαυμάζονται.[3]

Aber schon diese eher allgemein wirkende Bemerkung ist insofern wesent-

---

[1] So lautet der Titel der einschlägigen Monographie von Nikolaus Walter (Der Thoraausleger Aristobulos. Untersuchungen zu seinen Fragmenten und zu pseudepigraphischen Resten der jüdisch-hellenistischen Literatur, TU 86, Berlin 1964). Walter bietet auf S. 7-9 eine Übersicht über die Fragmente des Aristobul; nach dieser Zählung richte ich mich im folgenden. Den Text der Fragmente des Aristobul zitiere ich nach Albert-Marie Denis [Hg.]: Fragmenta pseudepigraphorum quae supersunt Graeca una cum historicorum et auctorum Judaeorum Hellenistarum fragmentis, PVTG 3 [b], Leiden 1970 (die Fragmente des Aristobul auf S. 217-228). Eine deutsche Übersetzung dieser Fragmente bietet Nikolaus Walter: Fragmente jüdisch-hellenistischer Exegeten: Aristobulos, Demetrios, Aristeas, in: JSHRZ III 2, Gütersloh 1975, S. 257-299.

[2] Walter kommt zu einer Ansetzung der Lebenszeit des Aristobul „in der Mitte des 2. Jh. v. Chr." (a.a.O., S. 123).

[3] F 2 = Euseb: P.E. VIII 10,1-17, hier § 4 (Denis, S. 218, Z. 6-10). Worauf sich der Rückverweis (οἱ προειρημένοι φιλόσοφοι) bezieht, läßt sich nicht angeben (doch vgl. Walters Übersetzung, a.(Anm. 1)a.O., S. 270 mit Anm. 4b).

lich konkreter als alles, was die Historiker bieten, als Aristobul eine spezielle Gruppe von Philosophen (οἱ προειρημένοι φιλόσοφοι), einige andere und Dichter (καὶ ποιηταί) aufzählt. Diese drei Gruppen haben von jüdischer Seite μεγάλας ἀφορμάς empfangen.

Dies kann Aristobul, wie eine andere Stelle zeigt, noch wesentlich detaillierter erläutern:

> φανερὸν ὅτι κατηκολούθησεν ὁ Πλάτων τῇ καθ' ἡμᾶς νομοθεσίᾳ καὶ φανερός ἐστι περιειργασμένος ἕκαστα τῶν ἐν αὐτῇ. διηρμήνευται γὰρ πρὸ Δημητρίου τοῦ Φαληρέως δι' ἑτέρων, πρὸ τῆς 'Αλεξάνδρου καὶ Περσῶν ἐπικρατήσεως, τά τε κατὰ τὴν ἐξαγωγὴν τὴν ἐξ Αἰγύπτου τῶν 'Εβραίων, ἡμετέρων δὲ πολιτῶν, καὶ ἡ τῶν γεγονότων ἁπάντων αὐτοῖς ἐπιφάνεια καὶ κράτησις τῆς χώρας καὶ τῆς ὅλης νομοθεσίας ἐπεξήγησις, ὡς εὔδηλον εἶναι τὸν προειρημένον φιλόσοφον εἰληφέναι πολλά.[4]

Hier nennt Aristobul einen derjenigen Philosophen beim Namen, die von den Juden abhängig sind. Es ist kein Geringerer als Platon, welcher offensichtlich (φανερόν) der jüdischen νομοθεσία gefolgt ist. Hier behauptet Aristobul, daß Platon von Mose literarisch abhängig ist.

Exkurs: Platon in Ägypten

Damit ist Aristobul der erste jüdische Autor, der die These voraussetzt, nach der Platon eine Reise nach Ägypten unternommen habe. Daß Platon einer der prominentesten Einträge in die Liste der Ägyptenreisenden (vgl. dazu oben S. 71-73) ist, liegt klar zutage. Die weiteren Stellen bei jüdischen und christlichen Autoren, die darauf Bezug nehmen, werden im weiteren Verlauf der Arbeit diskutiert werden. Zweck dieses Exkurses ist es, das pagane Material zusammenzustellen.

Durchmustert man die bei Wiedemann (vgl. dazu oben S. 72 mit Anm. 24) gegebenen Belege, so scheint das Alter derselben umgekehrt proportional zu der Prominenz des Reisenden zu sein: Die Belege bei Wiedemann sind durchweg spät; keiner kann an Alter mit Aristobul konkurrieren.

Zum Glück gibt es zwei neuere Arbeiten, die diese Frage gründlich behandeln. Es handelt sich dabei um einen Aufsatz von Dörrie und eine Monographie von Riginos.[5] Der einschlägige Abschnitt in dem Buch von Riginos

---

4 F 3 = Euseb: P.E. XIII 12,1-2, hier § 1 (Denis, S. 221-222, Z. 12).

5 Heinrich Dörrie: Platons Reisen zu fernen Völkern. Zur Geschichte eines Motivs der Platon-Legende und zu seiner Neuwendung durch Lactanz, in: Romanitas et Christianitas, FS J. H. Waszink, Amsterdam/London 1973, S. 99-118. Die christlichen Apologeten - v.a. Justin - hat Dörrie in diesem Aufsatz allerdings nicht berücksichtigt. Der eingehende Kommentar Dörries zu den einschlägigen Texten, der in Band 2 des monumentalen Werkes: Der Platonismus in der Antike enthalten sein wird (hier unter B 5 „Platon und die Weisheit des Ostens", vgl. die Übersicht in Band 1, S. 56), ist bisher (März 1990) noch nicht erschienen.

ist allerdings etwas konfus, denn einerseits wird behauptet:

„It seems a natural assumption to say that Plato had visited Egypt and had acquired some of his information first hand. Yet the earliest sources for Plato in Egypt are Cicero and Diodorus Siculus in the first century B.C.“[6]

Andrerseits heißt es:

„Aristobulus of Alexandria in the second century B.C. names Plato, along with Pythagoras, as dependent on the laws of Moses ... and thought that they had access to an early translation of the Pentateuch.“[7]

Nun steht zwar bei Aristobul nicht *expressis verbis*, daß Platon die von Aristobul postulierte frühe Übersetzung der Gesetze des Mose in Ägypten kennengelernt habe, doch wo sonst hätte er sie denn finden können? D.h. Aristobul ist m.E. in die Reihe der Autoren einzustellen, die eine Reise des Platon nach Ägypten kennen. Diese Reihe sähe demnach wie folgt aus:

Aristobul (Mitte des 2. Jahrhunderts)
Cicero (1. Jahrhundert)
Diodor (1. Jahrhundert).

Wieso Dörrie bei dieser Sachlage sagen kann:

„Den Anspruch, Platon sei ... vom Gesetz Moysis abhängig, erhob zum ersten Mal Aristobulos; für den Zweck der vorliegenden Untersuchung kommt wenig darauf an, ob die oft angezweifelte Frühdatierung zutrifft, oder ob das Werk des Aristobulos ins 1. Jahrh. v. Chr., oder gar - dann als Pseudepigraphon - in Philons Zeit datiert werden muss“[8],

verstehe ich nicht. Denn wenn die von Dörrie so genannte Frühdatierung - gegen die sich, soweit ich sehe, seit der Walterschen Monographie[9] niemand

---

Alice Swift Riginos: Platonica. The Anecdotes Concerning the Life and Writings of Plato, Columbia Studies in the Classical Tradition 3, Leiden 1976.

[6] Riginos, a.a.O., S. 64.

[7] A.a.O., S. 65, Anm. 17. Nicht nur die jüdischen Autoren, auch die christlichen werden bei Riginos stiefmütterlich behandelt. So wird als ältester christlicher Beleg die pseudo-justinische *Cohortatio ad gentiles* zitiert (S. 65, Anm. 18). Auch Dörrie (a.(Anm. 5)a.O., S. 106) spricht in diesem Zusammenhang von einem „der frühesten Belege“, was in die Irre führt, weil die *Cohortatio* (deren Datierung zugegebenermaßen umstritten ist) jedenfalls in die Zeit nach Justin gehört.

[8] A.(Anm. 5)a.O., S. 105f.

[9] Vgl. o. S. 164 mit Anm. 2.

Daß an Ägypten als den Ort der Begegnung des Platon mit dem Gesetz des Mose gedacht ist, scheint mir die nächstliegende Annahme. Denn einerseits gilt: „Neither he [sc. Aristobul] nor, as far as we know, any other Jewish intellectual dared to imagine that Pythagoras or Plato had visited Jerusalem, even though the Greeks themselves spoke of the voyages of Greek sages to the East in quest of wisdom“ (Elias J. Bickerman: The Jews in the Greek Age, Cambridge/Massachusetts & London 1988, S. 230), andrerseits ist es so gut wie ausgeschlossen, daß schon in der ersten Hälfte des 4. Jahrhunderts Juden in Athen lebten, von denen Platon bezüglich des Gesetzes hätte belehrt werden können: In der Literatur ist es Aristoteles, der als erster einem Juden begegnet - doch dies ist ein Ereignis, das in Assos in Kleinasien stattgefunden haben soll und nicht in Athen! (Es handelt sich um die oben S. 74, Anm. 32 teilweise zitierte Stelle). Inschriftliche Zeugnisse für in Griechenland lebende Juden begegnen erst in der ersten Hälfte des dritten Jahrhunderts (so z.B. Μόσχος Μοσχίωνος Ἰουδαῖος, „the earliest Jew known from the Greek mainland“ aus dem Amphiareion

mehr ausgesprochen hat - zutrifft, Aristobul also in die Mitte des 2. Jahrhunderts zu setzen ist, so bezeugt er als weitaus ältester die Reise des Platon nach Ägypten; und das ist doch in jedem Fall ein für die Dörriesche Untersuchung belangreicher Sachverhalt.

Als Ergebnis bleibt festzuhalten: Aristobul bietet das älteste Zeugnis für eine Reise des Platon nach Ägypten.

Im Unterschied zu den im vorigen Paragraphen behandelten Historikern macht Aristobul nicht nur einen Philosophen, der vom Werk des Mose abhängig ist, namhaft, sondern er geht auch auf die Frage ein, wie man sich diese Abhängigkeit konkret vorstellen kann. Damit ist eine neue Qualität des Altersbeweises gegeben. Denn die Historiker hatten sich doch darauf beschränkt, die Abhängigkeit der Griechen von Mose einfach nur zu behaupten. Aristobul dagegen denkt konkret an eine literarische Abhängigkeit des Platon vom Pentateuch, und er macht sich auch Gedanken über das sprachliche Problem, das damit zusammenhängt. So nennt er - immer weiter in die Vergangenheit greifend - Demetrios von Phaleron, die Eroberung Ägyptens durch Alexander (332 v. Chr.)[10] und die Eroberung Ägyptens durch die Perser als zeitliche Fixpunkte, *vor*[11] *denen bereits eine Übersetzung des Pentateuch* oder jedenfalls von Teilen[12] des Pentateuch vorgelegen haben soll.

---

von Oropos, vgl. dazu Emil Schürer: The history of the Jewish people in the age of Jesus Christ. A new English version revised and edited by Geza Vermes, Fergus Millar, Martin Goodman, III 1, Edinburgh 1986, S. 65 und Βασιλείου Χρ. Πετράκου: Ο Ωρωπός και το ιερόν του Αμφιαράου, Βιβλιοθήκη της εν Αθήναις Αρχαιολογικής Εταιρείας 63, Athen 1968, S. 193f. mit der zugehörigen Abbildung Πίναξ 63α - neugriechische Publikationen zitiere ich gemäß den heute in Griechenland gültigen Akzentregeln). Wußte man aber, daß zu Platons Zeit Juden in Athen noch nicht zu finden waren, dann konnte man sich auch schlecht eine Begegnung Platons mit dem jüdischen Gesetz in Athen vorstellen. So bleibt Ägypten die nächstliegende Annahme.

[10] Zu Alexander in Ägypten siehe N.G.L. Hammond: Alexander the Great. King, Commander and Statesman, London 1981, S. 122ff.

[11] Das entscheidende Datum ist natürlich das zuletzt genannte, die Eroberung durch die Perser. Nach Walter hat man die Wahl: Entweder man denkt an Artaxerxes III. (341 v. Chr.) „oder gar an ... Kambyses (525 v. Chr.)“, vgl. die Anmerkung zu seiner Übersetzung, a.(Anm. 1)a.O., S. 273, Anm. 1c). Der Zusammenhang allerdings läßt m.E. nur die letztere Möglichkeit zu, dazu siehe gleich.

[12] Zu der Frage der Abgrenzung des angeblich vor der LXX schon übersetzten Textes vgl. die Monographie Walters, a.(Anm. 1)a.O., S. 89, Anm. 1. „Diese ... Behauptung [sc. einer Übersetzung ins Griechische vor der LXX] ist nun deutlich ein Postulat, und zwar wahrscheinlich des Aristobulos selbst, das deshalb nötig wurde, weil die Tradition feststand, daß die Thora unter Ptolemaios Philadelphos unter Beteiligung von Demetrios Phalereus übersetzt worden sei, weil aber zugleich erklärt werden sollte, wie denn ältere griechische Philosophen ... aus der Thora gelernt haben könnten.“ (S. 89f.)

Für Platon würde es genügen, wenn man an das vierte Jahrhundert dächte, doch damit kommt man nicht durch, wie die Fortsetzung dieses Fragments zeigt:

γέγονε [ὁ Πλάτων] γὰρ πολυμαθής, καθὼς καὶ Πυθαγόρας πολλὰ τῶν παρ' ἡμῖν μετενέγκας εἰς τὴν ἑαυτοῦ δογματοποιίαν κατεχώρισεν.[13]

Nicht nur Platon, sondern schon Pythagoras ist also vom Werk des Mose literarisch abhängig. Daher genügt es nicht, bei der erwähnten Herrschaft der Perser an Artaxerxes III. zu denken[14], sondern man wird die Eroberung Ägyptens durch Kambyses (525 v. Chr.) annehmen müssen. Andernfalls wäre die Benutzung der Übersetzung durch Pythagoras nicht möglich, denn diese müßte ja in jedem Falle *vor dem Besuch des Pythagoras in Ägypten* vorgelegen haben.

Exkurs: Pythagoras in Ägypten

Im Falle des Pythagoras ist die Ägyptenreise viel besser bezeugt als im Falle des Platon. So schreibt schon Herodot im Zusammenhang mit der Lehre von der Unsterblichkeit der Seele und der Seelenwanderung, die als erste (πρῶτοι) die Ägypter vertreten haben:

τούτῳ τῷ λόγῳ εἰσὶ οἳ Ἑλλήνων ἐχρήσαντο, οἱ μὲν πρότερον, οἱ δὲ ὕστερον, ὡς ἰδίῳ ἑωυτῶν ἐόντι· τῶν ἐγὼ εἰδὼς τὰ οὐνόματα οὐ γράφω.[15]

Im Kommentar zu dieser Stelle bemerkt Wiedemann: „Unter den πρότερον sind neben den Orphikern hier Pherekydes von Syros und dessen angeblicher Schüler Pythagoras zu verstehen ...“; und: „Herodot hatte sich die Ansicht gebildet, die Lehre des Pythagoras, den er hier aus Rücksicht auf seine unteritalischen Mitbürger, bei denen derselbe in hohem Ansehn stand, nicht nennt, stamme aus Aegypten.“[16] Daß Herodot „certainly mistaken“ ist, wie Lloyd sich zu bemerken beeilt[17], tut nichts zur Sache. Für diesen Zusammenhang genügt es, daß schon Herodot eine Reise des Pythagoras nach Ägypten voraussetzt.

Der nächste Beleg stammt aus dem 4. Jahrhundert und zwar aus der Zeit zwischen 380 und 375. Es handelt sich dabei um eine Stelle aus dem Busiris des Isokrates.[18] Hier heißt es:

---

[13] F 3, Denis, S. 222, Z. 12-16 (Euseb § 1).

[14] Vgl. o. Anm. 11. Anders Clara Kraus Reggiani: I frammenti di Aristobulo, esegeta biblico, Bollettino dei classici 3, Roma 1982, 87-134, hier S. 108, Anm. 62, doch ohne jede Begründung.

[15] Herodot II 123,3 (= Diels/Kranz 14, Nr. 1). Vgl. dazu auch o. S. 44f.

[16] Alfred Wiedemann: Herodots zweites Buch mit sachlichen Erläuterungen, Leipzig 1890, S. 459 und 460.

[17] Alan B. Lloyd: Herodotus: Book II. [III] Commentary 99-182, EPRO 43, Leiden 1988, S. 59.

[18] Zur Datierung des Busiris vgl. Christoph Eucken: Isokrates. Seine Positionen in der Auseinandersetzung mit den zeitgenössischen Philosophen, UaLG 19, Berlin/New York 1983,

Πυθάγορας ὁ Σάμιος ... ἀφικόμενος εἰς Αἴγυπτον καὶ μαθητὴς ἐκείνων [sc. der Ägypter] γενόμενος τήν τ' ἄλλην φιλοσοφίαν πρῶτος εἰς τοὺς Ἕλληνας ἐκόμισε κτλ.[19]

Diese beiden im Vergleich zu Aristobul sehr alten Zeugnisse mögen genügen, um zu zeigen, daß zur Zeit des Aristobul die Reise des Pythagoras nach Ägypten eine längst bekannte Angelegenheit war, auf die Aristobul ohne weiteres zurückgreifen konnte.

Man braucht daher keineswegs anzunehmen, daß Aristobul dazu eine Quelle benötigte. Dies tut Peter Gorman, der in einem Aufsatz mit dem Titel: „Pythagoras Palaestinus" zu zeigen versucht, daß Aristobul bei seiner Behauptung, Pythagoras habe aus dem Pentateuch geschöpft, von Hermippos abhängig sei.[20] Als Begründung dafür führt Gorman insbesondere an „the verbal similarity between it [sc. der Hermippos-Stelle] and the Aristoboulos' quotation ... for both Hermippos and Aristoboulos employ the verb μεταφέρω to describe Pythagoras' borrowings from Jewish thought."[21] Es ist nicht zwingend, wegen dieses einen Wortes eine literarische Abhängigkeit anzunehmen. Diese Annahme verliert noch an Wahrscheinlichkeit, weil sie die weitere Hypothese nötig macht, wonach Hermippos seinerseits „consulted Jewish authors earlier than Aristoboulos who also claimed that Pythagoras had borrowed many of his ideas from the *Pentateuch*."[22] Wäre es da nicht einfacher - wenn man solche jüdischen Vorgänger des Aristobul schon annehmen will -, Aristobul von *diesen* abhängig sein zu lassen? Mir scheint, daß beide Annahmen gänzlich überflüssig sind. Aristobul brauchte für diese These gewiß keine literarische Vorlage.[23]

Pythagoras und Platon sind Aristobul zufolge also von Mose abhängig; beide benutzen eine Übersetzung des Pentateuch, die Jahrhunderte älter als die LXX ist.

Der Vollständigkeit halber sei eine weitere Passage des Aristobul angeführt, wo neben den bereits erwähnten Philosophen Pythagoras und Platon auch Sokrates genannt wird. Es geht hier um die göttliche Stimme, die, wie

---

S. 173-183.

[19] Isokrates: Busiris 28 (= Diels/Kranz 14, Nr. 4).

[20] Peter Gorman: Pythagoras Palaestinus, Philologus 127 (1983), 30-42, hier S. 31ff. Der Text des Hermippos findet sich bei Josephus: Contra Apionem I 163.

[21] A.a.O., S. 32f.

[22] A.a.O., S. 33.

[23] Bei Isidore Lévy: La légende de Pythagore de Grèce en Palestine, BEHE.H 250, Paris 1927, wird Aristobul nur kurz erwähnt (S. 229-230). Lévy spricht von „le pseudo-Aristobule" (S. 230); er hält die Fragmente für nicht authentisch (S. 229f., Anm. 10: „L'inauthenticité de l'écrit d'Aristobule est admise par la majeure partie des critiques" - das ist seit Walter überholt).
Zur weiteren Geschichte dieser Vorstellung im mittelalterlichen Judentum siehe Norman Roth: The „Theft of Philosophy" by the Greeks from the Jews, Classical Folia 32 (1978), 53-67, hier (zu Pythagoras) bes. S. 55.

Aristobul sagt, keineswegs nur ein gesprochenes Wort (ῥητὸν λόγον) meint:

δοκοῦσι δέ μοι περιειργασμένοι πάντα καθηκολουθηκέναι τούτῳ Πυθαγόρας τε καὶ Σωκράτης καὶ Πλάτων λέγοντες ἀκούειν φωνῆς θεοῦ, τὴν κατασκευὴν τῶν ὅλων συνθεωροῦντες ἀκριβῶς ὑπὸ θεοῦ γεγονυῖαν καὶ συνεχομένην ἀδιαλείπτως. ἔτι δὲ καὶ Ὀρφεὺς ἐν ποιήμασι τῶν κατὰ τὸν Ἱερὸν Λόγον αὐτῷ λεγομένων οὕτως ἐκτίθεται περὶ τοῦ διακρατεῖσθαι θείᾳ δυνάμει τὰ πάντα καὶ γενητὰ ὑπάρχειν καὶ ἐπὶ πάντων εἶναι τὸν θεόν.[24]

Neben Pythagoras und Platon wird hier Sokrates als einer von denen genannt, die sich „(... dem Mose) angeschlossen haben"[25]. Das ist nun eine Behauptung, für die es - soweit ich sehe - außer bei Philon nirgends einen Beleg gibt; mindestens wenn man annehmen will, daß auch Sokrates in Ägypten das Werk des Mose kennengelernt haben soll (wie anders sollte man sich die Behauptung des Aristobul erklären können?). Darüber hinaus wird hier nun noch Orpheus bemüht, den auch Artapanos als Vermittler zwischen dem von ihm mit Mose identifizierten Musaios einerseits und den Griechen andrerseits eingeführt hatte. Im Fall des Orpheus behauptet Aristobul allerdings keine Abhängigkeit, sondern er spricht nur von einer Übereinstimmung mit dem Werk des Mose. Wie es zu dieser Übereinstimmung gekommen ist, bleibt an dieser Stelle offen.

Mit aller wünschenswerten Deutlichkeit wird dagegen die Abhängigkeit des Homer und des Hesiod von Mose behauptet:

δι' ἑβδομάδων δὲ καὶ πᾶς ὁ κόσμος κυκλεῖται τῶν ζῳογονουμένων καὶ τῶν φυομένων ἁπάντων ... διασαφεῖ δὲ καὶ Ὅμηρος καὶ Ἡσίοδος, μετειληφότες ἐκ τῶν ἡμετέρων βιβλίων ἱερὰν εἶναι.[26]

Freilich bleibt in diesem Falle die Frage gänzlich offen, wie Homer und Hesiod denn an die genannten Bücher herangekommen sein sollen. Denn für Homer und Hesiod wäre - anders als für Pythagoras - auch eine Übersetzung aus dem 6. Jahrhundert zu spät.

---

[24] F 4, Denis, S. 223, Z. 1-14 (Euseb § 4).

[25] So die Übersetzung Walters zur Stelle, a.(Anm. 1)a. O., S. 274.

[26] F 5, Denis, S. 225, Z. 6-14 (bei Euseb § 13). In Z. 6 ist bei Denis natürlich statt des δι´ richtig δι' zu lesen.
Im folgenden zitiert Aristobul dann Verse sowohl von Hesiod als auch von Homer, um diese Behauptung zu belegen. Die angeführten Verse sind zum Teil nicht echt, vgl. die Anmerkungen in der Walterschen Übersetzung z.St.; a.(Anm. 1)a.O., S. 277, Anm. 13d) und S. 278, Anm. 14, *passim*.

Nikolaus Walter hat in seiner (vorerst) letzten Stellungnahme zu Aristobul[27] erneut darauf aufmerksam gemacht, daß der in diesem Paragraphen behandelte Aspekt der Fragmente des Aristobul „nicht - wie es häufig dargestellt wird - das Hauptanliegen des Aristobulos" bildet. Vielmehr sei dieser Eindruck nur deshalb entstanden, weil „Eusebios im Zuge der ihm wichtigen Erörterungen [dergleichen] in den Vordergrund gerückt" habe.[28] Schon früher hatte Walter den Lohseschen Satz gerügt:

> „A.[ristobul] hat eine Erläuterung der mosaischen Gesetze geschrieben, die den Gebildeten seiner Zeit beweisen sollte, daß in der recht, dh allegorisch verstandenen Tora bereits alles enthalten sei, was die griechischen Philosophen auch lehrten und daher von Mose übernommen haben müßten."[29]

Dazu sagt Walter:

> „Die Charakterisierung der Absicht des Aristobulos durch Ed. Lohse ... übertreibt die Bedeutung eines Gesichtspunkts, der für Aristobulos nicht die Hauptsache war ...; er wollte vor allem die Vereinbarkeit der mosaischen Thora mit dem hellenistisch-philosophischen Gottesbegriff aufweisen."[30]

Auch wenn man annimmt, daß Euseb sich die Mühe gemacht haben sollte, das ganze Werk des Aristobul nach den von ihm zitierten Fragmenten abzusuchen und mehr nicht gefunden hat, d.h. daß weitere einschlägige Stellen gar nicht im Werk des Aristobul enthalten war, so bleibt doch festzustellen, daß Aristobul von Platon, Sokrates, Pythagoras und von Homer und Hesiod sowie von weiteren nicht namentlich genannten Griechen behauptet, sie seien literarisch vom Pentateuch abhängig. Darüber hinaus hat Aristobul - offenbar eigens zu diesem Zweck - eine Übersetzung der Texte *vor der LXX* behauptet, um Pythagoras und Platon die Lektüre der Werke des Mose zu ermöglichen. Mag der Altersbeweis im Rahmen des Werkes des Aristobul auch insgesamt ein Nebenzug gewesen sein - mehr als ein Neben-

---

27 Nikolaus Walter: Jüdisch-hellenistische Literatur vor Philon von Alexandrien (unter Ausschluß der Historiker), in: ANRW II 20,1 (1987), 67-120, über Aristobul hier S. 79-83.

28 A.a.O., S. 81. Vgl. schon die (in Anm. 1) zitierte Monographie Walters, S. 26-31 und 43-51.

29 Eduard Lohse: Art. Aristobul, RGG^3 I 597.

30 So in der Anm. 1 zitierten Monographie, S. 44, Anm. 3.

zug ist der Altersbeweis ja auch beispielsweise bei Justin nicht –, ein Nebenzug, der dem von Walter angesprochenen „Hauptanliegen" unterzuordnen ist, so handelt es sich doch keinesfalls um einen Nebenzug ohne Bedeutung. Daher kann ich Walter nicht zustimmen, wenn er sagt:

> Aristobul hat „nach den überlieferten Fragmenten nicht behauptet, daß alle griechische Weisheit und Kultur ein Abkömmling der jüdischen sei, sondern eine Abhängigkeit von der Thora *nur in Einzelheiten angenommen.*"[31]

Dies ergibt m.E. ein schiefes Bild. Denn es ist doch nicht so, als unternähme Aristobul erste tastende Versuche in diese Richtung. *Diesen Eindruck erwekken die Fragmente ganz und gar nicht.* Vielmehr ist die These von der Abhängigkeit der Griechen von Mose bei Aristobul schon vorausgesetzt, und er macht sich daran, diese These sozusagen mit Leben zu erfüllen, indem er einzelne Nachweise in diese Richtung zu geben versucht. Im Vergleich zu den jüdischen Historikern, die im vorigen Paragraphen behandelt wurden, ist damit eine neue Qualität des Altersbeweises erreicht.

---

[31] A.a.O., S. 44. Die Hervorhebung stammt von mir.

§ 3 *Philon*

In seinen „Blicke[n] in die Religionsgeschichte“ hat M. Joël den Altersbeweis bei Philon folgendermaßen charakterisiert:

„Wie bekannt, war die «Neuheit» des Christenthums ein oft wiederholter heidnischer Vorwurf, den man allmälig dadurch zu entkräften suchte, dass man, wenn ich so sagen darf, den Spiess umdrehte. Man zeigte, indem man das Christenthum als die eigentliche Erfüllung des Judenthums hinstellte, dass dieses vielmehr die Quelle auch der griechischen Weisheit sei. Es ist wahr, dass *schüchterne Behauptungen der Art, wie schon Zeller gezeigt hat, auch bei Philo sich finden.* Aber weder beschäftigt ihn die Sorge, wie sich das historisch gemacht haben soll, noch haben die wenigen Aeusserungen nach dieser Richtung soll ich sagen die verblüffende Dreistigkeit oder die naive Leichtgläubigkeit des zweiten Jahrhunderts.“[1]

M. Joël ist bemüht, den Nachweis zu führen, daß Aristobul nicht ein Autor des 2. Jahrhunderts *vor* Christus ist; vielmehr seien die *Aristobulea* „Fälschungen“ des 2. Jahrhunderts *nach* Christus.[2] Im Rahmen dieses Nachweises will Joël zeigen, daß insbesondere in bezug auf den Altersbeweis die Reihenfolge nicht Aristobul → Philon sein kann, sondern daß umgekehrt die vermeintlichen Fragmente des Aristobul nicht nur *nach* Philon, sondern auch nach den ersten christlichen Autoren einzuordnen sind. Zu diesem Zweck charakterisiert er den Altersbeweis des Philon mit den oben zitierten Worten.

Ich bezweifle, daß Joël sich die Mühe gemacht hat, den ganzen Philon daraufhin einmal durchzusehen. Andernfalls könnte er wohl nicht von „wenigen Aeusserungen“ bzw. „schüchterne[n] Behauptungen“ bei Philon reden. Dies wird deutlich werden, wenn ich im folgenden das einschlägige Material aus Philon (möglichst vollständig[3]) vorlege.

---

[1] M. Joël: Blicke in die Religionsgeschichte zu Anfang des zweiten christlichen Jahrhunderts. I. Der Talmud und die griechische Sprache nebst zwei Excursen. a. Aristobul, der sogenannte Peripatetiker. b. Die Gnosis, Breslau 1880, S. 87f., Hervorhebung von mir.

[2] Joël, a.a.O., S. 100. Diese früher weithin vertretene These ist endgültig widerlegt worden durch Nikolaus Walter (in seinem Buch Der Thoraausleger Aristobulos. Untersuchungen zu seinen Fragmenten und zu pseudepigraphischen Resten der jüdisch-hellenistischen Literatur, TU 86, Berlin 1964, S. 35-123).

[3] Ich hoffe, keine einschlägige Stelle übersehen zu haben. Die Tatsache übrigens, daß Philon nicht mit der - wie jeder auch nur kursorische Philon-Leser weiß - ihm durchaus zu Gebote stehenden Weitschweifigkeit den Altersbeweis führt, scheint mir eher gegen die Joëlsche These zu sprechen: Er greift darauf als etwas im Prinzip Bekanntes zurück.

1. Vorüberlegungen

Philon stellt den Interpreten vor schwere Probleme. Dies gilt selbst dann, wenn man nach der Lektüre des *corpus Philoneum* nur die einfache Frage stellt: Wie verhält sich Philon zu dem Problem Alt/Neu? Nicht einmal auf diese Frage kann man bei Philon eine einfache Antwort erwarten. So will ich in diesem Abschnitt lediglich einen ersten Versuch in diese Richtung machen.

Relativ eindeutig fällt die Antwort aus, wenn man zunächst einmal die politische Ebene ins Auge faßt. Hier erweist sich Philon als den Anschauungen aller konservativen und staatstragenden römischen Zeitgenossen durchaus verwandt. Nimmt man als Beispiel die Schrift gegen Flaccus, so begegnen einem die einschlägigen Formeln in reicher Zahl: Die Ägypter haben mehr als alle anderen στάσεις μεγάλας im Sinn[4], Flaccus nimmt Änderungen vor (ἤλλαξεν) an seiner Politik[5], νεωτεροποιοί stacheln ihn gegen die Juden auf[6], selbst καινότατον καὶ μηδέπω πραχθὲν παρανόημα läßt er geschehen[7], unverzeihlicherweise denkt er nicht daran, ὡς οὐ λυσιτελὲς ἔθη πάτρια κινεῖν[8]; Flaccus ἀπὸ μείζονος ἐξουσίας ἀναρριπίζειν καινοτέραις (!) ἀεὶ κακῶν προσθήκαις τὴν στάσιν (!) ἠξίου[9]; kurzum: Flaccus ist geradezu ein καινῶν ἀδικημάτων εὑρετής[10]. Das sind nun nicht nur Verunglimpfungen eines Statthalters, der - aus der späteren Sicht des Verfassers Philon - ohnehin in Ungnade gefallen und eines schrecklichen Todes gestorben ist. Nein, Philon scheut sich nicht, sich auch auf den Kaiser Caligula selbst als auf ὁ νεωτεροποιὸς καὶ μεγαλουργὸς ἄνθρωπος zu beziehen[11].

Auf der politischen Ebene bewegt sich Philon ganz auf der Linie des rö-

---

[4] Philon: In Flaccum § 17; ich zitiere Philon in der Regel nach der LCL-Ausgabe: F.H. Colson/G.H. Whitaker/Ralph Marcus [Hg.]: Philo I-X (griech.-engl.), Supplement I-II, Cambridge/London 1927-1962.

[5] Flacc. § 18.

[6] Flacc. § 24; zu νεωτεροποιία vgl. De sobrietate § 6.

[7] Flacc. § 41.

[8] Flacc. § 43. Die Formulierung ἔθη πάτρια κινεῖν begegnet ein weiteres Mal in § 52. Sie wird ebenfalls im negativen Sinn verwendet in De vita Mosis I 31.

[9] Flacc. § 44.

[10] Flacc. § 73.

[11] Legatio ad Gaium § 194; vgl. schon § 190.

mischen *ne quid novi fiat*[12]; mehr dem *mos maiorum* entsprechend hätte sich auch ein römischer Senator nicht ausdrücken können.

So wundert es einen nicht, wenn man auch in einem ganz anderen Zusammenhang eine Stellungnahme wie die folgende findet:

ὠφέλιμον μὲν οὖν, εἰ καὶ μὴ πρὸς ἀρετῆς κτῆσιν τελείας, ἀλλά τοι πρὸς πολιτείαν, καὶ τὸ παλαιαῖς καὶ ὠγυγίοις ἐντρέφεσθαι δόξαις καὶ ἀρχαίαν ἀκοὴν ἔργων καλῶν μεταδιώκειν, ἅπερ ἱστορικοὶ καὶ σύμπαν τὸ ποιητικὸν γένος τοῖς τε καθ' αὑτοὺς καὶ τοῖς ἔπειτα μνήμῃ παραδεδώκασιν.[13]

Doch hier ist schon die Einschränkung unüberhörbar. Philon bezweifelt nicht, daß es zumindest πρὸς πολιτείαν durchaus nützlich ist, sich dem Alten zuzuwenden, seien es nun Werke von Historikern oder Dichtern[14], die dergleichen festgehalten haben. Aber πρὸς ἀρετῆς κτῆσιν τελείας - und auf diese, nicht auf die πολιτεία kommt es dem Philon doch eigentlich an! - sieht die Sache anders aus. Hier kommt man offenbar mit der alten Tradition nicht weiter. Noch einmal sagt Philon ausdrücklich:

„φάγεσθε παλαιὰ καὶ παλαιὰ παλαιῶν, ἀλλὰ καὶ παλαιὰ ἐκ προσώπου νέων ἐξοίσετε" (Lev. XXVI. 10), ὡς δέον πολιὸν μὲν μάθημα χρόνῳ μηδὲν ἀρνεῖσθαι πειρωμένους καὶ γράμμασι σοφῶν ἀνδρῶν ἐντυγχάνειν καὶ γνώμαις καὶ διηγήσεσιν ἀρχαιολογούντων παρεῖναι καὶ φιλοπευστεῖν ἀεὶ περὶ τῶν προτέρων καὶ ἀνθρώπων καὶ πραγμάτων, τοῦ μηδὲν ἀγνοεῖν ὄντος ἡδίστου[15],

doch das ist kaum mehr als eine *captatio benevolentiae*, denn so geht der Satz sogleich weiter:

νέας δὲ ὅταν ἀνατείλῃ βλάστας αὐτοδιδάκτου σοφίας ὁ θεὸς ἐν ψυχῇ, τὰ ἐκ διδασκαλίας εὐθὺς περιγράφειν καὶ περισύρειν ὑπονοστοῦντα καὶ ὑπορρέοντα ἐξ ἑαυτῶν· τὸν γὰρ θεοῦ φοιτητὴν ἢ γνώριμον ἢ μαθητὴν ἢ ὅ

[12] Vgl. o. S. 138ff. Der Vorbehalt, der o. S. 79 in bezug auf C. Iulius Caesar gemacht wurde, ist *mutatis mutandis* auch im Falle des Philon zur Geltung zu bringen. Es geht hier nicht um die inhaltliche Seite der von Philon verfochtenen politischen Linie, sondern mich interessiert hier ausschließlich die Terminologie, derer Philon sich bedient.

[13] Philon: De sacrificiis Abelis et Caini § 78.

[14] In bezug auf die Dichter sagt Philon an anderer Stelle, sie seien παιδευταὶ γὰρ τοῦ σύμπαντος βίου, καθάπερ ἰδίᾳ γονεῖς παῖδας καὶ οὗτοι δημοσίᾳ τὰς πόλεις σωφρονίζοντες (Quod omnis probus liber sit § 143).

[15] Sacr. 79.

τί ποτε χρὴ θεμένους ὄνομα καλεῖν αὐτὸν ἀμήχανον ἔτι θνητῶν ὑφηγήσεως ἀνέχεσθαι.[16]

Dies ist eine Aussage von entscheidender Bedeutung: Was im politischen oder gesellschaftlichen Leben gut und richtig ist, muß im theologischen Sinne durchaus nicht gelten: τὰ ἐκ διδασκαλίας hat hier sein Recht verloren, so sehr Philon sonst die διδασκαλία hochhält. D.h. auf die hier behandelte Frage bezogen: Mag dem Alten sonst der Vorrang gebühren gemäß dem πρεσβύτερον κρεῖττον, so gilt dieser Satz theologisch durchaus nicht notwendigerweise. M.E. kann man die Bedeutung, gerade die *theologische* Bedeutung dieses Gedankens Philons gar nicht hoch genug schätzen. Denn daß die Geltung des πρεσβύτερον κρεῖττον außer Kraft gesetzt werden kann, ist an sich nicht bemerkenswert. Faktisch geschieht es ohnehin und gerade auch durch diejenigen, die die Parole ständig im Munde führen[17], aber auch in der Theorie ist immer ein Argument zur Hand, wenn man eines braucht, wie man an Ciceros Ausspruch *errabat enim multis in rebus antiquitas*[18] sehen kann. Philon aber bestreitet hier aus *theologischen* Gründen das πρεσβύτερον κρεῖττον, und er tut dies auf radikale Weise, wenn er sagt, der μαθητὴς θεοῦ bedürfe keiner menschlichen Belehrung mehr. Wenn Herbert Braun einst seinem Büchlein den Titel gegeben hat: „Wie man über Gott nicht denken soll. Dargelegt an Gedankengängen Philos von Alexandria"[19], so müßte man in bezug auf diese Frage jedenfalls den Titel geradezu umdrehen: Wie man über Gott denken soll, und als Untertitel hinzufügen: Nachzulesen bei Philon von Alexandrien.

Für Philon kann aus diesem Grund die Unterscheidung von Alt und Neu gänzlich hinfällig werden:

τοὺς τὸν παλαιὸν καὶ γέροντα καὶ μυθώδη χρόνον ἀσπαζομένους, ταχεῖαν δὲ καὶ ἄχρονον θεοῦ δύναμιν μὴ συνεωρακότας ἐκδιδάσκει νέα καὶ ἐπακ-

[16] Ebd. Falls der „Index of Passages" vollständig sein sollte, geht Alan Mendelson: Secular Education in Philo of Alexandria, MHUC 7, Cincinnati 1982, auf diese - auch für sein Thema doch nicht unwichtige - Stelle nirgends ein.

[17] Das nächstliegende Beispiel - ich beschränke mich auf die Antike - ist der Politiker C. Iulius Caesar, vgl. o. S. 78-79.

[18] Vgl. dazu o. S. 129ff.

[19] Herbert Braun: Wie man über Gott nicht denken soll. Dargelegt an Gedankengängen Philos von Alexandria, Tübingen 1971. In der Einführung konzediert Braun allerdings: „Mit Philo zu reden hätte sich gelohnt" (S. 7).

μάζοντα καὶ ἀνηβῶντα προτρέπων ἐνθύμια λαμβάνειν, ἵνα μὴ παλαιαῖς ἐντρεφόμενοι μυθοποιίαις, ἃς ὁ μακρὸς αἰὼν ἐπὶ ἀπάτῃ τοῦ θνητοῦ παραδέδωκε, ψευδοδοξῶσιν, ἀλλὰ παρὰ τοῦ ἀεὶ ἀγήρω [νέου][20] θεοῦ τὰ νέα καὶ καινὰ ἀγαθὰ μετὰ πάσης ἀφθονίας λαμβάνοντες ἐκδιδάσκωνται μηδὲν ἡγεῖσθαι παρ' αὐτῷ παλαιὸν ἢ συνόλως παρεληλυθός, ἀλλὰ γινόμενόν τε ἀχρόνως καὶ ὑφεστηκός.[21]

Wer hielte es für möglich, daß die Auslegung des harmlosen Satzes in Leviticus 2,14 (ἐὰν δὲ προσφέρῃς θυσίαν πρωτογενημάτων τῷ κυρίῳ, νέα πεφρυγμένα χίδρα ἐρικτὰ τῷ κυρίῳ), genauer gesagt die Interpretation des νέα, eine so weitreichende Überlegung erfordert. Philon sieht hier die neuen Ideen, die es anzunehmen gilt: Auf τὰ νέα καὶ καινὰ θεοῦ sollen sich gerade auch die einlassen, die dem Alten verhaftet sind. Sie müssen lernen, daß bei Gott nichts alt ist, vielmehr ist bei ihm alles zeit-los: ἀχρόνως.[22]

Dürfte man diese Äußerung Philons zum Thema für repräsentativ halten, so müßte man sagen: Der Unterschied Alt/Neu hat für Philon allenfalls vorläufige Geltung. Theologisch gesehen ist er aus seiner Sicht jedoch zu kritisieren, ja, mehr noch, theologisch gesehen ist die Unterscheidung Alt/ Neu erledigt, denn bei Gott spielt die Zeit überhaupt keine Rolle. Zudem gilt auch für den Menschen, der Schüler Gottes ist, daß er sich auf das (für ihn subjektiv) Neue, das von Gott her auf ihn zukommt, einlassen muß, und das bedeutet zugleich: Was er an Altem bei Menschen gelernt haben mag, gilt es hinter sich zu lassen. Von hier aus fiele auch ein interessantes Licht auf die ohne Ende diskutierte Frage nach dem Platonismus des Philon. *Hier wäre eine unüberschreitbare Grenze, die eine Verbindung zum Platonismus nicht*

---

20 Die Klammern samt dem Wort νέου finden sich in der LCL-Ausgabe. Leider wird dem Benutzer nicht erklärt, was damit ausgedrückt werden soll. Er ist daher gezwungen, zur großen Ausgabe von Cohn zu greifen, um die LCL-Ausgabe verstehen zu können. Bei Cohn findet er dieselben Klammern und im Apparat dazu die Notiz: „νέου seclusi", d.h. also, Cohn möchte das Wort nicht zum ursprünglichen Bestand rechnen, obwohl es handschriftlich bezeugt ist (Leopold Cohn [Hg.]: Philonis opera [editio maior], vol. I, Berlin 1896, S. 233). In der Tat ergibt sich ein besserer Zusammenhang, wenn man das Wort wegläßt.

21 Sacr. § 76.

22 Zur Bedeutung des Wortes ἀχρόνως vgl. Sacr. 64, wo Philon davon spricht, wie ἡ πηγὴ τῆς σοφίας, ὁ θεός, παραδιδῷ τὰς ἐπιστήμας τῷ θνητῷ γένει, dann nämlich παραδίδωσιν ἀχρόνως - ansonsten ist mit χρόνῳ μακρῷ zu rechnen.
Es weist in dieselbe Richtung, wenn Philon sagt: καινότατος (!) δ' ἐν ἅπασι (!) τὴν σοφίαν ὁ νομοθέτης [sc. Mose] ὢν καὶ τοῦτο ἴδιον εἰσηγήσατο, διδάσκων ὅτι κτλ. (Quod deus immutabilis sit § 125).

möglich macht. Denn für die διαδοχή, die doch gerade auch dem mittleren Platonismus so wichtig ist, bleibt hier kein Raum, wenn mit Neuem gerechnet wird, das von Gott her auf den Menschen zukommt.

Ganz deutlich wird das Charakteristische dieser Philon-Passage erst, wenn man sich klarmacht, daß sich hier zwei Antithesen kreuzen, nämlich alt/neu und menschlich/göttlich. Weil in diesem Falle „alt" und „menschlich" auf einer Seite stehen, wird die Geltung des Alten außer Kraft gesetzt. *Diese* theologische Argumentation ist (auch bei Philon) wahrscheinlich deshalb so selten anzutreffen, weil ja gerade für den jüdischen Theologen das Alter schon insofern normative Kraft hat, als er eine prinzipiell alte Überlieferung zur Basis hat. Deswegen sind die ganz anders gearteten Aussagen, die im folgenden diskutiert werden, auch bei Philon die Regel.

So kann er etwa sagen:

ἀρχὴ καὶ ἀριθμοῦ καὶ χρόνου τίμιον.

Dieser Satz Philons findet sich in der Schrift *De specialibus legibus*[23]. Der Zusammenhang - es geht um den Neumond - interessiert hier nicht. Vielmehr ist es die Bemerkung selbst, die Philon eher nebenbei einstreut. Aus heutiger Sicht ist die ἀρχὴ ἀριθμοῦ ebenso wenig bemerkenswert wie aus antiker. Von dem homerischen «Immer der erste zu sein und vorzustreben den andern»[24] bis hin zu der Institution des πρῶτος εὑρετής wird die ἀρχὴ ἀριθμοῦ in Ehren gehalten. Anders steht es mit der ἀρχὴ χρόνου. Sie ist zwar in der Antike von Bedeutung, uns Heutigen dagegen alles andere als selbstverständlich. Auf die Anfänge in diesem Sinn blicken wir allenfalls nostalgisch zurück. Anders Philon. Er vertritt das ἀρχὴ χρόνου τίμιον nicht nur in diesem kleinen Begründungssatz, sondern er richtet sich auch sonst vielfach danach. Das mag auch das folgende Beispiel zeigen.

In seiner Schrift über den Dekalog führt Philon die sprichwörtliche Redensart ἔγνω νήπιος an. Jedes Kind weiß nach Philon,

ὅτι τοῦ τεχνιτευθέντος ὁ τεχνίτης ἀμείνων, καὶ χρόνῳ - πρεσβύτερος γὰρ

---

[23] De specialibus legibus II 140.

[24] Homer: Ilias VI 208 = XI 784:
αἰὲν ἀριστεύειν καὶ ὑπείροχον ἔμμεναι ἄλλων.
Die Übersetzung folgt Johann Heinrich Voß (Homer: Ilias, München o. J.).
Cicero beispielsweise bekennt sich *expressis verbis* zu diesem Satz, vgl. Epistulae ad Quintum fratrem III 5,4: *illud vero quod a puero adamaram*, „πολλὸν ἀριστεύειν καὶ ὑπείροχος ἔμμεναι ἄλλων" (vgl. auch Epistulae ad familiares XIII 15,2).

καὶ τρόπον τινὰ τοῦ δημιουργηθέντος πατήρ - καὶ δυνάμει[25]. Weil es älter ist, ist es auch besser - das kann man fast als das philonische Äquivalent des πρεσβύτερον κρεῖττον bezeichnen.

Und dergleichen Aussagen auch aus anderen Schriften des Philon zusammenzutragen, fiele nicht schwer. Zusammenfassend wird man nicht mehr sagen können, als daß die Haltung des Philon zum Problem Alt/Neu sich nicht auf eine einfache Formel bringen läßt. Als bemerkenswert bleibt jedoch festzuhalten die entschiedene Absage an das Alte aus theologischen Gründen, die Philon in charakteristischer Weise von seinen Vorgängern und den meisten seiner (auch christlichen) Nachfolger unterscheidet.

2. Der Altersbeweis

Den Übergang zum Altersbeweis mag eine Stelle bilden, an der Philon die Abhängigkeit eines griechischen Philosophen nicht strikt behauptet, sondern lediglich für möglich hält. Sie findet sich in den als Ganzes nur armenisch überlieferten *Quaestiones et solutiones in Genesin*. Ralph Marcus übersetzt aus dem Armenischen:

> *(This is) very excellent, for, as Socrates used to say, whether taught by Moses or moved by the things themselves, the Creator, valuing the decency of our body, turned to the rear of the senses the orifices of the passage of the canals etc.*[26]

Diese Stelle ist - wie einige andere - auch griechisch erhalten, wie man der Ausgabe von Paramelle entnehmen kann:

> πάνυ γὰρ καὶ Σωκράτης ἔλεγεν, εἴτε παρὰ Μωσέως μαθὼν εἴτε κατὰ ταῦτα κινηθείς, *[sic]* ὅτι τοῦ πρέποντος στοχασάμενος τοῦ ἡμετέρου σώματος ὁ δημιουργὸς ἀπέστρεψε τῶν αἰσθήσεων εἰς τὸ κατόπιν τοὺς πόρους τῶν ὀχετῶν κτλ.[27]

Diese Stelle ist im Rahmen des *opus Philoneum* singulär, insofern hier So-

---

[25] De decalogo § 69.

[26] Quaest. in Gn. II 6 (zu Genesis 6,16) = Ralph Marcus [Hg.]: Philo: Supplement I: Questions and Answers on Genesis, Translated from the Ancient Armenian Version of the Original Greek (LCL 380), Cambridge/London 1953 (Nachdr. 1979), S. 77f.

[27] Joseph Paramelle avec la collaboration de Enzo Lucchesi [Hg.]: Philon d'Alexandrie: Questions sur la Genèse II 1-7. Texte grec, version arménienne, parallèles latins, Cahiers d'orientalisme 3, Genève 1984, S. 164.

krates genannt wird als jemand, der möglicherweise von Mose abhängig ist. Unter so ziemlich allen griechischen Philosophen ist Sokrates ja einer der ungeeignetsten Kandidaten, weil er bekanntlich seine Heimatstadt - von kriegerischen Expeditionen abgesehen - nie verlassen hat. Einem so sehr mit griechischen Dingen vertrauten Mann wie Philon kann das nicht verborgen geblieben sein. Was bei Aristobul möglich ist - auch dieser rechnet Sokrates zu den von Mose abhängigen griechischen Philosophen - erregt im Falle des Philon daher Verwunderung. Denn wenn man die gängige Theorie anwendet, so muß man annehmen, daß Philon es für möglich hält, daß Sokrates in Ägypten war und dort mit den Schriften des Mose bekannt wurde. Dies ausgerechnet im Fall des Sokrates für möglich zu halten ist ein starkes Stück, wenn man berücksichtigt, daß dieser kaum je über die Grenzen Athens - von den Grenzen Griechenlands zu schweigen - hinausgekommen ist.

Im selben Werk des Philon findet sich eine weitere einschlägige Stelle. Dort heißt es:

And setting out from this fact, Heracleitus wrote books On Nature, getting his opinions on opposites from our theologian, and adding a great number of laborious arguments to them.[28]

Das Verhältnis des Heraklit zu Mose kann auch in deutlich polemischem Ton beschrieben werden, wie die folgende Stelle zeigt:

Bei der Interpretation von Genesis 15,10 (ἔθηκεν ἀντιπρόσωπα ἀλλήλοις) kommt Philon auf Gegensatzpaare im allgemeinen zu sprechen wie z.B. heiß/kalt, trocken/naß, leicht/schwer usw.[29] Die Gegensätze zusammengenommen, so interpretiert Philon seinen Text, ergeben ein Ganzes. Dem fügt Philon hinzu:

οὐ τοῦτ' ἐστίν, ὅ φασιν Ἕλληνες τὸν μέγαν καὶ ἀοίδιμον παρ' αὐτοῖς Ἡράκλειτον κεφάλαιον τῆς αὐτοῦ προστησάμενον φιλοσοφίας αὐχεῖν ὡς ἐφ' εὑρέσει καινῇ; παλαιὸν γὰρ εὕρεμα Μωυσέως ἐστὶ τὸ ἐκ τοῦ αὐτοῦ τὰ ἐναντία τμημάτων λόγον ἔχοντα ἀποτελεῖσθαι, καθάπερ ἐναργῶς ἐδείχθη.[30]

---

[28] Quaest. in Gn. III 5 (zu Genesis 15,10), Ralph Marcus, a.(Anm. 26)a.O., S. 188.

[29] Quis rerum divinarum heres sit § 207 (Zitat aus Genesis 15,10) und § 208ff. (Gegensatzpaare).

[30] Her. § 214.

Die Hellenen nehmen für den von ihnen so gerühmten Heraklit etwas in Anspruch, was in Wahrheit Entdeckung des Mose ist. Keineswegs handelt es sich um eine neue Erfindung des Heraklit, vielmehr ist es ein παλαιὸν εὕρεμα des Mose. Hier wird nicht ausdrücklich gesagt, daß Heraklit die Entdeckung von Mose übernommen hat; deutlich wird jedoch das höhere Alter des Mose herausgestellt: Er - nicht Heraklit - ist πρῶτος εὑρετής.

Daß bei dieser Gelegenheit nicht *expressis verbis* die Abhängigkeit des Heraklit festgestellt wird, ist wohl eher zufällig. Denn ansonsten scheut sich Philon keineswegs, Heraklit zum Nachfolger des Mose zu machen. Bei der Auslegung von Genesis 2, 17 (ᾗ ἂν ἡμέρᾳ φάγητε ἀπ' αὐτοῦ, θανάτῳ ἀποθανεῖσθε) etwa befaßt er sich mit der Unterscheidung zwischen dem Tod des Körpers und dem Tod der Seele. In diesem Zusammenhang führt er einen Ausspruch des Heraklit an:

> εὖ καὶ ὁ Ἡράκλειτος κατὰ τοῦτο Μωυσέως ἀκολουθήσας τῷ δόγματι, φησὶ γάρ· „ζῶμεν τὸν ἐκείνων θάνατον, τεθνήκαμεν δὲ τὸν ἐκείνων βίον“[31].

In diesem Punkt jedenfalls ist Heraklit der Meinung des Mose gefolgt, d.h. er ist von ihm abhängig. Hier wird der Ausspruch des Heraklit wohlwollend angeführt und eine Polemik gegen ihn liegt nicht vor. Anders verhält es sich an der letzten der einschlägigen Stellen, wo Philon sich auf denselben Heraklit-Text bezieht:

> *What is the meaning of the words, „failing, he died,“ and why (did he die) „in a good old age, old and full of days“* [es ist von Genesis 25,8 die Rede]*?*
>
> *The literal meaning does not raise any question, but this (statement) is to be taken more naturally, and the interpretation to be given is that the death of the body is the life of the soul, since the soul lives an incorporeal life of its own. In regard to this, Heracleitus, like a thief taking law and opinions from Moses, says, „we live their death, and we die their life,“ ...* [32]

Dies ist von allen bisher diskutierten Aussagen des Philon die am weitesten gehende. Hier wird nicht nur gesagt, daß Heraklit von Mose abhängig ist,

---

[31] Legum allegoriae I 105 (Zitat aus Genesis 2,17), § 105-107 (Unterscheidung zwischen dem Tod des Leibes und dem Tod der Seele) und § 108 (Zitat des Heraklit; es handelt sich um Diels/Kranz 22 B 62; der Sinn der Stelle und die Interpretation, die Philon daran anschließt, ist für den vorliegenden Zusammenhang ohne Belang).

[32] Quaest. in Gn. IV 152. Da die Stelle nicht griechisch erhalten ist, zitiere ich wieder die englische Übersetzung aus dem Armenischen, Ralph Marcus, a.(Anm. 26)a.O., S. 434.

sondern das Handeln des Heraklit wird mit dem eines Diebs verglichen: *like a thief taking law and opinions from Moses*, heißt es ausdrücklich. Hier liegt folglich der erste Beleg vor für die Theorie vom «Diebstahl der Hellenen».

Eine andere Ansicht hat Martin Hengel geäußert. Bei der Diskussion des Altersbeweises des Aristobul verweist Hengel auf „die im Grunde ... gerade in hellenistischer Zeit beliebte Anschauung von dem ägyptischen oder auch phönizischen Ursprung der griechischen Kultur und Philosophie" und stellt fest, daß sich dergleichen auch „in jüdischer Umformung bei dem samaritanischen Anonymus, Eupolemos und dem Romanschreiber Artapanos" findet. Und in einer Anmerkung fügt er hinzu:

> „Dieser Vorstellungskreis wird zum festen Bestandteil der jüdischen und christlichen Apologetik ... Allerdings kennen Aristobul und seine Zeitgenossen, ja überhaupt die jüdische Apologetik, den späteren christlichen polemischen Gedanken des »Diebstahls der Philosophen« noch nicht, dieser taucht erst bei Tatian auf"[33].

Hengel beruft sich in diesem Zusammenhang auf den Artikel „Erfinder II (geistesgeschichtlich)" des RAC von Klaus Thraede. Dort heißt es:

> „Je nach dem Grade der Polemik wird die Abhängigkeit der Griechen vom AT als ... Entlehnung, als Mißverständnis, Umdeutung, Diebstahl oder Fälschung bezeichnet ... Justin hat zuerst von teilweiser Entlehnung gesprochen ..., auch von der Trübung des Ursprungs ..., u. daraus die Widersprüche der Philosophen abgeleitet ...; diese hellenist.-jüd. Toposkombination hat Tertullian übernommen ... Polemisch wird der Topos erst durch Kombination mit dem Topos 'Diebstahl der Philosophen', der seinerseits Joh. 10,8 eingeformt hat ... Diesen Vorwurf gegen die Philosophen hat zuerst Tatian ..., dann auch Tertullian"[34].

Ob Thraede dies im Sinne Hengels verstanden wissen will („Allerdings kennen Aristobul und seine Zeitgenossen, ja überhaupt die jüdische Apologetik, den späteren christlichen polemischen Gedanken des »Diebstahls der Philosophen« noch nicht, dieser taucht erst bei Tatian auf, o.c. 1251", so interpretiert Hengel Thraede), ist schwer zu sagen, m.E. aber eher unwahrscheinlich angesichts der Tatsache, daß Thraede zuvor[35] auf die hier in Rede stehende Stelle bei Philon Bezug genommen hat. Wie dem auch sei: Die These, daß der Topos vom «Diebstahl der Hellenen» erst eine Erfindung der christlichen Apologetik sei, wird durch Philon eindeutig widerlegt.

Zutreffend ist daher die Feststellung von Norman Roth: „Thus, Martin Hengel, whose *Judaism and Hellenism* ... will long be the standard authority, is very much wrong when he says ... [folgt obiges Zitat aus Hengel in englischer Übersetzung]"[36].

---

[33] Martin Hengel: Judentum und Hellenismus. Studien zu ihrer Begegnung unter besonderer Berücksichtigung Palästinas bis zur Mitte des 2. Jh.s v. Chr., WUNT 10, Tübingen ^{2}1973, S. 300 mit Anm. 375a.

[34] Klaus Thraede: Art. Erfinder II (geistesgeschichtlich), RAC V (1962), 1191-1278, Zitat Sp. 1250-1251.

[35] A.a.O., Sp. 1245.

[36] Norman Roth: The „Theft of Philosophy" by the Greeks from the Jews, Classical Folia 32 (1978), 53-67, Zitat S. 67, Anm. 49.

Ähnlich deutlich wird von Philon die Abhängigkeit einer ganzen Gruppe von Philosophen wenige Abschnitte später behauptet:

Why does he (Isaac) love (Esau) for some (stated) reason, for (Scripture) says, „because his venison was food for him," while his mother loved (Jacob) without a reason [es geht um Genesis 25,28]*?*

Most wisely is (this said), for virtue is not loved for any other reason. And concerning this some of the younger (philosophers) and those who are recent, having received their virtue-loving opinions directly from Moses as from a source, (have stated) that the good alone is desired and pleasing for its own sake.[37]

Wenn sich auch nicht angeben läßt, welche neuere Gruppe von Philosophen Philon genau meint, so läßt seine Aussage doch sonst an Deutlichkeit nichts zu wünschen übrig: Sie haben aus Mose wie aus einer Quelle geschöpft, d.h. hier ist an eine literarische Abhängigkeit griechischer Philosophen von Mose gedacht.

Ähnlich formuliert Philon in bezug auf Zenon:

ἔοικε δὲ ὁ Ζήνων ἀρύσασθαι τὸν λόγον ὥσπερ ἀπὸ πηγῆς τῆς Ἰουδαίων νομοθεσίας ...[38]

Das vorsichtige ἔοικε kann nicht darüber hinwegtäuschen, daß Philon durchweg mit einer literarischen Abhängigkeit der griechischen Philosophen vom Werk des Mose rechnet.

---

[37] Quaest. in Gn. IV 167 (zu Genesis 25,28), Ralph Marcus, a.(Anm. 26)a.O., S. 452f. Dieses ist die erste Stelle (unter den von mir in dieser Arbeit zitierten), die auch in der lateinischen Übersetzung erhalten ist:

sapientissime dictum est. studiosus enim ex utraque parte diligitur. adeo nonnulli imitantes Moysen pro laude virtutis aemulantur verbo tantummodo gloriam capere.

(Françoise Petit [Hg.]: L'ancienne version latine des Questions sur la Genèse de Philon d'Alexandrie, I Édition critique, II Commentaire, TU 113, Berlin 1973, hier Band I, S. 55, Z. 3ff. Im Kommentar z.St. führt Petit lediglich drei Parallelen an, was der Fülle des philonischen Materials nicht gerecht wird, siehe Band II, S. 28).

Eine Überinterpretation der Stelle findet sich bei Roth (s. die vorige Anm.), der den Sinn dieser Passage zusammenfaßt mit der Formulierung „'younger philosophers' who stole from Moses" (a.a.O., S. 67, Anm. 49), denn von „Stehlen" ist hier keine Rede.

Was die *younger philosophers* angeht, so kann man zum Vergleich heranziehen Quaest. in Gn. III 16, wo Aristoteles mit den Peripatetikern zu einer Gruppe von Philosophen zusammengefaßt wird, von der gesagt werden kann, sie sei später aufgetreten *(came afterward)*, d.h. diese Philosophen sind nach Mose aufgetreten.

[38] Quod omnis probus liber sit § 57.

Diese Feststellung bedarf der Präzisierung, damit sie nicht mißverstanden werden kann. Zwar rechnet Philon mit der beschriebenen Abhängigkeit, aber er sagt es nicht an jeder Stelle erneut. So kann auch einfach Mose einer Gruppe von Philosophen gegenübergestellt werden, ohne daß ausdrücklich auf das Verhältnis zwischen beiden reflektiert würde. Ein Beispiel dafür findet sich in De virtutibus, wo es heißt:

ὅπερ γὰρ ἐκ φιλοσοφίας τῆς δοκιμωτάτης περιγίνεται τοῖς ὁμιληταῖς αὐτῆς, τοῦτο διὰ νόμων καὶ ἐθῶν Ἰουδαίοις, ἐπιστήμη τοῦ ἀνωτάτω καὶ πρεσβυτάτου πάντων αἰτίου ...[39]

Hier stehen sich gegenüber:

Philosophie	⟷	Gesetze und Sitten
[sc. der Griechen]	⟷	[sc. des Mose]
ihre Anhänger	⟷	die Juden

In beiden Fällen ist das Ergebnis der Bemühungen die ἐπιστήμη τοῦ ἀνωτάτω καὶ πρεσβυτάτου πάντων αἰτίου.

Hier werden beide Phänomene einfach nebeneinandergestellt, ohne daß irgendeine Wertung vorgenommen würde. Weder wird gesagt, daß Mose älter sei als die griechischen Philosophen, noch wird behauptet, daß das Gesetz des Mose den philosophischen Systemen vorzuziehen sei; schließlich werden auch die Anhänger der Philosophie und die Juden als offenbar gleichberechtigt einander gegenübergestellt.

Überblickt man die Werke Philons, so kann man sagen: „Philon will κατὰ Μωυσῆν φιλοσοφεῖν. Er nennt sich und seine Anhänger γνώριμοι καὶ φοιτηταὶ oder θιασῶται Μωυσέως ... Das besagt, daß er bewußt den Vergleich mit den griechischen Philosophenschulen sucht. Unbefangen stellt er auch Moses mit den 'anderen' oder den 'hellenischen' Philosophen zusammen (Abr. 13 Gig. 6 Plant. 14)."[40]

So ist es sogar möglich, daß Philon in ein und derselben Schrift *an der einen Stelle* die anderen Philosophen dem Mose lediglich gegenüberstellt, um *danach* im Vorübergehen anzudeuten, daß diese anderen selbstverständlich jünger seien. Dies ist der Fall in De opificio mundi, wo Philon bei der Interpretation von Genesis 2,6 (πηγὴ δ' ἀνέβαινεν ἐκ τῆς γῆς καὶ ἐπότιζεν πᾶν τὸ πρόσωπον τῆς γῆς) zunächst οἱ μὲν ἄλλοι φιλόσοφοι dem Mose gegenüberstellt, um sogleich auf die ἄλλοι φιλόσοφοι mit οἱ μετ' αὐτόν [sc. Mose] zurückzuverweisen: Hier wird nicht eigentlich ein Altersbeweis geführt, aber das Ergebnis des Altersbeweises wird vorausgesetzt: Mose ist älter als alle griechischen Philosophen, die darum kurzerhand als οἱ μετ' αὐτόν bezeichnet werden können.[41]

Neben den griechischen Philosophen gibt es nun noch weitere Gruppen von Griechen, die nach Philon von Mose abhängig sind. Es handelt sich dabei um Gesetzgeber und um Dichter.

---

[39] Virt. § 65.

[40] Max Pohlenz: Philon von Alexandreia, in: ders.: Kleine Schriften I, Hildesheim 1965, 305-383 (danach hier zitiert; ursprünglich in: NAWG 1942, 409-487); Zitat S. 324.
Die von Pohlenz angeführten Belege kann man ohne Mühe vermehren. Ich nenne darüber hinaus: De opificio mundi § 100 (οἱ ἄλλοι φιλόσοφοι und οἱ Πυθαγόρειοι werden zur Illustration herangezogen); De plantatione § 141-142; De ebrietate § 1; De somniis I 141.

[41] Op. § 131.

In De specialibus legibus IV befaßt Philon sich mit der Vorschrift aus Exodus 23,1, wonach für den Richter gilt: οὐ παραδέξῃ ἀκοὴν ματαίαν. Zur Illustration führt er τὶς τῶν προτέρων an, der sagt ὦτα ὀφθαλμῶν ἀπιστότερα. Dann heißt es:

διὸ καὶ τῶν παρ' Ἕλλησιν ἔνιοι νομοθετῶν μεταγράψαντες ἐκ τῶν ἱερωτάτων Μωυσέως στηλῶν εὖ διατάξασθαι δοκοῦσι, μὴ μαρτυρεῖν ἀκοήν, ὡς δέον, ἃ μὲν εἶδέ τις, πιστὰ κρίνειν, ἃ δὲ ἤκουσε, μὴ πάντως βέβαια.[42]

Demnach sind also einige griechische Gesetzgeber (ἔνιοι τῶν παρ' Ἕλλησιν νομοθετῶν) von den Tafeln des Mose (τῶν ἱερωτάτων Μωυσέως στηλῶν) literarisch abhängig.[43] Freilich verrät Philon dem Leser nicht, „wie sich das historisch gemacht haben soll"[44]. Die beiläufige Art allerdings, in der er diese Bemerkung einstreut, läßt erkennen, daß er diesen Gedanken nicht für bemerkenswert oder gar für erklärungsbedürftig hält: Die Abhängigkeit griechischer Gesetzgeber von Mose erscheint dem Philon ohne weiteres denkbar, sonst ginge er des näheren darauf ein.[45]

Daß die griechischen Dichter von Mose literarisch abhängig seien, sagt Philon, soweit ich sehe, nirgendwo. Immerhin stellt er die chronologische Priorität des Mose auch dieser Gruppe gegenüber heraus. In De aeternitate mundi[46] läßt Philon die bisherigen Anschauungen zum Problem Revue

---

[42] Spec. Leg. IV 59-60. Das Zitat des τὶς τῶν προτέρων stammt aus Herodot I 8.

[43] Philon benutzt das Wort μεταγράφω, das entweder „copy" bedeuten kann (so übersetzt Colson die Stelle, LCL-Philon VIII 45), oder auch „translate", vgl. LSJ, S. 1111, s.v. μεταγράφω. Beides setzt eine literarische Abhängigkeit voraus. Sachlich wird das kein Zeitgenosse des Philon *a priori* für unmöglich gehalten haben. Hat doch schon Herodot behauptet, daß Solon in zumindest einem Punkt seiner Gesetzgebung von den Ägyptern abhängig ist (vgl. dazu o. S. 45). Betrachtet man sodann die Liste der Ägyptenreisenden (s. o. S. 71-72), so stellt man fest, daß diese gerade auch Gesetzgeber enthält, so neben Solon insbesondere auch Lykurg (S. 72).

[44] Dies ist die Formulierung Joëls, vgl. o. S. 173 mit Anm. 1.

[45] Wie im Falle der Philosophen gilt auch hier: Philon kann an anderer Stelle die griechischen Gesetzgeber dem Mose gegenüberstellen, ohne die Priorität des einen bzw. die Abhängigkeit der anderen zu erwähnen, vgl. etwa Spec. Leg. IV 102. In De vita Mosis II 12 wird zwar betont, daß Mose νομοθετῶν ἄριστος τῶν πανταχοῦ πάντων, ὅσοι παρ' Ἕλλησιν ἢ βαρβάροις ἐγένοντο, und seine Gesetze werden geradezu θεῖοι genannt, daß Mose aber auch an Alter all die anderen übertreffe (oder daß die anderen von ihm abhängig seien), wird nicht behauptet.

[46] Die Echtheit von De aeternitate mundi ist nach wie vor umstritten, vgl. zuletzt: Jenny Morris: The Jewish Philosopher Philo, d.i. § 34 in: Emil Schürer: The history of the Jewish

passieren. Abschließend sagt er sodann:

πατέρα δὲ τοῦ Πλατωνείου δόγματος ἔνιοι νομίζουσι τὸν ποιητὴν Ἡσίοδον.[47]

Die Meinung des Platon nun gehe dahin, daß die Welt sowohl geschaffen als auch unzerstörbar sei.[48] Philon fährt fort:

μακροῖς δὲ χρόνοις πρότερον ὁ τῶν Ἰουδαίων νομοθέτης Μωυσῆς γενητὸν καὶ ἄφθαρτον ἔφη τὸν κόσμον ἐν ἱεραῖς βίβλοις.[49]

Daß hier das Argument des Alters eine Rolle spielt, läßt sich nicht leugnen. Denn im ersten Schritt wird ja die platonische Lehre auf einen Gewährsmann mit hohem Alter[50], auf Hesiod, zurückgeführt. Er sei der eigentliche Vater der platonischen Lehre. Daraufhin wird der jüdische Gesetzgeber, Mose, eingeführt mit der Bemerkung μακροῖς δὲ χρόνοις πρότερον. D.h. doch: Hesiod mag zwar (gemessen an griechischen Verhältnissen) alt sein, aber Mose ist noch viel älter. Zweifellos steht dahinter die Anschauung des πρεσβύτερον κρεῖττον. Denkt man nämlich weiter, so ist es nicht Hesiod, der der Vater der platonischen Lehre ist, sondern es ist Mose, der schon lange Zeit vor Hesiod dieselbe Meinung vertreten hat und somit der eigentliche Ahnherr der platonischen Lehre ist. Aber es wird jedenfalls nicht *expressis verbis* gesagt, daß Hesiod seinerseits von Mose abhängig sei.

Zum Schluß dieses Abschnitts halte ich es für angebracht, kurz auf die Behandlung des Altersbeweises bei Wolfson einzugehen. Anhand dieses Autors läßt sich exemplarisch zeigen, wie unzureichend die Darstellung des Altersbeweises in der Regel in der bisherigen Literatur ist. Wolfson zitiert einige einschlägige Texte, um dann die Frage zu stellen:

„Whether this view of the dependence of Greek philosophers upon Moses was something which suggested itself to the mind of Philo as a plausible explanation of the similarities, or whether he was following a belief al-

---

people in the age of Jesus Christ (175 B.C. - A.D. 135), A new English version revised and edited by Geza Vermes, Fergus Millar, Matthew Black, Martin Goodman, Vol. III 2, Edinburgh 1987, 809-889, hier S. 858-859 mit Anm. 191 und 192.
Am Gesamtbild änderte sich jedoch für mich nichts, wenn man die Schrift als pseudophilonisch ausschiede; dafür gibt es jedoch nach meinem Urteil keinen zwingenden Grund.

[47] Die bisherigen Anschauungen werden in Aet. 7ff. vorgeführt. Das Zitat steht in § 17.

[48] Aet. 17-18. Hier findet sich ein krasser Übersetzungsfehler Colsons, der in § 17 γενητόν mit „uncreated" wiedergibt, und das gleich zweimal hintereinander (LCL-Philon IX 197).

[49] Aet. § 19.

[50] Schon bei Herodot gilt Hesiod neben als Homer ältester Schriftsteller der Griechen (s. o. S. 35-36).

ready current among Hellenistic Jews, which had by his time already found expression in a work containing interpretations of the Mosaic law attributed to Aristobulus, is a question the solution of which depends upon whether that work, of which only fragments have survived in the form of quotations in the works of later authors, was a genuine work of an author who lived before Philo or a later fabrication. But with whomsoever this view was originated, it has its counterpart in the claim of Egyptian priests of the same period that Greek philosophy was borrowed from the Egyptians."[51]

Ich habe den Abschnitt ohne Kürzung zitiert, weil m.E. schon die Lektüre des Textes zeigt, wie wenig angemessen der Altersbeweis hier behandelt wird. Die eingangs von Wolfson gestellte Alternative ist so unglücklich wie nur möglich. Wer wird ernsthaft annehmen wollen, Philon sei von einer Sammlung von Ähnlichkeiten (gar im Sinne eines *corpus Hellenisticum*?) *ausgegangen*, die er habe „erklären" wollen? Selbst wenn man Wolfson zugute hält, daß vor dem Erscheinen der Walterschen Monographie[52] die Datierung des Aristobul als unsicher gelten mochte, so verbleiben doch hinlänglich viele jüdisch-hellenistische Autoren, die eindeutig vor Philon geschrieben haben und einen Altersbeweis bieten. Diese Tatsache allein genügt, die Wolfsonsche Alternative als unsachgemäß abzuweisen. Nicht die Problematik der (vermeintlichen oder wirklichen) Ähnlichkeiten war zuerst da, sondern die Behauptung der jüdischen Priorität. Erst die Ausgestaltung des Altersbeweises führte dazu, solche „Ähnlichkeiten" zu behaupten.

Wenn Wolfson schließlich auf die zeitgenössischen ägyptischen Priester - man denkt etwa an Chairemon[53] - als „counterpart" verweist, so zeigt dies die verkürzte Perspektive seiner Fragestellung. Denn natürlich sind weder die jüdischen von den äygyptischen Autoren abhängig, noch verhält es sich umgekehrt. Vielmehr blicken beide schon auf eine lange Tradition zurück, wie ich in der vorliegenden Arbeit zu zeigen versucht habe.

3. Das Fehlen des Altersbeweises

Es mag auf den ersten Blick absurd erscheinen, neben die Überschrift „2. Der Altersbeweis" eine Überschrift „3. Das Fehlen des Altersbeweises" zu stellen. Falls es denn wirklich absurd sein sollte, so ist diese Absurdität jedenfalls auf Philon selbst zurückzuführen.

Mit dem im vorigen Abschnitt vorgeführten Material meine ich die eingangs zitierte These Joëls, wonach sich bei Philon in bezug auf den Alters-

---

51 Harry Austryn Wolfson: Philo I-II, SGPS 2, Cambridge/Massachusetts and London ⁵1982, hier Band I, Seite 141.

52 S. o. S. 173, Anm. 2.

53 Zu Chairemon s. Pieter Willem van der Horst [Hg.]: Chaeremon. Egyptian priest and stoic philosopher. The fragments collected and translated with explanatory notes, EPRO 101, Leiden 1984.

beweis lediglich „schüchterne Behauptungen“ finden[54], widerlegt zu haben. Ich gäbe jedoch meinerseits ein unzutreffendes Bild des Befundes, wenn ich es dabei bewenden ließe. So wenig man vernünftigerweise daran zweifeln kann, daß die einschlägigen Passagen bei Philon viel zu zahlreich sind und daß der Inhalt dieser Passagen viel zu weit geht, als daß man von „schüchterne[n] Behauptungen“ sprechen dürfte, so sehr überrascht es auf der anderen Seite, daß der Altersbeweis gerade da fehlt, wo man ihn zuerst erwarten würde.

Wenn man von den in den vorangegangenen Paragraphen behandelten jüdischen Vorgängern des Philon her käme mit der Frage, wo denn bei Philon ein Altersbeweis geführt werde, so lautete die Antwort ohne Zweifel: In De Abrahamo und in De vita Mosis. Gewiß, man hielte es durchaus für möglich halten, daß auch die allegorische Auslegung Gelegenheit für einen Altersbeweis bieten könnte; man rechnete damit, in der Exposition des Gesetzes und in den sogenannten philosophischen Schriften des Philon auf einen Altersbeweis zu stoßen. Aber der Platz κατ' ἐξοχήν für einen Altersbeweis wären doch die *laudationes* über Abraham und über Mose.

Das Bemerkenswerte ist nun: *In beiden Werken sucht man vergeblich danach.* Ja, man muß sogar noch weiter gehen: In De vita Mosis wird der sich sonst bei Philon findende Altersbeweis geradezu *ad absurdum* geführt. Philon spricht hier von der Erziehung des Mose und kommt auf seine διδάσκαλοι zu sprechen:

> διδάσκαλοι δ' εὐθὺς ἀλλαχόθεν ἄλλοι παρῆσαν, οἱ μὲν ἀπὸ τῶν πλησιοχώρων καὶ τῶν κατ' Αἴγυπτον νομῶν αὐτοκέλευστοι, οἱ δ' ἀπὸ τῆς Ἑλλάδος ἐπὶ μεγάλαις δωρεαῖς μεταπεμφθέντες.[55]

Deren Bedeutung wird zwar sogleich eingeschränkt durch die Bemerkung, Mose habe sie nach kurzer Zeit schon überflügelt (ὧν ἐν οὐ μακρῷ χρόνῳ τὰς δυνάμεις ὑπερέβαλεν κτλ.[56]), aber die Tatsache als solche, daß Mose griechischer Lehrer bedarf, wiegt schwer genug. Denn ganz unabhängig davon, wie viel oder wie wenig Mose diesen griechischen Lehrern verdankt, wird

[54] Die Stelle wurde o. S. 173 ganz zitiert.

[55] Vit. Mos. I 21.

[56] Ebd.

doch allein durch die Behauptung, er habe griechische Lehrer gehabt, dem Mose die Priorität im chronologischen Sinne abgesprochen und damit eigentlich jedem Altersbeweis die Basis entzogen. Seit Hekataios von Milet und Herodot war das höhere Alter der ägyptischen Kultur der Ausgangspunkt für die Theorie von der Abhängigkeit der Griechen. Dies hatten sich sowohl die jüdischen Historiker als auch Aristobul zunutze gemacht. Wenn aber, wie an dieser Stelle, das höhere Alter des Mose im Vergleich zu den Griechen in Frage gestellt wird, wird damit gleichzeitig auch die Möglichkeit des Altersbeweises überhaupt in Frage gestellt.

Philon läßt es sich nicht nehmen, die einzelnen Unterrichtsfächer und die jeweiligen Lehrer detailliert aufzuzählen:

> ἀριθμοὺς μὲν οὖν καὶ γεωμετρίαν τήν τε ῥυθμικὴν καὶ ἁρμονικὴν καὶ μετρικὴν θεωρίαν καὶ μουσικὴν τὴν σύμπασαν διά τε χρήσεως ὀργάνων καὶ λόγων τῶν ἐν ταῖς τέχναις καὶ διεξόδοις τοπικωτέραις Αἰγυπτίων οἱ λόγιοι παρεδίδοσαν καὶ προσέτι τὴν διὰ συμβόλων φιλοσοφίαν, ἣν ἐν τοῖς λεγομένοις ἱεροῖς γράμμασιν ἐπιδείκνυνται καὶ διὰ τῆς τῶν ζῴων ἀποδοχῆς, ἃ καὶ θεῶν τιμαῖς γεραίρουσι· τὴν δ' ἄλλην ἐγκύκλιον παιδείαν Ἕλληνες ἐδίδασκον, οἱ δ' ἐκ τῶν πλησιοχώρων τά τε Ἀσσύρια γράμματα καὶ τὴν τῶν οὐρανίων Χαλδαϊκὴν ἐπιστήμην. ταύτην καὶ παρ' Αἰγυπτίων ἀνελάμβανε μαθηματικὴν ἐν τοῖς μάλιστα ἐπιτηδευόντων.[57]

Demnach fällt in das Ressort der ägyptischen Lehrer Arithmetik, Geometrie, Metrik, Rhythmik und dergleichen; außerdem waren diese für die „symbolische Philosophie" zuständig. Das übrige, was man in der Schule lernt (τὴν ἄλλην ἐγκύκλιον παιδείαν), ist Domäne der griechischen Lehrer, also Grammatik, Rhetorik und Dialektik bzw. Logik.[58] Das Ihre tragen schließlich auch die umliegenden Länder bei, so daß die Frage unabweisbar wird: *Wo bleibt Mose der* πρῶτος εὑρετής?

Bevor diesem Problem weiter nachgegangen wird - lösen läßt es sich allerdings schwerlich -, sei darauf hingewiesen, daß Runia eine Dreiteilung des Materials vorschlägt, und zwar:

> „(a) texts in which Mosaic and Greek doctrines are juxtaposed with the implication that Moses is superior, anterior and possibly the source ...
> (b) texts in which it is merely stated that Moses and Greek philosophy posit the same doctrine ...

---

[57] Vit. Mos. I 23-24.

[58] Vgl. Mendelson, a.(Anm. 16)a.O., S. 4-5.

(c) texts in which the superiority of Moses' answer to philosophical problems is asserted ...“[59]

Für die Frage des Altersbeweises ist in erster Linie die Gruppe (a) von Interesse. Eine Durchsicht der von Runia hierzu genannten Belege ergibt, daß Conf. 141; Her. 83; Quaest. in Gn. II 14 und Quaest. in Ex. I 6 gewiß nicht in diese Kategorie einzuordnen sind; durchaus fraglich sind weiterhin Som. II 244 und Quaest. in Gn. I 99. Dagegen hat Runia den sehr wichtigen einschlägigen Text Quaest. in Gn. III 5 hier nicht verzeichnet, sondern ihn der Gruppe (b) zugeordnet - wo diese Stelle ersichtlich nicht hingehört. Übrigens ist statt „Spec. 4.95“ bei Runia zu lesen „Spec. 4.59“.

So wenig die Klassifizierung der Texte bei Runia als gelungen erscheint, so hilfreich ist andrerseits sein Versuch, das oben berührte Problem zu erklären.

Das Fehlen des Altersbeweises an den genannten Stellen erklärt Runia mit dem Hinweis „that the philosophers independently attained certain true doctrines through their use of God's gift of the powers of reason.“[60] Nimmt man diese Erklärung an, so ergibt sich daraus jedoch eine neue Schwierigkeit: „If, however, the writings of the Greek philosophers contain the ἀληθὴς λόγος in an accessible form, what is the point of spending a life-time writing commentaries which aim to uncover that λόγος in the Mosaic record?“[61] Dieses Problem löst Runia so: „The key of Philo's theoretical foundation ... lies in his limitless admiration which he has for Moses and the Mosaic Law.“[62] Und eine andere Lösung wird sich schwerlich finden lassen - so man denn hier wirklich von einer *Lösung* sprechen darf. Wenn Philon von Mose sagen kann, er bezeichne Menschen fortgeschrittenen Alters als „jung“ und andere, μηδέπω γεγηρακότας, als „alt“ οὐκ εἰς πολυετίαν <καὶ ὀλιγοετίαν> ἀφορῶν ἢ βραχὺν καὶ μήκιστον χρόνον, ἀλλ' εἰς ψυχῆς δυνάμεις κινουμένης εὖ τε καὶ χεῖρον[63], so mag sich ein moderner Exeget fragen, ob das denn auf die von Philon exegesierten Texte zutrifft - daß dies eine zutreffende Charakterisierung des Auslegers Philon ist, wird man nicht bestreiten können. Damit ist im Prinzip dem Altersbeweis der Boden entzogen.

[59] David T. Runia: Philo of Alexandria and the *Timaeus* of Plato, PhAnt 44, Leiden 1986, S. 529, Anm. 5.

[60] A.a.O., S. 531.

[61] A.a.O., S. 533.

[62] A.a.O., S. 534.

[63] Sobr. § 7; das in < > eingeschlossene Textstück ist eine Zufügung Wendlands, vgl. die Editio maior (o. Anm. 20), Band II, S. 216, Apparat z.St.

Aber eben *nur* im Prinzip ...

4. Schluß

Wurden im ersten Paragraphen dieses Kapitels die dort behandelten jüdischen Historiker mit den frühen römischen Annalisten verglichen[64], so kann im Falle des Philon in mancher Hinsicht M. Tullius Cicero zum Vergleich herangezogen werden. Ich betone: *in mancher Hinsicht*, denn natürlich sind die Unterschiede unübersehbar.

Der *homo novus* aus Arpinum, dessen Lebensziel darin bestand, zum Consular, gar zum *princeps civitatis* und *pater patriae* aufzusteigen, ist denkbar weit entfernt von dem wohlhabenden Juden aus Alexandrien, der *freiwillig* sich an politischer Tätigkeit gewiß nie beteiligt hätte.

Vergleichbar sind der Römer und der Jude immerhin in ihrer Begeisterung für alles Griechische, eine Begeisterung, die im Falle des Philon (im Gegensatz zu so manchem Kirchenvater) sogar das Theater[65] einschließt. Eine schon spezifischere Übereinstimmung kann man in der Neigung zur Philosophie sehen, die ja weder für den römischen Redner noch für den hellenisierten Juden selbstverständlich ist. Im Rahmen dieser philosophischen Interessen ist es Platon und seine Schule, dem die hauptsächliche Sympathie sowohl Ciceros als auch Philons gilt. Neben diese inhaltliche Verwandtschaft tritt schließlich auch noch eine praktische Folgerung, die beide aus ihren philosophischen Interessen ziehen: Die schriftstellerische Betätigung mit dem Ziel, „die philosophische[n] Thesen mit dem von den Griechen erarbeiteten Gedankenmaterial [zu] behandeln"[66].

Vergleicht man nun aber Cicero, den Apologeten *pro Romanis*, mit Philon, dem Apologeten *pro Iudaeis*, so fallen die Unterschiede sofort ins Auge: Philon ist sich seiner Sache gewiß: Alter und überragender Wert des Pentateuch sind ihm eine so fraglose Gegebenheit, daß er generös dem griechi-

---

[64] Vgl. o. S. 161ff.

[65] Philon spricht von sich als Theaterbesucher in De ebrietate § 177 (vgl. auch Quod omnis probus liber sit § 141 und De praemiis et poenis § 136).

[66] Paul Wendland: Die hellenistisch-römische Kultur in ihren Beziehungen zu Judentum und Christentum, HNT I 2, Tübingen $^{2+3}$1912, S. 205. Wendland hat hier nicht Cicero, sondern „Traktate" des Philon im Blick, die „in den Streit der Philosophenschulen einführen, [dabei aber] den jüdischen Standpunkt des Verfassers nur gelegentlich verraten" (ebd.).

schen Leser zuliebe dem Mose griechische Lehrer zubilligen kann. Wie gequält wirken doch so manche Argumente Ciceros zum Ruhme seiner *maiores*, wenn man Philon danebenhält! Man sagt nicht zuviel, wenn man feststellt: Philon handhabt den Altersbeweis souverän, wohingegen Cicero all seine rhetorische Kunst aufbieten muß, um hier etwas zustande zu bringen. Streut Philon gelassen die Bemerkung ein, daß in diesem Punkt übrigens auch der oder jener Philosoph mit Mose - von dem er abhängig ist - übereinstimmt, muß Cicero mühsame Argumente hervorsuchen, ohne denselben Erfolg verzeichnen zu können.

Zur Ehrenrettung des Advokaten Cicero muß man allerdings berücksichtigen, daß Philon hier eine weitaus aussichtsreichere Sache vertritt als Cicero: Denn was sind die römischen *maiores* verglichen mit Abraham oder Mose? Josephus wird den Nachweis führen, daß, selbst wenn man bis zum trojanischen Krieg hinaufginge, Mose immer noch im Vorteil ist. Da hilft natürlich dann auch überragende Rhetorik nur begrenzt[67].

---

[67] Daß diese Argumentation der jüdischen Apologeten ursprünglich der Beruhigung des eigenen Gewissens und des Gewissens der „Glaubensgenossen" diente, ist für Philon ein abwegiger Gedanke; auch bei den andern jüdisch-hellenistischen Autoren, die bisher behandelt wurden, findet sich kein einziger Hinweis, der für diese Ansicht spräche. Sie wird vertreten von Paul Krüger: Philo und Josephus als Apologeten des Judentums, Diss. Leipzig 1906, S. 21:

> „Indes die Behauptung, dass Moses alle Wahrheit, auch die ausserhalb des Judentums sich findende, der Menschheit gebracht habe, ist geboren aus einem schweren Konflikt, in den der gebildete Jude der Diaspora geraten musste. Er konnte sich dem Zauber der griechischen Kultur nicht entziehen, aber er wollte auch seiner ererbten Religion treu bleiben. Der Konflikt war nicht mehr da, sobald auch die heidnische Weisheit als mosaisches Erbe beurteilt wurde. Jetzt konnten sich die Juden mit gutem Gewissen mit hellenischer Philosophie beschäftigen und sie studieren; denn sie ist ja ein Geschenk des Moses. Diese Behauptung soll die Diasporajuden gegenüber ihren Glaubensgenossen entschuldigen und rechtfertigen und das eigene Gewissen beruhigen, wenn sie, Anhänger des Moses, auch bei Griechen in die Schule gehen und der hellenischen Weisheit und Kultur nicht schroff ablehnend gegenüberstehen."

Einen Beleg dafür sucht man bei Krüger vergeblich.

§ 4 *Josephus*

„Ueberall" - sagt Moriz Friedländer -, „bei jeder passenden, oder es auch nur irgendwie gestattenden Gelegenheit tritt Josephus als Apologet seines Volkes auf."[1] Entsprechend reichhaltig ist auch das Material zum Altersbeweis. Im Rahmen dieser Arbeit ist es nicht möglich, *alle* für die Frage des Altersbeweises interessanten Stellen zu diskutieren. Da Josephus aber eine Schrift hinterlassen hat, die dem Altersbeweis zwar nicht ausschließlich, aber doch weitgehend gewidmet ist, empfiehlt es sich, von dieser Schrift - von *Contra Apionem* also - auszugehen und das einschlägige Material aus den anderen Werken gelegentlich ergänzend heranzuziehen.

1. Mose und die Griechen

Das von uns heute unter dem Titel *Contra Apionem* zitierte Werk des Josephus wurde vom Verfasser gewiß nicht so überschrieben. Dieser Titel ist auch insofern irreführend, als *contra Apionem* nur die Paragraphen 1-144 des zweiten Buches gerichtet sind, das ist etwa ein Fünftel des gesamten Werkes. Der in der Nieseschen Ausgabe gedruckte Titel Περὶ ἀρχαιότητος Ἰουδαίων hat jedenfalls den Vorteil, daß er wenigstens das erste Buch treffend charakterisiert.[2] Der erste Teil dieses Buches wird gut beschrieben

---

[1] Moriz Friedländer: Geschichte der jüdischen Apologetik als Vorgeschichte des Christenthums, Zürich 1903, S. 331. Ähnlich urteilt auch Hans Conzelmann: „Eine Apologie für das jüdische Volk ist sein gesamtes Werk" (Hans Conzelmann: Heiden - Juden - Christen. Auseinandersetzungen in der Literatur der hellenistisch-römischen Zeit (BHTh 62), Tübingen 1981, S. 189).

[2] Benedictus Niese [Hg.]: Flavii Iosephi opera V: De Iudaeorum vetustate sive contra Apionem libri II, Berlin [2]1955, S. III und im Apparat S. 3. Zu diesem Titel vgl. schon Origenes: Contra Celsum I 16, wo es heißt: δυνατὸν γὰρ τὸν βουλόμενον ἀναγνῶναι τὰ γεγραμμένα Φλαυίῳ Ἰωσήπῳ περὶ τῆς τῶν Ἰουδαίων ἀρχαιότητος ἐν δυσίν.
Zu diesem Werk des Josephus gibt es drei Kommentare. Den ältesten von Müller (J.G. Müller: Des Flavius Josephus Schrift gegen den Apion. Text und Erklärung, Basel 1877) charakterisiert schon der Nachfolger Gutschmid (Alfred von Gutschmid: Vorlesungen über Josephos' Bücher gegen Apion, in: ders.: Kleine Schriften IV: Schriften zur griechischen Geschichte und Literatur, Leipzig 1893, 336-589) mit der Bemerkung: „Völlig werthlos und trivial" (a.a.O., S. 382). Obwohl selbst Schreckenberg in seiner Bibliographie dieses Urteil als seiner Meinung nach offenbar zutreffend zitiert (Heinz Schreckenberg: Bibliographie zu Flavius Josephus, ALGHJ 1, Leiden 1968, S. 98), geht es m.E. doch zu weit. Der Kommentar Gutschmids seinerseits leidet an dem empfindlichen Mangel, bei Ap. I 183 abzubrechen. Der

durch den bei Porphyrios überlieferten Titel Πρὸς τοὺς Ἕλληνας[3]. Denn gegen die Griechen wendet sich Josephus hier nachdrücklich.

Josephus bezieht sich eingangs auf sein Werk über die jüdische Archäologie, in dem er das außergewöhnliche Alter der Juden dargelegt hat - ἱκανῶς, wie ihm schien.[4]

So hatte er dort schon im Prooemium klargestellt, daß zum einen die in den heiligen Schriften erzählten Begebenheiten nicht weniger als 5000 Jahre umfassen (πεντακισχιλίων ἐτῶν ἱστορίας ἐν αὐτοῖς ἐμπεριειλημμένης)[5], daß - und darauf kommt es vor allem an - zum andern der erste Gewährsmann für diese Schriften, Mose, alle Griechen bei weitem in den Schatten stellt:

> γέγονε γὰρ πρὸ ἐτῶν δισχιλίων, ἐφ' ὅσον πλῆθος αἰῶνος οὐδ' αὐτῶν οἱ ποιηταὶ τὰς γενέσεις τῶν θεῶν, μήτι γε τὰς τῶν ἀνθρώπων πράξεις ἢ τοὺς νόμους ἀνενεγκεῖν ἐτόλμησαν.[6]

Mose hat also vor 2000 Jahren gelebt, d.h. in einer Zeit, in welche die griechischen Dichter noch nicht einmal die Geburt ihrer Götter zu datieren wagen, von menschlichen Dingen ganz zu schweigen. Man sieht: Schon im Prooemium der Antiquitates hat Josephus mit aller Deutlichkeit die chronologische Priorität des Mose im Vergleich zu *allen Griechen* herausgestellt.

Nichtsdestoweniger, so sagt er deswegen im Prooemium zu Contra Apionem, gebe es noch immer solche, die das von ihm Geschriebene bezweifeln und behaupten, daß das jüdische Volk relativ jung sei (νεώτερον εἶναι τὸ γένος ἡμῶν). Als Beweis führen diese Leute an, daß gerade die berühmten griechischen Historiker das jüdische Volk keiner Erwähnung wert fanden.[7]

---

neueste Kommentar von Troiani (Lucio Troiani: Commento storico al „Contro Apione" di Giuseppe. Introduzione, commento storico, traduzione e indici, Biblioteca degli studi classici e orientali 9, Pisa 1977) ist ein seltsames Elaborat: Weder die unentbehrliche Konkordanz zu Josephus (s.u. Anm. 48), noch der Kommentar Müllers, noch die bahnbrechenden Arbeiten Schreckenbergs sind für die Kommentierung des Textes benutzt. In bezug auf den Altersbeweis sind alle drei Kommentare unzulänglich.

[3] Vgl. die Angaben von Niese im Apparat zum Titel (S. 3).

[4] Ap. I 1.

[5] Antiquitates Iudaicae I 13.

[6] Ant. I 16. Darauf, daß die Griechen erst spät aufgetreten sind, wird im folgenden allerdings kaum mehr hingewiesen, vgl. z.B. Ant. I 121.168.

[7] Ap. I 1-2.

2. *Den Griechen fehlt die Kompetenz* περὶ τῶν παλαιοτάτων ἔργων

Josephus hält es für sehr verwunderlich, daß ausgerechnet die Griechen περὶ τῶν παλαιοτάτων ἔργων zu befragen seien. Das genaue Gegenteil, so sagt er, sei angebracht.[8] Denn von einer langen Geschichte der Griechen kann ja nun wirklich keine Rede sein: In der griechischen Welt wird man alles modern finden, herrührend sozusagen von gestern oder vorgestern, ganz gleich, ob es sich nun um die Gründung von Städten oder die schriftliche Fixierung der Gesetze handele, πάντων δὲ νεωτάτη σχεδόν ἐστι παρ' αὐτοῖς ἡ περὶ τὸ συγγράφειν τὰς ἱστορίας ἐπιμέλεια.[9]

Obwohl Josephus hier gegen die Griechen polemisiert, steht er doch in gut griechischer Tradition. Von Hekataios von Milet an über Herodot und Platon bis in die hellenistische Zeit läßt sich eine Wolke von Zeugen für diese Anschauung des Josephus anführen. Dennoch ist es verfehlt, hier etwa Abhängigkeit von Herodot zu vermuten; auch eine bewußte Anlehnung an die berühmte Stelle aus dem Timaios braucht man nicht anzunehmen.[10]

Josephus stellt dem die Tradition der Ägypter und Chaldäer gegenüber - die eigene vorerst noch beiseite lassend.[11]

τὸν δὲ περὶ τὴν Ἑλλάδα τόπον μυρίαι μὲν φθοραὶ κατέσχον ἐξαλείφουσαι τὴν μνήμην τῶν γεγονότων, ἀεὶ δὲ καινοὺς καθιστάμενοι βίους τοῦ παντὸς ἐνόμιζον ἄρχειν ἕκαστοι τῶν ἀφ' ἑαυτῶν, ὀψὲ δὲ καὶ μόλις ἔγνωσαν φύσιν γραμμάτων.[12]

---

[8] Ap. I 6.

[9] Ap. I 7.

[10] Eine Abhängigkeit von Herodot erwägt Gutschmid: „ἐχθὲς καὶ πρῴην, ὡς ἂν εἴποι τις] gerade wie Herod. II, 53, wo er von demselben Thema, der Neuheit des griechischen Pantheons [aber davon ist doch bei Josephus an dieser Stelle gar keine Rede!] spricht ... Wahrscheinlich also schwebte ihm hier Herodots Stelle vor." (Gutschmid, a.(Anm. 2)a.O., S. 388.) Zu der Herodot-Stelle, auf die Gutschmid sich bezieht, vgl. o. S. 35 mit Anm. 9. An Abhängigkeit von Platon denkt Thackeray: „Josephus in this and the following sections ... borrows from Plato, *Timaeus*, 22 B and C" (in seiner LCL-Ausgabe, I 164f., Anm. a); ähnlich neuerdings Schäublin (Christoph Schäublin: Josephus und die Griechen, Hermes 110 (1982), 316-341, besonders S. 319), der sich seinerseits auf Müller (vgl. o. Anm. 2) bezieht. Auch Droge äußert sich in diesem Sinne: „it is a direct quotation from Plato's discussion of the history of culture in the third book of the *Laws*" (Arthur J. Droge: Homer of Moses? Early Christian Interpretations of the History of Culture, HUTh 26, Tübingen 1989, S. 43).

[11] Ap. I 8-9.

[12] Ap. I 10.

Besonders die letzte Bemerkung ist es, die Josephus im folgenden näherhin begründet: Spät erst und unter Schwierigkeiten gelang es den Griechen, die Buchstaben zu lernen. Selbst wenn man den Griechen zugesteht, daß sie das Alphabet von Kadmos dem Phoinikier übernommen haben, ist damit für deren Sache gar nichts gewonnen. In keinem Fall kommt man um die Feststellung herum:

> οὐ μὴν οὐδὲ ἀπ' ἐκείνου τοῦ χρόνου [sc. der Zeit des Kadmos] δύναιτό τις ἂν δεῖξαι σωζομένην ἀναγραφὴν οὔτ' ἐν ἱεροῖς οὔτ' ἐν δημοσίοις ἀναθήμασιν.[13]

Kadmos also hilft den Griechen gar nichts, weil sie nicht in der Lage sind, irgend etwas Schriftliches aus dessen Zeit zu präsentieren. Dieser Mangel kennzeichnet aber nicht nur die Zeit des Kadmos, generell kann man sagen:

> ὅλως δὲ παρὰ τοῖς Ἕλλησιν οὐδὲν ὁμολογούμενον εὑρίσκεται γράμμα τῆς Ὁμήρου ποιήσεως πρεσβύτερον.[14]

Homer ist das älteste, was die Griechen überhaupt vorzuweisen haben, ein Mann, der erst nach dem trojanischen Krieg gelebt hat, und dieser älteste der griechischen Schriftsteller hat noch dazu den empfindlichen Nachteil, daß er nicht einmal ein *Schriftsteller* war:

> καί φασιν οὐδὲ τοῦτον [sc. Homer] ἐν γράμμασι τὴν αὐτοῦ ποίησιν καταλιπεῖν.[15]

Allenfalls *cum grano salis* also kann man davon sprechen, daß Homer der älteste griechische Schriftsteller ist, denn *schriftlich* hat er sein Werk noch nicht einmal hinterlassen.

Die ersten griechischen Historiker[16] lebten dann erst viel später als Ho-

---

[13] Ap. I 11. Selbst in bezug auf die Teilnehmer am trojanischen Krieg, so fügt Josephus hinzu, könne man nicht sicher sein εἰ γράμμασιν ἐχρῶντο - und der fand bekanntlich erst viel später statt (ebd.).

[14] Ap. I 12. Und Homer hat natürlich erst nach dem trojanischen Krieg gelebt, wie Josephus nicht versäumt anzumerken.

[15] Ebd. Die Stelle erlangte Berühmtheit im Zusammenhang mit der modernen Homerforschung, gehörte sie doch einst „zu den Fundamenten des von W o l f errichteten Baues" (Albin Lesky: Art. Homeros, PRE Suppl. 11 (1968), 687-846, hier Sp. 706, Z. 29-30).

[16] Ap. I 13. Conzelmann (vgl. o. Anm. 1) sieht in § 13ff. ein „pauschale[s] Urteil über die griechischen Historiker", das er für „instruktiv für den Bildungshorizont [sc. des Josephus]" hält (a.a.O., S. 189, Anm. 233). Wieso man § 13.15ff. für „pauschal" halten kann, verstehe ich nicht.

mer, und mit den ersten griechischen Philosophen[17] steht es nicht anders. Deren kümmerliche Produktion ist noch dazu von Ägyptern und Chaldäern abhängig, wie jedermann weiß.[18]

Josephus setzt seiner Argumentation die Krone auf mit der Bemerkung:

> καὶ ταῦτα τοῖς Ἕλλησιν εἶναι δοκεῖ πάντων ἀρχαιότατα καὶ μόλις αὐτὰ πιστεύουσιν ὑπ' ἐκείνων γεγράφθαι.[19]

Die Authentizität dieser Schriften gilt nicht einmal den Griechen selbst als gesichert, wie überhaupt in bezug auf die Geschichtsschreibung auf die Griechen kein Verlaß ist, wie jeder Leser der griechischen Historiker selbst ohne Mühe feststellen kann.[20]

Man bekommt beinahe Mitleid mit den griechischen Historikern, wenn man hört, daß es ihnen am allerwichtigsten fehlt, nämlich an den Quellen:

> τὸ γὰρ ἐξ ἀρχῆς μὴ σπουδασθῆναι παρὰ τοῖς Ἕλλησι δημοσίας γίνεσθαι περὶ τῶν ἑκάστοτε πραττομένων ἀναγραφὰς τοῦτο μάλιστα δὴ καὶ τὴν πλάνην καὶ τὴν ἐξουσίαν τοῦ ψεύδεσθαι τοῖς μετὰ ταῦτα βουληθεῖσι περὶ τῶν παλαιῶν τι γράφειν παρέσχεν.[21]

Weil die Griechen es seit jeher versäumt haben, δημοσίας ἀναγραφάς zu führen, ist es kein Wunder, wenn bei den Historikern alles drunter und drüber geht: Wo die Urkunden fehlen, kann jeder behaupten, was er will.[22]

---

[17] Ap. I 14.

[18] Ebd. Josephus sagt: πάντες συμφώνως ὁμολογοῦσιν Αἰγυπτίων καὶ Χαλδαίων γενομένους μαθητὰς [sc. die Philosophen] ὀλίγα συγγράψαι. Das ist allerdings übertrieben, zumindest was das πάντες anlangt.

[19] Ebd.

[20] Ap. I 15. Josephus weist hier insbesondere auf die Widersprüche hin: die Historiker τἀναντιώτατα περὶ τῶν αὐτῶν λέγειν οὐκ ὀκνοῦσι. Dies wird in den folgenden Paragraphen (16-18) anhand zahlreicher Namen illustriert.

[21] Ap. I 20.

[22] Im folgenden (§ 21) weist Josephus darauf hin, daß dies nicht nur für die anderen Griechen gilt, sondern gerade auch für Athen. Er erweist sich hier als beinahe modern, vgl. die einschlägige Analyse von Felix Jacoby: Atthis. The Local Chronicles of Ancient Athens, Oxford 1949, die die Behauptung des Josephus im wesentlichen bestätigt. Jacoby selbst beschreibt seine Absicht so: „The purpose of this book ... is simple. I have tried to prove that the 'Atthis', i.e. the history of Athens, as written by Athenians between *c.* 350 and 263 B.C., does not derive from an old and semi-official chronicle kept by the priestly board of Exegetai, but was created in the lifetime of Thukydides by a learned man, the foreigner Hellanikos of Lesbos" (a.a.O., S. V.). Seinen „Vorgänger" Josephus erwähnt Jacoby allerdings, soweit ich sehe, nicht.

Die Griechen erweisen sich somit als völlig unqualifiziert, was die alte Zeit angeht. Es fehlt ihnen selbst an Alter, die Schrift ist bei ihnen erst sehr spät eingeführt worden, ihre ersten schriftlichen Erzeugnisse datieren aus der Zeit nach dem trojanischen Krieg, und auf ihre Historiker ist ohnehin kein Verlaß, da sie ohne das erforderliche urkundliche Material ans Werk gingen. Aus diesen (und anderen[23]) Gründen kommt Josephus zu dem Ergebnis:

> λόγων μὲν οὖν ἕνεκα καὶ τῆς ἐν τούτοις δεινότητος δεῖ παραχωρεῖν ἡμᾶς τοῖς συγγραφεῦσι τοῖς Ἑλληνικοῖς, οὐ μὴν καὶ τῆς περὶ τῶν ἀρχαίων ἀληθοῦς ἱστορίας καὶ μάλιστά γε τῆς περὶ τῶν ἑκάστοις ἐπιχωρίων.[24]

3. Die jüdischen Schriften als θεοῦ δόγματα

In bezug auf die alte Geschichte muß man sich daher an andere wenden; Josephus nennt vor allem die Babylonier und die Ägypter, die sich von den Griechen unterscheiden, insofern sie Urkunden aus dem grauen Altertum aufbewahrt haben.[25] Dasselbe gilt auch für die Juden: Hier war es seit jeher Aufgabe der Hohenpriester und der Propheten, solche Urkunden zu verfassen. Diese sind - auch das im Unterschied zu griechischen Gepflogenheiten - bis heute auf das präziseste überliefert worden.[26] Nicht irgendwelche Leute nämlich sind bei den Juden dafür zuständig, nein, nur Männer von allerbestem Charakter, die sich ganz dem Dienst Gottes widmen, haben diese Aufgabe wahrgenommen.[27]

> εἰκότως οὖν, μᾶλλον δὲ ἀναγκαίως, ἅτε μήτε τὸ ὑπογράφειν αὐτεξουσίου πᾶσιν ὄντος μήτε τινὸς ἐν τοῖς γραφομένοις ἐνούσης διαφωνίας, ἀλλὰ μόνον τῶν προφητῶν τὰ μὲν ἀνωτάτω καὶ παλαιότατα κατὰ τὴν ἐπίπνοιαν τὴν ἀπὸ τοῦ θεοῦ μαθόντων, τὰ δὲ καθ' αὑτοὺς ὡς ἐγένετο σαφῶς συγγραφόντων, οὐ μυριάδες βιβλίων εἰσὶ παρ' ἡμῖν ἀσυμφώνων καὶ μαχο-

[23] Ein weiterer, für Josephus wichtiger Grund, der noch nicht genannt wurde, ist das Bemühen der Griechen um die literarische Seite ihrer Werke, vgl. dazu § 23ff. Ihnen gehe es in erster Linie nicht um die Wahrheit, so sagt Josephus, sondern um die schöne Form (§ 24). Zu diesem Vorwurf vgl. noch Bellum Iudaicum I 13-16.

[24] Ap. I 27.

[25] Ap. I 28.

[26] Ap. I 29.

[27] Ap. I 30ff.

μένων, δύο δὲ μόνα πρὸς τοῖς εἴκοσι βιβλία τοῦ παντὸς ἔχοντα χρόνου τὴν ἀναγραφήν, τὰ δικαίως πεπιστευμένα.[28]

Diese Bücher haben bei den Griechen nicht ihresgleichen: Sie sind ohne Widersprüche - im Unterschied zu den Werken der griechischen Historiker; sie sind von Zeitgenossen der jeweiligen Ereignisse verfaßt - anders als die griechischen Werke; sie sind von Gott inspiriert und werden von den Juden für θεοῦ δόγματα gehalten; nach ihnen richtet der Jude nicht nur sein Leben ein, sondern für sie stirbt er auch, wenn es sein muß.[29]

Zusammenfassend kann man daher sagen, daß die Juden die Griechen in mehrfacher Hinsicht übertreffen: Ihr Gesetzgeber, Mose, ist viel älter als selbst die mythologischen Gestalten der Griechen. Er ist aber auch gleichzeitig der erste, der den Juden Schriften hinterlassen hat; die jüdische Tradition ist der griechischen an Alter und Zuverlässigkeit weit überlegen. Insbesondere sind die Griechen überhaupt nicht in der Lage, zuverlässige Nachrichten aus dem Altertum zu präsentieren.

4. Ägypter und Phoinikier als Zeugen für das Alter der Juden

Um das hohe Alter der Juden zu erweisen, bemüht Josephus im folgenden Ägypter und Phoinikier als Zeugen.[30] Sehr ausführlich zitiert er insbesondere Manetho[31] und kommt zu dem folgenden Ergebnis:

> δῆλον δέ ἐστιν ἐκ τῶν εἰρημένων ἐτῶν τοῦ χρόνου συλλογισθέντος, ὅτι οἱ καλούμενοι ποιμένες ἡμέτεροι δὲ πρόγονοι τρισὶ καὶ ἐνενήκοντα καὶ τριακοσίοις πρόσθεν ἔτεσιν ἐκ τῆς Αἰγύπτου ἀπαλλαγέντες τὴν χώραν ταύτην ἐπῴκησαν ἢ Δαναὸν εἰς Ἄργος ἀφικέσθαι· καίτοι τοῦτον ἀρχαιότατον Ἀργεῖοι νομίζουσι.[32]

Die Auswanderung der jüdischen Vorfahren aus Ägypten ereignete sich demnach 393 Jahre vor Danaos, der seinerseits nach Josephus beinahe 1000

---

[28] Ap. I 37-38. Auf die nähere Beschreibung dieser 22 Bücher in den Paragraphen 39-41 kann hier nicht eingegangen werden.

[29] Ap. I 42-43. Von den Griechen könne man das nicht sagen, bemerkt Josephus in § 44.

[30] Ap. I 69ff.

[31] Manetho wird zitiert und paraphrasiert in Ap. I 73-102.

[32] Ap. I 103. Einem „Gedächtnissfehler" schreibt Gutschmid (s. o. Anm. 2) es zu, daß Josephus Inachos nicht nennt, der als „ältester König von Argos gegolten" hat (a.a.O., S. 460).

Jahre vor dem trojanischen Krieg einzuordnen ist.[33] Damit ist das Alter der jüdischen «Urgeschichte» gesichert.

Aber auch für die spätere jüdische Geschichte gibt es unverdächtige Zeugnisse. Die παρὰ τοῖς Φοίνιξιν ἀναγεγραμμένα, die Josephus anführt[34], belegen das Alter des Salomo, die παρὰ Χαλδαίοις ἀναγεγραμμένα[35] stimmen darüber hinaus mit den jüdischen Schriften weithin überein.

Das hohe Alter der Juden wird also von allen Kundigen bezeugt, und die Zuverlässigkeit der jüdischen Schriften steht auch deswegen fest, weil sich Übereinstimmungen mit den Aufzeichnungen bei anderen Völkern ergeben. Josephus ist mit seiner Argumentation zufrieden: τοῖς μὲν οὖν μὴ σφόδρα φιλονείκοις ἀρκέσειν ὑπολαμβάνω τὰ προειρημένα.[36]

5. Griechen als Schüler des Mose

Damit hätte Josephus diesen Teil seines Werkes abschließen können. Aber er will seine Gegner gänzlich aus dem Feld schlagen, indem er über das bisher Gesagte hinaus nun auch noch die Griechen selbst zu Zeugen aufruft. Im Rahmen dieser Arbeit ist darauf nur insoweit einzugehen, als er in diesem Zusammenhang Griechen von Juden abhängig sein läßt. Dies ist gleich bei dem ersten von Josephus zitierten Mann, bei Pythagoras, der Fall:

> Πυθαγόρας τοίνυν ὁ Σάμιος ἀρχαῖος ὤν, σοφίᾳ δὲ καὶ τῇ περὶ τὸ θεῖον εὐσεβείᾳ πάντων ὑπειλημμένος διενεγκεῖν τῶν φιλοσοφησάντων, οὐ μόνον ἐγνωκὼς τὰ παρ' ἡμῖν δῆλός ἐστιν, ἀλλὰ καὶ ζηλωτὴς αὐτῶν ἐκ πλείστου γεγενημένος.[37]

Pythagoras hat also die jüdischen Sitten nicht nur gekannt (οὐ μόνον

---

[33] Ap. I 104. Nach Herodot ist Danaos ebenfalls ein Auswanderer aus Ägypten, vgl. den Stammbaum der spartanischen Könige, den Herodot voraussetzt, o. S. 42, sowie die Neuinterpretation dieser Genealogie durch Herodot, o. S. 42ff. Sehr genau rechnet Tertullian seinen Lesern vor: *quadringentis paene annis - nam et septem minus - Danaum, et ipsum apud vos vetustissimum, praevenit [sc. Moyses]* (Tertullian: Apologeticum 19,3; in § 6 verrät Tertullian auch, woher er diese genaue Kenntnis hat: Es ist kein anderer als *Iudaeus Iosephus, antiquitatum Iudaicarum vernaculus vindex*).

[34] Ap. I 106-127.

[35] Ap. I 128-160; vgl. etwa noch I 215; II 1.

[36] Ap. I 160.

[37] Ap. I 162.

ἐγνωκὼς τὰ παρ' ἡμῖν δῆλός ἐστιν), sondern er war auch ein Bewunderer derselben (ζηλωτὴς αὐτῶν). Nun ist von Pythagoras selbst nichts Schriftliches erhalten[38], doch den Hermippos, ἀνὴρ περὶ πᾶσαν ἱστορίαν ἐπιμελής[39], kann Josephus zitieren mit dem Satz:

ταῦτα δὲ ἔπραττεν καὶ ἔλεγε τὰς Ἰουδαίων καὶ Θρᾳκῶν δόξας μιμούμενος καὶ μεταφέρων εἰς ἑαυτόν.[40]

Thrakische und jüdische Lehren also hat Pythagoras nachgeahmt und sich angeeignet.[41] Josephus stimmt hier mit Aristobul überein, der als erster der jüdischen Autoren die Abhängigkeit des Pythagoras behauptet hatte.[42] Das aus Hermippos angeführte Zitat ergänzt Josephus mit den folgenden Worten:

λέγεται γὰρ ὡς ἀληθῶς ὁ ἀνὴρ ἐκεῖνος πολλὰ τῶν παρὰ Ἰουδαίοις νομίμων εἰς τὴν αὐτοῦ μετενεγκεῖν φιλοσοφίαν.[43]

---

[38] Ap. I 163.

[39] Ebd.

[40] Ap. I 165. Was mit dem ταῦτα ἔπραττεν gemeint ist, hat Josephus zuvor (§ 164) eingehend aus Hermippos referiert; es spielt für diesen Zusammenhang jedoch keine Rolle.

[41] Thackeray übersetzt μεταφέρω mit „appropriate", was der Bedeutung von μεταφέρω nicht ganz gerecht wird (in seiner LCL-Ausgabe, I 229). Zur Bedeutung des Wortes s. LSJ, s. v. μεταφέρω, S. 1118. Hengel übersetzt mit „auf sich übertragen" (Martin Hengel: Judentum und Hellenismus. Studien zu ihrer Begegnung unter besonderer Berücksichtigung Palästinas bis zur Mitte des 2. Jh.s v. Chr., WUNT 10, Tübingen ²1973, S. 469) - aber was soll das heißen? Kann man denn δόξας „auf sich übertragen"? Die lateinische Übersetzung bietet:

Haec autem agebat atque dicebat Iudaeorum et Thracensium opiniones imitatus ac transferens... (Flavii Iosephi opera ex versione latina antiqua, pars VI: De Iudaeorum vetustate sive contra Apionem, ed. C. Boysen, S. 36, Z. 10f.).

Hier bleibt wiederum das εἰς ἑαυτόν unübersetzt. Man wird auch im Deutschen nicht darum herumkommen, auf die genaue Wiedergabe des μεταφέρω zu verzichten, und übersetzen: „... und sich angeeignet".

[42] Vgl. o. S. 168-170.

[43] Gegen Niese bin ich der Ansicht, daß dieser Satz nicht mehr Bestandteil des Zitats sein kann (Niese, S. 31, Z. 6-8). So auch Thackeray (in seiner LCL-Ausgabe, I 228 und 229); anders Stern (GLAJJ 25 = I 95), der zwar die Thackeraysche Übersetzung abdruckt, ihm aber in der Abgrenzung des Zitats nicht folgt. Es liegt hier eine resümierende Wendung des Josephus vor, die den Abschnitt § 162-165 abrundet. Das apologetische Interesse des jüdischen Autors ist erkennbar an dem ὡς ἀληθῶς und an der (die Aussage des Hermippos spezifizierenden) Wendung τῶν παρὰ Ἰουδαίοις νομίμων. Auch die oben (Anm. 41) diskutierte Formulierung des Hermippos: καὶ μεταφέρων εἰς ἑαυτόν wird in eindeutiger Weise interpretiert durch das εἰς τὴν αὐτοῦ μετενεγκεῖν φιλοσοφίαν. Aus diesen Gründen liegt es nahe, in diesem Satz eine Interpretation der Aussage des Hermippos durch Josephus zu sehen.

Wie Philon[44] rechnet auch Josephus insbesondere bezüglich der Gesetzgeber mit einer Abhängigkeit von den jüdischen Gesetzen. Als Beispiel führt er den Theophrast an:

λέγει γάρ [ὁ Θεόφραστος], ὅτι κωλύουσιν οἱ Τυρίων νόμοι ξενικοὺς ὅρκους ὀμνύειν, ἐν οἷς μετά τινων ἄλλων καὶ τὸν καλούμενον ὅρκον κορβὰν καταριθμεῖ. παρ' οὐδενὶ δ' ἂν οὗτος εὑρεθείη πλὴν μόνοις Ἰουδαίοις, δηλοῖ δ' ὡς ἂν εἴποι τις ἐκ τῆς Ἑβραίων μεθερμηνευόμενος διαλέκτου δῶρον θεοῦ.[45]

Im Unterschied zu Philon behauptet Josephus hier nicht eine Abhängigkeit der *griechischen* Gesetzgeber. Er bleibt mehr im Allgemeinen mit seiner Aussage:

ἦν δὲ καὶ κατὰ πόλεις οὐκ ἄγνωστον ἡμῶν πάλαι τὸ ἔθνος, καὶ πολλὰ τῶν ἐθῶν εἴς τινας ἤδη διαπεφοιτήκει καὶ ζήλου παρ' ἐνίοις ἠξιοῦτο.[46]

Das ist sehr zurückhaltend formuliert: Für die alte Zeit (πάλαι) wird lediglich eine Kenntnis des jüdischen Volkes seitens der Heiden behauptet, und die Übernahme von Gesetzen sei erst später und nur bei einigen (παρ' ἐνίοις) vorgenommen worden. Der Theophrast-Beleg allerdings bestätigt noch nicht einmal dies; denn bei Theophrast heißt es ja lediglich, daß die Gesetze von Tyros die Verwendung von Schwurformeln wie z.B. κορβάν *verbieten*. D.h. von einer Nachahmung jüdischer Gesetze kann nicht ohne weiteres die Rede sein.[47]

Weiter geht Josephus dann allerdings beim zweiten Anlauf.[48] Jetzt heißt

---

[44] Vgl. o. S. 184f.

[45] Ap. I 167.

[46] Ap. I 166.

[47] Die Argumentation des Josephus ist halbwegs schlüssig, wenn man den folgenden Zwischengedanken ergänzt: Wäre die fremde Eidformel in Tyros nicht verwendet worden, so hätte man sie nicht zu verbieten brauchen. Aber auch dann ist eben das Verbot das Ergebnis, und nicht eine Übernahme jüdischer Gesetze.

[48] Nachdem die Auseinandersetzung mit Apion (II 1-144) beendet ist, bringt Josephus eine Zwischenbemerkung in § 145ff. Er will nun nicht länger einzelne Autoren und deren Vorwürfe widerlegen, sondern:

πολλὰ καὶ ψευδῆ κατηγορουμένοις ἡμῖν ταύτην ἀπολογίαν δικαιοτάτην εἶναι νομίζω τὴν ἀπὸ τῶν νόμων καθ' οὓς ζῶντες διατελοῦμεν (II 147).

(Dies ist übrigens der einzige Beleg für ἀπολογία in diesem Sinn in Contra Apionem [die zweite einschlägige Stelle ist Ap. II 275, dort wird ἀπολογία aber in anderem Sinne benutzt], vgl. Karl Heinrich Rengstorf [Hg.]: A Complete Concordance to Flavius Josephus I-IV, Leiden 1973-1983, hier I 198 BC.)
Nach dieser Zwischenbemerkung (§ 145-150) setzt Josephus in § 151 neu ein.

es kurz und klar:

φημὶ τοίνυν τὸν ἡμέτερον νομοθέτην τῶν ὁπουδηποτοῦν μνημονευομένων νομοθετῶν προάγειν ἀρχαιότητι.[49]

Gewinnt man zunächst aufgrund der Formulierung τῶν ὁπουδηποτοῦν μνημονευομένων νομοθετῶν den Eindruck, Josephus habe alle überhaupt denkbaren Gesetzgeber im Blick, so ist im folgenden doch nur von griechischen Gesetzgebern die Rede. Nicht nur mit den griechischen Gesetzgebern ist es nach Josephus nicht weit her:

ὅπου γε μηδ' αὐτὸ τοὔνομα πάλαι ἐγιγνώσκετο τοῦ νόμου παρὰ τοῖς Ἕλλησι. καὶ μάρτυς Ὅμηρος οὐδαμοῦ τῆς ποιήσεως αὐτῷ χρησάμενος.[50]

So bleibt den Griechen nichts anderes übrig, als bei Mose in die Schule zu gehen:

ταῦτα περὶ θεοῦ φρονεῖν οἱ σοφώτατοι παρὰ τοῖς Ἕλλησιν ὅτι μὲν ἐδιδάχθησαν ἐκείνου τὰς ἀρχὰς παρασχόντος, ἐῶ νῦν λέγειν, ὅτι δ' ἐστὶ καλὰ καὶ πρέποντα τῇ τοῦ θεοῦ φύσει καὶ μεγαλειότητι, σφόδρα μεμαρτυρήκασι.[51]

---

[49] Ap. II 154 (vgl. auch § 279). Zuvor, in § 152, hatte Josephus übrigens in aller Deutlichkeit erklärt:

ἀμέλει πειρῶνται τὰ παρ' αὐτοῖς ἕκαστοι πρὸς τὸ ἀρχαιότατον ἀνάγειν, ἵνα μὴ μιμεῖσθαι δόξωσιν ἑτέρους, ἀλλ' αὐτοὶ τοῦ ζῆν νομίμως ἄλλοις ὑφηγήσασθαι.

So hat Josephus sein (wie man heute sagt) „erkenntnisleitendes Interesse" formuliert. Man muß lange suchen, um dergleichen Erklärung bei anderen Autoren ausfindig zu machen. Hilflos sind die Bemerkungen Müllers zu dieser Stelle; sie wurden schon o. S. 77f. kritisiert.

Im Unterschied zu Philon scheint Josephus durchweg am Vorzug des Alters festzuhalten. Wie bei jenem ist auch bei diesem die Sprache in politischen Zusammenhängen verräterisch: So findet Josephus, aus Rom zurückgekehrt, zuhause νεωτερισμῶν ἀρχάς vor (Vita § 17). Er schlägt sich auf die gemäßigte Seite und versucht τοὺς νεωτεριστὰς παύειν (§ 22; vgl. noch § 28.134). Da dies nicht gelingt, hofft er, es werde den Römern möglich sein παύσειν τὸν νεωτερισμόν (§ 23). In Galiläa findet er eine Partei in Tiberias, deren Anführer Justus νεωτέρων ἐπεθύμει πραγμάτων (§ 36 - vgl. Caesars Formel *cupidus rerum novarum*; ähnlich bei Josephus auch noch in § 391). In Gischala gibt es Bürger, die nichts im Sinn haben als τὴν ἀποστασίαν τὴν ἀπὸ Ῥωμαίων (§ 43). Insbesondere Johannes von Gischala ist νεωτέρων ὀρεγόμενος πραγμάτων (§ 70). Und in Tiberias gibt es viele νεωτέρων ἐπιθυμοῦντες αἰεὶ πραγμάτων καὶ φύσει πρὸς μεταβολὰς ἐπιτηδείως ἔχοντες καὶ στάσεσι χαίροντες (§ 87). Diese keineswegs erschöpfende Sammlung einschlägiger Stellen mag genügen, um zu zeigen, daß kein römischer Historiker die Sache patriotischer hätte ansehen können. Das Alte ist offenbar selbst dann das bessere, wenn es sich dabei um die Herrschaft der Römer handelt.

[50] Ap. II 154f. Ein Blick in ein modernes Lexikon bestätigt die Auffassung des Josephus. Nach LSJ kommt νόμος erstmals bei Hesiod vor. Bei LSJ heißt es: „νόμος ... *that which is in habitual practice, use* or *possession*, not in Hom. (cf. J. *Ap.* 2.15), though read by Zenod. in Od. I.3." (S. 1180, s.v. νόμος).

[51] Ap. II 168. Gegen Niese, der hier παρ' liest (S. 76, Z. 10, vgl. auch den Apparat z. St.), ist παρὰ τοῖς zu lesen, vgl. Heinz Schreckenberg: Rezeptionsgeschichtliche und text-

Rhetorisch überaus geschickt weist Josephus darauf hin, daß er an dieser Stelle damit eigentlich gar nicht befaßt sei (ἐῶ νῦν λέγειν)[52]; nichtsdestoweniger stellt er fest, daß die Weisesten der Griechen in bezug auf Gott die richtigen Gedanken erst aufgrund der Tätigkeit des Mose fassen konnten. Noch weiter geht die Aussage, daß jene Männer bezeugten, die mosaischen Anschauungen seien καλὰ καὶ πρέποντα.

Dieser Behauptung fügt Josephus sogleich eine Liste von Namen an:

> καὶ γὰρ Πυθαγόρας καὶ Ἀναξαγόρας καὶ Πλάτων οἵ τε μετ' ἐκεῖνον ἀπὸ τῆς στοᾶς φιλόσοφοι καὶ μικροῦ δεῖν ἅπαντες οὕτως φαίνονται περὶ τῆς τοῦ θεοῦ φύσεως πεφρονηκότες.[53]

In bezug auf Pythagoras war ein Nachweis geführt worden.[54] Dieser betraf allerdings nicht das Gebiet περὶ τῆς τοῦ θεοῦ φύσεως, von dem hier die Rede ist. Noch schlechter sieht es mit Anaxagoras aus, der bisher überhaupt noch nicht erwähnt worden war. Von Platon wird zwar sogleich noch die Rede sein, bisher aber ist ein Nachweis noch nicht einmal versucht worden. Die Behauptung des Josephus entbehrt somit der Begründung.

In bezug auf Platon macht Josephus später genauere Angaben:

> μάλιστα δὲ Πλάτων μεμίμηται τὸν ἡμέτερον νομοθέτην κἀν τῷ μηδὲν οὕτω παίδευμα προστάττειν τοῖς πολίταις ὡς τὸ πάντας ἀκριβῶς τοὺς νόμους ἐκμανθάνειν, καὶ μὴν καὶ περὶ τοῦ μὴ δεῖν ὡς ἔτυχεν ἐπιμίγνυσθαί τινας ἔξωθεν, ἀλλ' εἶναι καθαρὸν τὸ πολίτευμα τῶν ἐμμενόντων τοῖς νόμοις προυνόησεν.[55]

Platon hat den jüdischen Gesetzgeber nachgeahmt (μεμίμηται), indem er den Bürgern seines Staates auftrug, die Gesetze genau zu lernen und indem

kritische Untersuchungen zu Flavius Josephus, ALGHJ 10, Leiden 1977, S. 159.

[52] Dies veranlaßt den aufmerksamen Leser zu fragen, wo Josephus denn diese Frage dann behandelt. Blättert er daraufhin zurück, so stößt er auf I 161ff., kommt aber nicht umhin festzustellen, daß der gesuchte Beweis sich auch dort eben nicht findet.

[53] Ap. II 168.

[54] Siehe o. S. 200-201.

[55] Ap. II 257. Zum Verständnis des μάλιστα ist ein Blick auf den Zusammenhang erforderlich: Josephus hatte dem Apollonius Molon die κατ' ἀλήθειαν ἐν τοῖς Ἑλληνικοῖς φιλοσοφήσαντες gegenübergestellt. Im Unterschied zu jenem stimmen diese nämlich περὶ τοῦ θεοῦ mit den jüdischen Anschauungen überein (§ 255). Von diesen geht auch Platon aus (ὁρμηθείς, § 256). Dies sieht man daran, daß er die Poeten im allgemeinen, Homer im besonderen aus seinem Staat ausschließt (ebd.). Darauf folgt dann das μάλιστα ... μεμίμηται κτλ.

er die Reinheit des Staates durch das Verbot sicherte, sich mit Ausländern zu vermischen.

Zusammenfassend sagt Josephus schließlich:

> ὑφ' ἡμῶν τε διηλέγχθησαν οἱ νόμοι καὶ τοῖς ἄλλοις ἅπασιν ἀνθρώποις ἀεὶ καὶ μᾶλλον αὐτῶν ζῆλον ἐμπεποιήκασι. πρῶτοι μὲν γὰρ οἱ παρὰ τοῖς Ἕλλησι φιλοσοφήσαντες τῷ μὲν δοκεῖν τὰ πάτρια διεφύλαττον, ἐν δὲ τοῖς πράγμασι καὶ τῷ φιλοσοφεῖν ἐκείνῳ κατηκολούθησαν, ὅμοια μὲν περὶ θεοῦ φρονοῦντες, εὐτέλειαν δὲ βίου καὶ τὴν πρὸς ἀλλήλους κοινωνίαν διδάσκοντες.[56]

Die Philosophen der Griechen sind also Nachfolger (κατηκολούθησαν) des Mose. Freilich mußten sie den Schein wahren und sich als Wächter der πάτρια gebärden, aber der Sache nach und in ihrer Philosophie sind sie dem Gesetz des Mose gefolgt. Ihre Lehre ist der des Mose ähnlich; insbesondere περὶ θεοῦ haben sie wie dieser gedacht. Dafür liefert Josephus allerdings auch an dieser Stelle keinen Nachweis, sondern er bemüht sich im folgenden nur, die weite Verbreitung jüdischer Sitten aufzuzeigen.

„Wir wollen hier übergehen", sagt Friedländer, „was Josephus über die noch zu seiner Zeit unter den Juden der Diaspora verbreitet gewesene Ueberzeugung ausführt, wonach die ältesten griechischen Philosophen, wie Pythagoras u. A., die mosaische Lehre nicht nur gekannt, sondern sogar aus ihr ihre Philosophie geschöpft haben."[57] Dies ist umso erstaunlicher, als Friedländer zuvor ausführlich auf den von Josephus geführten Nachweis des hohen Alters der Juden eingegangen ist, denn beides geht Hand in Hand. Seit Hekataios von Milet und Herodot gehören Erweis des höheren Alters und Abhängigkeit der jüngeren Seite von der älteren aufs engste zusammen. Auch für Josephus selbst bedingt das eine das andere: Ist das konkurrenzlos hohe Alter der Juden gegenüber den Griechen erst erwiesen, so braucht man sich mit dem Beweis der Abhängigkeit im einzelnen nicht mehr lan-

---

[56] Ap. II 280-281. Warum betont Josephus, daß die Griechen als erste (πρῶτοι) dem Mose nachgefolgt sind? Das ist doch - bei der nachgewiesenermaßen späten Zeit der griechischen Philosophen - keine besondere Ehre für Mose?!
Die Konjektur Nieses, der γράμμασι statt πράγμασι lesen will, halte ich für entbehrlich (Niese, S. 96, Z. 22 und Apparat z. St.).

[57] Friedländer, a.(Anm. 1)a.O., S. 354.

ge aufzuhalten. So scheint Josephus zu denken. Denn auf den Nachweis des konkurrenzlos hohen Alters der Juden und besonders des Mose verwendet er die größte Sorgfalt, während der Nachweis der Abhängigkeit im einzelnen eher nachlässig zu nennen ist. In bezug auf diesen geht Josephus über seine jüdischen Vorgänger jedenfalls nicht hinaus.[58]

---

[58] Droge (vgl. oben Anm. 10) macht darauf aufmerksam, daß Josephus im Unterschied zu Aristobul „never explicitly claims that any of the Greek philosophers actually 'read' Moses“ (a.a.O., S. 46, Anm. 107). Auch diese Beobachtung bestätigt die Auffassung, daß es Josephus weniger auf den Beweis der Abhängigkeit im einzelnen ankommt.

Anhang: Philon von Byblos

In der Einleitung habe ich begründet, warum ich die römische Parallele zu den jüdischen und christlichen Apologeten breiter darstelle[1]. Gelegentlich wurde darüber hinaus auch auf andere verwandte Erscheinungen hingewiesen, so z.B. auf Chairemon[2]. Wenigstens anhangsweise möchte ich hier nun noch auf Philon von Byblos eingehen, der zeitlich zwischen Josephus und die ersten christlichen Apologeten fällt, räumlich mit dem Jerusalemer Josephus bestimmte Voraussetzungen teilt und sachlich eine interessante Parallele gerade zu Josephus darstellt.

Was zunächst die chronologische Ansetzung anbelangt, so wird Philon von Byblos bei Jacoby auf ca. 54-142 datiert[3], d.h. er ist etwas jünger als Josephus und hat ihn um einige Jahrzehnte überlebt. Was die geographische Lage betrifft, so ist zu berücksichtigen, daß „the Phoenician cities are the clearest examples [*sc.* im syrisch-palästinischen Raum] of pre-Greek cities which retained their traditions and identities while also becoming integrated in the Hellenistic and Roman world."[4] Philon von Byblos und Josephus haben also auch sachliche Voraussetzungen gemeinsam. Denn wie bei den Juden, so gab es auch bei den Phoinikiern bis hin zu Philon von Byblos „a continuous literary tradition"[5], eine Tradition, die in beiden Fällen sehr weit zurückreicht und von beiden Autoren *gerade wegen ihres Alters* der griechisch-römischen Umwelt gegenüber herausgestellt wird. Dies ist der Grund, warum ich Philon von Byblos gerade als Anhang zu Josephus behandle.

---

[1] Vgl. oben S. 7-8.

[2] Vgl. z. B. S. 66 mit Anm. 5; S. 187.

[3] FGrHist 790 („Herennius Philon von Byblos"). Eine Diskussion der „Biographical Data" bietet Baumgarten in seinem Kommentar (Albert I. Baumgarten: The *Phoenician History* of Philo of Byblos. A Commentary, EPRO 89, Leiden 1981, S. 31-40).

[4] Fergus Millar: The Background to the Maccabean Revolution: Reflections on Martin Hengel's „Judaism and Hellenism", JJS 29 (1978), 1-21, Zitat S. 4. „Phoenician inscriptions continue until the reign of Augustus, Phoenician lettering on the coins of Tyre until towards the end of the second century A.D." (a.a.O., S. 5.)

[5] Millar, a.a.O., S. 5.

1. Die Φοινικικὴ ἱστορία *des Philon von Byblos*

Der Inhalt der Φοινικικὴ ἱστορία ist im wesentlichen durch Eusebs Exzerpte in seiner Praeparatio Evangelica bekannt. Er gibt an[6], daß Philon sein Werk in neun Bücher geteilt habe und zitiert das Prooemium des ersten Buches folgendermaßen:

> τούτων οὕτως ἐχόντων ὁ Σαγχουνιάθων, ἀνὴρ δὴ πολυμαθὴς καὶ πολυπράγμων γενόμενος καὶ τὰ ἐξ ἀρχῆς, ἀφ' οὗ τὰ πάντα συνέστη, παρὰ πάντων εἰδέναι ποθῶν, πολυφροντιστικῶς ἐξεμάστευσεν τὰ Τααύτου, εἰδὼς ὅτι τῶν ὑφ' ἥλιον γεγονότων πρῶτός ἐστι Τάαυτος, ὁ τῶν γραμμάτων τὴν εὕρεσιν ἐπινοήσας καὶ τῆς τῶν ὑπομνημάτων γραφῆς κατάρξας καὶ ἀπὸ τοῦδε ὥσπερ κρηπῖδα βαλόμενος τοῦ λόγου, ὃν Αἰγύπτιοι μὲν ἐκάλεσαν Θωύθ, 'Αλεξανδρεῖς δὲ Θώθ, 'Ερμῆν δὲ Ἕλληνες μετέφρασαν.[7]

Philon beruft sich in seinem Werk auf einen Gewährsmann namens Sanchunjaton, der seinerseits aber eine wesentlich ältere Quelle benutzt, den Taautos. Dieser ist die älteste Quelle, die es überhaupt geben kann, da er der πρῶτος εὑρετής der Schrift ist und als erster ὑπομνήματα verfaßt hat. Sogleich werden die Ägypter und die Griechen auf ihre Plätze verwiesen; beide sind später als Taautos und im Zweifelsfall von diesem abhängig.

Das Folgende faßt Euseb in seinen eigenen Worten dahingehend zusammen, daß Philon die späteren Autoren (τοῖς μετὰ ταῦτα νεωτέροις) tadelt, weil sie die Göttergeschichten gewaltsam und nicht wahrheitsgemäß (βεβιασμένως καὶ οὐκ ἀληθῶς) interpretieren.[8] Insbesondere richtet sich die Polemik des Philon - hierin dem Josephus sehr ähnlich - gegen die Griechen, die spät erst sich mit dergleichen befaßt haben und dann noch aufgrund unzulänglicher Quellen. Nachdem nämlich Sanchunjaton die Dinge gründlich erforscht hatte

> πάλιν οἱ ἐπιγενόμενοι ἱερεῖς χρόνοις ὕστερον ἠθέλησαν αὐτὴν ἀποκρύψαι καὶ εἰς τὸ μυθῶδες ἀποκαταστῆσαι· ἐξ οὗ τὸ μυστικὸν ἀνέκυπτεν οὐδέπω φθάσαν εἰς Ἕλληνας.[9]

Nach Sanchunjaton waren also zuerst Priester am Werk, die seine Aufklä-

---

6 Euseb: Praeparatio Evangelica I 9,23 = FGrHist 790 F 1.

7 Euseb: P.E. I 9,24 = FGrHist 790 F 1.

8 Euseb: P.E. I 9,25 = FGrHist 790 F 1.

9 Euseb: P.E. I 9,26 = FGrHist 790 F 1.

rungsarbeit wiederum (πάλιν) zunichte machten. Dadurch kam τὸ μυστικόν erneut zum Zuge - und selbst zu dieser Zeit war die Kenntnis dieser Dinge noch nicht einmal zu den Griechen gelangt. Daran kann man sehen, wie sehr schon Sanchunjaton - ganz zu schweigen von Taautos - die Griechen an Alter übertrifft, die ihrerseits am Erkenntnisfortschritt durch die Priesterüberlieferung behindert waren, so daß sie zu einer richtigen Einsicht gar nicht gelangen konnten. Anders freilich Philon selbst:

> ταῦθ' ἡμῖν εὕρηται ἐπιμελῶς εἰδέναι τὰ Φοινίκων ποθοῦσι καὶ πολλὴν ἐξερευνησαμένοις ὕλην, οὐχὶ τὴν παρ' Ἕλλησι· διάφωνος γὰρ αὕτη φιλονεικότερον ὑπ' ἐνίων μᾶλλον ἢ πρὸς ἀλήθειαν συντεθεῖσα.[10]

Das Material der Griechen ist nichts wert, weil es διάφωνος[11] ist - ganz ähnlich hatte auch Josephus den Finger auf die Widersprüche bei den griechischen Autoren gelegt; wie Philon hatte er die mangelnde Wahrheitsliebe[12] bei den Griechen kritisiert.

Darum muß man sich um die alten Quellen bemühen, die ägyptischen und vor allem die phoinikischen. Von ihnen nämlich ist alles menschliche Wissen abhängig:

> προδιαρθρῶσαι δὲ ἀναγκαῖον πρὸς τὴν αὖθις σαφήνειαν καὶ τὴν τῶν κατὰ μέρος διάγνωσιν, ὅτι οἱ παλαίτατοι τῶν βαρβάρων, ἐξαιρέτως δὲ Φοίνικές τε καὶ Αἰγύπτιοι, παρ' ὧν καὶ οἱ λοιποὶ παρέλαβον ἄνθρωποι, θεοὺς ἐνόμιζον μεγίστους τοὺς τὰ πρὸς τὴν βιωτικὴν χρείαν εὑρόντας ἢ καὶ κατά τι εὖ ποιήσαντας τὰ ἔθνη εὐεργέτας τε τούτους καὶ πολλῶν αἰτίους ἀγαθῶν ἡγούμενοι ὡς θεοὺς προσεκύνουν κτλ.[13]

Philon erweist sich hier als Apologet der Phoinikier. Nicht nur die Tatsache, daß die Ägypter und - ἐξαιρέτως - die Phoinikier als die ältesten Völker bezeichnet werden, ist hier in Anschlag zu bringen: Von ihnen haben die übrigen Menschen alles empfangen. Die λοιποὶ ἄνθρωποι, das sind natürlich vornehmlich die Griechen, die gerade im Blick auf ihre Mythologie gänzlich von den Phoinikiern und ihrer Überlieferung abhängig sind.

---

[10] Euseb: P.E. I 9,27 = FGrHist 790 F 1.

[11] Ganz ähnlich sagt Josephus, daß die Schriften der Griechen ἀσύμφωνος seien (die Stelle wurde oben S. 198f. zitiert). Insbesondere die Schriften der griechischen Historiker weisen ihm zufolge Widersprüche auf (vgl. oben S. 197, Anm. 20).

[12] Zur mangelnden Wahrheitsliebe der Griechen nach Josephus s. oben, S. 198, Anm. 23.

[13] Euseb: P.E. I 9,29 = FGrHist 790 F 1.

Eduard Meyers Charakterisierung des Philon geht in die richtige Richtung: Dieser versucht nachzuweisen, „daß alle griechischen Mythen nur Entstellungen der phoenikischen seien“[14]. Eduard Meyer fügt hinzu, daß sich Philons Schrift „neben die zahlreichen jüdischen und samaritanischen Schriften [stellt], welche die alttestamentliche Wahrheit den Griechen zugänglich machen wollen“[15] - hier wie dort geht es darum, Griechen vom Wert und d.h. vom Alter der eigenen Überlieferung zu überzeugen. Wie Josephus so führt deshalb auch Philon einen Altersbeweis.

Dieser Altersbeweis geht aus von der These, daß der eigene Gewährsmann - Mose bzw. Sanchunjaton - die griechische Tradition an Alter übertreffe. Beide werden daher in die graue Vorzeit datiert. Sowohl Josephus als auch Philon polemisieren sodann gegen die griechische Überlieferung, wobei Josephus auf die Historiker zielt, Philon auf die Mythologie. Beide stellen fest, daß die griechischen Texte nicht nur jünger (und darum weniger wertvoll) seien, sondern schon an sich widersprüchlich und nicht der Wahrheit entsprechend. Beide behaupten zusätzlich, daß die Griechen von der jüdischen bzw. phoinikischen Seite abhängig seien. *Beide sind Apologeten ihrer eigenen Tradition.*

2. Porphyrios über Sanchunjaton

ἱστορεῖ δὲ τὰ περὶ Ἰουδαίων ἀληθέστατα, ὅτι καὶ τοῖς τόποις καὶ τοῖς ὀνόμασιν αὐτῶν τὰ συμφωνότατα, Σαγχουνιάθων ὁ Βηρύτιος, εἰληφὼς τὰ ὑπομνήματα παρὰ Ἱερομβάλου τοῦ ἱερέως θεοῦ Ἰευώ· ὃς Ἀβιβάλῳ τῷ βασιλεῖ Βηρυτίων τὴν ἱστορίαν ἀναθεὶς ὑπ' ἐκείνου καὶ τῶν κατ' αὐτὸν ἐξεταστῶν τῆς ἀληθείας παρεδέχθη. οἱ δὲ τούτων χρόνοι καὶ πρὸ τῶν Τρωϊκῶν πίπτουσι χρόνων καὶ σχεδὸν τοῖς Μωσέως πλησιάζουσι, ὡς αἱ τῶν Φοινίκης βασιλέων μηνύουσι διαδοχαί. Σαγχουνιάθων δὲ ὁ κατὰ τὴν Φοινίκων διάλεκτον φιλαλήθως πᾶσαν τὴν παλαιὰν ἱστορίαν ἐκ τῶν κατὰ πόλιν ὑπομνημάτων καὶ τῶν ἐν τοῖς ἱεροῖς ἀναγραφῶν συναγαγὼν δὴ καὶ συγγράψας ἐπὶ Σεμιράμεως γέγονεν τῆς Ἀσσυρίων βασιλίδος, ἣ πρὸ τῶν Ἰλιακῶν ἢ κατ' αὐτούς γε τοὺς χρόνους γενέσθαι ἀναγέγραπται. τὰ δὲ τοῦ

---

[14] Eduard Meyer: Geschichte des Altertums II 2, Darmstadt [4]1965, S. 176.

[15] A.a.O., S. 177.

Σαγχουνιάθωνος εἰς Ἑλλάδα γλῶσσαν ἡρμήνευσεν Φίλων ὁ Βύβλιος.[16]

Über die durch Euseb aus Philon von Byblos exzerpierten bzw. referierten Informationen hinaus erfahren wir durch Porphyrios, daß Sanchunjaton seinerseits in die Zeit der Semiramis[17] zu datieren ist. Er fußt auf ὑπομνήματα des Priesters Hierombalos, der sein Werk dem König von Beirut, Abibalos, gewidmet hat. Abibalos dient nicht nur der chronologischen Fixierung des Hierombalos, sondern verbürgt auch die Korrektheit der ὑπομνήματα (ὑπ' ἐκείνου ... τῆς ἀληθείας παρεδέχθη). Abibalos und Hierombalos sind nicht nur vor den trojanischen Krieg zu datieren, sondern ihre Zeit σχεδὸν τοῖς [*sc.* χρόνοις] Μωσέως πλησιάζουσιν. Dies erhellt aus den διαδοχαί der phoinikischen Könige, wie Porphyrios eigens bemerkt.

Auch Porphyrios ist also an dem Altersbeweis für Sanchunjaton interessiert, wenngleich aus anderen Gründen als Philon von Byblos.[18] Ihm liegt offenbar daran, den Sanchunjaton als Autorität gegen Mose zu etablieren, d.h. der Altersbeweis des Porphyrios steht in Konkurrenz zum jüdisch-christlichen Altersbeweis für Mose.

---

[16] Porphyrios bei Euseb: P.E. I 9,20-21 = F 41 Harnack (Adolf von Harnack: Porphyrius: „Gegen die Christen", 15 Bücher. Zeugnisse, Fragmente und Referate, in: ders.: Kleine Schriften zur alten Kirche (Opuscula IX), herausgegeben von Jürgen Dummer, Band II, Leipzig 1980, 362-493).

[17] Jürgen Ebach sagt in bezug auf diese Stelle: „Philo von Byblos gibt an, sein Werk sei eine Übersetzung, bzw. Bearbeitung einer sehr viel älteren Schrift des Sanchunjaton, eines Priesters aus Beirut (Berytos), der 'vor dem Trojanischen Krieg oder zu dieser Zeit' gelebt habe." (Jürgen Ebach: Weltentstehung und Kulturentwicklung bei Philo von Byblos. Ein Beitrag zur Überlieferung der biblischen Urgeschichte im Rahmen des altorientalischen und antiken Schöpfungsglaubens, BWANT 108, Stuttgart/Berlin/Köln/Mainz 1979, S. 1. Vgl. auch S. 2, Anm. 1). Das trifft nicht zu, denn das Zitat geht eindeutig auf Porphyrios - nicht auf Philon von Byblos - zurück.

[18] Fraglich ist, woher Porphyrios die einschlägigen Informationen hat. Wegen der gänzlich unterschiedlichen Gewährsleute (Philon: Sanchunjaton und Taautos; Porphyrios: Sanchunjaton und Hierombalos samt Abibalos) kann man jedenfalls nicht ohne weiteres annehmen, Porphyrios schöpfe hier aus Philon (gegen Ebach, s. die vorige Anm.). Baumgarten, der die Porphyrios-Passage in seinem Kommentar zu Philon von Byblos (s. oben Anm. 3) eingehend diskutiert (S. 41-62), hält es für angemessen „to consider the entire account sheer fantasy" (S. 53).

§ 5 *Der Erfolg der jüdischen Apologetik*

Die Überschrift dieses Paragraphen lädt zur Kritik ein. Denn natürlich sind nicht alle in diesem Kapitel behandelten jüdischen Autoren «Apologeten». Man kann, ganz im Gegenteil, für fast jeden dieser Autoren eine treffendere Bezeichnung finden, sei es nun Historiker (so für Eupolemos oder Josephus), sei es Exeget (so etwa für Philon), sei es speziell Thoraausleger (für Aristobul) usw. Was jedoch alle diese Autoren, deren Unterschiedlichkeit nicht geleugnet werden soll, eint, ist das apologetische Ziel, vorsichtiger formuliert: das apologetische Nebenziel, das sie alle verfolgen. Und insofern halte ich jedenfalls den zweiten Bestandteil der Überschrift: „der jüdischen Apologetik" für sinnvoll und sachgemäß.

Bevor ich auf den ersten Teil, den „Erfolg", zu sprechen komme, halte ich es für angebracht, den zeitlichen Rahmen abzustecken, innerhalb dessen die folgenden Überlegungen angestellt werden. Der *terminus ad quem*, das bedarf keiner Erörterung, ist um 100 n.Chr., dem Todesdatum des Josephus, anzusetzen. Denn er bringt nicht nur die jüdische Apologetik zu ihrem Höhepunkt, sondern er ist auch der letzte Vertreter dieser Gattung im jüdischen Bereich, von dem wir wissen. Weniger genau läßt sich der *terminus a quo* angeben; ihn wird man etwa in die Mitte des 3. Jahrhunderts v. Chr. setzen können. Wer mit einer längeren mündlichen Phase rechnet, mag bis ungefähr 300 v. Chr. hinaufgehen.[1] Ein Zeitraum von rund 350 Jahren ist es also, in dem man die apologetischen Bemühungen der jüdischen Autoren verfolgen kann.

---

[1] John G. Gager fragt: „Where did Hecataeus of Abdera, Strabo, and Pompeius Trogus procure their information about Moses and the Jews? How does one explain the statements of Theophrastus, Megasthenes, Clearchus, and Hermippus ... to the effect that the Jews were a nation of philosophers?" (John G. Gager: Moses in Greco-Roman Paganism, SBLMS 16, Nashville/New York 1972, S. 78f.) Die Berechtigung dieser Fragestellung kann man schwerlich leugnen, auch wenn man Gagers Antwort nicht so ohne weiteres zu übernehmen bereit ist: „The answer must be that their sources, whether written or oral, were Jewish and that these sources must be characterized as patently apologetic. Regardless of their intended audience, they were formulated in direct reaction to the non-Jewish environment, and it is only natural to assume that they could be and were pressed into 'foreign' duty under the proper circumstances. Hecataeus, Theophrastus, and Megasthenes, each of whom flourished around 300 B.C.E., reflect the earliest stage, quite probably oral, of this apologetic tradition" (a.a.O., S. 79).

Fragt man nun nach dem „Erfolg" dieser Bemühungen, so muß man sich der Problematik bewußt sein, die in einer solchen Frage steckt. Denn wie will man den „Erfolg" messen? Man könnte formulieren: Wie unterscheidet sich die Haltung eines durchschnittlichen Heiden zum Judentum ca. 250 v. Chr. von der Haltung eines durchschnittlichen Heiden ca. 100 n. Chr.? Selbst wenn diese Frage beantwortbar wäre, könnte man an dieser Antwort schwerlich einen etwaigen Erfolg der jüdischen Apologetik ablesen. Denn die Faktoren, die zu der möglichen Änderung in der Einstellung des „durchschnittlichen Heiden" geführt haben können, sind viel zu komplex, als daß man eine einfache Relation zu den apologetischen Bemühungen herstellen könnte. Ich will nur auf die politischen Veränderungen hinweisen, die die Zerstörung des Tempels durch Titus mit sich brachte. Oder im Blick auf Alexandrien: Die ausgefeilteste Apologie kann ein Pogrom schwerlich verhindern.

Nach der Haltung zum Judentum kann man also nicht fragen, wenn man den Erfolg der apologetischen Bemühungen erfassen will. Leichter beantworten könnte man die Frage, wenn man statt nach der Haltung eines Heiden dem Judentum gegenüber nach dessen Kenntnissen vom Judentum fragte. Diese Frage wäre an sich sinnvoll, angesichts des zur Verfügung stehenden Quellenmaterials erscheint jedoch auch die Beantwortung der so eingeschränkten Frage als aussichtslos.

Ich möchte daher die Reichweite der Frage noch weiter reduzieren und nur nach dem Erfolg des jüdischen Altersbeweises fragen, insofern er sich an den literarischen Zeugnissen ablesen läßt. In diesem Rahmen bietet sich Mose als konkreter Testfall an und zwar aus zwei Gründen: Zum einen spielt Mose für den Altersbeweis der jüdischen Autoren die herausragende Rolle, wie der samaritanische Anonymos, Eupolemos, Artapanos, Aristobul, Philon und Josephus zeigen. Zum andern liegen gerade über Mose von paganen Autoren hinreichend viele Zeugnisse vor, so daß man erwarten darf, daß, wenn überhaupt, dann hier eine Antwort auf die in der Überschrift aufgeworfene Frage möglich sein wird.[2]

---

[2] Victor Tcherikover: Jewish Apologetic Literature Reconsidered, in: Symbolae Raphaeli Taubenschlag dedicatae III, Eos 48 (1956), 169-193, bestreitet, daß „Jewish Alexandrian literature was wholly or mostly a literature of self-defence, polemics and propaganda" (S. 171). Er versucht dagegen zu zeigen „that Jewish Alexandrian literature was directed inwards and not outwards" (S. 182). Von diesem Verdikt ausgenommen sind nur einige Schrif-

1. Die Bekanntheit des Mose

Zunächst erscheint es mir sinnvoll, einen Überblick über die paganen Autoren zu versuchen, die Mose überhaupt erwähnen. Es sind dies[3]:

III	Hekataios von Abdera (GLAJJ 11)
	Manetho (GLAJJ 21)
I v.	Apollonius Molon (GLAJJ 46 + 49)
	Alexander Polyhistor (GLAJJ 51a + 52[4])

---

ten des Philon (S. 182f.) und Josephus, der nicht Alexandrien zuzuordnen ist (S. 182, Anm. 32); ihn bezeichnet auch Tcherikover als „typical apologetic writer who sees in the defence of Judaism his main task". Daran kommt man schon wegen dessen eigener Aussage nicht vorbei: „He even emphasizes explicitly that he wrote his books for the Gentiles." (ebd.) Selbst wenn die Einschätzung Tcherikovers in bezug auf die in diesem Kapitel von mir behandelten Autoren (abgesehen von Philon und Josephus) zuträfe - was ich bezweifle (dazu gleich) -, würden die Ausführungen dieses Paragraphen davon im wesentlichen nicht betroffen, wie das in Abschnitt 1 vorgelegte Material zeigt.
Allein die Tatsache, daß viele der einschlägigen jüdischen Autoren „fast ausschließlich gerade durch einen heidnischen Vermittler, den griechischsprachigen Römer Alexandros Polyhistor, erhalten geblieben sind", gibt doch zu denken: „Es ist also den jüdisch-hellenistischen Autoren offenbar doch möglich gewesen, in gewissem Maße über einen engen jüdischen Leserkreis hinaus zu wirken" (Nikolaus Walter: Untersuchungen zu den Fragmenten der jüdisch-hellenistischen Historiker, HabSchr. masch. Halle/Wittenberg 1968, S. 8).

[3] Der Verfasser der pseudojustinischen Cohortatio ad gentiles behauptet in Kapitel 9:
καὶ οἱ τὰ Ἀθηναίων δὲ ἱστοροῦντες, Ἑλλάνικός τε καὶ Φιλόχορος ὁ τὰς Ἀτθίδας, Κάστωρ τε καὶ Θαλλὸς καὶ Ἀλέξανδρος ὁ Πολυΐστωρ, ἔτι δὲ καὶ οἱ σοφώτατοι Φίλων τε καὶ Ἰώσηπος, οἱ τὰ κατὰ Ἰουδαίους ἱστορήσαντες, ὡς σφόδρα ἀρχαίου καὶ παλαιοῦ τῶν Ἰουδαίων ἄρχοντες Μωϋσέως μέμνηνται.
(Io. Car. Th. de Otto [Hg.]: Iustini philosophi et martyris opera quae feruntur omnia, volumen III: opera Iustini addubitata, Jena [3]1879, S. 44.)
Träfe diese Behauptung zu, so müßte nicht nur der Attidograph Philochoros (FGrHist 328), der Jacoby zufolge in den sechziger Jahren des dritten Jahrhunderts v. Chr. gestorben ist (Kommentar III b (Supplement), Volume I, S. 222), sondern auch dessen Vorgänger Hellanikos (FGrHist 4 und 323a.), ein Zeitgenosse des Herodot, in die Liste derjenigen aufgenommen werden, die Mose erwähnen. In beiden Fällen, insbesondere aber in bezug auf Hellanikos, muß es aber als außerordentlich unwahrscheinlich gelten, daß der jeweilige Autor Mose erwähnt haben soll. Stern hat die Behauptung des Verfassers der Cohortatio in seinen Anhang verwiesen (Band III, S. 42, als Nr. 565) und die Frage diskutiert, ob Hellanikos und Philochoros eine Erwähnung des Mose zuzutrauen sei (a.a.O., S. 38-41). Er kommt zu dem Ergebnis: „*To sum up, we have to relegate the statement of the* Cohortatio *as to the evidence of Hellanicus and Philochorus about Moses to the realm of apologetic invention*" (a.a.O., S. 40). Demnach sind weder Hellanikos noch Philochoros in die obige Liste aufzunehmen.

[4] Letzterer Beleg ist fraglich, da hier von einer *Dame* namens Moso die Rede ist:
γυνὴ ... Μωσώ, ἧς ἐστι σύγγραμμα ὁ παρ' Ἑβραίοις νόμος.

	Diodor (GLAJJ 58 + 63)
	Nikolaus von Damaskus (GLAJJ 85)
	Strabo (GLAJJ 115)
I n.	Der Autor von De sublimitate (GLAJJ 148, allerdings ohne Namensnennung)
	Ptolemäus von Mendes (GLAJJ 157a+b)
	Lysimachos (GLAJJ 158)
	Apion (GLAJJ 164 + 165)
	Chairemon (GLAJJ 178)
	Plinius der Ältere (GLAJJ 221)
	Quintilian (GLAJJ 230, ebenfalls ohne Namensnennung)
	Nikarchos (GLAJJ 248)
	Tacitus (GLAJJ 281)
	Juvenal (GLAJJ 301)
II n.	Ptolemäus Chennus (GLAJJ 331)
	Apuleius (GLAJJ 361)
	Numenios von Apamea (GLAJJ 363.365 u.ö.).

Will man nun daraus Schlüsse ziehen, so muß man zunächst die Autoren zeitlich zuordnen. Zur Erleichterung der Übersicht sind in obiger Liste die Jahrhunderte jeweils bei dem ersten Autor vorangestellt. Es ergibt sich die folgende Übersicht:

3. Jahrhundert:	2 Autoren
2. Jahrhundert:	0 Autoren
1. Jahrhundert:	5 Autoren
1. Jahrhundert n.Chr.:	10 Autoren
2. Jahrhundert:	3 Autoren (unvollständig!)[5]

Die Konzentration auf die mit dem 1. Jahrhundert v. Chr. beginnende Phase ist nicht zu übersehen. Wenn man bedenkt, daß „Jewish writers of the Hellenistic and Roman periods did their best to discover indirect allusions

---

[5] Für das zweite Jahrhundert ist meine Liste nicht vollständig. Für dieses Jahrhundert Vollständigkeit anzustreben ist unnötig, weil hier schon mit einem Einfluß auch der christlichen Autoren (beispielsweise auf Kelsos) zu rechnen ist, so daß eine Erwähnung des Mose nicht mehr ohne weiteres den jüdischen Autoren zugerechnet werden kann. Daher habe ich die Liste nur bis Numenios von Apamea geführt, der aus inhaltlichen Gründen (dazu s. unten, Abschnitt 3) nicht fehlen konnte.

to the Jews in Greek classical texts"[6] und daß etwa Josephus sich bemüht, alles Erreichbare auch zu bringen (also nicht nur die von Momigliano genannten „allusions", sondern natürlich erst recht explizite Erwähnungen), so muß man davon ausgehen, daß für das 3. und 2. vorchristliche Jahrhundert *mehr nicht da war*. Josephus zitiert zwar auch ältere Autoren als Hekataios von Abdera, aber dort wird eben Mose *nicht* erwähnt.[7]

Als Ergebnis kann man festhalten: Nach Hekataios von Abdera und Manetho im 3. Jahrhundert erfreut sich Mose nach einer längeren Pause ab dem 1. Jahrhundert vor Christus einer relativ großen Bekanntheit. Diese Bekanntheit ist gewiß *auch* auf das Wirken der jüdischen Autoren zurückzuführen. Denn für deren apologetische Bemühungen im allgemeinen ist Mose von zentraler Bedeutung[8]; dies gilt im besonderen auch für den Altersbeweis, wie sich gezeigt hat.

2. Die Reaktion auf den Altersbeweis bei den antijüdischen Polemikern

Neben diesen eher zahlenmäßigen Befund bezüglich der Bekanntheit des Mose tritt nun noch eine weitere Erwägung. Wenn man die von Josephus zitierten Zeugnisse griechisch schreibender Autoren liest, so stellt man fest: Es wird den Juden alles mögliche zum Vorwurf gemacht - *aber der Altersbeweis als solcher wird nirgendwo prinzipiell bestritten.*[9]

---

[6] Arnaldo Momigliano: Greek Culture and the Jews, in: Moses I. Finley [Hg.]: The Legacy of Greece. A New Appraisal, Oxford 1981, 325-346, Zitat S. 325f. Momigliano fährt fort: „... but were themselves surprised by the poverty of their harvest" (S. 326).

[7] Josephus bietet in Ap. I 161ff. ein Kompendium einschlägiger griechischer Texte, darunter beispielsweise auch Herodot II 104 (in Ap. I 168-170). Ob z.B. in diesem Fall wirklich eine Bezugnahme auf Juden vorliegt, ist durchaus zweifelhaft. Die Ausbeute des Josephus für die Zeit vor Hekataios von Abdera ist in jedem Fall sehr dürftig. Vgl. die Aussage von Bickerman: „Soon after 300 B.C.E., however, Greek literati lost any special interest in this oriental tribe [*sc.* die Juden]; it no longer constituted a novelty. ... Not before the Maccabean wars did the Jews again attract the attention of Greek intellectuals" (Elias J. Bickerman: The Jews in the Greek Age, Cambridge/Massachusetts & London 1988, S. 18).

[8] Man vgl. etwa eine Schrift wie Philons De vita Mosis.

[9] Josephus bringt in Ap. I 161ff. alle ihm erreichbaren griechischen Zeugnisse, wobei er sich besonders ausführlich mit Hekataios von Abdera (§ 183-204) befaßt. Auf die Anschuldigungen gegen die Juden kommt er dann schon bei Agatharchides (§ 205-212) zu sprechen; diese Anschuldigungen sind das Hauptthema seines Werkes ab § 219. Hier geht Josephus auf Manetho (§ 228-287), Chairemon (§ 288-303) und Lysimachos (§ 304-320) ein, um im zweiten Buch dann besonders gründlich den Apion zu widerlegen (II 1-144).

Diese Tatsache bestätigt auf ihre Weise die in dieser Arbeit vertretene Ansicht, daß kein Leser der jüdischen (oder später: der christlichen) apologetischen Schriften aus prinzipiellen Gründen Schwierigkeiten mit dem Altersbeweis haben mußte; insofern ist sie durchaus nicht überraschend.

Das *argumentum e silentio* mag ansonsten methodisch überaus bedenklich sein: Im Falle des Apion beispielsweise, dem Josephus 144 Paragraphen seines Werkes widmet, wird man dennoch mit hoher Wahrscheinlichkeit sagen können: Apion hat den Altersbeweis der jüdischen Autoren nicht prinzipiell bestritten.

Trotzdem kann man erkennen, daß der Altersbeweis seinen Eindruck auf die antijüdischen Polemiker gemacht hat: Denn die zeitliche Einordnung des Mose ist ausdrücklicher Streitpunkt in mehreren Fällen.[10] D.h. man hat dem Altersbeweis der jüdischen Autoren die Basis zu entziehen versucht, indem man das Alter des Mose möglichst reduzierte und den Juden so den Altersvorsprung nahm.

Auch eine zweite Voraussetzung des jüdischen Altersbeweises wurde *expressis verbis* angegriffen, nämlich die Weisheit der jüdischen ἥρωες. So berichtet beispielsweise Josephus über die Polemik des Apion:

> θαυμαστοὺς ἄνδρας οὐ παρεσχήκαμεν οἷον τεχνῶν τινων εὑρετὰς ἢ σοφίᾳ διαφέροντας. καὶ καταριθμεῖ Σωκράτην καὶ Ζήνωνα καὶ Κλεάνθην καὶ τοιούτους τινάς.[11]

Fehlt es den Juden überhaupt an Weisen und an (πρῶτοι) εὑρεταί, so kann natürlich auch Mose kein solcher gewesen sein, d.h. neben dem Alter fällt auch die Weisheit der jüdischen ἥρωες dahin; auf diese Weise wird der Altersbeweis der jüdischen Autoren wirkungslos.

---

[10] Apion ist das berühmteste Beispiel dafür. Er versucht, Mose möglichst weit herunterzudrücken und plädiert für das Jahr der Gründung Karthagos; damit wären die Juden in den Bereich des Üblichen geholt, und ein jeder Altersbeweis wäre zum Scheitern verurteilt. Gutschmid will diese Chronologie der Unwissenheit des Apion zuschreiben: „... über die ältere jüdische Geschichte zeigte er sich sehr unwissend, indem er ihren Auszug [gemeint ist der Auszug unter der Führung des Mose] in das Jahr 752 herabdrückte" (Alfred von Gutschmid: Vorlesungen über Josephos' Bücher gegen Apion, in: ders.: Kleine Schriften IV. Schriften zur griechischen Geschichte und Literatur, Leipzig 1893, 336-589, Zitat S. 367). Er rechnet nicht mit der polemischen Abzweckung dieser chronologischen Angaben; diese ist m.E. jedoch die nächstliegende Erklärung.

[11] Josephus: Contra Apionem II 135. Ganz entsprechend lautet der Vorwurf des Apollonius Molon (Ap. II 148; vgl. auch II 182).

Weder die Polemik der antijüdischen Autoren noch die Apologetik, die sich gegen dieselbe wandte, geschieht im luftleeren Raum. Selbst wenn man einschlägige Texte nicht besäße, müßte man schon a *priori* annehmen, daß es sich um ein Gespräch handelt, das eben zwei Parteien erfordert. Es ließe sich unschwer zeigen, daß die Intensität diese Gesprächs immer weiter zunimmt; dazu haben *beide* Seiten ihren Beitrag geleistet.

3. Platon als Μωσῆς ἀττικίζων

Wo von dem Erfolg des Altersbeweises der jüdischen Autoren die Rede ist, darf das berühmte *dictum* des Numenios nicht fehlen:

Τί γάρ ἐστι Πλάτων ἢ Μωσῆς ἀττικίζων;[12]

Die Authentizität dieses Zitats ist gelegentlich in Frage gestellt worden[13]. Aus dem Rahmen dessen, was sonst von Numenios überliefert ist, fällt dieses Zitat allerdings nicht heraus. Wohl handelt es sich um einen Spitzensatz, aber doch eben um einen solchen, der die Spitze der Theorie *des Numenios* bildet. Zudem wird dieses Zitat außer durch Euseb schon durch Clemens Alexandrinus mit denselben Worten überliefert; Clemens führt es mit der Bemerkung ein: Νουμήνιος ἄντικρυς γράφει, d.h. „he [sc. Clemens] uses the very words of Numenius"[14].

Es ist hier nicht der Ort, auf die Philosophie des Numenios im einzelnen einzugehen. Zum Verständnis des zitierten Fragments mag es genügen, auf das dreistufige Schema der ἀναχώρησις hinzuweisen, das für Numenios charakteristisch ist. Die erste Stufe dieser ἀναχώρησις führt durch die (von Platon abgefallene) Tradition zurück zu Platon. Die zweite Stufe führt sodann von Platon zu Pythagoras, und die dritte Stufe der ἀναχώρησις von

---

[12] Édouard des Places [Hg.]: Numénius: Fragments (CUFr), Paris 1973, F 8 (S. 51, Z. 13), aus Euseb: Praeparatio Evangelica XI 10, 12-14 (GLAJJ 363c = II 210, vgl. auch 363b auf S. 209).

[13] Einige einschlägige Autoren nennt Gager (s. o. Anm. 1), S. 67. Er selbst kommt zu dem Ergebnis „that there is no compelling reason to deny the authenticity of the saying" (S. 68).

[14] Das englische Zitat aus Stern, GLAJJ 363a (= II 209). Die Stelle bei Clemens Alexandrinus: Stromateis I 22 (Stählin, GCS II, S. 93, Z. 11). Der einzige Unterschied, der zwischen der Fassung des Euseb (s. die vorige Anm.) und der des Clemens besteht, ist die Schreibung des Wortes Mose, die hier Μωυσῆς, bei Euseb aber Μωσῆς ist.

diesem zu Brachmanen, Juden, Magiern und Ägypter.[15]

Die Juden erscheinen also unter denjenigen Völkern (bzw. Teilen von Völkern), bei denen Numenios die Quellen der Weisheit sucht. Unter diesen vier kommt nun anscheinend den Juden noch einmal eine Sonderstellung zu. Die Vermutung Waszinks ist durchaus plausibel: „... there is ... a definite possibility that he [sc. Numenios] already described the φιλοσοφία of the Old Testament as the oldest and most venerable in this domain - we should indeed not overlook the value of his famous statement that Plato was Μωυσῆς - *not, for instance,* Ζοροάστρης - ἀττικίζων."[16]

Selbst wenn man berücksichtigt, daß Numenios nicht für seine Zeit (Mitte des 2. Jahrhunderts) repräsentativ ist[17], muß man zugeben, daß hier so etwas wie ein „Erfolg der jüdischen Apologetik" greifbar wird. Denn aus der LXX - die er gelesen hat - konnte Numenios das nicht entnehmen, was in den einschlägigen Fragmenten zu finden ist. Die Zusammenstellung von Mose einerseits und Platon andrerseits - sollte sie nicht auf den Altersbeweis zurückzuführen sein, den jüdische Autoren mit eben diesen Namen seit Jahrhunderten geführt hatten? Aristobul[18], Philon[19], Josephus[20], sie alle haben eben diesen Zusammenhang vorgeführt und die Übereinstimmung,

---

[15] Zu dem dreistufigen Schema siehe Numenios F 1 a (des Places, S. 42). Zu der platonischen Tradition, die die Lehre des Meisters nicht bewahrt hat, siehe die einschlägige Schrift des Numenios mit dem bezeichnenden Titel Περὶ τῆς τῶν Ἀκαδημαϊκῶν πρὸς Πλάτωνα διαστάσεως, aus der die Fragmente 24-28 stammen (des Places, S. 62-80).

[16] Jan Hendrik Waszink: Some Observations on the Appreciation of „The Philosophy of the Barbarians" in Early Christian Literature, in: Mélanges offerts à Mademoiselle Christine Mohrmann, Utrecht/Anvers 1963, 41-56, Zitat S. 55; die Hervorhebung stammt von mir.

[17] Zur Datierung vgl. etwa John Dillon: The Middle Platonists. A Study of Platonism 80 B.C. to A.D. 220, London 1977, S. 362: „The consensus of scholarly opinion ... fixes his *floruit* in and around A.D. 150, ... and there is nothing to contradict this opinion." Numenios als Sonderfall, was die Hochschätzung des Mose angeht: „*The enthusiasm of Numenius for Moses ... is unequalled in the whole range of Greek literature, apart from the praise of the lawgiver found in the famous passage of* De Sublimitate, *IX, 9 (No. 148)*" (Stern, GLAJJ II 206).

[18] Aristobul nennt sowohl den Platon (s. o. S. 165-168) als auch den Pythagoras (s. o. S. 168-169) als solche, die von Mose abhängig sind.

[19] Zu Platon und Mose bei Philon s. o. S. 186. Daß Pythagoras bei Philon nicht ausdrücklich als einer derjenigen genannt wird, die von Mose abhängig sind, ist wohl eher zufällig.

[20] Pythagoras erscheint bei Josephus als Nachahmer der Lehren der Juden (s. o. S. 200f.); die Philosophen überhaupt, besonders aber Platon und Pythagoras sind von Mose abhängig (s. o. S. 204); zu Platon speziell s. S. 204f.

die sie zwischen Mose einerseits und Pythagoras/Platon andrerseits zu erkennen meinten, auf deren Abhängigkeit von Mose zurückgeführt. Wenn Numenios schließlich sogar Mose mit Musaios identifiziert[21], so wird man an Artapanos erinnert[22], der (soweit angesichts unserer Quellen ein solches Urteil überhaupt möglich ist) der πρῶτος εὑρετής dieser Gleichsetzung ist. Das muß nun nicht heißen, daß Numenios von diesen jüdischen Autoren *literarisch* abhängig ist. Ganz unabhängig von der immer wieder diskutierten Frage, ob er Philon gelesen hat oder nicht, wird man davon ausgehen können, daß er manches aus mündlichen Traditionen gelernt haben kann, die er in Apamea mit seinem beachtlichen jüdischen Bevölkerungsanteil ohne weiteres vorfinden konnte. Aber letztlich wird hier ohne Zweifel ein Einfluß der jüdischen Apologetik sichtbar.

Auch wenn der von Stern so genannte Enthusiasmus des Numenios für Mose weit über das übliche Maß hinausgeht, zeigt doch die signifikant häufigere Erwähnung des Mose im 1. Jahrhundert v. Chr. und vor allem im 1. Jahrhundert n. Chr., *daß die Mühe der jüdischen Autoren nicht ganz vergeblich war.*

[21] F 9 (des Places, S. 51).

[22] Zu Artapanos s. o. S. 156-159; zu der Identifizierung des Mose und des Musaios s. S. 157.

Viertes Kapitel

Der Altersbeweis bei den christlichen Apologeten des 2. Jahrhunderts

Einleitung

In dem verlorenen Dialog Hortensius ließ Cicero den Hortensius eine Rede gegen die Philosophie halten, aus der uns der Kirchenvater Lactanz ein entscheidendes Argument bewahrt hat:

praeterea illud quoque argumentum contra philosophiam valet plurimum, quo idem est usus Hortensius, ex eo posse intellegi philosophiam non esse sapientiam, quod principium et origo eius adpareat:

quando (inquit) philosophi esse coeperunt? Thales, ut opinor, primus. recens haec quidem aetas. ubi ergo apud antiquiores latuit amor iste investigandae veritatis?[1]

Ob Lactanz den Sinn der Argumentation richtig verstanden hat, wenn er darauf abhebt, daß *principium et origo* der Philosophie zutage liegen und sie deshalb nicht *sapientia* sein könne, mag auf sich beruhen. Entscheidend ist in bezug auf das hier behandelte Thema die Tatsache, daß man der Philosophie vorwirft, es komme ihr *recens aetas* zu, obwohl doch Thales als erster Philosoph genannt ist. Daran mag man ermessen, wie verzweifelt es um die *aetas Christiana* bestellt ist, die aus der Sicht des zweiten nachchristlichen Jahrhunderts mit Thales ja noch lange nicht konkurrieren kann.

Daß die Neuheit des Christentums ein Argument von entscheidender Wirkung gegen die Christen sein werde, kann nach den Ausführungen in den Einleitungen zu Kapitel I und II nicht verwundern. Und so findet sich dieses Argument auch bei fast allen Autoren, die sich im zweiten Jahrhundert

---

[1] Alberto Grilli [Hg.]: M. Tulli Ciceronis Hortensius, Milano/Varese 1962, F 52 (S. 31) = Lactanz: Divinae institutiones III 16,12-13. Ein Teil des Textes ist bei Grilli gesperrt gedruckt, was ich nicht nachahme. Das Stück aus dem Hortensius ist hier durch einen anderen kursiven Zeichensatz kenntlich gemacht.

(im ersten scheint überhaupt noch niemand Notiz genommen zu haben - jedenfalls ist uns nichts aus dem ersten Jahrhundert erhalten) mit dem Christentum auseinandersetzen.

Im Unterschied zu den Einleitungen zu den Kapiteln I und II versuche ich hier nicht, die christliche Haltung zum Thema Alt/Neu zu skizzieren. Drei Gründe veranlassen mich dazu, darauf zu verzichten: Zum einen gibt es, wie die in den folgenden Paragraphen diskutierten Texte zeigen, «*die* christliche Haltung» zum Thema Alt/Neu nicht, so daß der Versuch einer einleitenden Skizze von vornherein zum Scheitern verurteilt wäre. Zum andern scheint es mir aus eben diesem Grund sinnvoller, dieses Thema auf den Schluß der Arbeit zu verschieben, was den Vorteil hat, daß dann einschlägige Texte in hinreichender Zahl schon untersucht sind. Dazu kommt schließlich noch eine ganz andere Erwägung: Die in diesem Kapitel zu besprechenden christlichen Autoren sind nach dem berühmten *dictum* des Tertullian samt und sonders - Griechen und Römer:

de vestris sumus: fiunt, non nascuntur Christiani[2].

Sind aber all diese Autoren ursprünglich Griechen und Römer gewesen - beide Kennzeichnungen im weiten Sinne verstanden -, so trifft das in den Einleitungen zu Kapitel I und II Gesagte (zumindest zunächst und bis zu einem gewissen Grad) auch auf diese Autoren zu. Bis zu einem gewissen Grad: Denn der christliche Glaube, so steht zu vermuten, wird nicht ganz ohne Auswirkungen auf diese «vorchristlichen» Vorstellungen geblieben sein. Doch darauf ist bei Gelegenheit noch zurückzukommen.

Hier dagegen soll im folgenden der Vorwurf der Neuheit noch etwas genauer dargestellt werden.

C. Plinius Caecilius Secundus, römischer Statthalter in Bithynien und Pontus (111-113) und als solcher von Amts wegen mit Christen befaßt, wollte herausfinden, was es mit diesen auf sich habe. Als Ergebnis meldet er seinem Kaiser in Rom:

nihil aliud inveni quam superstitionem pravam, immodicam.[3]

Nicht also um einen gewöhnlichen Aberglauben handelt es sich nach seiner Auffassung, sondern um „einen wüsten und maßlosen Aberglauben"[4]. Und im folgenden Paragraphen spricht Plinius dann sogar von der *contagio superstitionis istius*, den christlichen Glauben mit einer ansteckenden Krank-

---

[2] Tertullian: Apologeticum 18,4. Keiner dieser Autoren steht in dem Verdacht, zunächst Jude gewesen zu sein, d.h. die Aussage des Tertullian trifft wohl für alle diese Männer wirklich zu.

[3] C. Plinius Secundus: Epistulae X 96,8.

[4] So übersetzt Kasten die Stelle (Helmut Kasten [Hg.]: C. Plini Caecili Secundi epistularum libri decem/Gaius Plinius Caecilius Secundus: Briefe (lat.-dt., Tusc), Darmstadt [5]1984, S. 643).

heit vergleichend.[5]

Diese Beurteilung des Christentums wird im wesentlichen geteilt von Cornelius Tacitus, dem älteren Freund des Plinius, der in dem berühmt gewordenen Kapitel der Annalen ebenfalls das Etikett *superstitio* verwendet, das er seinerseits mit dem Adjektiv *exitiabilis* versieht.[6] Tacitus geht sogar mit einem Satz auf den Ursprung dieses Aberglaubens ein:

Christus Tiberio imperitante per procuratorem Pontium Pilatum supplicio adfectus erat.[7]

Es wird nicht ausdrücklich gesagt, aber trotzdem ist es jedem zeitgenössischen Leser deutlich: Dieser Aberglaube ist nicht nur verderblich, sondern er ist auch neu und schon deswegen verachtenswert. Denn wenn in die Geschehnisse um den Brand Roms - von diesem ist an unserer Stelle die Rede - im Jahr 64 Menschen verwickelt sind, deren *superstitio* auf einen Hingerichteten aus der Regierungszeit des Tiberius (14-37), näherhin der Amtszeit des Pontius Pilatus (26-36), zurückgeht, so ist klar, daß diese Leute keine Tradition haben, die zu ihren Gunsten in Anschlag gebracht werden könnte. Man vergleiche damit die Beurteilung der Juden aus der Feder desselben Tacitus, die immerhin den bemerkenswerten Satz enthält:

hi ritus quoquo modo inducti antiquitate defenduntur.[8]

Auch für Juden hat Tacitus, daran ist kein Zweifel möglich, keinerlei Sympathie. Auch sie sind einer *superstitio* verfallen[9], die schlimmer nicht sein könnte:

profana illic omnia quae apud nos sacra, rursum concessa apud illos quae nobis incesta.[10]

---

[5] A.a.O., § 9. Kasten übersetzt *contagio* mit „Seuche" (S. 645).

[6] Tacitus: Annales XV 44.

[7] Ebd.

[8] Tac. Hist. V 5,1. Gemeint sind mit *hi ritus* in erster Linie das Verbot des Schweinefleisches, das besondere Brot der Juden, der Sabbat und das Sabbatjahr, wie aus 4,2-3 hervorgeht. Inhaltlich vergleichbar ist die Argumentation des Kelsos, wonach die Juden eben dies den Christen voraushaben, daß sie ἔθνος ἴδιον sind und wie ein jedes Volk τὰ πάτρια bewahren:

παραλύειν δὲ οὐχ ὅσιον εἶναι τὰ ἐξ ἀρχῆς κατὰ τόπους νενομισμένα

(Robert Bader: Der ΑΛΗΘΗΣ ΛΟΓΟΣ des Kelsos, TBAW 33, Stuttgart/Berlin 1940; V 25 = S. 129f., Z. 1ff.10f.).

[9] Tac. Hist. II 4,3.

[10] Tac. Hist. V 4,1.

Trotzdem kann zumindest von Teilen der jüdischen Gebräuche gesagt werden: *antiquitate defenduntur.* Genau diese *antiquitas* aber fehlt den Christen. Damit stehen diese noch viel schlechter da als die Juden. Denn mag deren *mos* auch *absurdus sordidusque*[11] sein, wenigstens die *antiquitas* spricht für ihn.

Die Formulierung des C. Suetonius Tranquillus entspricht exakt der Anschauung des Tacitus:

Christiani, genus hominum superstitionis novae et maleficae.[12]

Eine neue und üble Art des Aberglaubens - damit ist das Thema erledigt. Eine Auseinandersetzung findet nicht statt und braucht auch gar nicht stattzufinden. Sie wird weder von Plinius noch von Tacitus für lohnend gehalten; obwohl letzterer den Juden einen langen Exkurs widmet, geht er auf die Christen nicht näher ein.

Die erste wirkliche Auseinandersetzung, von der wir wissen, hat M. Cornelius Fronto, der Lehrer des Marcus Aurelius, unternommen - wenn es denn eine war und nicht bloß eine Übung im *genus* der *vituperatio.*[13]

Seine Nachfolge trat Kelsos an, dessen 'Ἀληθὴς Λόγος teilweise durch die Gegenschrift des Origenes erhalten ist. Bei ihm spielt der Vorwurf der Neuheit der christlichen Lehre eine ganz besonders wichtige Rolle:

αὐτὸν [sc. Ἰησοῦν] πρὸ πάνυ ὀλίγων ἐτῶν τῆς διδασκαλίας ταύτης καθηγήσασθαι, νομισθέντα ὑπὸ Χριστιανῶν υἱὸν εἶναι τοῦ θεοῦ.[14]

---

11 Tac. Hist. V 5,5. Diese Stelle (Hist. V 1-13) ist bei Stern als Nr. 281 mit Übersetzung und reichem Kommentar abgedruckt (GLAJJ II, 17-63).
Die Bedeutung dieser Aussage des Tacitus berücksichtigt Grant nicht, wenn er sagt: „He [sc. Tacitus] found little difference between Christians and Jews" (Robert M. Grant: Greek apologists of the second century, Philadelphia 1988, S. 31).

12 Suetonius: Nero 16,2.

13 Eine sichere Entscheidung ist aufgrund des bei Minucius Felix: Octavius erhaltenen Fragments (IX 6-7) nicht möglich; jedenfalls handelte es sich um eine *oratio* des Fronto (IX 6). Vgl. auch die Bemerkung von C.R. Haines: „Nothing more is known of this speech or the attitude of Fronto towards the Christians" (C. R. Haines [Hg.]: The Correspondence of Marcus Cornelius Fronto II, LCL 113, Cambridge/London 1920 (Nachdr. 1963), S. 282, Anm. 1).
Edward Champlin: Fronto and Antonine Rome, Cambridge/Mass. & London 1980, meint, von einer *oratio* gegen die Christen könne gar keine Rede sein. Durch den Octavius bezeugt sei lediglich „Fronto's anti-Christian remark" (S. 65); diese Bemerkung des Fronto entstamme einer nicht speziell gegen Christen gerichteten Rede, die aber eben „an uncomplimentary reference to Christian practices" (ebd.) enthielt.

14 Kelsos I 26 c = Bader S. 50, Z. 9f.

Vor ganz wenigen Jahren erst sei die Lehre der Christen eingeführt worden, sagt Kelsos, und er sagt das als Vorwurf. Denn für ihn zählt der ἀρχαῖος ἄνωθεν λόγος[15]. Noch schärfer formuliert er im zweiten Buch, wo er den Juden einführt, der „an seine judenchristlichen Landsleute“[16] die folgende Beschuldigung richtet:

χθὲς καὶ πρῴην καί, ὁπηνίκα τοῦτον ἐκολάζομεν βουκολοῦντα ὑμᾶς, ἀπέστητε τοῦ πατρίου νόμου.[17]

Gestern und vorgestern erst - die Formel wurde schon mehrfach zitiert[18] - ist der Verführer, dem die jetzigen Judenchristen aufgesessen sind, bestraft worden; und wegen dieses Verführers haben sie das väterliche Gesetz verlassen!

Auch von den Juden hält Kelsos durchaus nichts, und er macht daraus kein Hehl. Aber ähnlich wie Tacitus gesteht er diesen zu:

οὐδὲν ἄδικον ἑκάστους τὰ σφέτερα νόμιμα θρησκεύειν.[19]

Die Juden aber, die Christen werden, fallen von diesen ihren Gesetzen ab, lassen das, was Kelsos ὁ πάτριος νόμος nennt, im Stich, und darin liegt ihr Vergehen. Deshalb wirft Kelsos den Christen vor:

ἐρήσομαι δὲ αὐτούς, πόθεν ἥκουσιν ἢ τίνα ἔχουσιν ἀρχηγέτην πατρίων νόμων. οὐδένα φήσουσιν, οἵ γε ἐκεῖθεν μὲν ὥρμηνται καὶ αὐτοὶ καὶ τὸν διδάσκαλόν τε καὶ χοροστάτην οὐκ ἄλλοθέν ποθεν φέρουσιν· ὅμως δ' ἀφεστήκασιν Ἰουδαίων.[20]

---

[15] Kelsos I 14 c = Bader S. 44, Z. 15f.

[16] Theodor Keim: Celsus' wahres Wort, älteste Streitschrift antiker Weltanschauung gegen das Christentum, Zürich 1873 (Nachdr. unter dem Titel: Celsus: Gegen die Christen, Debatte 8, München 1984, danach hier zitiert), S. 78.

[17] Kelsos II 4 a = Bader S.63, Z. 2f.

[18] Erinnert sei an Herodot (vgl. o. S. 35, wo in Anm. 9 eine Auswahl der einschlägigen Stellen genannt wird).

[19] Kelsos V 34 = Bader S. 131, Z. 13f. Der Anfang dieses Abschnitts, V 25, wurde oben (in Anm. 8) schon zitiert. Die von Josephus behauptete eigene ὑπόστασις (vgl. oben S. 145, Anm. 8) gesteht Kelsos den Juden ohne weiteres zu. Herodot (II 18) wird zum Zeugen aufgerufen dafür, daß der Gott Ammon ein diesbezügliches Orakel ergehen ließ: ὁ δ' Ἄμμων οὐδέν τι κακίων διαπρεσβεῦσαι τὰ δαιμόνια ἢ οἱ Ἰουδαίων ἄγγελοι· ὥστε (folgt das oben im Text Zitierte).

[20] Kelsos V 33 = Bader S. 135, Z 1-4. Keim übersetzt: „... ich werde sie aber fragen, woher sie gekommen sind oder welchen Anführer vaterländischer Gesetze sie haben? Keinen werden sie nennen, sie, die doch von dorten selbst auch ausgegangen sind und den Lehrer und Chorostaten (Choransteller) nicht irgend anderswoher bringen; denoch aber sind sie

Ein Abfall ist es also, der für die Christen charakteristisch ist. Zutreffend stellt Dörrie fest: „... das einfach Unfaßbare, das dem Philosophen [sc. Kelsos] nicht Nachvollziehbare liegt darin, daß die Christen die Heilstat Christi und die ihr voraufgehenden Offenbarungen, historische Fakten relativ junger Vergangenheit also, zum Kern und zum Angelpunkt ihrer αἵρεσις machen."[21]

abgefallen von den Juden" (a.a.O., S. 131f.).

[21] Heinrich Dörrie: Die platonische Theologie des Kelsos in ihrer Auseinandersetzung mit der christlichen Theologie auf Grund von Origenes c. Celsum 7,42ff., NAWG.PH 1967,2, S. 28. Absurd ist der Satz Reagans: „The pagans recognized the novelty of Christianity (Tacitus, *Ann.* 15.44; Suetonius *Vita Nero* 16), and it was a recommendation, for the old order of things was no longer desired by many" (Joseph Nicholas Reagan: The Preaching of Peter: The Beginning of Christian Apologetic, Diss. Phil. Chicago 1923, S. 30).

§ 1 *Die Autoren vor Justin*

Carl Andresen eröffnet die Reihe der christlichen Apologeten mit dem Κήρυγμα Πέτρου, auf welches er dann sogleich Aristides folgen läßt.[1] Nach Andresen bezeichnet das Κήρυγμα Πέτρου die „*Anfänge*“ der frühkirchlichen Apologetik.[2] Der Bearbeiter des TRE-Artikels Apologetik I. Alte Kirche dagegen subsumiert das Κήρυγμα Πέτρου nicht nur nicht unter die *Anfänge*, sondern er erwähnt diese Schrift überhaupt mit keinem Wort.[3] Er scheint also das Κήρυγμα Πέτρου nicht zu der Gattung «Apologie» rechnen zu wollen. Da aber unleugbar ein Zusammenhang zwischen dem Κήρυγμα Πέτρου und den folgenden apologetischen Schriften besteht, halte ich an der Andresenschen Reihenfolge fest und beginne mit dieser Schrift.[4]

1. *Das* Κήρυγμα Πέτρου

Die christliche Religion, sagt Adolf von Harnack, „war bereits in der Mitte des 2. Jahrhunderts, ja noch früher schon, eine 'alte' Religion - das behaupteten ihre Apologeten von ihr, indem sie sie bis zu Abraham und Adam hinaufführten. Sie täuschten sich; aber im Grunde täuschten sie sich nicht: diese Religion war trotz allem Neuen, das sie in ihrem Kern brachte, alt, sehr alt.“[5] Mag diese Feststellung ansonsten zutreffen, für die vom Κήρυγ-

---

1 Carl Andresen: Art. Apologeten, RGG³ I 477.

2 Carl Andresen: Art. Apologetik II. Frühchristliche Apologetik, RGG³ I 480-485, Zitat Sp. 480.

3 Leslie William Barnard: Art. Apologetik I. Alte Kirche, TRE III (1978), 371-411. Barnard erwähnt das Κήρυγμα Πέτρου unter der Überschrift „Die Anfänge christlicher Apologetik“ (S. 372, Z. 1) nicht.

4 Zum Zusammenhang zwischen dem Κήρυγμα Πέτρου und der apologetischen Literatur vgl. Aimé Puech: Les apologistes grecs du IIᵉ siècle de notre ère, Paris 1912, S. 32ff.; Joseph Nicholas Reagan: The Preaching of Peter: The Beginning of Christian Apologetic, Diss. Phil. Chicago, Chicago 1923, S. V.8-46; Henning Paulsen: Das Kerygma Petri und die urchristliche Apologetik, ZKG 88 (1977), 1-37 und Willy Rordorf: Christus als Logos und Nomos. Das Kerygma Petrou in seinem Verhältnis zu Justin, in: Kerygma und Logos. Beiträge zu den geistesgeschichtlichen Beziehungen zwischen Antike und Christentum (FS Carl Andresen), Göttingen 1979, 424-434, besonders S. 424.

5 Adolf von Harnack: Die Mission und Ausbreitung des Christentums in den ersten drei Jahrhunderten, Leipzig ⁴1924, S. 113.

μα Πέτρου erhaltenen Fragmente stimmt sie mit Sicherheit nicht. Denn in diesem ältesten uns erhaltenen Dokument, in dem die Frage erörtert wird, wird eindeutig die *Neuheit* des Christentums betont. So heißt es in F 3a:

τοῦτον τὸν θεὸν σέβεσθε μὴ κατὰ τοὺς Ἕλληνας.[6]

Neben diese Abgrenzung tritt in F 3b und F 4 sogleich eine weitere:

μήτε κατὰ Ἰουδαίους σέβειν τὸν θεόν.[7]

So kann es zusammenfassend heißen:

εἶτα τὸν κολοφῶνα τοῦ ζητουμένου προσεπιφέρει· ὥστε καὶ ὑμεῖς ὁσίως καὶ δικαίως μανθάνοντες ἃ παραδίδομεν ὑμῖν, φυλάσσεσθε καινῶς τὸν θεὸν διὰ τοῦ Χριστοῦ σεβόμενοι· εὕρομεν γὰρ ἐν ταῖς γραφαῖς καθὼς ὁ κύριος λέγει „ἰδοὺ διατίθεμαι ὑμῖν καινὴν διαθήκην· οὐχ ὡς διεθέμην τοῖς πατράσιν ὑμῶν ἐν ὄρει Χωρήβ“. νέαν ὑμῖν διέθετο - τὰ γὰρ Ἑλλήνων καὶ Ἰουδαίων παλαιά - ὑμεῖς δὲ οἱ καινῶς αὐτὸν τρίτῳ γένει σεβόμενοι Χριστιανοί.[8]

Mit gutem Grund spricht Clemens in der Einleitung zu diesem Text von einem κολοφών.

Die Preuschensche Übersetzung der Stelle ist verkehrt. Preuschen übersetzt: „Dann führt er noch den Satz der genannten Schrift an“[9]. Abgesehen davon, daß τὸν κολοφῶνα nicht gut „den Satz“ heißen kann, ergäbe sich doch sogleich die Frage: Von wem redet Clemens denn eigentlich? Sinnvoll ist die Übersetzung Schneemelchers: „Dann fügt er seiner Untersuchung den Schlußstein ein“[10], obwohl τὸν κολοφῶνα hier vielleicht etwas überinterpretiert wird.

---

[6] Zählung der Fragmente und Text derselben gebe ich nach Erwin Preuschen [Hg.]: Antilegomena. Die Reste der außerkanonischen Evangelien und urchristlichen Überlieferungen, Gießen ²1905, S. 88-91; die zitierte Stelle findet sich S. 89, Z. 12f.

[7] So F 3b, Preuschen S. 90, Z. 2. Inhaltlich stimmt damit überein die Aussage in F 4 (Preuschen S. 90, Z. 7f.): μηδὲ κατὰ Ἰουδαίους σέβεσθε.

[8] F 5, Preuschen S. 90, Z. 14-20.
Der einleitende Satz gehört nicht zum Text des Κήρυγμα Πέτρου; es handelt sich noch um das Referat des Clemens Alexandrinus, dessen Zitat wir F 5 verdanken.
Den bei Preuschen irrtümlich fehlenden Akzent beim Wort φυλασσεσθε (Z. 15f.) habe ich ergänzt.
Ob man im letzten Satz mit Preuschen, der hier den *textus receptus* bietet, ὑμῖν und ὑμεῖς liest, oder Stählin folgt, der in seiner Clemens-Ausgabe hier in ἡμῖν und ἡμεῖς ändert, ist für meine Fragestellung unerheblich.

[9] Preuschen, S. 194, in der Übersetzung von F 5.

[10] Wilhelm Schneemelcher: Das Kerygma Petrou, in: Edgar Hennecke/Wilhelm Schneemelcher [Hg.]: Neutestamentliche Apokryphen in deutscher Übersetzung II. Band: Apostolisches, Apokalypsen und Verwandtes, Tübingen ⁴1971, 58-63, Zitat S. 62 (nach der Schneemelcherschen Zählung handelt es sich um F 2 a)!)

Wie dem auch sei: Der Sinn des Ausdrucks τὸν κολοφῶνα geht jedenfalls dahin, daß die im folgenden zitierte Stelle als besonders bedeutsam herausgestellt werden soll; so lautet das Urteil zumindest des Clemens. Man könnte in diesem Zusammenhang die Frage aufwerfen, ob F 5 ursprünglich das Ende des Κήρυγμα Πέτρου gebildet haben könnte. Kein Zweifel scheint mir daran möglich, daß es sich mindestens um den Schluß eines Abschnitts handelt.

Schon die Wortwahl zeigt, worum es dem Verfasser geht: Nicht weniger als viermal wird in diesen wenigen Zeilen das Wort „neu" gebraucht. Die Christen sind solche, die Gott auf neue Weise verehren. Ihnen ist eine neue διαθήκη gegeben. Anders steht es mit Hellenen und Juden: Ihre Gottesverehrung wird ausdrücklich als „alt" bezeichnet, ja man muß sagen: Sie wird geradezu abqualifiziert. Die Christen dagegen sind diejenigen, die Gott auf eine dritte, neue Weise verehren.

So und nicht anders ist m.E. das τρίτῳ γένει zu übersetzen. Geradezu falsch ist die Übersetzung Schneemelchers:

> „Denn das, was Griechen und Juden betrifft, ist alt, wir aber sind die Christen, *die ihn als drittes Geschlecht auf neue Weise verehren.*"[11]

Ähnlich übersetzt auch Puech:

> „... vous [!] êtes une troisième race."[12]

Diese Übersetzungen sind nicht haltbar. Denn bei dem τρίτῳ γένει handelt es sich um einen Dativ. Welchen Dativ aber könnte man sinnvollerweise mit „als drittes Geschlecht" übersetzen? Das Richtige hat schon Harnack gesehen. Er übersetzt:

> „... ihr aber seid es, die (Gott) neu auf die dritte Weise verehrt."[13]

Kommentierend fügt Harnack hinzu:

> „Das Bemerkenswerte ist ..., daß er [sc. der Verfasser des Κήρυγμα Πέτρου] ganz bestimmt drei Arten feststellt, nicht mehr und nicht weniger, und das Christentum ausdrücklich als das neue, dritte Genus der Gottesverehrung bezeichnet. Das ist die älteste Stelle unter einigen ähnlichen, die uns noch beschäftigen werden; *doch ist zu beachten, daß die Christen selbst noch nicht „das dritte Geschlecht" heißen*, sondern ihre Gottesverehrung als die dritte gilt. Nicht in drei Völker teilt unser Verfasser die Menschheit, sondern in drei Klassen von Gottesverehrern."[14]

Die Schwierigkeit der Übersetzung des Dativs τρίτῳ γένει läßt sich auf diese

---

[11] Schneemelcher, a.a.O., S. 62. Die Hervorhebung stammt von mir.

[12] Puech, a.(Anm. 4)a.O., S. 34. Zum textkritischen Problem s. o. Anm. 8.
Ich verzichte darauf, weitere Beispiele für diese Fehlübersetzung aufzulisten.

[13] Harnack, a.(Anm. 5)a.O., S. 264; im Original teilweise gesperrt gedruckt.

[14] Harnack, a.a.O., S. 265. Im Original teilweise gesperrt gedruckt; die obige Hervorhebung dagegen stammt von mir.

Weise eindeutig lösen. Es bleibt festzuhalten: Der Gedanke des *tertium genus*[15] findet sich im Κήρυγμα Πέτρου noch nicht. Vielmehr liegt in F 5 erst eine Vorstufe zu dieser Vorstellung vor.

Wichtig ist in jedem Fall die Tatsache, daß der Verfasser das Christsein als etwas Neues dem Alten gegenüberstellt. Damit befindet er sich nicht im Gefolge der jüdischen Apologetik, die sich bemüht, die jüdische Religion als alt zu erweisen. Der Verfasser des Κήρυγμα Πέτρου setzt die Gültigkeit des πρεσβύτερον κρεῖττον außer Kraft.

Betrachtet man F 5 als Ganzes, so fällt auf, daß die Neuheit des Christentums mit einem *alten Zitat* belegt wird. Denn das ἰδοὺ διατίθεμαι ὑμῖν καινὴν διαθήκην κτλ. ist ja der LXX entnommen.[16] Nicht nur dieses Detail aber belegt der Verfasser des Κήρυγμα Πέτρου mit einem alttestamentlichen Zitat, wie F 9 zeigt:

> Ἡμεῖς δὲ ἀναπτύξαντες τὰς βίβλους ἃς εἴχομεν τῶν προφητῶν, ἃ μὲν διὰ παραβολῶν, ἃ δὲ δι' αἰνιγμάτων, ἃ δὲ αὐθεντικῶς καὶ αὐτολεξεὶ τὸν Χριστὸν Ἰησοῦν ὀνομαζόντων, εὕρομεν καὶ τὴν παρουσίαν αὐτοῦ καὶ τὸν θάνατον καὶ τὸν σταυρὸν καὶ τὰς λοιπὰς κολάσεις πάσας ὅσας ἐποίησαν αὐτῷ οἱ Ἰουδαῖοι καὶ τὴν ἔγερσιν καὶ τὴν εἰς οὐρανοὺς ἀνάληψιν πρὸ τοῦ Ἱεροσόλυμα κριθῆναι, καθὼς ἐγέγραπτο ταῦτα πάντα, ἃ ἔδει αὐτὸν παθεῖν καὶ μετ' αὐτὸν ἃ ἔσται. ταῦτα οὖν ἐπιγνόντες ἐπιστεύσαμεν τῷ θεῷ διὰ τῶν γεγραμμένων εἰς αὐτόν.[17]

Die Bücher der Propheten, d.h. das Alte Testament, enthalten all das, was über Christus zu sagen ist; und weil das so ist, deswegen kommt es zum Glauben. Dies ist in einem kurzen Satz der ganze Weissagungsbeweis, wie

---

15 Zum *tertium genus* vgl. die Darstellung Harnacks unter der Überschrift „Die Botschaft von dem neuen Volk und dem dritten Geschlecht (das geschichtliche und politische Bewußtsein der Christenheit)", a.a.O., S. 259-284.

16 Es handelt sich um ein Zitat aus Jesaja 31,31, das „unser Verfasser mit grosser Freiheit" gibt, da er sich auf das beschränkt, „worauf es ankommt", bemerkt Dobschütz (Ernst von Dobschütz: Das Kerygma Petri kritisch untersucht, TU 11,1, Leipzig 1893, S. 48). Die Tatsache, daß der Verfasser „den Gottesspruch, der eine Verheissung enthielt, in eine praesentische Ankündigug um[setzt]", zeigt, „dass er unter κύριοσ [sic] Christum denkt" (ebd.).

17 F 9, Preuschen S. 91, Z. 6-14. Clemens leitet das Zitat ein mit dem Satz: ὅθεν καὶ ὁ Πέτρος ἐν τῷ κηρύγματι περὶ τῶν ἀποστόλων λέγων φησιν (a.a.O., Z. 5-6). Das heißt natürlich nicht: „Darum sagt auch Petrus in dem 'Kerygma' den Aposteln folgendes" (so Schneemelcher, a. (Anm. 10) a.O., S. 63); sinnvoll dagegen ist die Preuschensche Übersetzung, a.a.O., S. 194.

ihn beispielsweise Justin auf vielen Seiten vorführt. Aber bei diesem Weissagungsbeweis bleibt der Verfasser des Κήρυγμα Πέτρου auch in F 9 stehen. Der Schritt zum Altersbeweis wird nicht getan.[18]

Ist es in der Regel außerordentlich schwierig, bei fragmentarisch erhaltenen Schriften einen Schluß von dem Vorhandenen auf das Ganze zu ziehen, so ist dies in bezug auf das Thema Altersbeweis im Falle des Κήρυγμα Πέτρου durchaus möglich. Wer sagt: τὰ γὰρ Ἑλλήνων καὶ Ἰουδαίων παλαιά und dem entgegensetzt: ὑμεῖς δὲ οἱ καινῶς αὐτὸν [sc. τὸν θεόν] τρίτῳ γένει σεβόμενοι Χριστιανοί, *der führt keinen Altersbeweis, weil das Alte für ihn erledigt ist.*

Der Verfasser des Κήρυγμα Πέτρου hat nicht den Weg gewählt, den vor ihm und nach ihm jüdische und christliche Apologeten als den gegebenen angesehen haben, sondern er hat die Neuheit des Christentums mit klaren Worten herausgestellt. Conzelmann formuliert den Sachverhalt präzise, wenn er sagt: „Die Christen verzichten [dem Verfasser des Κήρυγμα Πέτρου zufolge] trotz der Berufung auf die Schriften [d.h. trotz des Weissagungsbeweises] auf eine heilsgeschichtliche Kontinuität. Aus der Perspektive des *neuen* Bundes rücken Heiden und Juden als 'alt' zusammen. Im Begriff des neuen Bundes liegt der Ton ganz auf *neu*, auf der Diskontinuität.“[19]

2. *Aristides*

„Erwägungen zum geschichtlichen Ort der Apologie des Aristides“[20] anzustellen, ist hier nicht der Ort. Mag die Datierung der Apologie des Aristides

---

[18] Ernst von Dobschütz (o. Anm. 16) bezeichnet den Altersbeweis als die „theoretische Subconstruktion“ des Weissagungsbeweises (S. 59): „Die theoretische Subconstruktion dazu [sc. zu dem Weissagungsbeweis, wie er in F 9 geführt wird] haben erst die Apologeten geleistet, indem sie mit erstaunlicher Gelehrsamkeit und grossem Fleisse in chronologischen Deduktionen den Beweis für das hohe Alter und die Priorität ihrer ATlichen Gewährsmänner vor den gefeiertsten Autoritäten der klassischen Welt zu erbringen sich bemühte.“ Insofern die Bezeichnung „Subconstruktion“ suggeriert, es handele sich bei dem Altersbeweis um eine Voraussetzung des Weissagungsbeweises, muß sie als außerordentlich ungeschickt bezeichnet werden. Denn wie man an vielen Autoren und auch an dem Verfasser des Κήρυγμα Πέτρου studieren kann, „funktioniert“ der Weissagungsbeweis sehr wohl auch ohne diese vermeintliche „Subconstruktion“.

[19] Hans Conzelmann: Heiden - Juden - Christen. Auseinandersetzungen in der Literatur der hellenistisch-römischen Zeit, BHTh 62, Tübingen 1981, Zitat S. 262.

[20] So lautet der Titel eines Aufsatzes von Klaus-Gunther Essig in ZKG 97 (1986), 163-188.

auch ein nach wie vor ungelöstes Problem sein, aus sachlichen Gründen empfiehlt es sich, wo vom Altersbeweis die Rede ist, die Apologie des Aristides sogleich nach dem Κήρυγμα Πέτρου einzureihen. Denn an dieses schließt sich diese Apologie nahtlos an, wenn es hier heißt:

> φανερὸν γάρ ἐστιν ἡμῖν, ὦ βασιλεῦ, ὅτι τρία γένη εἰσὶν ἀνθρώπων ἐν τῷδε τῷ κόσμῳ. ὧν εἰσὶν οἱ τῶν παρ' ὑμῖν λεγομένων θεῶν προσκυνηταὶ καὶ Ἰουδαῖοι καὶ Χριστιανοί.[21]

Die Übereinstimmung mit dem Κήρυγμα Πέτρου reicht nicht nur bis zu der (textkritisch nicht unumstrittenen) Einteilung der Menschheit in drei Geschlechter. Bezeichnet er doch die Christen als ein neues Volk:

> „Uns genügt es ..., daß wir in Kürze Eurer Majestät Mitteilung gemacht haben in Betreff des Wandels und der Wahrheit der Christen, denn, wahrlich, groß und wunderbar ist ihre Lehre für den, welcher sie erwägen und verstehen will, und wahrlich ist ein neues dieses Volk, und eine göttliche Mischung ist in ihm."[22]

Wie im Falle des Κήρυγμα Πέτρου gilt auch hier: Für eine *nova gens* läßt sich kein Altersbeweis führen. Dies versucht Aristides auch gar nicht:

> οἱ δὲ Χριστιανοὶ γενεαλογοῦνται ἀπὸ τοῦ κυρίου Ἰησοῦ Χριστοῦ· οὗτος δὲ ὁ υἱὸς τοῦ θεοῦ τοῦ ὑψίστου ὁμολογεῖται ἐν πνεύματι ἁγίῳ ἀπ' οὐρανοῦ καταβάς ... Dieses ist von dem Evangelium, welches vor kurzer Zeit gesprochen wurde bei ihnen, da es gepredigt wurde, gelehrt; von welchem

---

[21] Aristides, Kapitel 2. Ich zitiere den Text der Apologie des Aristides nach der Ausgabe von Geffcken (Johannes Geffcken: Zwei griechische Apologeten, Leipzig und Berlin 1907, 1-27) und füge Seite und Zeile Geffckens hinzu (in diesem Falle: S. 5, Z. 16-18). In allen Fällen ist die armenische und syrische Überlieferung zu beachten. Im oben zitierten Text weichen beide von der griechischen Version deutlich ab, denn sie „zählen vier Geschlechter: Barbaren (Heiden), Hellenen, Juden, Christen" (Geffcken im Apparat z.St.). Da ich weder des Armenischen noch des Syrischen mächtig bin, gebe ich die nicht griechisch überlieferten Passagen in der deutschen Übersetzung, die Geffcken bietet.

[22] Aristides 16,4, Geffcken S. 26, Z. 14-18. Die Stelle ist in der griechischen Version nicht erhalten. Lateinisch müßte hier von der *nova gens* die Rede sein, den griechischen Text rekonstruiert Hennecke folgendermaßen:

> ἀρκοῦμαι δὲ διὰ βραχέων σοι δηλῶσαι τοὺς τρόπους καὶ τὴν ἀλήθειαν τῶν Χριστιανῶν. μεγάλη γὰρ δὴ καὶ θαυμαστὴ ἡ διδαχὴ αὐτῶν ὑπάρχει τῷ θέλοντι [αὐτὴν - Zufügung Henneckes] μαθεῖν· καὶ δὴ καινόν ἐστι τὸ ἔθνος τοῦτο καὶ θεῖόν τι ἐπιμεμιγμένον αὐτῷ.

(Edgar Hennecke: Die Apologie des Aristides. Recension und Rekonstruktion des Textes, TU IV 3, Leipzig 1893, S. 40-41.)

auch ihr, wenn ihr es lest, erkennen werdet die Kraft, welche über ihm ist.[23]

Nicht nur die Christen selbst sind eine *nova gens*, sondern auch Jesus Christus, auf den sie ihre Genealogie zurückführen, ist neueren Datums, wie man aus der Tatsache entnehmen kann, daß das Evangelium erst „vor kurzer Zeit" gesprochen wurde. Nimmt man den Aristides beim Wort und leitet mit ihm den Ursprung der Christen von Jesus Christus her, so stellt sich die *gens* der Christen dar als eine Gruppe, die auf eine vielleicht 100 Jahre lange Geschichte zurückblicken kann.

Das ist wenig; wenig einem römischen Kaiser[24] gegenüber, der die Gründung Roms in graue Vorzeit hinaufzudatieren gewöhnt ist; noch weniger im Vergleich zur griechischen Welt, der der Verfasser, ein φιλόσοφος Ἀθηναῖος[25], ursprünglich selbst angehörte; wenig schließlich auch im Vergleich zur jüdischen Tradition, deren Länge sich (zumindest nach Josephus) ohnehin nur in Tausenden von Jahren angeben ließ. Bedenkt man das hohe Ansehen, das das Alter genießt, so muß es als außerordentlich kühn gelten, sich als Vertreter einer *nova gens* vorzustellen. Kein Wunder, daß Aristides kaum Nachfolger[26] gefunden hat. Seit Justin herrscht die Auffassung, daß

---

[23] Aristides 15,1, Geffcken S. 22, Z. 23 - S. 23, Z. 8. Die Übersetzung des syrischen Textes bei Hennecke (s. die vorige Anm.) ist besser verständlich (ob sie auch den Sinn des Textes besser trifft, vermag ich nicht zu beurteilen):

> „Dieses ist zu lernen aus jenem Evangelium, welches seit kurzer Zeit, (wie) bei ihnen erzählt wird, [dass es] verkündigt worden ist, dessen Kraft auch ihr, wenn ihr darin lesen werdet, erfassen werdet."

(Hennecke, a.a.O., S. 9; bei ihm steht die Passage in Kapitel 2.)

[24] Um welchen Kaiser es sich beim Adressaten der Apologie des Aristides handelt, ist umstritten; für diesen Zusammenhang spielt es auch keine Rolle (zum Problem zuletzt Essig, a.(o. Anm. 20)a.O., S. 165.185f.).

[25] So lautet die Selbstbezeichnung im Präskript, Geffcken S. 3. Zum textkritischen Problem vgl. Geffcken S. 28ff.

[26] Eine der wenigen Ausnahmen ist der Verfasser der Schrift an Diognet. Hier ist eine deutliche Nachwirkung des Κήρυγμα Πέτρου bzw. der Apologie des Aristides zu erkennen, wenn es sogleich im Prooemium heißt:

> ἐπειδὴ ὁρῶ, κράτιστε Διόγνητε, ὑπερεσπουδακότα σε τὴν θεοσέβειαν τῶν Χριστιανῶν μαθεῖν καὶ πάνυ σαφῶς καὶ ἐπιμελῶς πυνθανόμενον περὶ αὐτῶν, τίνι τε θεῷ πεποιθότες καὶ πῶς θρησκεύοντες αὐτὸν τόν τε κόσμον ὑπερορῶσιν πάντες καὶ θανάτου καταφρονοῦσιν καὶ οὔτε τοὺς νομιζομένους ὑπὸ τῶν Ἑλλήνων θεοὺς λογίζονται οὔτε τὴν Ἰουδαίων δεισιδαιμονίαν φυλάσσουσιν καὶ τίνα τὴν φιλοστοργίαν ἔχουσιν πρὸς ἀλλήλους, καὶ τί δή ποτε καινὸν τοῦτο γένος ἢ ἐπιτήδευμα εἰσῆλθεν εἰς τὸν βίον νῦν καὶ οὐ πρότερον ... (Diognet 1, zitiert nach: Klaus Wengst [Hg.]: Schriften des Urchristentums II, Darmstadt 1984).

Auch hier ist die Dreiteilung in Juden, Griechen und Christen erkennbar, auch hier werdie christliche Tradition die griechische an Alter weit übertrifft. Nach allen Seiten hin ausgebaut und chronologisch untermauert, wird diese Auffassung für fast alle Autoren nach Justin zu einer Selbstverständlichkeit, zu einem τόπος christlicher Apologetik, den erst Augustin[27] kritisch hinterfragt zu haben scheint.

den die Christen als *nova gens* bezeichnet. Der Verfasser geht darüber dann sogar noch einen Schritt hinaus, wenn er die Frage aufwirft, warum diese neue Lebensweise erst jetzt und nicht schon früher entstanden ist.
Die Datierung der Schrift ist umstritten. Rudolf Brändle: Die Ethik der „Schrift an Diognet". Eine Wiederaufnahme paulinischer und johanneischer Theologie am Ausgang des zweiten Jahrhunderts, Diss. Theol. Basel 1972, Zürich 1975, plädiert, ältere Vorschläge aufnehmend, für den „Zeitraum der Jahre 190-200" (S. 21).
Die Schrift ist auch insofern eine Besonderheit im Vergleich zu anderen Apologien, als sie nicht nur keinen Altersbeweis, sondern auch keinen Weissagungsbeweis verwendet. Auf den „Vorwurf der Neuheit" (Brändle, S. 44ff.) versucht der Autor in „eigenständiger Weise" (S. 46) „Antwort zu geben" (S. 47).

[27] Lactanz hatte schon vor Augustin die Theorie von den Reisen des Pythagoras und des Platon in den Orient in dem für den Altersbeweis der jüdischen und christlichen Autoren entscheidenden Punkt korrigiert: *ad Iudaeos ... non accesserint* (Lactanz: Divinae institutiones IV 2,4; zu den Gründen des Lactanz vgl. Heinrich Dörrie: Platons Reisen zu fernen Völkern. Zur Geschichte eines Motivs der Platon-Legende und zu seiner Neuwendung durch Lactanz, in: Romanitas et Christianitas (FS J.H. Waszink), Amsterdam/London 1973, 99-118, hier S. 110-113).
Augustin hatte zunächst den Altersbeweis ohne Bedenken vertreten (De doctrina christiana II 28,43), war aber später an dieser Meinung irre geworden (vgl. die kurze Berichtigung Retractationes II 4,4). Ausführlicher revoziert Augustin seine Auffassung De civitate Dei VIII 11.
Was Angelsachsen „a bird's eye view" nennen, bietet John Moorhead in bezug auf die Geschichte des Altersbeweises in der alten Kirche (John Moorhead: The Greeks, Pupils of the Hebrews, Prudentia 15 (1983), 3-12). Der Aufsatz schlägt trotz seiner Kürze eine beachtliche Schneise in das unübersichtliche Gebiet der patristischen Literatur. Aus Augustin diskutiert Moorhead: De doctrina christiana II 18 [muß richtig heißen: 28],43; De civitate Dei VIII 11; Retractationes II 4 (Moorhead, S. 7f.).

§ 2 *Justin*

In seinen erhaltenen Schriften argumentiert Justin erstmals in 1 Apol. 23 mit dem Alter der christlichen Lehre:

> ἵνα δὲ ἤδη καὶ τοῦτο φανερὸν ὑμῖν γένηται, ὅτι ὁπόσα λέγομεν μαθόντες παρὰ τοῦ Χριστοῦ καὶ τῶν προελθόντων αὐτοῦ προφητῶν, μόνα ἀληθῆ ἐστι καὶ πρεσβύτερα πάντων τῶν γεγενημένων συγγραφέων, καὶ οὐχὶ διὰ τὸ ταὐτὰ λέγειν αὐτοῖς παραδεχθῆναι ἀξιοῦμεν, ἀλλ' ὅτι τὸ ἀληθὲς λέγομεν.[1]

Die Werke Justins werden von mir zitiert nach der Ausgabe von Otto (Ioannes Carolus Theodorus de Otto [Hg.]: Iustini philosophi et martyris opera quae feruntur omnia, tomi I pars I: opera Iustini indubitata [apologia maior, apologia minor, appendix]; tomi I pars II: opera Iustini indubitata [dialogus], CorpAp I-II, Jena ³1876-1877). Um das Zitieren zu erleichtern, füge ich die Paragraphenzählung, die sich bei Otto noch nicht findet, nach der Goodspeedschen Ausgabe (Edgar J. Goodspeed [Hg.]: Die ältesten Apologeten. Texte mit kurzen Einleitungen, Göttingen 1914, Nachdr. ebd. 1984) hinzu. Zur Ausgabe Goodspeeds vgl. Peter Pilhofer: Harnack and Goodspeed. Two Readers of Codex Parisinus Graecus 450, The Second Century 5 (1985/86), 233-242, bes. S. 242, Anm. 30. Keinen Fortschritt über Goodspeed hinaus bietet die neue Ausgabe von Wartelle (André Wartelle [Hg.]: Saint Justin: Apologies. Introduction, texte critique, traduction, commentaire et index, EAug, Paris 1987); vgl. zu dieser Ausgabe Peter Pilhofer: Wer salbt den Messias? Zum Streit um die Christologie im ersten Jahrhundert des jüdisch-christlichen Dialogs (erscheint demnächst in der FS für Heinz Schreckenberg, hier Anm. 16) sowie die Rezension von Denis Minns (JThS 39 (1988), 238-242). Über die Konstituierung des griechischen Textes erfährt der Leser folgendes: „La présente édition s'efforce de donner le texte du manuscrit A [das ist der Codex Parisinus Graecus 450], en n'acceptant les corrections que là où elles s'avèrent indispensables. Après tant de collations antérieures, la nôtre n'apporte pas grande nouveauté pour la restauration du texte des *Apologies*, si ce n'est, parfois, le refus d'une correction inutile et le retour au texte reçu. Quelques menues erreurs, souvent insignifiantes en elles-mêmes, sont corrigées, quelques précisions apportées" (S. 88).

---

[1] Justin: 1 Apol. 23,1. Der gegnerische Vorwurf, daß die Christen eine *neue* Lehre vertreten, wird bei Justin *expressis verbis* nicht erwähnt. Am nächsten dürfte dem kommen die Stelle 1 Apol. 46,1, wo es heißt:

> ἵνα δὲ μή τινες ἀλογισταίνοντες, εἰς ἀποτροπὴν τῶν δεδιδαγμένων ὑφ' ἡμῶν, εἴπωσι πρὸ ἐτῶν ἑκατὸν πεντήκοντα γεγεννῆσθαι τὸν Χριστὸν λέγειν ἡμᾶς ἐπὶ Κυρηνίου, δεδιδαχέναι δὲ ἅ φαμεν διδάξαι αὐτὸν ὕστερον χρόνοις ἐπὶ Ποντίου Πιλάτου, καὶ ἐπικαλῶσιν ὡς ἀνευθύνων ὄντων τῶν προγεγενημένων πάντων ἀνθρώπων, φθάσαντες τὴν ἀπορίαν λυσόμεθα.

Aber hier ist die Zielrichtung des Arguments deutlich eine andere. Vgl. im übrigen Kelsos IV 7 (Bader, S. 105, Z. 1-7).

Wartelle stellt sich somit dar als ein *Goodspeed redivivus*, was die Konstituierung des Textes betrifft (zu Goodspeeds Ausgabe vgl. Pilhofer: Harnack and Goodspeed, besonders S. 233). Die Genauigkeit seiner Kollation führt nicht wesentlich über die der Goodspeedschen hinaus (vgl. die Angaben bei Pilhofer, a.a.O., S. 240-242, die - von einer Ausnahme abgesehen - sich bei Wartelle im Apparat nicht finden). Vorschläge zur Emendation - etwa die von Wolfgang Schmid (Die Textüberlieferung der Apologie des Justin, ZNW 40 (1941), 87-138) - werden im Apparat erst gar nicht berücksichtigt. So kann man über die Ausgabe Wartelles nur sagen, was Geffcken schon in bezug auf die Goodspeedsche Ausgabe formulierte: „Ganz schwere Bedenken hege ich ... gegen die Editionsweise, die G. [d.i. Goodspeed] bei Justin ... beobachtet hat ... Was helfen Photographien von Handschriften, wie sie G. in höchst anerkennenswerter Opferwilligkeit hat vornehmen lassen, wenn wirklich handschriftliche Kritik fehlt!" (Johannes Geffcken: Rez. E. J. Goodspeed, ThLZ 40 (1915), 368-372, Zitat Sp. 369.) Für den Text der Apologien des Justin stellt die Ausgabe Wartelles in keiner Weise einen Fortschritt dar.

Justin führt die christliche Lehre auf Christus und die ihm vorausgegangenen Propheten zurück und behauptet, diese Lehre sei wahr und älter als alle Schriftsteller, die es gegeben hat. Falls man der Darstellung, die Justin selbst im Dialog von seiner Bekehrung gibt, Glauben schenken darf, steht diese These schon am Anfang seines Weges als Christ. Justin läßt den alten Mann, der ihn bekehrt hat, im Dialog folgendes sagen:

> ἐγένοντό τινες πρὸ πολλοῦ χρόνου πάντων τούτων τῶν νομιζομένων φιλοσόφων παλαιότεροι, μακάριοι καὶ δίκαιοι καὶ θεοφιλεῖς, θείῳ πνεύματι λαλήσαντες καὶ τὰ μέλλοντα θεσπίσαντες, ἃ δὴ νῦν γίνεται· προφήτας δὲ αὐτοὺς καλοῦσιν.[2]

Zutreffend weist Hyldahl darauf hin, daß es hier nicht um den «Diebstahl der Hellenen» geht: „Das Argument bezieht sich allein auf das Alter der Propheten: sie sind älter als die griechischen Philosophen und haben eo ipso die Wahrheit gesagt."[3]

An beiden Stellen wird das überragende Alter der Propheten betont, ohne

---

[2] Dial. 7,1.

[3] Niels Hyldahl: Philosophie und Christentum. Eine Interpretation der Einleitung zum Dialog Justins, AThD 9, Kopenhagen 1966, S. 228. Auf die Hyldahlsche Interpretation Justins im Sinne der „wiedergefundene[n] Urphilosophie" (z.B. S. 227) einzugehen, halte ich in diesem Rahmen für entbehrlich, da das Funktionieren des Altersbeweises dadurch nicht berührt wird. Gegen diese These Hyldahls hat sich beispielsweise J.C.M. van Winden ausgesprochen (J.C.M. van Winden: An Early Christian Philosopher. Justin Martyr's Dialogue with Trypho. Chapters One to Nine. Introduction, Text and Commentary, PhP 1, Leiden 1971, z.B. S. 111f.).

daß diese Behauptung für den Leser in irgendeiner Weise vorbereitet worden wäre. Besonders weit geht die Behauptung an der zunächst aus 1 Apol. 23 zitierten Stelle, da hier keinerlei Einschränkung gemacht wird. Der folgende Gedanke, der mit καὶ οὐχί eingeleitet wird, schließt sich nicht bruchlos an. Denn daß die christliche Lehre mit allen Schriftstellern übereinstimmt, kann der Leser ja noch gar nicht wissen. Auch hier formuliert Justin reichlich kühn, daß „wir dasselbe wie sie [sc. die Schriftsteller] lehren", was *so* ersichtlich nicht zutrifft. Das weiß natürlich auch Justin.[4] Gemeint sein muß an dieser Stelle: „ ... sofern wir dasselbe wie die Schriftsteller lehren ... ". Doch auch in dieser abgeschwächten Form ist die Aussage durchaus nicht selbstverständlich, denn es bleibt ja zu zeigen, an welchen Stellen die christliche Lehre mit den Schriftstellern übereinstimmt.[5]

Wie Justin sich die Relation chronologisch vorstellt, führt er in einer späteren Passage summarisch aus:

> προεφητεύθη δέ, πρὶν ἢ φανῆναι αὐτόν [sc. Ἰησοῦν Χριστόν], ἔτεσι ποτὲ μὲν πεντακισχιλίοις, ποτὲ δὲ τρισχιλίοις, ποτὲ δὲ δισχιλίοις, καὶ πάλιν χιλίοις καὶ ἄλλοτε ὀκτακοσίοις.[6]

Rauschen bemerkt dazu in einer Anmerkung:

> „Obschon der Verf. im Anfang von Kap. 32 sagt, daß Moses der erste der Propheten war, und obschon er in Kap. 31 bemerkt, daß die Propheten selbst ihre Weissagungen aufgeschrieben haben, hat er doch vielleicht bei Angabe der Zahl 5000 an Adam gedacht, nämlich an sein Wort: «Das ist nun Fleisch von meinem Fleisch» u.s.w. (Gen. 2, 23); vgl. Tert. de anima c. 11: Adam statim prophetavit magnum illud sacramentum in Christum et ecclesiam."[7]

Mit dieser Interpretation steht Rauschen in einer illustren Tradition, wie

---

4 An einer späteren Stelle (1 Apol. 44,9) präzisiert er seine Aussage, indem er die Themen, für die er Übereinstimmungen behauptet, aufzählt (dazu siehe unten S. 239). Zudem hatte Justin schon in 1 Apol. 20,3 gesagt: εἰ οὖν καὶ ὁμοίως τινὰ [!] τοῖς παρ' ὑμῖν τιμωμένοις ποιηταῖς καὶ φιλοσόφοις λέγομεν ...

5 Justin nennt 1 Apol. 60 (u. ö.) Platon als Beispiel.

6 1 Apol. 31,8.

7 Gerhard Rauschen: Des heiligen Justins des Philosophen und Märtyrers zwei Apologien, in: Frühchristliche Apologeten und Märtyrerakten I, BKV 12, Kempten & München 1913, 55-155, Zitat S. 97, Anm. 5.

die einschlägige Anmerkung Ottos zeigt:

„Grabio praeeunte Maranus et Ashtonus existimant primum illum, quem Martyr quinque annorum millibus ante Christum prophetasse dicit, esse Adamum, cuius prophetia sacris et ecclesiasticis scriptoribus collaudata sit."[8]

Nun ist Justin gewiß kein systematischer Denker, und es ist stets Vorsicht geboten, wenn zwei verschiedene Aussagen kombiniert werden, doch in diesem Fall kann es kaum einen Zweifel geben; denn wenige Zeilen später sagt Justin klipp und klar: Μωϋσῆς ... πρῶτος τῶν προφητῶν γενόμενος.[9] D.h. für Justin ist Mose der erste Prophet, und er hat 5000 Jahre vor Christus gelebt. Dieser Zeitraum, so muß man schließen, führt weiter zurück als die Lebenszeit irgendeines Schriftstellers. Justin selbst geht auf derlei Einzelheiten nirgendwo ein.[10] Immerhin kann er ausdrücklich formulieren: πρεσβύτερος γὰρ Μωϋσῆς καὶ πάντων τῶν ἐν Ἕλλησι συγγραφέων.[11]

1. Die Abhängigkeit der griechischen Schriftsteller vom Alten Testament

Die Behauptung des höheren Alters der alttestamentlichen Propheten wird nun bei Justin natürlich nicht ohne Grund so nachdrücklich eingeschärft. Sie bildet die Voraussetzung für die These, wonach griechische Schriftsteller von den Propheten (literarisch) abhängig sind. Hier ist es vor allem Platon, an dessen Beispiel Justin seine These nachweisen will:

---

[8] Io. Car. Th. de Otto [Hg.]: Iustini Philosophi et Martyris opera quae feruntur omnia, tomi I pars I: Opera Iustini indubitata, Jena ³1876, S. 95, Anm. 13. Diese Auffassung wird auch geteilt von Wolfgang Schmid in seinem o. S. 236 zitierten Aufsatz, s. dort S. 134.

[9] 1 Apol. 32,1. Nichts berechtigt dazu, dies im Sinne von *primus inter eos, quorum scripta exstant* zu verstehen, vgl. die Anm. Ottos z.St. (S. 96, Anm. 1). Zudem ist die Aussage bei Justin nicht singulär, vgl. 1 Apol. 59,1!

[10] In 1 Apol. 42,3 sagt Justin, daß David ἔτεσι χιλίοις καὶ πεντακοσίοις πρὶν ἢ Χριστὸν ἄνθρωπον γενόμενον σταυρωθῆναι einzuordnen sei. *Mira chronologia*, bemerkt Otto z.St. (S. 118, Anm. 3, dort auch Konjekturen).

[11] 1 Apol. 44,8. Worauf soll sich das καί beziehen? Man kann doch wohl nicht annehmen, Justin denke an 1 Apol. 32,1 zurück (wo es heißt Μωϋσῆς ... πρῶτος τῶν προφητῶν γενόμενος) und stelle daneben nun: πρεσβύτερος ... Μωϋσῆς καὶ [„auch"] πάντων τῶν ἐν Ἕλλησι συγγραφέων? Vielleicht ist mit „sogar" zu übersetzen: „Denn Mose ist sogar älter als alle griechischen Schriftsteller". Das setzte allerdings voraus, daß Justin den griechischen Schriftstellern ein sehr hohes, wenn nicht gar (natürlich von Mose und seinen Nachfolgern abgesehen) *das höchste Alter* zubilligte. Sehr leicht macht es sich Rauschen, der das καί einfach unübersetzt läßt (a.a.O., S. 111).

[§ 8] ὥστε καὶ Πλάτων εἰπών· αἰτία ἑλομένου, θεὸς δ' ἀναίτιος, παρὰ Μωϋσέως τοῦ προφήτου λαβὼν εἶπε. πρεσβύτερος γὰρ Μωϋσῆς καὶ πάντων τῶν ἐν Ἕλλησι συγγραφέων. [§ 9] καὶ πάντα, ὅσα περὶ ἀθανασίας ψυχῆς ἢ τιμωριῶν τῶν μετὰ θάνατον ἢ θεωρίας οὐρανίων ἢ τῶν ὁμοίων δογμάτων καὶ φιλόσοφοι καὶ ποιηταὶ ἔφασαν, παρὰ τῶν προφητῶν τὰς ἀφορμὰς λαβόντες καὶ νοῆσαι δεδύνηνται καὶ ἐξηγήσαντο. [§ 10] ὅθεν παρὰ πᾶσι σπέρματα ἀληθείας δοκεῖ εἶναι· ἐλέγχονται δὲ μὴ ἀκριβῶς νοήσαντες, ὅταν ἐναντία αὐτοὶ ἑαυτοῖς λέγωσιν.[12]

Justin hatte zu Beginn dieses Kapitels eine alttestamentliche Stelle angeführt (Deuteronomium 30,15.19), von welcher er nun behauptet, daß sie die Quelle für einen Ausspruch des Platon bilde. Diese These veranlaßt Justin zu der Erklärung, wonach Mose älter als alle griechischen Schriftsteller sei. War in Kapitel 23 von der christlichen Lehre behauptet worden, daß sie älter als alle Schriftsteller, „die es gegeben hat", sei, so ist hier der älteste Gewährsmann für diese Lehre - Mose - speziell genannt, während aus der Zahl aller überhaupt denkbaren Schriftsteller die griechischen Schriftsteller (als die ältesten?) ausgewählt sind. Platon ist sozusagen nur ein spezielles Beispiel für diese Behauptung. In § 9 wird die Aussage dann konkretisiert. Was die „Schriftsteller" angeht, wird nun zwischen Philosophen und Dichtern unterschieden. Auch die Themenbereiche, für die eine Abhängigkeit bestehen soll, werden nun genau umschrieben. Es handelt sich um die folgenden:

- Unsterblichkeit der Seele,
- Strafen nach dem Tode[13],
- Betrachtung himmlischer Dinge
- „oder ähnliche Lehren".

Die Übernahme selbst beschreibt Justin mit den Worten τὰς ἀφορμὰς λα-

[12] 1 Apol. 44,8-10. Die Formulierung τὰς ἀφορμὰς λαβόντες in § 9 hat nicht nur eine jüdische Vorgeschichte - sie begegnet schon bei Aristobul (s. oben, S. 164f.) -, sondern auch eine christliche Nachgeschichte: Hippolyt spricht in seiner Refutatio omnium haeresium immer wieder davon, daß die Häretiker τὰς ἀφορμάς - nicht παρὰ τῶν προφητῶν, sondern von den griechischen Schriftstellern nehmen (λαβόντες).
Das Platonzitat (ohne das δ') stammt aus Politeia 617 e 4-5.

[13] Zu diesem Thema hatte Justin schon 1 Apol. 8,4 bemerkt, daß es hier eine Übereinstimmung zwischen der christlichen Lehre und der des Platon gebe (Πλάτων δ' ὁμοίως ἔφη κτλ.). Es erscheint auch in der Aufzählung der Übereinstimmungen in 1 Apol 20,4.

βόντες, was Rauschen übersetzt mit: „auf Grund der ... empfangenen Anhaltspunkte".[14] Sowohl von der Grundbedeutung des Wortes ἀφορμή als auch von der Sache her scheint mir die Übersetzung „Ausgangspunkt" angemessener. Die Propheten (sie entsprechen im Sinne des Justin so ziemlich dem, was wir das Alte Testament nennen) bilden den Ausgangspunkt für die Aussagen der griechischen Philosophen und Dichter zu den genannten Themen.

Fast nebenbei fällt dann in § 10 eine Erklärung für den Widerspruch ab, in dem die einzelnen Autoren zueinander stehen. Dieser Widerspruch ergibt sich ganz einfach daraus, daß die einzelnen Schriftsteller ihre alttestamentliche(n) Vorlage(n) - so konkret stellt Justin sich das vor, dazu gleich - nicht genau (ἀκριβῶς)[15] verstanden haben. Das klassische Beispiel für einen solchen Schriftsteller ist Platon, wie die im folgenden zu behandelnden Passagen aus Justin zeigen werden.

Platon ist insbesondere bezüglich seiner Lehre von der Schöpfung von Mose abhängig:

> ἵνα δὲ καὶ παρὰ τῶν ἡμετέρων διδασκάλων, λέγομεν δὲ τοῦ λόγου τοῦ διὰ τῶν προφητῶν, λαβόντα τὸν Πλάτωνα μάθητε τὸ εἰπεῖν, ὕλην ἄμορφον οὖσαν στρέψαντα τὸν θεὸν κόσμον ποιῆσαι, ἀκούσατε τῶν αὐτολεξεὶ εἰρημένων διὰ Μωϋσέως, τοῦ προδεδηλωμένου πρώτου προφήτου καὶ πρεσβυτέρου τῶν ἐν Ἕλλησι συγγραφέων, δι' οὗ μηνύον τὸ προφητικὸν πνεῦμα, πῶς τὴν ἀρχὴν καὶ ἐκ τίνων ἐδημιούργησεν ὁ θεὸς τὸν κόσμον, ἔφη οὕτως ...[16]

Hier wird dem Platon die Aussage zugeschrieben: ὕλην ἄμορφον οὖσαν στρέψαντα τὸν θεὸν κόσμον ποιῆσαι. Es braucht wohl nicht eigens erwähnt zu werden, daß das so bei Platon nicht steht. Schon die Verbindung von ὕλη und ἄμορφος läßt sich bei Platon nicht nachweisen.[17] Andrerseits läßt sich

---

14 Rauschen, a.a.O., S. 111. Die Formulierung τὰς ἀφορμὰς λαβόντες begegnet sonst bei Justin nicht, s. Edgar J. Goodspeed: Index apologeticus sive clavis Iustini Martyris operum aliorumque apologetarum pristinorum, Leipzig 1912, S. 47, s.v. ἀφορμῆς.

15 Ganz ähnlich heißt es 1 Apol. 60,5, Platon habe das im Alten Testament Gelesene μὴ ἀκριβῶς verstanden. 1 Apol. 54,4 findet sich die gleiche Aussage in bezug auf die bösen Dämonen, denen auch grundlegende Sachverhalte verborgen bleiben, wie 1 Apol. 55,1 zeigt.

16 1 Apol. 59,1.

17 Leonard Brandwood: A Word Index to Plato, Leeds 1976, s.v. ἄμορφος (S. 52) und s.v. ὕλη (S. 914). Die Herausgeber Justins versuchen daher nicht einmal, eine Belegstelle aus Platon

nicht bestreiten, daß der Satz die platonische Vorstellung, wie sie sich im Timaios findet, einigermaßen zutreffend beschreibt.[18] Diese Anschauung hat Platon nach Justin παρὰ τῶν ἡμετέρων διδασκάλων genommen. Der in diesem Fall gemeinte διδάσκαλος ist der Prophet Mose, aus dessen Buch Justin Genesis 1,1-3 ziemlich genau zitiert.[19] Diese drei Verse aus der Genesis beschreiben nach Justin πῶς τὴν ἀρχὴν καὶ ἐκ τίνων ἐδημιούργησεν ὁ θεὸς τὸν κόσμον: „wie Gott die Welt schuf, erzählt Gen. 1,3, und woraus Gott sie schuf, ergibt sich aus Gen. 1,1-2. Also liegt hier eine punktuelle Übereinstimmung zwischen dem Christentum und dem Platonismus vor"[20], die niemanden verwundern kann, wenn Platon seine These doch aus Mose entnommen hat.

Den Höhepunkt der einschlägigen Bemühungen des Justin bildet ohne Zweifel das Kapitel 1 Apol. 60.[21] Da heißt es:

καὶ τὸ ἐν τῷ παρὰ Πλάτωνι Τιμαίῳ φυσιολογούμενον περὶ τοῦ υἱοῦ τοῦ θεοῦ, ὅτε λέγει· ἐχίασεν αὐτὸν ἐν τῷ παντί, παρὰ Μωϋσέως λαβὼν ὁμοίως εἶπεν.[22]

Zum Verständnis des Justin ist es erforderlich, sich mit dem zitierten Abschnitt aus dem Timaios vertraut zu machen. Platon läßt hier - nach dem einleitenden Abschnitt (17 a 1 - 27 b 9), der für Justin in diesem Zusammenhang ohne Belang ist - den Timaios die Entstehung der Welt beschreiben (27 c 1 - 92 c 9). Nachdem Timaios den Leib der Welt behandelt hat

---

anzugeben. Blunt bemerkt z.St.: „This is no definite quotation from Plato, but roughly expresses the sense of various passages in the *Timaeus*, e.g. 30, 53, 69" (A.W.F. Blunt [Hg.]: The Apologies of Justin Martyr (CPT), Cambridge 1911, S. 87, Apparat zu Z. 6).

18 Vgl. die in der vorigen Anm. genannten Stellen.

19 Justin zitiert Genesis 1,1-3 im Anschluß an den oben zitierten Satz in 1 Apol. 59,2-4. Merkwürdigerweise ist Osborn der Meinung, es liege hier „[a] free quotation" vor (Eric Francis Osborn: Justin Martyr, BHTh 47, Tübingen 1973, S. 113).

20 Hyldahl, a.(Anm. 3)a.O., S. 283. Hyldahl legt Wert auf die Feststellung, daß die „Übereinstimmung ... eben nur punktuell" ist, weil Justin - Hyldahl zufolge - „für den Platonismus nur Kritik hat" (S. 284); das ist aber für die Frage des Altersbeweises ohne Belang.

21 Diese Bemühungen Justins faßt Feder so zusammen: „Im Streben, das Abhängigkeitsverhältnis der heidnischen Philosophen von der geoffenbarten Wahrheit möglichst enge zu gestalten, verfällt Justin bisweilen in Absonderlichkeiten", bevor er den Inhalt von 1 Apol. 60 referiert (Alfred Leonhard Feder: Justins des Märtyrers Lehre von Jesus Christus, dem Messias und dem menschgewordenen Sohne Gottes. Eine dogmengeschichtliche Monographie, Freiburg 1906, S. 59).

22 1 Apol. 60,1.

(31 b - 34 b), kommt er auf die ψυχή der Welt zu sprechen (34 b 3). So entsteht, was Timaios einen εὐδαίμων θεός nennt (34 b 8). Dieser ist - als ein Gewordener - streng zu unterscheiden von dem Demiurgen, den Timaios kurz zuvor ὢν ἀεὶ θεός genannt hat (34 a 8). *Diese Unterscheidung zweier* θεοί ist, worauf Andresen hingewiesen hat[23], der Ausgangspunkt für die Ausführungen des Justin. „Irrigerweise wird in den Textausgaben von Krüger und Goodspeed nur auf Tim. 36 BC verwiesen. In Wirklichkeit hat Justin das Platonzitat aus Tim. 36 B und 34 AB kombiniert."[24]

In Timaios 36 bc sagt Timaios, der Demiurg[25] habe die Weltseele, eine von ihm hergestellte Zusammenfügung weiter bearbeitend, der Länge nach zweifach gespalten und die Mitte der einen an die der andern in der Form eines Chi gefügt. Mit dieser Aussage von der chi-förmigen Gestalt kombiniert Justin „den zweiten Gedanken seines Zitates, daß die Weltseele von dem Demiurgen 'durch das Ganze ausgestreckt wurde' [aus Tim. 34 AB]"[26]. Auf diese Weise also entsteht das komplizierte Zitat, von dem Justin noch dazu behauptet, Platon spreche hier περὶ τοῦ υἱοῦ τοῦ θεοῦ: ἐχίασεν αὐτὸν ἐν τῷ παντί.

Dieses Zitat hat Platon nun dem Justin zufolge aus Mose entnommen. Um dies zu beweisen, referiert Justin in freier Weise Numeri 21,6ff. Es handelt sich dabei um die Geschichte von der ehernen Schlange, die nach Justin auf τύπον σταυροῦ abzielt[27], den Mose hergestellt habe. Dieser habe auch die Rettung der Israeliten bewirkt[28], und schon ist Justin wieder bei seinem Thema:

ἃ ἀναγνοὺς Πλάτων καὶ μὴ ἀκριβῶς ἐπιστάμενος, μηδὲ νοήσας τύπον εἶναι σταυροῦ ἀλλὰ χίασμα νοήσας, τὴν μετὰ τὸν πρῶτον θεὸν δύναμιν κε-

---

[23] Carl Andresen: Justin und der mittlere Platonismus, ZNW 44 (1952/53), 157-195, wieder abgedruckt in: Clemens Zintzen [Hg.]: Der Mittelplatonismus, WdF 70, Darmstadt 1981, 319-368, danach im folgenden zitiert; hier S. 346.

[24] Ebd.

[25] Die Bezeichnungen wechseln. Es finden sich u.a. ὁ ποιητής (28 c 3), ὁ πατήρ (ebd.), ὁ δημιουργός (29 a 3), ὁ συνιστάς (29 d 8 + 30 c 3), ὁ θεός (30 a 2 + 31 b 8).

[26] Andresen, a.a.O., S. 346.

[27] 1 Apol. 60,3.

[28] 1 Apol. 60,4.

χιάσθαι ἐν τῷ παντὶ εἶπε.[29]

Platon hat also Numeri 21,6ff. gelesen und nicht genau verstanden. Insbesondere sah er nicht, daß dort vom τύπος σταυροῦ die Rede ist. Deshalb kam er auf die Idee der chi-förmigen Gestalt, die er den ersten Gott formen ließ.

Da er nun schon gezeigt hat, daß Platon zwei verschiedene Götter, einen πρῶτος θεός und einen υἱὸς τοῦ θεοῦ, kennt, benutzt Justin die Gelegenheit, auch noch auf den dritten Gott bei Platon hinzuweisen:

καὶ τὸ εἰπεῖν αὐτὸν τρίτον, ἐπειδή, ὡς προείπομεν, ἐπάνω τῶν ὑδάτων ἀνέγνω ὑπὸ Μωϋσέως εἰρημένον ἐπιφέρεσθαι τὸ τοῦ θεοῦ πνεῦμα. δευτέραν μὲν γὰρ χώραν τῷ παρὰ θεοῦ λόγῳ, ὃν κεχιάσθαι ἐν τῷ παντὶ ἔφη, δίδωσι, τὴν δὲ τρίτην τῷ λεχθέντι ἐπιφέρεσθαι τῷ ὕδατι πνεύματι, εἰπών· τὰ δὲ τρίτα περὶ τὸν τρίτον.[30]

Otto bemerkt z.St.: „Est Ps.-Platonis Epist. II. p. 312 E locus difficillimus, qui quomodo recte explicandus sit, inter se discrepant."[31] Ob der Brief pseudoplatonisch ist oder nicht, spielt für die vorliegende Problematik keine Rolle. Wichtig ist dagegen die Beobachtung, daß möglicherweise nicht nur Justin diese Stelle so verstanden hat: „Some Pythagoreans, such as Moderatus of Gades and Numenius, ... postulate a trio of Ones or Gods in descending order, deriving the inspiration for this, perhaps, from a curious passage of the Second Platonic Letter (312E)."[32]

Das von Platon schon in ganz anderem Zusammenhang benutzte erste Kapitel der Genesis[33] verhalf ihm auch zu der Erkenntnis des Geistes als des dritten Gottes. Nach Justin unterscheidet also schon Platon, ganz wie die Christen es tun, drei göttliche Wesen, und der Leser der Werke des Platon kann sich davon selbst jederzeit überzeugen. Diese und ähnliche Übereinstimmungen erklären sich daraus, daß die Griechen die Schriften des Mose

---

[29] 1 Apol. 60,5.

[30] 1 Apol. 60,6-7.

[31] Otto, a.a.O., S. 162, Anm. 10.

[32] John Dillon: The Middle Platonists. A Study of Platonism 80 B.C. to A.D. 220, London 1977, S. 46. Vgl. dazu jetzt auch die Ausführungen Droges (Arthur J. Droge: Homer or Moses? Early Christian Interpretations of the History of Culture, HUTh 26, Tübingen 1989, S. 61ff.).

[33] Siehe o. S. 241.

gelesen haben, wie Justin zum Schluß des Kapitels 60 noch einmal unterstreicht:

οὐ τὰ αὐτὰ οὖν ἡμεῖς ἄλλοις δοξάζομεν, ἀλλ' οἱ πάντες τὰ ἡμέτερα μιμούμενοι λέγουσι.[34]

2. Die Abhängigkeit der Dämonen vom Alten Testament

Neben dieser sozusagen «traditionellen» Anschauung, wonach der jeweilige Schriftsteller die Schriften des Alten Testaments als Ausgangspunkt benutzt, steht bei Justin nun eine zweite, die für ihn charakteristisch zu sein scheint. Jedenfalls findet sich bei seinen jüdischen Vorgängern dazu keinerlei Parallele. Von zentraler Bedeutung ist hier 1 Apol. 54.

Justin will zeigen, daß erstens die Tradenten der mythologischen Überlieferung (οἱ ... παραδιδόντες τὰ μυθοποιηθέντα) keinerlei Beweis (οὐδεμίαν ἀπόδειξιν) beizubringen vermögen und daß zweitens diese Überlieferung auf die bösen Dämonen zurückzuführen ist (εἰρῆσθαι ... κατ' ἐνέργειαν τῶν φαύλων δαιμόνων).[35] Die bösen Dämonen ihrerseits sind - und das ist das Bemerkenswerte - von den Propheten abhängig. Denn sie haben die Prophezeiungen auf Jesus Christus gehört und

προεβάλλοντο πολλοὺς λεχθῆναι γενομένους υἱοὺς τῷ Διΐ, νομίζοντες δυνήσεσθαι ἐνεργῆσαι τετραλογίαν ἡγήσασθαι τοὺς ἀνθρώπους τὰ περὶ τὸν Χριστὸν καὶ ὅμοια τοῖς ὑπὸ τῶν ποιητῶν λεχθεῖσι.[36]

Welch raffinierte Machination! Und vor allem: Welch eine langfristige Strategie seitens der bösen Dämonen! Seit der Zeit des Mose - d.i. nach der justinischen Chronologie: seit 5000 v. Chr. - sind die bösen Dämonen schon tätig, um die Menschen von Christus abzubringen. Gerade bei Griechen und Heiden sind diese Mythen durch die Dämonen ins Werk gesetzt worden, und das mit gutem Grund:

καὶ ταῦτα δ' ἐλέχθη καὶ ἐν Ἕλλησι καὶ ἐν ἔθνεσι πᾶσιν, ὅπου μᾶλλον

---

[34] 1 Apol. 60,10. Im letzten Paragraphen dieses Kapitels weist Justin noch darauf hin, daß all das bei den Christen auch gänzlich ungebildete Menschen verstehen, woraus man ersehen kann οὐ σοφίᾳ ἀνθρωπείᾳ ταῦτα γεγονέναι, ἀλλὰ δυνάμει θεοῦ λέγεσθαι (§ 11).

[35] 1 Apol. 54,1.

[36] 1 Apol. 54,2. Die LA λεχθῆναι γενομένους ist Konjektur (der Codex Parisinus Graecus 450 liest λεχθῆναι λεγομένους, vgl. Otto, a.(Anm. 8)a.O., S. 145, Anm. 3). Für ὅμοια hat der Codex ὁμοίως (vgl. Otto, S. 146, Anm. 4). Beide Konjekturen sind sinnvoll.

ἐπήκουον τῶν προφητῶν πιστευθήσεσθαι τὸν Χριστὸν προκηρυσσόντων.[37] Daher war im heidnischen Bereich eine Vorbereitung seitens der Dämonen gefordert, aber offenbar nicht im jüdischen Bereich. Genau wie den griechischen Schriftstellern erging es auch den Dämonen:

ὅτι δὲ καὶ ἀκούοντες τὰ διὰ τῶν προφητῶν λεγόμενα οὐκ ἐνόουν ἀκριβῶς, ἀλλ' ὡς πλανώμενοι ἐμιμήσαντο τὰ περὶ τὸν ἡμέτερον Χριστόν, διασαφήσομεν.[38]

Wie bei den Schriftstellern, so auch hier: Wie die Aussagen der griechischen Autoren nicht einfach mit denen der Propheten übereinstimmen, so ist auch die ganze griechische Mythologie nicht einfach ein getreues Abbild des Wirkens Jesu. In beiden Fällen liegt dies daran, daß die Rezipienten - die Schriftsteller einerseits, die bösen Dämonen andrerseits - die Propheten nicht genau (ἀκριβῶς) verstanden haben; deshalb mußten sich auch die Dämonen darauf beschränken, „wie im Dunkeln tastend die Geschichte unseres Christus" nachzuäffen[39].

Nach diesen Vorbemerkungen kommt Justin nun zum eigentlichen Beweisgang. Er zitiert Genesis 49,10b[40] und fährt dann fort:

τούτων οὖν τῶν προφητικῶν λόγων ἀκούσαντες οἱ δαίμονες Διόνυσον μὲν ἔφασαν γεγονέναι υἱὸν τοῦ Διός, εὑρετὴν δὲ γενέσθαι ἀμπέλου παρέδωκαν, καὶ ὄνον [Otto; Codex: οἶνον] ἐν τοῖς μυστηρίοις αὐτοῦ ἀναγράφουσι, καὶ διασπαραχθέντα αὐτὸν ἀνεληλυθέναι εἰς οὐρανὸν ἐδίδαξαν.[41]

---

[37] 1 Apol. 54,3.

[38] 1 Apol. 54,4. Zu dem οὐκ ἐνόουν ἀκριβῶς vgl. die schon besprochenen Passagen 1 Apol. 44,10 (o. S. 239f.) und 1 Apol. 60,5 (o. S. 242f.).

[39] So übersetzt Rauschen die oben zitierte Stelle (a.(Anm. 7)a.O., S. 122).

[40] 1 Apol. 54,5: Μωϋσῆς οὖν ὁ προφήτης, ὡς προέφημεν, πρεσβύτερος ἦν πάντων συγγραφέων, καὶ δι' αὐτοῦ, ὡς προεμηνύσαμεν, προεφητεύθη οὕτως·
οὐκ ἐκλείψει ἄρχων ἐξ Ἰούδα καὶ ἡγούμενος ἐκ τῶν μηρῶν αὐτοῦ, ἕως ἂν ἔλθῃ ᾧ ἀπόκειται· καὶ αὐτὸς ἔσται προσδοκία ἐθνῶν, δεσμεύων πρὸς ἄμπελον τὸν πῶλον αὐτοῦ, πλύνων τὴν στολὴν αὐτοῦ ἐν αἵματι σταφυλῆς.

[41] 1 Apol. 54,6. Zum textkritischen Problem vgl. Otto, a.a.O., S. 147, Anm. 15. Goodspeed liest wieder οἶνον. Für diese LA spricht aber nichts außer der Tatsache, daß der Codex sie bietet. M.E. ist es wenig wahrscheinlich, daß ein Abschreiber ein ursprüngliches οἶνος in ὄνος ändert; dazu hätte er eine sehr detaillierte Kenntnis der Mysterien des Dionysos haben müssen. Sehr leicht vorstellbar ist dagegen der umgekehrte Weg: „...ein Textbearbeiter wußte offenbar nichts von einem Esel in den Dionysosmysterien, dagegen erschien ihm eine Erwähnung des Weines im Hinblick auf den Zusammenhang angebracht." (Wolfgang Schmid, a.(o. S. 236)a.O., S. 118.)

So ist also die Geschichte des Dionysos eine (wenngleich entstellte) «Vorabbildung» des Weges Jesu, wie er in Genesis 49,10f. von Mose prophezeit worden ist: Dionysos ist Sohn des Zeus, Jesus Sohn Gottes; Weinstock und Esel spielen bei beider Weg eine Rolle, und auch in bezug auf Tod und Himmelfahrt sieht Justin Parallelen. Doch Dionysos genügte den bösen Dämonen mitnichten:

> καὶ ἐπειδὴ διὰ τῆς Μωϋσέως προφητείας οὐ ῥητῶς ἐσημαίνετο, εἴτε υἱὸς τοῦ θεοῦ ὁ παραγενησόμενός ἐστι [ἢ ἀνθρώπου][42], καὶ εἰ ὀχούμενος ἐπὶ πώλου ἐπὶ γῆς μενεῖ ἢ εἰς οὐρανὸν ἀνελεύσεται, καὶ τὸ τοῦ πώλου ὄνομα καὶ ὄνου πῶλον καὶ ἵππου σημαίνειν ἐδύνατο, μὴ ἐπιστάμενοι εἴτε ὄνου πῶλον ἄγων ἔσται σύμβολον τῆς παρουσίας αὐτοῦ εἴτε ἵππου ὁ προκηρυσσόμενος, καὶ υἱὸς θεοῦ ἐστιν, ὡς προέφημεν, ἢ ἀνθρώπου, τὸν Βελλεροφόντην καὶ αὐτὸν ἐφ' ἵππου Πηγάσου, ἄνθρωπον ἐξ ἀνθρώπων γενόμενον, εἰς οὐρανὸν ἔφασαν ἀνεληλυθέναι.[43]

Die Vorgehensweise der Dämonen ähnelt offenbar der eines Exegeten. Wo es mehrere Interpretationsmöglichkeiten gibt, weil der Sinn der Prophetie nicht eindeutig (οὐ ῥητῶς) ist, sehen sich die bösen Dämonen veranlaßt, alle Möglichkeiten durchzuspielen und entsprechende Vorkehrungen zu treffen. So kann im vorliegenden Falle mit dem Füllen aus Genesis 49 ein Eselsoder ein Pferdefüllen gemeint sein. Für das Eselsfüllen haben die Dämonen den Dionysos, für das Pferdefüllen aber den Bellerophon auf seinem geflügelten Pferd Pegasos ins Feld geschickt. Im Unterschied zu Dionysos ist Bellerophon auch nicht Sohn eines Gottes, so daß auch diese Alternative durch ihn abgedeckt wird, denn die Weissagung des Mose läßt ja dies ebenfalls offen.

Im folgenden[44] kommt Justin noch auf Perseus, Herakles und Asklepios

---

[42] Die Klammern finden sich schon in der Ottoschen Ausgabe; der Herausgeber deutet damit an, daß es sich um eine Konjektur seinerseits handelt: *Haec in utroque cod. msto et omnibus edd. omittuntur. Sed paulo post:* υἱὸς θεοῦ ἐστιν ... ἢ ἀνθρώπου. *Quapropter reposui.* (Otto, a.a.O., S. 148, Anm. 17.) In der ersten Auflage der Ottoschen Edition fehlt die (zweifellos sinnvolle) Konjektur noch (Ioannes Carolus Theodor Otto [Hg.]: S. Justini philosophi et martyris opera, tomus primus, Jenae 1842, S. 246). Ebenfalls aufgrund einer Konjektur liest Otto am Schluß dieses Paragraphen ἀνθρώπων (der Codex hat den Singular), vgl. zur Begründung Otto³, S. 149, Anm. 22.

[43] 1 Apol. 54,7.

[44] 1 Apol. 54,8-10.

zu sprechen, die, ein jeder auf seine Weise, ebenfalls wegen alttestamentlicher Weissagungen durch die Dämonen auf den Weg gebracht worden sind. Interessant ist hier Perseus, weil seine Existenz auf eine Weissagung des Jesaja zurückgeführt wird. Anscheinend hat sich Justin keine Sorgen wegen der Chronologie gemacht. Immerhin begegnet Perseus, Sohn des Zeus und der Danaë, schon bei Homer.[45]

Die Anschauung des Justin ist aus den besprochenen Beispielen hinlänglich deutlich geworden: Die mythologischen Vorstellungen insbesondere der Griechen beruhen auf der Wirksamkeit böser Dämonen, die ihrerseits von den alttestamentlichen Weissagungen abhängig sind. Auf diese Weise führt Justin den Altersbeweis weit über seine hergebrachten Dimensionen hinaus. Denn nach dieser Vorstellung sind ja nicht nur die einzelnen Schriftsteller vom Alten Testament abhängig, sondern auch die mythologischen Ereignisse, die sogar den ältesten Schriftstellern (weit?) vorausliegen, sind allererst aufgrund der Propheten ins Werk gesetzt worden. So fügen sich für Justin ganz weit auseinander liegende Ereignisse zu einem einheitlichen Bild zusammen. Was er als Zeitgenosse erlebt[46], vermag er nach genau demselben Muster zu erklären wie Ereignisse, die 5000 Jahre zurückliegen: Überall sind es die Machinationen der bösen Dämonen, deren Ziel seit Jahrtausenden unverrückbar feststeht:

> ἀγωνίζονται ... ἔχειν ὑμᾶς [sc. die Adressaten der Apologie] δούλους καὶ ὑπηρέτας.[47]

Oder, an anderer Stelle:

> οὐ γὰρ ἄλλο τι ἀγωνίζονται ... ἢ ἀπάγειν τοὺς ἀνθρώπους ἀπὸ τοῦ ποιήσαντος θεοῦ καὶ τοῦ πρωτογόνου αὐτοῦ Χριστοῦ.[48]

---

[45] Homer: Ilias XIV 319f. (Zeus zählt die Frauen auf, mit denen er Kinder gezeugt hat):
οὐδ' ὅτε περ Δανάης καλλισφύρου 'Ακρισιώνης,
ἣ τέκε Περσῆα πάντων ἀριδείκετον ἀνδρῶν.
Sollte Justin gar der Meinung sein, auch Jesaja habe vor Homer gelebt?

[46] Die Dämonen haben sich nicht mit ihrer Wirksamkeit vor der Erscheinung Christi begnügt, sondern sie haben auch danach versucht, Verwirrung zu stiften, was Gestalten wie Simon und Menander zeigen (1 Apol. 56). Justin kann sogar sagen: Μαρκίωνα δὲ τὸν ἀπὸ Πόντου ... προεβάλλοντο οἱ φαῦλοι δαίμονες (1 Apol. 58,1), d.h. noch immer sind die Dämonen am Werk.

[47] 1 Apol. 14,1.

[48] 1 Apol. 58,3.

So kann sich die Abhängigkeit vom Alten Testament nach Justin ganz unterschiedlich auswirken: *in bonam partem* bei Philosophen und Dichtern, die auf diese Weise immerhin σπέρματα ἀληθείας hervorzubringen vermögen[49]; *in malam partem* bei den Dämonen, die wegen ihrer bösen Absichten mit Zerrbildern der Wahrheit arbeiten, um die Menschen von Christus abzulenken.[50]

Anhang: Zur Darstellung Heinrich Weys

In seiner Arbeit über die Funktion der bösen Geister hat Heinrich Wey auch die einschlägigen Justinstellen behandelt.[51] Er kommt dabei zu dem Ergebnis:

> „... neu ist die Idee der imitatio praevia, um mich so auszudrücken, die Idee der «Vorahmung» der christlichen Offenbarung durch dämonisch beeinflußte Heiden. Ist schon dieser Gedanke allein ungewohnt, so wird er dies noch besonders dadurch, daß er bis in einzelne konkrete Züge der Mythen und Riten hinein ausgemalt wird. Wir bedauern, daß Iustin, der doch durch die Lehre vom Logos spermatikos auch der bei den Heiden sich findenden Wahrheit so aufgeschlossen gegenüberstand, in Hinsicht auf die Mythologie diesen einseitig negativen Standpunkt einnahm. Dies ist gewiß aus seiner apologetischen Situation und Bedrängnis heraus zu verstehen; er wußte Angriffe wie die oben durch Celsus vorgetragenen nicht anders als auf diese negative Weise zu erledigen."[52]

Dies ist m.E. keine zutreffende Einschätzung der justinischen Lehre. Wey berücksichtigt in keiner Weise den Aspekt des Alters, auf den es doch Justin entscheidend ankommt. Gerade in dem einen von Wey so genannten „Hauptkapitel"[53], 1 Apol. 54, hebt Justin ja noch einmal hervor, daß Mose älter als alle Schriftsteller war.[54] So verkennt Wey völlig das Ziel des Justin, mittels des Altersbeweises durch Einschaltung der Dämonen auch die gesamte My-

---

[49] So Justins Formulierung in der resümierenden Bemerkung 1 Apol. 44,10, die oben (S. 239) zitiert wurde.

[50] Goodenough stellt fest: „Such an aggressive Apologetic on the matter of mythology is so far as we know first suggested in Christian literature by Justin." (Erwin R. Goodenough: The Theology of Justin Martyr. An Investigation into the Conceptions of Early Christian Literature and Its Hellenistic and Judaistic Influences, Jena 1923, S. 109.)
Justin fand in dieser Beziehung einen Nachfolger in Tertullian. Vgl. etwa De praescriptione haereticorum 40,2ff.

[51] Heinrich Wey: Die Funktionen der bösen Geister bei den griechischen Apologeten des zweiten Jahrhunderts nach Christus, Diss. Zürich, Winterthur 1957.

[52] Wey, a.a.O., S. 180.

[53] Wey nennt 1 Apol. 54 und Dial. 69 die beiden Hauptkapitel (a.a.O., S. 176).

[54] Vgl. dazu o. S. 244ff.

thologie als sekundär gegenüber der christlichen Lehre erscheinen zu lassen. Ob dieser kühne Versuch „uns heute" „naiv" berührt[55] oder nicht, kann doch kein Kriterium der Beurteilung sein.

Vollends jeden historischen Sinn läßt Wey vermissen, wenn er Justin vorschlägt, „die Unterschiede beider Vorstellungen aufzuzeigen oder die Historizität der Jungfrauengeburt [sic!] Christi gegenüber der Sagenhaftigkeit der Geburt des Perseus ins Licht zu rücken"[56].

Ich kann Justin auch keineswegs in Bedrängnis sehen. *Viele der Parallelen aus der Mythologie wird er selbst allererst entdeckt haben.*[57] Vielleicht besaß er neben seiner Sammlung von alttestamentlichen Weissagungen auf Christus auch eine «Synopse» Mythologie/Christus. Denn diese Parallelen sind durchaus nicht einer „apologetischen Situation und Bedrängnis" Justins entsprungen. Für ihn handelt es sich doch dabei ohne Zweifel um einen Anknüpfungspunkt[58]; keineswegs befindet er sich in der Defensive. Ganz im Gegenteil will er damit ein bei den Adressaten seiner Apologie zu vermutendes Vorverständnis für die christliche Botschaft aktivieren.

Nimmt man nun zu diesen Parallelen zwischen der Geschichte Christi und der Mythologie noch den oben skizzierten Altersbeweis hinzu, so kann man feststellen, daß es Justin hier durchaus nicht darum geht, „Angriffe ... zu erledigen"; vielmehr „erledigt" er das Problem der Mythologie als Ganzes! Denn die Mythologie wird auf diese Weise aus dem AT abgeleitet und sozusagen „unschädlich" gemacht.

Eine ganz andere Frage ist es, ob *uns* diese Lösung plausibel erscheint. Bemerkungen wie:

> „Er [sc. Justin] besaß nicht oder nur ungenügend den historischen Sinn, die Ereignisse der Menschwerdung Gottes, die sich hundert Jahre vor ihm abgespielt hatten und in historischen Schriften niedergelegt waren, abzusetzen von den mythischen «Menschwerdungen» der sagenhaften Vorzeit"[59]

lassen ihrerseits „den historischen Sinn" durchaus vermissen: Welcher Christ hätte im 2. Jahrhundert so argumentiert, ja: so argumentieren können? Welchem Heiden hätte solche Argumentation eingeleuchtet? Immerhin

---

[55] So Wey, a.a.O., S. 174.

[56] Wey, a.a.O., S. 175. Zu dieser Frage vgl. auch Henry Chadwick: Justin Martyr's Defence of Christianity, BJRL 47 (1964/65), 275-297, hier S. 283.

[57] Zudem ist nach der von Carl Andresen begründeten These Kelsos von Justin abhängig und nicht Justin von Kelsos (Carl Andresen: Logos und Nomos. Die Polemik des Kelsos wider das Christentum, AKG 30, Berlin 1955, besonders S. 308-400). Dies bestätigt sich jedenfalls anhand des hier diskutierten Materials: Justin bringt im ersten Teil von 1 Apol. zahlreiche solche Beispiele, um daran anknüpfend die „Harmlosigkeit" der christlichen Lehre darstellen zu könnnen (er erweckt also nicht den Anschein, als befinde er sich ausgerechnet hier in der Defensive). An anderer Stelle sagt Wey selbst, daß Justin „es als erster versuchte, das immense Gebäude griechischer Mythologie ... mit dem jungen Christentum zu konfrontieren" (a.a.O., S. 183). Ähnlich Chadwick: „Justin is not afraid of these analogies" (a.a.O., S. 284) - er ist nicht in Bedrängnis!

[58] Zur Anknüpfung vgl. Heinrich Leipold: Art. Anknüpfung I, TRE II (1978), 743-747.

[59] Wey, a.a.O., S. 180.

tut Justin, was er kann: „He does his best by asking the emperor to look up the census records of Cyrenius' prefecture in Judaea and also the reports sent to Rome by Pontius Pilate, where he will be sure to find reliable evidence that Jesus really was born at Bethlehem as Micah foretold and that the crucifixion took place just as described in the twenty-second Psalm."[60] So wird die Arbeit Weys dem Anliegen des Justin, auch auf diesem Wege Alter und Bedeutung der christlichen Lehre herauszustellen, nicht gerecht.

3. Der λόγος als Vermittler

Neben diesen beiden Altersbeweisen, dem traditionellen (wonach griechische Schriftsteller von den Propheten des Alten Testaments literarisch abhängig sind) und dem spezifisch justinischen (wonach die bösen Dämonen Geschehnisse aus dem Bereich der Mythologie den prophetischen Weissagungen mehr schlecht als recht nachbilden), steht bei Justin nun noch eine dritte Anschauung, die ihrerseits zumindest mit dem traditionellen Altersbeweis zu konkurrieren scheint.

Demnach haben gewisse griechische Denker - Justin führt in diesem Zusammenhang insbesondere Sokrates an - selbständig (d.h. ohne von den Propheten beeinflußt zu sein) mittels des λόγος Erkenntnisse gewonnen, die mit der christlichen Lehre übereinstimmen. Auf die Logoslehre des Justin kann in diesem Zusammenhang nicht *in extenso* eingegangen werden.[61] Hier geht es nur um das Verhältnis, in dem die beiden genannten Vorstellungen zueinander stehen. Denn es ist deutlich, daß hier eine Schwierigkeit vorliegt. Diese Schwierigkeit kann man von zwei Seiten her betrachten:

(1) Wenn der Schriftsteller P von den alttestamentlichen Propheten abhän-

---

60 Henry Chadwick, a.(Anm. 56)a.O., S. 283 mit Hinweis auf 1 Apol. 34-35 und 1 Apol. 48.

61 Eine Untersuchung wie die von Bengt Seeberg, die mit der Feststellung beginnt: „Um es kurz zu sagen, der Logos bei den Apologeten ist nicht so sehr Ausdruck kultischer Bedürfnisse oder theologischer Anpassungen, sondern in ihm spricht sich vor allem das imperialistische Geschichtsbewußtsein der werdenden christlichen Kirche aus", wird man nur mit größter Vorsicht heranziehen (Bengt Seeberg: Die Geschichtstheologie Justins des Märtyrers, ZKG 58 (1939), 1-81, Zitat S. 1). Vgl. auch die ausdrücklich auf Justin bezogene Aussage: „Es ist nicht bloß der Wunsch, den Gebildeten die Gestalt Christi verständlich zu machen, der den Logos bei Justin herbeizwingt, sondern es ist vor allem der Imperialismus der christlichen Religion, der sich in der Heranziehung des Logos ausspricht" (S. 30, vgl. auch S. 55). Es ist sehr zu bedauern, daß Droge (vgl. oben Anm. 32) sich diesem Sprachgebrauch angeschlossen hat: „Together, both the *logos* theory and the theory of dependence serve to reinforce Justin's imperialistic view of history" (S. 68).

gig ist, wozu bedarf er dann noch des λόγος?

Oder umgekehrt:

(2) Wenn der Schriftsteller P mittels des λόγος selbständig Erkenntnisse gewinnen kann, die mit der christlichen Lehre in Einklang stehen, wozu bedarf er dann noch der prophetischen Bücher?

Auf diese Fragen gibt Justin nirgendwo *expressis verbis* eine Antwort. Will man demnach versuchen, beide Vorstellungen miteinander auszugleichen, so ist die Lösung m.E. auf folgende Weise zu finden: In jedem Fall - so hat man Justin zu verstehen - liegt eine Wirkung des λόγος vor; nur ist die Wirkung im einen Fall eine direkte, im andern Fall eine indirekte. Es handelt sich aber in jedem Fall um eine Wirkung ein und desselben λόγος. Die direkte Wirkung erfolgt ohne Vermittlung eines Propheten. So konnte etwa Sokrates die Machinationen der Dämonen aufdecken und zwar λόγῳ ἀληθεῖ καὶ ἐξεταστικῶς[62]. Die indirekte Wirkung des λόγος - etwa im Falle des Platon - dagegen ist durch einen Propheten - etwa den Mose - vermittelt, in dem sich der λόγος ausspricht.

Beide Wirkungsweisen des λόγος sind denkbar, und beide Wirkungsweisen zeigt Justin an einzelnen Beispielen auf. So wird man sagen können, daß Justin nicht nur den Altersbeweis traditioneller Art übernimmt (und ihm eine spezifisch justinische Variante hinzufügt), sondern daß er diesen Altersbeweis auch in seine eigene theologische (man ist fast versucht zu sagen «logologische») Konzeption einbindet. Darin liegt die theologische Leistung des Justin - denn soweit die trümmerhafte Überlieferung des 2. Jahrhunderts ein Urteil erlaubt, hat Justin hier keinen Vorgänger. Umgekehrt sind es nicht nur die *Apologeten* nach Justin, die auf dieser seiner theologischen Konzeption aufbauen.

4. Die Bedeutung des Altersbeweises für Justin

Ich habe bereits in der Einleitung zu dieser Arbeit darauf hingewiesen, daß der Beweis für Justin eine wichtige Rolle spielt.[63] Dort war auch schon darauf aufmerksam gemacht worden, daß man bei diesem Beweis zwei gro-

[62] 1 Apol. 5,3.

[63] S. o. S. 4ff.

ße Komplexe, den Weissagungsbeweis und den Altersbeweis, unterscheiden kann.[64]

Nun bezeichnet Justin selbst den Weissagungsbeweis als

μεγίστη καὶ ἀληθεστάτη ἀπόδειξις[65].

Dies wird jeder Leser des Dialogs bestätigen, daß für Justin der Weissagungsbeweis den ersten Rang einnimmt. Doch darf man die Bedeutung des Altersbeweises nicht unterschätzen, auch wenn sie im ganzen geringer ist als die des Weissagungsbeweises.

Im Falle des Justin ist nämlich das Verhältnis zwischen dem Altersbeweis und dem Weissagungsbeweis ein besonders kompliziertes. Man muß in bezug auf den Altersbeweis hier zwei verschiedene Aspekte unterscheiden, zum einen den Erweis des einmalig hohen Alters (bis zu 5000 Jahre) der Propheten, zum andern die Abhängigkeit sowohl der Schriftsteller als auch der Dämonen von den Propheten. Dieser zweite Aspekt steht - soweit ich sehe - in keinem erkennbaren Zusammenhang mit dem Weissagungsbeweis. Dies ist aber der Fall in bezug auf jenen ersten Aspekt. Denn das einmalig hohe Alter der Propheten kommt natürlich seinerseits auch dem Weissagungsbeweis zugute, man könnte für Justin wohl sogar so weit gehen, zu behaupten: Es stellt eine bedeutende Voraussetzung auch des Weissagungsbeweises dar.[66] Insofern ist zumindest ein Teil des hier besprochenen Materials auch für die Theologie des Justin von überragender Bedeutung.

---

[64] Siehe o. S. 6. Merkwürdigerweise scheint das Register zu der Harnackschen Dogmengeschichte diesen Unterschied nicht zu kennen, denn s.v. „Altersbeweis" wird man auf das Stichwort „Weissagungsbeweis" verwiesen, als ob beides ein und dasselbe wäre (Adolf von Harnack: Lehrbuch der Dogmengeschichte. Dritter Band: Die Entwickelung des kirchlichen Dogmas II/III, Tübingen [4]1910, Nachdr. Darmstadt 1980, S. 910 bzw. 958).

[65] 1 Apol. 30.

[66] Dies läßt sich auch an den Texten erkennen. Denn in Dial. 7,1 (vgl. o. S. 236), in 1 Apol. 23,1 (vgl. o. S. 235) und in 1 Apol 31,8 (vgl. o. S. 237) wird zwar das Alter der Propheten betont, aber irgend jemandes Abhängigkeit von ihnen wird nicht in den Blick genommen. Im Fall von 1 Apol. 31,8 beispielsweise steht die Behauptung des hohen Alters eindeutig im Dienste des Weissagungsbeweises.

§ 3 *Tatian*

Bei dem Vergleich zwischen der römischen und der jüdischen Apologetik habe ich die Unterscheidung zwischen «defensiver» und «offensiver» Apologetik benutzt.[1] Im Fall des Tatian kann kein Zweifel daran bestehen, daß seine Apologetik eine offensive ist. Doch ist diese Bezeichnung für Tatian wohl noch zu schwach; man muß hier schon von einer aggressiven Apologetik sprechen.

Schon die ersten Sätze seiner Schrift zeigen unmißverständlich, welcher Wind hier weht:

μὴ πάνυ φιλέχθρως διατίθεσθε πρὸς τοὺς βαρβάρους, ἄνδρες Ἕλληνες, μηδὲ φθονήσητε τοῖς τούτων δόγμασιν. ποῖον γὰρ ἐπιτήδευμα παρ' ὑμῖν τὴν σύστασιν οὐκ ἀπὸ βαρβάρων ἐκτήσατο;[2]

Der Verfasser dieser Sätze gilt als Schüler des Justin[3], und diese Aussage könnte (wenn auch nicht in dieser Formulierung) vielleicht auch bei Justin stehen. Gewiß nicht bei Justin würde man dagegen einen Satz wie diesen finden:

οἱ γὰρ παρ' ὑμῖν φιλόσοφοι τοσοῦτον ἀποδέουσι τῆς ἀσκήσεως ὥστε παρὰ τοῦ Ῥωμαίων βασιλέως ἐτησίους χρυσοῦς ἑξακοσίους λαμβάνειν τινὰς εἰς οὐδὲν χρήσιμον <ἢ> ὅπως μηδὲ τὸ γένειον δωρεὰν καθειμένον αὐτῶν ἔχωσιν.[4]

Daß die Inhaber der kaiserlichen Lehrstühle für Philosophie nur dafür bezahlt werden, daß sie ihre Bärte wachsen lassen, hätte Justin gewiß so nicht gesagt. Auch ihm ist Polemik nicht fremd; was ihm im Vergleich zu Tatian fehlt, ist der aggressive Ton der Polemik.

---

[1] Siehe o. S. 143ff. u. S. 161ff.

[2] Tatian: Oratio ad Graecos 1. Ich zitiere Tatian nach der Ausgabe von Eduard Schwartz: Tatiani oratio ad Graecos, TU IV 1, Leipzig 1888, hier S. 1, Z. 1-4.

[3] So Irenäus, Haer. I 28,1; Euseb, H.E. IV 29,1ff. Tatian selbst spricht sehr lobend über Justin, er sagt: ὁ θαυμασιώτατος Ἰουστῖνος (Orat. 18, S. 20, Z. 15f. Schwartz).

[4] Oratio 19 (S. 20, Z. 27-30 Schwartz). Das ἢ ist eine Zufügung von Schwartz, vgl. den Apparat z.St. Zum geschichtlichen Hintergrund vgl. Robert M. Grant: Five Apologists and Marcus Aurelius, VigChr 42 (1988), 1-17, hier S. 10. Ähnlich scharf sind die Aussagen des Tatian in Oratio 25 u. ö.

Nicht dem Ton jedoch verdankt Tatian die Überlieferung seiner Schrift, sondern dem Inhalt. Sie wurde geradezu als ein Kompendium des Altersbeweises betrachtet und als solches überliefert. Schon die Überschrift deutet das an, wenn einige Codices dem gewöhnlichen

ΤΑΤΙΑΝΟΥ ΠΡΟΣ ΕΛΛΗΝΑΣ

hinzufügen: ὅτι οὐδὲν τῶν ἐπιτηδευμάτων οἷς Ἕλληνες καλλωπίζονται ἑλληνικόν, ἀλλὰ ἐκ βαρβάρων τὴν εὕρησιν ἐσχηκός[5], offenbar doch in der Annahme, damit einen wichtigen, vielleicht sogar: den wichtigsten Gesichtspunkt der Schrift wiederzugeben.

Bevor der Altersbeweis in Oratio 31.35ff. zum zentralen Thema wird, findet sich in Kapitel 29 ein kurzer Hinweis im Rahmen einer autobiographischen Rückschau des Tatian:

> περινοοῦντι δέ μοι τὰ σπουδαῖα συνέβη γραφαῖς τισιν ἐντυχεῖν βαρβαρικαῖς, πρεσβυτέραις μὲν ὡς πρὸς τὰ Ἑλλήνων δόγματα, θειοτέραις δὲ ὡς πρὸς τὴν ἐκείνων πλάνην.[6]

Ähnlich wie bei Justin steht zuerst die allgemeine Behauptung, die Schriften des von uns so genannten Alten Testaments seien älter als die griechischen. Tatian tritt jedoch sogleich den Beweis an:

> νῦν δὲ προσήκειν μοι νομίζω παραστῆσαι πρεσβυτέραν τὴν ἡμετέραν φιλοσοφίαν τῶν παρ' Ἕλλησιν ἐπιτηδευμάτων· ὅροι δὲ ἡμῖν κείσονται Μωσῆς καὶ Ὅμηρος.[7]

Tatian ist von den in dieser Arbeit behandelten Autoren der erste, der den Altersbeweis methodisch anzugehen versucht. So steckt er sogleich zu Be-

---

[5] Bei Schwartz sucht man diese Information nicht nur im Apparat, sondern auch in der Praefatio vergeblich. Man muß auch in diesem Fall auf die Ottosche Ausgabe zurückgreifen (Ioann. Carol. Theod. Otto [Hg.]: Tatiani oratio ad Graecos, CorpAp VI, Jena 1851). Im Apparat zum Titel (S. 2-3, Anm. 1) bemerkt Otto: „Caeteri codices inferiori aetate scripti ... addunt ... [folgt obiges Zitat]".
Zur Überlieferung der Schrift des Tatian vgl. das Urteil Elzes: „Es ist gewiß richtig, daß auch die Schrift an die Griechen nur deshalb weiter tradiert wurde, weil sie den allerseits anerkannten und viel benutzten Altersbeweis enthielt. Er ist bezeichnenderweise das einzige, was Euseb (h.e. IV 29,7) für erwähnenswert an ihr hielt." (Martin Elze: Tatian und seine Theologie, FKDG 9, Göttingen 1960, S. 128.)
Schon vor Euseb zitiert Origenes die Schrift des Tatian gleichsam als einschlägiges Standardwerk (zusammen mit Josephus' Schrift gegen Apion) περὶ τῆς Ἰουδαίων καὶ Μωϋσέως ἀρχαιότητος (Contra Celsum I 16).

[6] Oratio 29, S. 30, Z. 4-7 Schwartz.

[7] Oratio 31, S. 31, Z. 4-6 Schwartz.

ginn den Rahmen ab, indem er Homer und Mose zu ὅροι erklärt. Auch wenn die Wahl des Homer auf der einen Seite naheliegend, die des Mose auf der anderen Seite selbstverständlich ist, bleibt Tatian der erste, der diese Gegenüberstellung ausdrücklich zur Grundlage seiner Argumentation macht.[8]

Die Wahl dieser beiden Autoren rechtfertigt Tatian ausdrücklich:

τῷ γὰρ ἑκάτερον αὐτῶν εἶναι παλαίτατον καὶ τὸν μὲν ποιητῶν καὶ ἱστορικῶν εἶναι πρεσβύτατον, τὸν δὲ πάσης βαρβάρου σοφίας ἀρχηγόν, καὶ ὑφ' ἡμῶν νῦν εἰς σύγκρισιν παραλαμβανέσθωσαν· εὑρήσομεν γὰρ οὐ μόνον τῆς Ἑλλήνων παιδείας τὰ παρ' ἡμῖν, ἔτι δὲ καὶ τῆς τῶν γραμμάτων εὑρέσεως ἀνώτερα.[9]

Daß Homer der älteste griechische Schriftsteller ist, wird auch von Teilen der griechischen Tradition vertreten[10]; Schwierigkeiten bereitet eher die Frage nach der barbarischen Weisheit, womit bei Tatian aber in der Regel nicht alle Barbaren gemeint sind, da er das Christentum als die „barbarische Philosophie" zu bezeichnen pflegt. Das Resultat seiner σύγκρισις nimmt Tatian sogleich vorweg, indem er behauptet, daß Mose nicht nur älter als die griechische παιδεία ist, sondern sogar die Erfindung der Buchstaben an Alter übertrifft. Man fühlt sich an Josephus erinnert, der in einem ähnlichen Zusammenhang darauf hinweist, daß die Griechen das Al-

---

[8] Homer wird schon bei Herodot zum (neben Hesiod) ältesten griechischen Schriftsteller (s. o. S. 35f.). Unter den jüdischen Autoren behauptet als erster Aristobul die Abhängigkeit auch des Homer von Mose (s. o. S. 170); zu so etwas wie einem Ausgangspunkt der Argumentation wird Homer dann erst bei Josephus in Contra Apionem (s. o. S. 196). Mose wird zuerst ausdrücklich genannt bei Eupolemos (s. o. S. 154ff.) und Artapanos (s. o. S. 157ff.), doch ohne Homer gegenübergestellt zu werden. Bei Justin kommt Homer im Zusammenhang mit dem Altersbeweis überhaupt nicht vor.
Zum Problem vgl. Jean Pépin: Le „challenge" Homère-Moise aux premiers siècles chrétiens, RevSR 29 (1955), 105-122, hier (zu Tatian) S. 106f. und vor allem die neue Monographie von Arthur J. Droge mit dem Titel: Homer or Moses? Early Christian Interpretations of the History of Culture, HUTh 26, Tübingen 1989. In bezug auf Tatian vertritt Droge die Ansicht, „that the *Oratio* was intended, at least in part, to be a response to the objections raised against Christianity by Celsus in the *Alethes Logos*" (S. 86). Tatian verteidigt dabei Droge zufolge die These seines Lehrers Justin: „In contrast to Justin, however, Tatian attempts to defend this thesis chronologically rather than on the basis of comparative literature" (S. 92).

[9] Oratio 31, S. 31, Z. 6-11 Schwartz.

[10] Tatian behauptet lediglich, daß Homer der älteste der Poeten und Historiker sei; ansonsten rechnet er durchaus mit griechischen Schriftstellern, die älter sind als Homer. Dies zeigt die einschlägige Liste in Oratio 41. Aber auch für diese Schriftsteller gilt, daß sie jünger sind als Mose.

phabet erst spät und nur mit Mühe erlernt haben.[11] Ganz wie Josephus legt auch Tatian Wert auf die Feststellung, daß er sich zum Erweis seiner These nicht eigener Zeugen bedienen will, sondern griechischer:

> μάρτυρας δὲ οὐ τοὺς οἴκοι παραλήψομαι, βοηθοῖς δὲ μᾶλλον Ἕλλησι καταχρήσομαι. τὸ μὲν γὰρ ἄγνωμον, ὅτι μηδὲ ὑφ' ἡμῶν παραδεκτόν, τὸ δ' ἂν ἀποδεικνύηται θαυμαστόν, ὁπόταν ὑμῖν διὰ τῶν ὑμετέρων ὅπλων ἀντερείδων ἀνυπόπτους παρ' ὑμῶν τοὺς ἐλέγχους λαμβάνω.[12]

Ebenfalls auf Spuren des Josephus befindet sich Tatian, wenn er im folgenden die homerische Frage kritisch unter die Lupe nimmt. Er bringt nämlich einen Katalog von Homerforschern samt deren Datierungen für Homer, die nicht miteinander in Einklang zu bringen sind. Daran schließt sich an der sogenannte Künstlerkatalog, der für meinen Zusammenhang ohne Bedeutung ist.[13]

Das in Kapitel 31 begonnene Thema des Altersbeweises wird dann in Kapitel 35 wieder aufgenommen.[14] Hier verwahrt sich Tatian gegen den zu erwartenden Vorwurf:

> Τατιανὸς ὑπὲρ τοὺς Ἕλληνας ὑπέρ <τε> τὸ ἄπειρον τῶν φιλοσοφησάντων πλῆθος καινοτομεῖ τὰ βαρβάρων δόγματα.[15]

---

[11] Josephus: Contra Apionem I 10, vgl. zu dieser Stelle o. S. 195f. Diese und einige ähnliche Übereinstimmungen legen die Annahme nahe, daß Tatian von Josephus literarisch abhängig ist.

[12] Oratio 31, S. 31, Z. 11-16 Schwartz. Schwartz hat Spiritus und Akzent des ἄν weggelassen.
Eine Abhängigkeit von Josephus nimmt auch Grant an: „Perhaps he [sc. Tatian] looked them [sc. die orientalischen Historiker] up because of his own oriental origins, though among Hellenistic Jews Josephus (an oriental) had already appealed to them in his apology *Against Apion* to 'prove' the antiquity of Moses and the Jewish people. The idea of citing Egyptian, Chaldean, and Phoenician authorities comes from Josephus" (Robert M. Grant: Greek apologists of the second century, Philadelphia 1988, S. 126). Anderer Ansicht ist dagegen Droge (vgl. Anm. 8): „It is by no means certain, however, that Tatian knew Josephus" (a.a.O., S. 93, Anm. 46); „Tatian [did not] rely on Josephus as a source" (S. 96).

[13] Zum Verhältnis Altersbeweis/Künstlerkatalog: R.C. Kukula: „Altersbeweis" und „Künstlerkatalog" in Tatians Rede an die Griechen, Jahresbericht des ... Staatsgymnasiums im II. Bezirke von Wien, Wien 1900, 3-28.

[14] Tatian markiert den Übergang sehr deutlich: ἥτις [die Rede war von der barbarischen Philosophie] ὃν τρόπον ἐστὶ τῶν παρ' ὑμῖν ἐπιτηδευμάτων ἀρχαιοτέρα, γράφειν μὲν ἀρξάμενος, διὰ δὲ τὸ κατεπεῖγον τῆς ἐξηγήσεως ὑπερθέμενος, νῦν ὅτε καιρὸς περὶ τῶν κατ' αὐτὴν δογμάτων λέγειν πειράσομαι (Oratio 35, S. 37, Z. 8-11 Schwartz). M. E. muß man nicht mit Schwartz eine Lücke vor πειράσομαι annehmen.

[15] Oratio 35, S. 37, Z. 13-15 Schwartz. Das τε ist eine Zufügung von Schwartz, vgl. den

Neues aufbringen will Tatian natürlich nicht. „Müßte er das zugeben, so wäre eben damit erwiesen, daß seine Lehre nicht die Wahrheit sein könnte.“[16] Zum Erweis des Alters seiner Lehre setzt Tatian erneut bei Homer ein. Rhetorisch geschickt kommt er der Gegenseite entgegen: Selbst wenn Homer - was natürlich nicht der Fall ist - zur Zeit des trojanischen Krieges gelebt hätte, selbst wenn er an der Seite des Agamemnon gefochten hätte, ja selbst wenn er vor der Erfindung des Alphabets geboren wäre - so gelte doch immer noch gelten:

> φανήσεται γὰρ ὁ προειρημένος Μωσῆς αὐτῆς μὲν τῆς Ἰλιακῆς ἁλώσεως πρεσβύτερος πάνυ πολλοῖς ἔτεσι, τῆς δὲ Ἰλίου κτίσεως καὶ τοῦ Τρωὸς καὶ Δαρδάνου λίαν ἀρχαιότερος.[17]

Zum Erweis dieser Behauptung führt Tatian, wie schon Josephus vor ihm, chaldäische[18], phoinikische[19] und ägyptische[20] Zeugen an mit dem Ergebnis, daß Mose zur Zeit des ägyptischen Königs Amosis lebte, dieser aber ein Zeitgenosse des Königs Inachos war, der wiederum 20 Generationen *vor dem Fall Trojas* lebte, womit gezeigt ist, daß auch Mose mindestens 20 Generationen vor Homer eingeordnet werden muß.[21]

Die Genealogie der Könige von Argos, die Tatian diesem Beweisgang anfügt, führt zu dem Ergebnis:

> διόπερ εἰ κατὰ Ἴναχον πέφηνεν ὁ Μωσῆς γεγονώς, πρεσβύτερός ἐστι τῶν

Apparat z.St.
Für Droge (vgl. o. Anm. 8) handelt es sich um einen konkreten Vorwurf, gegen den sich Tatian hier zur Wehr setzt, nämlich den des Kelsos (a.a.O., S. 89).

[16] Elze, a.(Anm. 5)a.O., S. 36. Wenn Elze außerdem sagt: „Im Zusammenhang damit verwahrt sich Tatian im Unterschied zum sonstigen christlichen Selbstverständnis dagegen, etwas Neues zu lehren“ (ebd.), so ist diese Aussage zu pauschal. Denn Justin und Theophilus, um nur zwei Beispiele zu nennen, unterscheiden sich hier durchaus nicht von Tatian.

[17] Oratio 36, S. 37, Z. 23-25 Schwartz.

[18] Oratio 36.

[19] Oratio 37.

[20] Oratio 38.

[21] Oratio 38. Für den Synchronismos Amosis/Inachos beruft sich Tatian ausgerechnet auf Ἀπίων ὁ γραμματικὸς ἀνὴρ δοκιμώτατος (S. 39, Z. 13-14). Apion selbst ist freilich ganz anderer Ansicht (vgl. oben S. 217, Anm. 10). Dazu jetzt Droge (s. Anm. 8): „Thus it appears that Apion mentioned the synchronism ... only to refute it, a point Tatian and other early Christian writers conveniently ignored“ (S. 94, Anm. 50).

Ἰλιακῶν ἔτεσι τετρακοσίοις.[22]

Mose erweist sich demnach als vierhundert Jahre älter als Homer. Trotzdem fügt Tatian noch eine größere Zahl chronologischer Notizen an, bevor er zu seinem Resümee kommt:

> οὐκοῦν πέφηνε Μωσῆς ἀπό γε τῶν προειρημένων πρεσβύτερος ἡρώων πόλεων δαιμόνων. καὶ χρὴ τῷ πρεσβεύοντι κατὰ τὴν ἡλικίαν πιστεύειν ἤπερ τοῖς ἀπὸ πηγῆς ἀρυσαμένοις Ἕλλησιν οὐ κατ' ἐπίγνωσιν τὰ ἐκείνου δόγματα. πολλῇ γὰρ οἱ κατ' αὐτοὺς σοφισταὶ κεχρημένοι περιεργίᾳ τὰ ὅσα παρὰ τῶν κατὰ Μωσέα καὶ τῶν ὁμοίως αὐτῷ φιλοσοφούντων ἔγνωσαν, παραχαράττειν ἐπειράθησαν, πρῶτον μὲν ἵνα τι λέγειν ἴδιον νομισθῶσιν, δεύτερον δὲ ὅπως τὰ ὅσα μὴ συνίεσαν διά τινος ἐπιπλάστου ῥητολογίας παρακαλύπτοντες, ὡς μυθολογίαν τὴν ἀλήθειαν παραβραβεύσωσιν.[23]

Über den Erweis des Alters des Mose hinaus kehrt Tatian hier zum Schluß seiner Oratio wieder zu seiner ganz zu Anfang der Oratio vertretenen Anschauung zurück, wonach die griechischen ἐπιτηδεύματα alle barbarischen Ursprungs sind.[24] Dies wird nun in bezug auf die Philosophen dahingehend spezifiziert, daß diese von Mose als ihrer Quelle abhängig sind.

Hinsichtlich dieser Stelle bemängelt Elze den fehlenden „inneren Zusammenhang mit dem Grundgedanken der Lehre Tatians"; die „Behauptung vom Diebstahl der Hellenen" - spricht denn Tatian hier von einem solchen? - sei ein „aus der jüdischen Apologetik übernommenes Argument"[25]. Um dieses „mit seiner kompromißlosen Auffassung von dem negativen Verhältnis der hellenistischen Philosophie zur Wahrheit in Übereinstimmung zu bringen, muß er von vornherein eine Verfälschung der mosaischen wahren Lehre bei der Übernahme durch die Griechen annehmen ... Tatian hat also an dieser Stelle Mühe, einen überlieferten apologetischen Topos mit

---

[22] Oratio 39, S. 40, Z. 5-6 Schwartz.

[23] Oratio 40, S. 41, Z. 1-10 Schwartz. In Kapitel 41 führt Tatian dann noch Einzelnachweise für diejenigen Schriftsteller, die älter als Homer sind: Auch diese übertrifft Mose alle an Alter.

[24] Siehe o. S. 253.

[25] Elze, a.(Anm. 5)a.O., S. 38. Es wurde oben gezeigt, daß dieses Argument vom Diebstahl der Hellenen in der jüdischen Apologetik zuerst (und ausschließlich) bei Philon begegnet (s. o. S. 181f.).

seinem eigenen ganz anderen Ansatz in Einklang zu bringen."[26]

Dieser Argumentation Elzes kann ich mich nicht anschließen. Ganz im Gegenteil bin ich der Ansicht, daß der Oratio des Tatian etwas fehlte, wenn er nicht hier in Kapitel 40 auch noch die Abhängigkeit der Philosophen von Mose behauptet hätte. Denn Tatian war ja ausgegangen von der rhetorischen Frage ποῖον γὰρ ἐπιτήδευμα παρ' ὑμῖν τὴν σύστασιν οὐκ ἀπὸ βαρβάρων ἐκτήσατο;[27] Er hatte sodann angekündigt, speziell in bezug auf τὸν ἡμετέραν φιλοσοφίαν den Nachweis zu führen, sie sei älter τῶν παρ' Ἕλλησιν ἐπιτηδευμάτων.[28] Er hatte daran noch einmal nach dem Künstlerkatalog angeknüpft[29] - da ist es doch am Schluß nur konsequent, wenn er nun auch in diesem Fall das hellenische ἐπιτήδευμα auf das barbarische Gegenstück - die Lehre des Mose - zurückführt!

Daß mit der Übernahme aus Mose eine Verfälschung einhergeht, ist ja kein Hilfsargument des Tatian, aus dem man seine „Mühe, einen überlieferten apologetischen Topos mit seinem eigenen ganz anderen Ansatz in Einklang zu bringen", ablesen könnte. Schon Justin hatte darauf hingewiesen, daß selbst Platon das im Alten Testament Gelesene nicht genau (ἀκριβῶς) verstanden hatte, und daß er deshalb das Übernommene eben nur so halbwegs richtig weitergeben konnte.[30] Dabei stand Justin der griechischen Philosophie sehr viel aufgeschlossener gegenüber als Tatian. So kann es nicht verwundern, wenn Tatian gerade in dieser Beziehung über Justin hinausgeht.

Hans Conzelmann hat den Altersbeweis des Tatian „primitiv" genannt.[31]

---

[26] Elze, a.a.O., S. 38f. Im Anschluß an die zitierte Passage spricht Elze von der „Übernahme des Satzes vom Diebstahl der Hellenen" seitens des Justin. Mag diese Formulierung auch auf Tatian zutreffen, so doch gewiß nicht auf Justin. Meines Wissens spricht Justin an keiner Stelle von einem Diebstahl der Hellenen. Dies wäre ihm in diesem Zusammenhang ein gänzlich fremder Gedanke, würdigt er doch die Übernahme seitens der Griechen durchweg positiv (im Unterschied zu den Machinationen der bösen Dämonen).

[27] Siehe o. S. 253 mit Anm. 2.

[28] Siehe o. S. 254 mit Anm. 7.

[29] Siehe o. Anm. 14.

[30] Zu Justin s. o. S. 245 mit Anm. 38.

[31] Hans Conzelmann: Heiden - Juden - Christen. Auseinandersetzungen in der Literatur der hellenistisch-römischen Zeit, BHTh 62, Tübingen 1981, S. 291.

Stellt man Tatian aber in die Reihe der christlichen Apologeten des zweiten Jahrhunderts, so läßt sich diese These nicht halten. Selbst den Vergleich mit Josephus braucht Tatian m.E. nicht zu scheuen. Denn er hat als erster den Altersbeweis insofern methodisch durchgeführt, als er Homer und Mose zu den Eckpunkten seiner chronologischen Überlegungen macht. So hat er dieses Argument nicht nur aus der Tradition übernommen und seinem Werk eingefügt, sondern er hat es verbessert und weiter ausgestaltet.[32]

[32] Mit meinem Urteil stimmt Droge überein, wenn er in seiner Monographie (s. Anm. 8) zu dem Ergebnis kommt: „In contrast to Josephus, who erroneously claimed that Moses lived nearly a thousand years before Homer, Tatian argues 'scientifically' (i.e., on the basis of chronology) that the Trojan War described by Homer occurred in the eighteenth year of the twentieth Argive king. ... The method of Tatian had much greater success in Christian apologetic circles than that of Josephus" (S. 96) - Tatians Argumentation ist auf der Höhe ihrer Zeit und mitnichten „primitiv".

§ 4 *Athenagoras*

Unter den griechischen Apologeten des zweiten Jahrhunderts fand allein Athenagoras Gnade vor den Augen Johannes Geffckens. Während er den anderen von ihm behandelten Apologeten (Aristides, Justin, Tatian) bescheinigt, daß die „noch nicht schreiben [können]", daß sie nicht in der Lage sind, einen „Gedankenbau" aufzuführen, daß sie „unwissend, unlogisch, ungeschickt" sind, während er speziell dem Aristides „Ignoranz" zuschreibt und Justin und Tatian als „Halbgebildete" charakterisiert, billigt er dem Athenagoras nicht nur zu, ein „erfreulicherer Mensch" zu sein, sondern auch ein „gründlicherer Arbeiter".[1]

Die Beurteilung Geffckens ist jedenfalls insofern berechtigt, als Athenagoras ein ganz anderer Schriftsteller ist als Aristides, Justin und Tatian. Nicht nur die Tatsache, daß seine Apologie klar gegliedert ist, sondern z. B. auch Art und Umfang seiner Quellenbenutzung sprechen eine deutliche Sprache. Die Lektüre einiger Seiten genügt, um dies zu bestätigen.[2]

Eine absolute Sonderstellung nimmt Athenagoras nun bezüglich des Altersbeweises ein. Wenn man die bisher behandelten christlichen Apologeten überblickt, so zeichnen sich zwei klare Linien ab: Auf der einen Seite diejenigen Autoren, die vom Altersbeweis Gebrauch machen, d.h. Justin und Tatian (zu diesen werden im folgenden noch Theophilus und Tertullian stoßen), auf der andern Seite diejenigen, die nicht nur keinen Altersbeweis führen, sondern die Neuheit des Christentums betont herausstellen, d.h. der Verfasser des Κήρυγμα Πέτρου, Aristides und der Verfasser des Diognet-

---

[1] Johannes Geffcken: Zwei griechische Apologeten, Leipzig und Berlin 1907, S. 113. Geffcken zufolge ist allerdings auch Athenagoras „noch in keiner Weise geschult genug, um Sprünge und Wiederholungen zu meiden. Ein strikter Gedankengang liegt noch weit außerhalb seines Könnens; eine gewisse Disposition ist aber doch versucht worden" (S. 155). Man muß den Philologen bedauern, der - warum eigentlich? - „die kühlste philologische Objektivität" (so a.a.O., S. VII) an (seiner Meinung nach) derart subalterne Skribenten verschwendet.

[2] Vgl. etwa die zusammenfassende Würdigung Barnards: „In width of classical knowledge and masterly and subtle adoption of the Platonic tradition, as understood in contemporary Middle Platonism, he towers above the earlier Christian apologists." (Leslie W. Barnard: Athenagoras. A Study in Second Century Christian Apologetic, ThH 18, Paris 1972, S. 50.)

briefs (in diese Gruppe wird dann auch - mit gewissen Einschränkungen - Minucius Felix einzuordnen sein). Das Besondere an Athenagoras ist nun, daß er weder dieser noch jener Gruppe zugerechnet werden kann. Denn Athenagoras führt zwar einerseits keinen Altersbeweis, aber er betont andrerseits auch nicht die Neuheit des Christentums. Er verhält sich sozusagen «neutral» zu diesem Problem.

Zu Beginn seines Werkes beruft sich Athenagoras auf τὰ πάτρια:
Ἡ ὑμετέρα, μεγάλοι βασιλέων, οἰκουμένη ἄλλος ἄλλοις ἔθεσι χρῶνται καὶ νόμοις, καὶ οὐδεὶς αὐτῶν νόμῳ καὶ φόβῳ δίκης, κἂν γελοῖα ᾖ, μὴ στέργειν τὰ πάτρια εἴργεται.[3]
Daraus zieht er dann den Schluß, daß dies auch den Christen zugebilligt werden müsse.[4] Daß ein Vorwurf gegen die Christen gerade lautet, es mangle ihnen an τὰ πάτρια, und eben dieses unterscheide die Christen von allen anderen, daß sie eben keine πάτρια hätten[5] - das sagt Athenagoras nicht. Warum Athenagoras diesen Vorwurf nicht beim Namen nennt, ist schwer zu sagen. In bezug auf die Frage nach dem Altersbeweis erlaubt diese

---

[3] Athenagoras: Legatio pro Christianis 1,1 (ich zitiere nach der Ausgabe von William R. Schoedel [Hg.]: Athenagoras: Legatio and De Resurrectione (OECT, gr.-engl.), Oxford 1972). Die Angeredeten sind die Kaiser Marcus Aurelius Antoninus und Lucius Aurelius Commodus. τὰ πάτρια begegnen nur an dieser Stelle, vgl. Edgar J. Goodspeed [Hg.]: Index apologeticus sive clavis Iustini Martyris operum aliorumque apologetarum pristinorum, Leipzig 1912, S. 219, s.v. πάτρια (demnach kommt das Wort also auch bei den anderen Apologeten nicht vor!).

[4] Leg. 1,3.

[5] Kelsos wirft den Christen vor, sie hätten τὸν πάτριον νόμον verlassen (II 1 = Bader S. 63). An dieser Stelle spricht der Jude des Kelsos, aus dessen Sicht damit natürlich das jüdische Gesetz gemeint ist. Ob es sich um einen „echten" oder um einen „fingierten" Juden handelt, spielt für diesen Zusammenhang keine Rolle. Siehe dazu Ernst Bammel: Der Jude des Celsus, in: ders.: Judaica, Kleine Schriften I, WUNT 37, Tübingen 1986, 265-283.
Ganz ähnlich formuliert der Jude in II 4a = Bader ebd.: χθὲς καὶ πρῴην ... ἀπέστητε τοῦ πατρίου νόμου. Obwohl Kelsos den Streit zwischen Juden und Christen als einen Streit um des Esels Schatten bezeichnet (μηδὲν διαφέρειν ἡμῶν τὸν πρὸς ἀλλήλους διάλογον περὶ Χριστοῦ τῆς κατὰ τὴν παροιμίαν καλουμένης ὄνου σκιᾶς, III 1 = Bader, S. 85, Z. 2-3), sieht er den entscheidenden Vorzug der Juden vor den Christen in der Tatsache, daß die Juden an den πάτρια festhalten: Ἰουδαῖοι μὲν οὖν ἔθνος ἴδιον γενόμενοι καὶ κατὰ τὸ ἐπιχώριον νόμους θέμενοι καὶ τούτους ἐν σφίσιν ἔτι νῦν περιστέλλοντες καὶ θρησκείαν, ὁποίαν δή, πάτριον δ' οὖν, φυλλάττοντες ὅμοια τοῖς ἄλλοις ἀνθρώποις δρῶσιν, ὅτι ἕκαστοι τὰ πάτρια, ὁποῖά ποτ' ἂν τύχῃ καθεστηκότα, περιέπουσι (V 25 = Bader S. 129, Z. 1-5). Den Christen fehlen τὰ πάτρια, und so können sie daran auch nicht festhalten (die einschlägigen Stellen sind o. S. 225 schon zitiert worden).

Passage jedenfalls keinerlei Schlußfolgerung.

In Kapitel 17 kommt Athenagoras auf das Alter der griechischen Götter zu sprechen:

ἀνάγκη δὲ ἀπολογούμενον ἀκριβεστέρους παρέχειν τοὺς λογισμοὺς καὶ περὶ τῶν ὀνομάτων [sc. τῶν θεῶν], ὅτι νεώτερα, καὶ περὶ τῶν εἰκόνων, ὅτι χθὲς καὶ πρῴην γεγόνασιν ὡς λόγῳ εἰπεῖν.[6]

Hier wird eindeutig mit dem Alter argumentiert: Die Namen der griechischen Götter sind ziemlich neu, ihre Bilder stammen von gestern bzw. vorgestern. Zur Begründung bezüglich der Namen führt Athenagoras folgendes aus:

φημὶ οὖν Ὀρφέα καὶ Ὅμηρον καὶ Ἡσίοδον εἶναι τοὺς καὶ γένη καὶ ὀνόματα δόντας τοῖς ὑπ' αὐτῶν λεγομένοις θεοῖς.[7]

Damit ist diese Frage für ihn bereits erledigt. Umso ausführlicher widmet er sich dem zweiten Teil seiner These περὶ τῶν εἰκόνων.[8] Seine Argumentation zielt aber nicht, wie man aufgrund der Ankündigung ὅτι χθὲς καὶ πρῴην γεγόνασιν hätte vermuten können, auf das Alter der Künstler und deren Kunstwerke. Vielmehr lautet das Ergebnis:

εἰ τοίνυν θεοί, τί οὐκ ἦσαν ἐξ ἀρχῆς; τί δέ εἰσιν νεώτεροι τῶν πεποιηκότων;[9]

Nicht darum geht es, daß die griechischen Götter jünger sind als andere; das Argument zielt darauf ab, daß diese Götter nicht ἐξ ἀρχῆς sind.

Überblickt man dieses Kapitel, so stellt man fest, daß hier zwar mit dem Alter argumentiert wird, daß es aber nicht um die Frage des relativen Alters geht, wie dies beim Altersbeweis zu sein pflegt. Athenagoras will lediglich den Nachweis führen, daß die Götter der Griechen nicht ἐξ ἀρχῆς sind, sondern, präzise datiert, erst 400 Jahre vor Herodot das Licht der Welt erblickten, jedenfalls was die ὀνόματα betrifft. Der Nachweis läuft letztlich

---

6 Leg. 17,1.

7 Ebd. Zur Begründung seiner These verweist Athenagoras auf Herodot und zitiert Hdt. II 53,2. Zu dieser Stelle bei Herodot s. oben S. 35f.

8 Leg. 17,2-3.

9 Leg. 17,5.

darauf hinaus, daß die griechischen Götter - gar keine Götter sind.[10] Zu diesem Zweck wird ein Altersbeweis natürlich nicht benötigt.

Fragt man nach einem Grund für die auffällige Neutralität des Athenagoras in bezug auf das Problem Alt/Neu, so muß man wohl von der Tatsache ausgehen, daß Athenagoras fast gar nicht auf das Alte Testament zurückgreift: „It is significant that, whereas earlier apologists such as Justin had treated the Old Testament as a *praeparatio evangelica* and quoted it in detail, Athenagoras does not indulge in a detailed treatment of the Old Testament and Judaism but concentrates on Platonism as the preparation *par excellence*."[11]

In Abwandlung des Conzelmannschen *dictums*: „Wo keine Heilsgeschichte, da kein Judenproblem"[12] kann man formulieren: Wo kein Altes Testament, da kein Altersbeweis. Dieser Satz ist nicht umkehrbar, wie der Fall des Κήρυγμα Πέτρου beweist, das zwar keinen Altersbeweis bietet, aber doch auf das Alte Testament rekurriert. Dieser Satz wird jedenfalls durch keinen christlichen Autor des zweiten Jahrhunderts widerlegt. Neben Athenagoras, Aristides und - mit gewissen Einschränkungen - Minucius Felix ist es besonders Markion, der diesen Satz bestätigt.

Wie Markion führt Athenagoras nicht nur keinen Altersbeweis, sondern er führt auch keinen Weissagungsbeweis[13]. Im Gegensatz zu Markion beruft

---

[10] Leg. 18,3 sagt Athenagoras: οὐκ ἐξ ἀρχῆς, ὥς φασιν, ἦσαν οἱ θεοί, ἀλλ' οὕτως γέγονεν αὐτῶν ἕκαστος ὡς γιγνόμεθα ἡμεῖς.

[11] Barnard, a.(Anm. 2)a.O., S. 54f. Zur Benutzung des Alten Testaments bei Athenagoras vgl. Barnard ebd., Anm. 4 und ausführlicher a.a.O., S. 69f.

[12] Hans Conzelmann: Heiden - Juden - Christen. Auseinandersetzungen in der Literatur der hellenistisch-römischen Zeit, BHTh 62, Tübingen 1981, S. 298.

[13] Zu Markion vgl. Adolf von Harnack: Marcion. Das Evangelium vom fremden Gott. Eine Monographie zur Geschichte der Grundlegung der katholischen Kirche, Leipzig [4]1924 (Nachdr. Darmstadt 1985), S. 32: „Das AT ist preisgegeben - in dem Momente stand aber die neue Religion nackt und bloß, entwurzelt und schutzlos da. Auf den Altersbeweis, auf alle geschichtlichen und literarischen Beweise überhaupt galt es zu verzichten." Es muß wohl nicht eigens betont werden, daß Athenagoras in bezug auf das Alte Testament nicht so weit geht wie Markion.

sich Athenagoras aber nirgends auf Jesus Christus - selbst der Name wird nicht genannt[14] -, und vor allem hütet er sich davor, die christliche Lehre als neu hinzustellen.[15]

---

[14] Leg. 10,2 spricht Athenagoras von einem υἱὸς θεοῦ. Dieser ist Schöpfungsmittler. Von der Menschwerdung des Sohnes spricht Athenagoras bezeichnenderweise nirgendwo. Zur „Christo"logie des Athenagoras vgl. Barnard, a.a.O., S. 93ff.

[15] Das ist aber für Markion charakteristisch: „Aufs bestimmteste lehnte es Marcion ab, selbst etwas Neues aufgebracht zu haben - seine Aufgabe sei lediglich Wiederherstellung des von den Kirchenleuten judaistisch Verfälschten - *aber um so energischer erklärte er, daß hier Alles neu sei* ..." (Adolf von Harnack: Die Neuheit des Evangeliums nach Marcion, in: ders.: Aus der Werkstatt des Vollendeten. Reden und Aufsätze, Gießen 1930, 128-143, Zitat S. 130; die Hervorhebung ist von mir).

§ 5 *Theophilus*

Mit Theophilus begegnet der erste christliche Apologet, der in massiver Weise von seinen Vorgängern literarisch abhängig ist.

Exkurs: Literarische Abhängigkeit bei den Apologeten

Immer wieder ist in bezug auf einzelne Apologeten literarische Abhängigkeit behauptet worden; so schon für Aristides, der eine jüdische Vorlage benutzt haben soll. „Careful inspection of all external and internal evidence reveals that the Apology of Aristides ... was written by a proselyte to Hellenist Judaism, probably in the time of Hadrian, not as an apology for Christians at all, but primarily as a counterattack upon polytheists and their religious notions and secondarily, as a defense of the monotheistic worship and the morals of the Jews. This definitely Jewish work of the second century was interpolated and 'edited' by a Christian writer, probably of the late fourth century, and was thus converted into what passed as an apology for Christianity“[1]. Träfe diese Theorie zu, dann könnte man kaum mehr von einer literarischen Abhängigkeit des christlichen von dem jüdischen Autor sprechen, da er ja das ganze Werk übernommen hätte. Zur Kritik im einzelnen vgl. die Diskussion bei Conzelmann mit dem Ergebnis: „Die Quellenkenntnis des Verfassers ist ungenügend. Er erprobt eine Hypothese an einem ungeeigneten Objekt.“[2]

Nicht so weitgehend sind die Thesen bezüglich des Justin. Immerhin soll er beispielsweise hinsichtlich seiner Logoslehre von Philon abhängig sein. Allzu selten sind in diesem Zusammenhang die Worte Cohns bedacht worden, der in den Prolegomena zu Band I der Philon-Ausgabe schreibt: *Philonis Alexandrini memoria a Iudaeis non minus quam a paganis fere neglecta tota pendet ab ecclesia Christiana. nam cum doctrina moralis et Testamenti veteris interpretandi ratio Philonis cum sacris ecclesiae Christianae libris maxime conspirare viderentur, ab antiquis scriptoribus ecclesiasticis eius opera studiosissime lectitata atque usurpata sunt. iam alterius p. Chr. n. saeculi scriptores velut Iustinum Martyrem et Theophilum Antiochenum Philonis explicationes non ignorasse veri simillimum est, etsi certis argumentis demonstrari nequit.*[3] Nach meinem Urteil ist nicht nur eine literarische Abhängigkeit von Philon nicht beweisbar, sondern etwa auch eine Abhängigkeit vom Johannesprolog.

---

1 G.C. O'Ceallaigh: „Marcianus“ Aristides, On the Worship of God, HThR 51 (1958), 227-254, Zitat S. 227.

2 Hans Conzelmann: Heiden - Juden - Christen. Auseinandersetzungen in der Literatur der hellenistisch-römischen Zeit, BHTh 62, Tübingen 1981, S. 266-268, Zitat S. 268.

3 Leopoldus Cohn et Paulus Wendland [Hg.]: Philonis Alexandrini opera quae supersunt, vol. I, Berlin 1896, S. I.

Für Tatian kann man eine literarische Abhängigkeit von Josephus in Erwägung ziehen.[4]

Bei Theophilus dagegen ist die literarische Abhängigkeit etwa von Josephus mit Händen zu greifen. So sagt Grant im Vorwort zu seiner Ausgabe mit Recht: „He [sc. Theophilus] had certainly read Josephus' apologetic treatise *Contra Apionem* with care"[5].

Das gilt dann in verstärktem Maße für die Nachfolger des Theophilus, z.B. für Tertullian und Clemens von Alexandrien, die mehrere ihrer jeweiligen Vorgänger kennen und benutzen.

Von den drei Büchern *ad Autolycum*[6] ist für den Altersbeweis vor allem das dritte von Interesse. Dieses nämlich bietet eine ausgeführte chronologische Argumentation, die der des Josephus durchaus vergleichbar ist. Die beiden anderen Bücher dagegen enthalten zwar auch einschlägiges Material, doch ist dieses mehr *ad hoc* eingestreut. Damit soll nun begonnen werden.

1. *Verstreute Bemerkungen aus den Büchern I und II*

Ein erster Hinweis begegnet an einer Stelle, wo Theophilus von den ewigen Martern spricht:

ὧν τιμωριῶν προειρημένων ὑπὸ τῶν προφητῶν μεταγενέστεροι γενόμενοι οἱ ποιηταὶ καὶ φιλόσοφοι ἔκλεψαν ἐκ τῶν ἁγίων γραφῶν, εἰς τὸ δόγματα αὐτῶν ἀξιόπιστα γενηθῆναι.[7]

Die ewigen Martern wurden von den Propheten vorhergesagt. Damit haben die Poeten und Philosophen eigentlich nichts zu tun; trotzdem wird von diesen sogleich gesagt, daß sie aus den heiligen Schriften gestohlen haben (ἔκλεψαν). Damit ist Theophilus in der Reihe der christlichen Apologeten der erste, der *expressis verbis* vom «Diebstahl der Hellenen» spricht.[8] Neu

4 Zu Tatian und Josephus s. o. S. 256 mit Anm. 11 und 12.

5 Robert M. Grant [Hg.]: Theophilus of Antioch: Ad Autolycum (OECT, griech.-engl.), Oxford 1970, S. XII. Nach dieser Ausgabe zitiere ich im folgenden den Text des Theophilus.

6 Der Adressat wird namentlich erst im Prooemium zu Buch II genannt (ὦ ἀγαθώτατε Αὐτόλυκε).

7 Theophilus: Ad Autolycum I 14 (im folgenden nur mit Buchzahl und Kapitel zitiert).

8 Das ist ja mindestens terminologisch bei Tatian noch nicht der Fall, vgl. o. S. 258 mit Anm. 26. Zwischen Philon und Theophilus scheint es somit keinen Autor zu geben, der vom «Diebstahl der Hellenen» spricht. Nach Theophilus ist es Clemens von Alexandrien, für den dieser Diebstahl der Hellenen wichtig ist, vgl. Dietmar Wyrwa: Die christliche Platonaneignung in den Stromateis des Clemens von Alexandrien, AKG 53, Berlin/New York 1983, S. 298ff. Leider verwendet Wyrwa den Begriff «Diebstahl der Hellenen» sehr undifferenziert, vgl. etwa S. 303, Anm. 33 (denn bei Justin, den er hier anführt, ist noch

ist die Begründung, die Theophilus dafür gibt: Der Diebstahl hatte den Zweck, die eigenen δόγματα glaubwürdig erscheinen zu lassen. Ob das einem heidnischen Leser eingeleuchtet hat?

In Buch II sagt Theophilus im Anschluß an ein langes Genesis-Zitat:

> πολλοὶ μὲν οὖν τῶν συγγραφέων ἐμιμήσαντο καὶ ἠθέλησαν περὶ τούτων διήγησιν ποιήσασθαι, καίτοι λαβόντες ἐντεῦθεν τὰς ἀφορμάς ... καὶ οὐδὲ τὸ τυχὸν ἔναυσμα ἄξιόν τι τῆς ἀληθείας ἐξεῖπον.[9]

Obwohl die Schriftsteller sich die Genesis zum Vorbild genommen haben, sind ihre eigenen Versuche kläglich gescheitert: Kein bißchen Wahrheit kann man in bezug auf diese Fragen bei ihnen finden.

Auffallend ist insbesondere die Kritik, die Theophilus an Homer übt. So sagt er etwa anläßlich der Auslegung von Genesis 4,17:

> ἀπὸ τότε ἀρχὴ ἐγένετο τοῦ οἰκοδομεῖσθαι πόλεις, καὶ τοῦτο πρὸ κατακλυσμοῦ, οὐχ ὡς Ὅμηρος ψεύδεται λέγων·
>
> οὐ γάρ πω πεπόλιστο πόλις μερόπων ἀνθρώπων.[10]

Nicht nur dieses Detail ist bei Homer verkehrt, dieser ist vielmehr überhaupt ein Phantast:

> ἤτοι γὰρ οἱ ποιηταί, Ὅμηρος δὴ καὶ Ἡσίοδος ὥς φασιν ὑπὸ Μουσῶν ἐμπνευσθέντες, φαντασίᾳ καὶ πλάνῃ ἐλάλησαν, καὶ οὐ καθαρῷ πνεύματι ἀλλὰ πλάνῳ.[11]

Aber nicht nur Homer (und Hesiod) wird von Theophilus gerügt. Seine Kritik gilt für überhaupt alle (sogenannten) Weisen, Dichter und Geschichtsschreiber, die allesamt nichts Wahres über die Zeit vor der Sintflut geschrieben haben; der Grund dafür ist der, daß sie alle viel später erst gelebt haben.[12] Zusammenfassend kann Theophilus sagen:

> διὸ δείκνυται πάντας τοὺς λοιποὺς (!) πεπλανῆσθαι, μόνους δὲ Χριστιανοὺς τὴν ἀλήθειαν κεχωρηκέναι.[13]

---

nicht einmal von der Intention her ein Diebstahl im Blick, von der Formulierung ganz zu schweigen).

[9] II 12. Auch hier begegnet die Formulierung τὰς ἀφορμὰς λαβόντες, vgl. o. S. 239 mit Anm. 12 und S. 240 mit Anm. 14.

[10] II 30, Anfang. Der frei wiedergegebene Homervers steht Ilias XX 217.

[11] II 8, Ende.

[12] II 33.

[13] Ebd. Der Grund dafür ist der folgende:
ταῦτα δὲ πάντα ἡμᾶς διδάσκει τὸ πνεῦμα τὸ ἅγιον, τὸ διὰ Μωσέως καὶ τῶν λοιπῶν προ-

Wie schon Josephus legt auch Theophilus großen Wert auf die Feststellung, daß die Propheten sich eben darin von den andern Schriftstellern unterscheiden, daß sie sich in Übereinstimmung miteinander befinden. Hier gibt es keine Widersprüche.[14]

2. Der ausgeführte Altersbeweis in Buch III

Wie schon das zweite Buch beginnt auch das dritte mit einem eigenen Prooemium. In diesem Prooemium erwähnt Theophilus den Vorwurf gegen die Christen: νεωτερικὰς εἶναι τὰς παρ' ἡμῖν γραφάς.[15] Dagegen will er im folgenden τὴν ἀρχαιότητα τῶν παρ' ἡμῖν γραμμάτων aufzeigen.[16]

Zu diesem Zweck formuliert er zunächst Kriterien, man könnte beinahe sagen: Zulassungsbedingungen für Geschichtsschreiber. Diese sind außerordentlich:

ἐχρῆν γὰρ τοὺς συγγράφοντας αὐτοὺς αὐτόπτας γεγενῆσθαι περὶ ὧν διαβεβαιοῦνται, ἢ ἀκριβῶς μεμαθηκέναι ὑπὸ τῶν τεθεαμένων αὐτά.[17]

Diese Zulassungsbedingungen erfüllen die griechischen Schriftsteller nicht, was nicht weiter verwunderlich sein kann, da doch δόξης ... κενῆς καὶ μα-

---

φητῶν, ὥστε τὰ καθ' ἡμᾶς τοὺς θεοσεβεῖς ἀρχαιότερα γράμματα τυγχάνει, οὐ μὴν ἀλλὰ καὶ ἀληθέστερα πάντων συγγραφέων καὶ ποιητῶν δείκνυται ὄντα (II 30).

Die Logik der Argumentation des Theophilus ist nicht ohne weiteres nachvollziehbar. Mag man den Schluß noch für sinnvoll halten, daß, weil τὸ πνεῦμα τὸ ἅγιον durch Mose und die übrigen Propheten gesprochen hat, deren Bücher ἀληθέστερα sind als die aller (anderen) Schriftsteller; daß sie deshalb *älter sein müssen*, folgt daraus aber nicht. Trotzdem sagt Theophilus ὥστε, was Grant zutreffend mit „so that" übersetzt (S. 75).

Eine ähnliche Bemerkung, ebenfalls ohne Begründung, findet sich am Ende von II 31: καίπερ ταῦτα, ὡς πρὸς τὰ ἡμέτερα γράμματα, πάνυ νεώτερά ἐστιν.

Wo die Poeten dann wider Erwarten doch etwas Wahres bieten, haben sie es aus dem AT gestohlen, so z. B. II 37, Ende: καίπερ πολὺ μεταγενέστεροι γενόμενοι καὶ κλέψαντες ταῦτα ἐκ τοῦ νόμου καὶ τῶν προφητῶν.

[14] Ich nenne aus einer größeren Zahl von Belegen lediglich zwei: I 9 (καὶ πάντες φίλα ἀλλήλοις καὶ σύμφωνα εἰρήκασιν) und II 35, Ende (καὶ τί μοι τὸ πλῆθος καταλέγειν τῶν προφητῶν, πολλῶν ὄντων καὶ μυρία φίλα καὶ σύμφωνα εἰρηκότων).

Zu Josephus vgl. o. S. 197 mit Anm. 20 (Widersprüche bei den griechischen Historikern) und S. 198 (Widerspruchslosigkeit der jüdischen Schriften).

[15] III 1. Zu dem von Theophilus zitierten Vorwurf vgl. das o. S. 221-226 zusammengestellte Material.

[16] Ebd.

[17] III 2. Grant notiert z.St. die Parallelen: Lukas 1,2-3 und Josephus: Contra Apionem I 53. Zum Augenzeugen wäre bei Josephus etwa noch zu erwähnen Ap. I 37.

ταίου πάντες οὗτοι ἐρασθέντες sind.[18] Deswegen stimmt das, was sie schreiben, auch nicht miteinander überein.[19]

Bevor sich Theophilus der chronologischen Beweisführung im einzelnen zuwendet, geht er noch auf andere Probleme ein (III 3-15). Dann setzt er neu ein:

> θέλω δέ σοι καὶ τὰ τῶν χρόνων θεοῦ παρέχοντος νῦν ἀκριβέστερον ἐπιδεῖξαι.[20]

Dieser Beweis soll angetreten werden, damit Autolycus erkennt, daß ὁ καθ' ἡμᾶς λόγος ... ἀρχαιότερος καὶ ἀληθέστερος ἁπάντων ποιητῶν καὶ συγγραφέων ist.[21]

Ein erster wichtiger Punkt der Erörterung des Theophilus ist der κατακλυσμός, von dem schon Platon weiß.[22] Dieser κατακλυσμός wird von anderen Autoren mit den Namen Deukalion und Pyrrha in Verbindung gebracht.[23] Alle diese Nachrichten aber beruhen auf keiner soliden Grundlage. Man muß sich daher an Mose halten:

> ὁ δὲ ἡμέτερος προφήτης καὶ θεράπων τοῦ θεοῦ Μωσῆς περὶ τῆς γενέσεως τοῦ κόσμου ἐξιστορῶν διηγήσατο τίνι τρόπῳ γεγένηται ὁ κατακλυσμὸς ἐπὶ τῆς γῆς, οὐ μὴν ἀλλὰ καὶ τὰ τοῦ κατακλυσμοῦ ᾧ τρόπῳ γέγονεν ...[24]

Insbesondere sagt Mose nichts von einem zweiten κατακλυσμός. Ganz im Gegenteil schließt er diese Möglichkeit, daß es einen weiteren κατακλυσμός geben könnte, aus.[25]

Bemerkenswert ist nun die Art und Weise, wie Theophilus die Gleichsetzung von Noah und Deukalion vornimmt:

> ἐν ἑτέρῳ λόγῳ ἐδηλώσαμεν ὡς Νῶε, καταγγέλλων τοῖς τότε ἀνθρώποις μέλλειν κατακλυσμὸν ἔσεσθαι, προεφήτευσεν αὐτοῖς λέγων· δεῦτε, καλεῖ

---

[18] III 3, Anfang.

[19] III 3. Vgl. dazu Josephus: Ap. I 15f.

[20] III 16, Anfang.

[21] III 16, Anfang.

[22] III 18, Anfang.

[23] Ebd.

[24] III 18, Ende.

[25] III 19, Anfang.

ὑμᾶς ὁ θεὸς εἰς μετάνοιαν· διὸ οἰκείως Δευκαλίων ἐκλήθη.[26]

Weil Noah δεῦτε, καλεῖ gerufen hat, wurde er Δευκαλίων genannt![27]

Nach dem Sintflutsbericht kommt Theophilus zu dem Exodus - ohne zu versuchen, eine chronologische Verbindung zwischen diesen beiden Ereignissen herzustellen.[28] Die Ἑβραῖοι, die damals in Ägypten weilten, vereinnahmt Theophilus kurzerhand als προπάτορες ἡμῶν[29], von denen er sagt:

ἀφ' ὧν καὶ τὰς ἱερὰς βίβλους ἔχομεν ἀρχαιοτέρας οὔσας ἁπάντων συγγραφέων, καθὼς προειρήκαμεν.[30]

Eine theologische Schwierigkeit scheint es für Theophilus in dieser Beziehung nicht zu geben, was mindestens insofern ja doch nicht ganz leicht verständlich ist, als er die Schriften des von uns so genannten Neuen Testaments anscheinend nicht unter die ἱεραὶ βίβλοι rechnet. Es sieht so aus, als ob die Beurteilung Grants zuträfe, der sagt: „For Theophilus of Antioch the most important part of the Bible, and *indeed the only part which could definitely be called 'scripture,'* was the Old Testament."[31]

Im folgenden werden die 393 Jahre aus Josephus beigebracht, um den Ab-

---

[26] III 19.

[27] Man vergleiche den Kommentar Ottos z.St.: „Et dictum hoc Noachi et etymologiam nominis Δευκαλίων (ἀπὸ τοῦ δεῦτε καλεῖν) alibi forte frustra requiras" (Ioannes Carolus Theodorus Otto [Hg.]: Theophili Episcopi Antiocheni ad Autolycum libri tres, CorpAp VIII, Jena 1861, S. 232f., Anm. 7).
Theophilus arbeitet auch sonst mit dieser „etymologischen Methode", vgl. dazu jetzt Arthur J. Droge: Homer or Moses? Early Christian Interpretations of the History of Culture, HUTh 26, Tübingen 1989, S. 104ff.; zu Deukalion s. S. 108.

[28] Die übergreifende Chronologie ist Thema des Theophilus von III 23, Ende an bis zum Schluß des Werkes. Diese ist nicht mehr Gegenstand der vorliegenden Untersuchung. Immerhin muß darauf aufmerksam gemacht werden, daß dieser Gesamtrahmen im Verständnis des Theophilus dazu dient, den Altersbeweis zu sichern: ἵνα δὲ ἀκριβεστέραν ποιήσωμεν τὴν ἀπόδειξιν τῶν καιρῶν καὶ χρόνων, so beginnt er die Einleitung zur Gesamtchronologie (III 23, Ende).

[29] III 20, Ende.

[30] Ebd.

[31] Robert M. Grant: The Bible of Theophilus of Antioch, JBL 66 (1947), 173-196, hier S. 195. Die Hervorhebung ist von mir.
Vgl. auch das Urteil Conzelmanns: „Das reichlich ausgebreitete AT ist einfach christliche Offenbarungsurkunde, von demselben Geist wie die Evangelien inspiriert (III 12)." (Hans Conzelmann: a.(Anm. 2)a.O., S. 29f.)
Den letzten Propheten setzt Theophilus in die Zeit des Darius: ὁ γὰρ ὕστερος τῶν προφητῶν γενόμενος Ζαχαρίας ὀνόματι ἤκμασεν κατὰ τὴν Δαρείου βασιλείαν (III 23, Anfang).

stand zwischen dem Exodus und dem Eintreffen des Danaos in Argos zu veranschaulichen:

> πρὸ ἐτῶν γάρ λϛγ´ ἐξῆλθον ἐκ τῆς Αἰγύπτου καὶ ᾤκησαν ἔκτοτε τὴν χώραν, τὴν ἔτι καὶ νῦν καλουμένην Ἰουδαίαν, πρὸ τοῦ καὶ Δαναὸν εἰς Ἄργος ἀφικέσθαι. ὅτι δὲ τοῦτον ἀρχαιότερον ἡγοῦνται τῶν λοιπῶν κατὰ Ἕλληνας οἱ πλείους, σαφές ἐστιν.[32]

Damit ist die Priorität für die von Theophilus so genannten προπάτορες ἡμῶν gesichert, denn wenn Danaos älter ist als die übrigen Griechen, der Exodus aber 393 Jahre vor der Ankunft des Danaos liegt, so ist der Beweis erbracht. Das Ergebnis ist klar:

> ὥστε καὶ ἐκ τούτων τῶν ἀναγραφῶν δείκνυσθαι προγενέστερον εἶναι τὸν Μωσῆν καὶ τοὺς σὺν αὐτῷ ἐνακοσίους ἢ καὶ χιλίους ἐνιαυτοὺς πρὸ τοῦ Ἰλιακοῦ πολέμου.[33]

Ist dies gezeigt, dann erübrigen sich Einzelnachweise. So kann Theophilus summarisch behaupten, daß alle (griechischen) Gesetzgeber später sind, sei es nun Solon der Athener, sei es Lykurg oder Drakon, sei es selbst Minos:

> τούτων ἀρχαιότητι προάγουσιν αἱ ἱεραὶ βίβλοι, ὅπου γε καὶ τοῦ Διὸς τοῦ Κρητῶν βασιλεύσαντος, ἀλλὰ μὴν καὶ τοῦ Ἰλιακοῦ πολέμου δείκνυται προάγοντα τὰ γράμματα τοῦ θείου νόμου τοῦ διὰ Μωσέως ἡμῖν δεδομένου.[34]

Im Rahmen seiner großangelegten Chronologie erlaubt sich Theophilus dann eine letzte einschlägige Bemerkung:

> ἐντεῦθεν ὁρᾶν ἔστιν πῶς ἀρχαιότερα καὶ ἀληθέστερα δείκνυται τὰ ἱερὰ

---

[32] III 21. Hier ist zunächst ein Druckfehler der Ausgabe von Grant zu berichtigen. Er gibt sowohl im Text als auch im Apparat: λϛγ´; da λ als Zahlzeichen für 30 steht, ist dies ersichtlich verkehrt. Der Setzer hat τ mit λ verwechselt, und es muß also heißen τϛγ´ (= 393; daß dies die von Grant gemeinte Zahl ist, geht auch aus seiner Übersetzung z.St. hervor). Die Zahl τϛγ´ (für τριακοσίων ἐνενήκοντα τριῶν) ist nämlich eine Konjektur Grants (vgl. den Apparat z.St., S. 128). Diese Zahl findet sich bei Josephus: Contra Apionem I 103 (zu dieser Stelle s. o. S. 199) und bei Tertullian: Apologeticum 19,3 (dazu u. S. 276). Das spricht umso mehr für die Konjektur Grants, als Theophilus von Josephus für alle einschlägigen Informationen abhängig ist, zitiert er doch selbst den Manetho nach Josephus. Hat er die Zahl aber von Josephus als seiner Quelle übernommen, so besteht kein Grund, eine Änderung seitens des Theophilus zu vermuten: Es liegt eindeutig ein späterer Abschreibfehler vor.

[33] III 21, Ende.

[34] III 23.

γράμματα τὰ καθ' ἡμᾶς εἶναι τῶν καθ' Ἕλληνας καὶ Αἰγυπτίους, ἢ εἰ καί τινας ἑτέρους ἱστοριογράφους.[35]

3. Der Altersbeweis als kennzeichnendes Merkmal der Theologie des Theophilus

Keiner der in dieser Arbeit besprochenen antiken Autoren hat sich das πρεσβύτερον κρεῖττον so zu eigen gemacht wie Theophilus, der Bischof von Antiochien. Bei ihm geht das so weit, daß ihm Alter und Wahrheit nicht nur ineinander übergehen - das wäre zu wenig gesagt! -, sondern ein und dasselbe sind. Zwar lautet seine formelhafte Wendung stets

ἀρχαιότερα καὶ ἀληθέστερα,

aber gemeint ist damit ohne Zweifel:

ἀρχαιότερα = ἀληθέστερα.

Der Altersbeweis erweist sich daher als ein Kennzeichen der Theologie des Theophilus überhaupt, und dies in einem Ausmaß, wie es bei keinem anderen der christlichen Apologeten der Fall ist.

Adolf von Harnack hat über Theophilus geschrieben: „Das Evangelium kommt für Theophilus l e d i g l i c h als die Fortsetzung der prophetischen Aufschlüsse und Anweisungen in Betracht. Von Christus aber hat Theophilus überhaupt nicht gesprochen, sondern nur von dem Logos (Pneuma), der von Anbeginn wirksam gewesen ist. Die ersten Capitel der Genesis enthalten für Theophilus bereits die Summe aller christlichen Erkenntniss (II 10-32)."[36]

Conzelmann urteilt: „Der für die Christen entscheidende Einschnitt, das Auftreten Christi, erscheint folgerichtig nicht: Es würde den Altersbeweis zunichte machen."[37] Letztere Formulierung greift m.E. etwas zu weit: Der Altersbeweis würde nicht gänzlich zunichte, wie etwa Justin zeigt, aber er würde doch erheblich erschwert. Conzelmann behält jedoch insofern recht, als das Fehlen des „Einschnitts" auf seine Weise ebenso symptomatisch ist für die Theologie des Theophilus wie der Altersbeweis: Nach spezifisch Christlichem muß man sehr intensiv suchen.

---

[35] III 26, Anfang.

[36] Adolf von Harnack: Lehrbuch der Dogmengeschichte. Erster Band: Die Entstehung des kirchlichen Dogmas, Tübingen [4]1909 (Nachdr. Darmstadt 1980), S. 518f., Anm. 3.

[37] Hans Conzelmann, a.(Anm. 2)a.O., S. 298.

§ 6 *Die lateinischen Apologeten*

Die lateinischen Apologeten kommen hier nur insoweit in Betracht, als sie noch in den Bereich des zweiten Jahrhunderts gehören. D.h. es sind hier zu behandeln Tertullian und Minucius Felix. Ich halte es nicht für nötig, in diesem Zusammenhang auf die vieldiskutierte Frage der Priorität einzugehen, sondern ordne nach sachlichen Gesichtspunkten. Deswegen wird Tertullian als erster behandelt, weil er, wie sogleich deutlich werden wird, sich eng an seine griechischen Vorgänger anschließt und - das ist wohl nicht zuviel gesagt - den krönenden Abschluß der Apologetik des 2. Jahrhunderts bildet.[1] Minucius Felix dagegen geht in mancher Hinsicht eigene Wege, indem er für die Form auf Cicero zurückgreift - keiner der griechischen Apologeten dieses Jahrhunderts hat eine vergleichbare Gattung benutzt. Was speziell den Altersbeweis angeht, so ist hier ebenfalls festzustellen, daß die Linie von den zuletzt behandelten griechischen Apologeten zu Tertullian führt, aber nicht zu Minucius Felix, der in dieser Hinsicht eher mit dem Κήρυγμα Πέτρου und Aristides übereinstimmt als mit Justin und seinen Nachfolgern.

1. Tertullian

Tertullian adressiert sein Apologeticum an die *Romani imperii antistites*[2] und unterscheidet sich dadurch von Aristides, Justin und Athenagoras, die sich jeweils direkt an den betreffenden Kaiser gewandt hatten. Wie die griechischen Apologeten, so verteidigt auch Tertullian die Christen gegen die traditionellen Vorwürfe. So nimmt er beispielsweise Stellung zum *nomen*

---

[1] Erheblich weiter geht Becker, wenn er urteilt: „Das *Apologeticum* ist seiner Form und seinem Gehalt nach das reifste und gültigste Werk Tertullians und zugleich der Gipfelpunkt der altchristlichen Apologetik in den Jahrhunderten vor der *Civitas Dei* des heiligen Augustinus." (Carl Becker: Tertullians Apologeticum. Werden und Leistung, München 1954, S. 13.)

[2] Apologeticum 1,1. Ich benutze die Ausgabe von Carl Becker [Hg.]: Tertullian: Apologeticum. Verteidigung des Christentums (lat.-dt.), München [2]1961. Becker zufolge wendet sich Tertullian deswegen an die Statthalter, weil die Christenprozesse vor diesen geführt wurden (Einführung, a.a.O., S. 26).

Christianorum[3], *de sacramento infanticidii etc.*[4], zur fehlenden Götter- und Kaiserverehrung[5], zum *caput asininum esse deum nostrum*[6]. Daneben bemüht sich Tertullian wie seine griechischen Vorgänger aber auch um eine positive Darlegung. So will er ausdrücklich auch *demonstratio religionis nostrae*[7] geben.

Für die Frage des Altersbeweises ist von Bedeutung, daß Tertullian nachdrücklich darauf hinweist, daß es die Römer sind, die von dem, was noch Cicero *mores maiorum* genannt hätte, abgefallen sind.[8] In diesem Zusammenhang hält Tertullian seinen Adressaten vor:

> *laudatis semper antiquitatem, et nove de die vivitis. per quod ostenditur, dum a bonis maiorum institutis deceditis, ea vos retinere et custodire, quae non debuistis, cum quae debuistis non custodistis.*[9]

Tertullian kommt daher zu dem Schluß, daß die Römer insbesondere bezüglich der Götter *adversus maiorum auctoritatem* handeln.[10]

Den Altersbeweis selbst führt Tertullian ein mit dem Hinweis auf das *instrumentum litteraturae*, dessen Gott sich bedient hat, *si qui velit de deo inquirere et inquisito invenire et invento credere et credito deservire.*[11] In bezug auf diese Schriften sagt Tertullian:

> *primam instrumentis istis auctoritatem summa antiquitas vindicat; apud vos quoque religionis est instar fidem de temporibus adserere.*[12]

---

[3] Apol. 1,4; 2,3ff. u. ö.

[4] Apol. 7,1ff.

[5] Apol. 10,1ff.

[6] Apol. 16,1ff.

[7] Dies ist die Formulierung in Apol. 16,14. Die Durchführung erfolgt in Apol. 17ff.

[8] Apol. 6,1ff. Vgl. auch Ad nationes I 10,6.

[9] Apol. 6,9. Im folgenden Paragraphen spricht Tertullian vom *studium deorum colendorum, de quo maxime erravit antiquitas*, was an die (o. S. 130) zitierte Formulierung des Cicero erinnert: *errabat enim multis in rebus antiquitas.*

[10] Apol. 6,10.

[11] Apol. 18,1. Daß das Christentum als historische Erscheinung nicht alt ist, verhehlt Tertullian seinen Lesern nicht. Immer wieder verweist er auf den Kaiser Tiberius, unter dem diese Bewegung ihren Ausgang genommen hat (Apol. 5,2; 7,3; 21,24; 40,3). In Ad nationes I 7,10 und 9,4 sagt Tertullian, „unser Alter" sei noch nicht 200 Jahre.

[12] Apol. 19,1. Auf die nun folgende Argumentation verweist Tertullian zurück in De testimonio animae 5.

Den Schriften des von uns so genannten Alten Testaments kommt also höchstes Alter[13] zu. Dieses wird nun noch genauer beschrieben:

> *omnes itaque substantias omnesque materias origines ordines venas veterani cuiusque stili vestri, gentes etiam plerasque et urbes insignes historiarum et canas memoriarum, ipsas denique effigies litterarum, indices custodesque rerum, et - puto adhuc minus dicimus - ipsos, inquam, deos vestros, ipsa templa et oracula et sacra unius interim prophetae scrinium saeculis vincit, in quo videtur thesaurus collocatus totius Iudaici sacramenti et inde iam et nostri.*[14]

Die Schriften dieses einen Propheten sind älter als fast alles andere, so behauptet Tertullian, und er fährt fort:

> *si quem audistis interim Moysen, Argivo Inacho pariter aetate est; quadringentis paene annis - nam et septem minus - Danaum, et ipsum apud vos vetustissimum, praevenit; mille circiter cladem Priami antecedit; possem etiam dicere quingentis amplius et Homerum, habens quos sequar. ceteri quoque prophetae etsi Moysi postumant, extremissimi tamen eorum non retrosiores reprehenduntur primoribus vestris sapientibus et legiferis et historicis.*[15]

Tertullian kann sich auf seine Vorläufer berufen, wie er selbst mit der Wendung *habens quos sequar* andeutet. Diese haben das Alter des Mose und des Homer bestimmt, und auf ihre Ergebnisse kann er zurückgreifen, wenn er behauptet, daß Mose 393 Jahre vor Danaos gelebt habe.[16] Neu ist hier allenfalls die Behauptung, auch der allerletzte der alttestamentlichen Propheten sei älter als die ältesten heidnischen Weisen, Gesetzgeber und Geschichtsschreiber. Das hatte beispielsweise Josephus noch nicht behauptet.

Den Beweis für seine weitreichenden Behauptungen will Tertullian allerdings nicht antreten, da dies außerordentlich umfangreiche Erwägungen er-

---

[13] Becker übersetzt (in der seiner o. Anm. 2 zitierten Ausgabe beigegebenen Übersetzung) *summa antiquitas* mit „überhohes Alter" (S. 123). Was soll das sein?

[14] Apol. 19,1-2.

[15] Apol. 19,3-4.

[16] Dies ist die Zahl, die sich bei Josephus findet, vgl. o. S. 199. Unter den christlichen Vorgängern hat Tatian sich mit der runden Zahl 400 begnügt (vgl. o. S. 258), während Theophilus dem Josephus genau folgt und 393 angibt (vgl. o. S. 271f. mit Anm. 32).

forderte. Dafür stellt Tertullian dar, was man zu tun hätte, wenn man diesen Beweis führen wollte:

haec quibus ordinibus probari possint, non tam difficile est nobis exponere quam enorme, nec arduum, sed interim longum. multis instrumentis cum digitorum supputariis gesticulis adsidendum est; reseranda antiquissimarum etiam gentium archiva, Aegyptiorum Chaldaeorum Phoenicum ...[17]

Die (literarische) Abhängigkeit des Tertullian ist auch hier mit Händen zu greifen. Nicht nur die 393 Jahre Differenz zwischen Mose und Danaos hat Tertullian aus seiner Vorlage herübergenommen, sondern auch die „Archive" der Ägypter, Chaldäer und Phoinikier samt den im folgenden genannten Namen des Manetho und Berossus usw.[18] Reichlich kühn beschließt er seine Bemerkungen mit dem Satz:

et tamen quasi partem iam probationis intulimus, cum per quae probari possint, adspersimus.[19]

Bevor dieses Kapitel 19 des Apologeticum verlassen wird, soll noch ein Blick auf das *Fragmentum Fuldense* geworfen werden. Nach der Beckerschen Monographie ist das *Fragmentum Fuldense* zwischen *Ad nationes* und dem *Apologeticum* entstanden: „Als Tertullian ... sein endgültiges Werk [sc. das Apologeticum] vorbereitete und dabei auch für die Chronologie sorgen mußte, lag es nahe, daß er sich dabei an denjenigen unter den griechischen Apologeten hielt, der diese Fragen am sorgsamsten geklärt hatte, ... an Theophilos von Antiochien."[20]

In Ad nationes führt Tertullian noch keinen Altersbeweis. Nur vom Diebstahl der Philosophen ist an einer Stelle die Rede, ohne daß darauf großes Gewicht gelegt wäre.[21] Das Fehlen des Altersbeweises scheint Tertullian bei der Vorbereitung der Neufassung, die schließlich zum Apologeticum führte, als Mangel bewußt geworden zu sein. Diesem Mangel sucht er zunächst im *Fragmentum Fuldense* abzuhelfen, das somit als eine Vorstufe oder mindestens als eine Vorarbeit des Kapitels 19 des Apologeticum gelten muß.

---

17 Apol. 19,5.

18 Apol. 19,6. Tertullian nennt den Josephus in diesem Zusammenhang selbst: *Iudaeus Iosephus, antiquitatum Iudaicarum vernaculus vindex.* Für meinen Zusammenhang kommt es nicht darauf an, ob Tertullian den Josephus direkt benutzt hat oder ob seine Vorlage Theophilus war. Daß Tertullian den Theophilus wie auch andere griechische Apologeten nicht nur kennt, sondern auch benutzt, ist ohnehin klar.

19 Apol. 19,7.

20 Becker, a.(Anm. 1)a.O., S. 160f. Zum Problem des *Fragmentum Fuldense* überhaupt vgl. a.a.O., S. 149ff. Den Text des *Fragmentum Fuldense* zitiere ich nach dem Anhang der Beckerschen Ausgabe (vgl. Anm. 2), hier S. 251- 253.

21 Ad nationes II 2,5-6.

Interessant ist der Vergleich der Aussagen bezüglich der zeitlichen Differenz zwischen Mose und Danaos. Im Unterschied zu der berühmten Zahl 393, die sich im Apologeticum findet, hieß es im *Fragmentum Fuldense*, § 1: *Moyses ... superior invenitur annis circiter trecentis quam ille antiquissimus penes vos Danaus in Argo<s> transvenisset.*

Becker bemerkt zu der Änderung: „Während ihm [sc. Tertullian] sonst Genauigkeit der Angaben kein dringliches Anliegen ist, sucht er an dieser Stelle den Anschein äußerster Akribie zu erwecken und übernimmt die erst nur flüchtig notierte Notiz seiner Quellen ganz genau - «393» wirkt weit überzeugender als «etwa 300»“[22].

Auf die Umgestaltungen im einzelnen einzugehen ist hier nicht erforderlich. Es mag in diesem Zusammenhang genügen, festzustellen, daß sich der ausgeführte Nachweis - von dem Tertullian im Apologeticum lediglich sagt, wie er zu führen wäre - auch im *Fragmentum Fuldense* nicht findet.

Statt sich bei dergleichen Details aufzuhalten, bietet Tertullian im Anschluß an den Altersbeweis den Weissagungsbeweis.[23] Auf diesen braucht in diesem Zusammenhang nicht eingegangen zu werden.

Was den Altersbeweis angeht, so finden sich im Apologeticum lediglich zwei weitere Passagen, die hier einschlägig sind. Die eine bewegt sich mehr im allgemeinen:

> *dum tamen sciatis ipsas leges quoque vestras, quae videntur ad innocentiam pergere, de divina lege ut antiquiore forma mutuatas. diximus iam de Moysi aetate.*[24]

Eine bestimmte Gruppe von Gesetzen, nämlich diejenige, die mit der *innocentia* zu tun hat, ist also dem göttlichen Gesetz, d.h. den Büchern des Mose, entlehnt. Wenn Carl Becker sagt, dies werde „ohne nähere Begründung bemerkt“[25], so sagt er noch zuviel: Denn es wird ohne *jede* Begründung behauptet, von einer *näheren* Begründung ganz zu schweigen!

Die zweite und wichtigere der genannten Passagen lautet folgendermaßen:

> *antiquior omnibus veritas, nisi fallor: et hoc mihi proficit antiquitas praestructa divinae litteraturae, quo facile credatur thesaurum eam fuisse posteriori cuique sapientiae. et si non onus iam voluminis temperarem,*

---

[22] Becker, a.(Anm. 1)a.O., S. 224.

[23] Apol. 20f.

[24] Apol. 45,4.

[25] Carl Becker, a.(Anm. 1)a.O., S. 270.

excurrerem in hanc quoque probationem. quis poetarum, quis sophistarum, qui non omnino de prophetarum fonte potaverit? inde igitur philosophi sitim ingenii sui rigaverunt, ut quae de nostris habent, ea nos comparent illis.[26]

Sollte das *et hoc mihi proficit antiquitas praestructa divinae litteraturae* wirklich heißen: „auch dabei kommt mir das früher *bewiesene* Alter der göttlichen Schrift zugute"[27], so hätte Tertullian hier den Mund reichlich voll genommen. Denn *bewiesen* hatte er dort ja gar nichts, sondern er hatte lediglich *behauptet*, daß er in der Lage wäre, einen solchen Beweis zu führen. Ähnlich geht er auch in diesem Falle vor: Diesmal ist es nicht der Umfang des zu führenden Beweises, der ihn abhält, sondern der Umfang des Buches: *si non onus iam voluminis temperarem...* Statt des Beweises stellt Tertullian also auch hier die Behauptung auf, daß *poetae*, *sophistae* und *philosophi* von dem Alten Testament abhängig seien. Ähnlich wie Justin sagt auch Tertullian, daß die Übernahme nicht immer so ganz glatt verlief:

dum ad nostra conantur et homines gloriae, ut diximus, et eloquentiae solius libidinosi, si quid in sanctis [scripturis] offenderunt digestis ... pro instituto curiositatis, ad propria opera verterunt, neque satis credentes divina esse, quo minus interpolarent, neque satis intellegentes, ut adhuc tunc subnubila, etiam ipsis Iudaeis obumbrata, quorum propria videbantur.[28]

Zum Schluß sei noch eine einschlägige Stelle aus einer anderen Schrift Tertullians genannt. Es handelt sich dabei um eine kurze Passage in *Adversus Marcionem*:

---

26 Apol. 47,1-2. Eine ähnlich allgemeine Behauptung findet sich noch in Apol. 47,14.

27 So übersetzt Becker die Stelle, a.(Anm. 2)a.O., S. 207 (die Hervorhebung ist von mir). Der Faszikel des ThLL, der das Stichwort *praestruere* enthalten wird, ist noch nicht erschienen. Glare (S. 1444, *s.v. praestruo*) bietet keinen einschlägigen Beleg. Souter hat zwar *praestructio* (S. 319), nicht aber *praestruo*. Für *praestructio* schlägt Souter u.a. vor: preparatory argument.

28 Apol. 47,3 (die eckigen Klammern stammen in diesem Fall vom Herausgeber Becker). Im folgenden werden dann Platoniker, Stoiker, Epikur, Pythagoras und Heraklit aufgezählt als solche, die an diesem Prozeß beteiligt waren (§ 4-8). Das Ergebnis lautet:

nec mirum, si vetus instrumentum ingenia philosophorum interverterunt. ex horum semine etiam nostram hanc noviciolam paraturam viri quidam suis opinionibus ad philosophicas sententias adulteraverunt... (§ 9)

Hier wird eine andere Art von Altersbeweis angedeutet, die im folgenden „Ausblick" noch kurz diskutiert werden soll, der <<innerkirchliche Altersbeweis>>, der für Häretiker eine philosophische Herkunft erweisen will, um auf diese Weise deren fehlende Legitimität sicherzustellen.

sed ante Lycurgos et Solonas omnes Moyses et deus. nulla posteritas non a primordiis accipit.[29]

Daß Mose älter ist als die griechischen Gesetzgeber, wundert den Leser, der vom Apologeticum her kommt, gewiß nicht. Bemerkenswert ist aber der zweite der zitierten Sätze, weil er das Prinzip in Worte faßt, das unausgesprochenermaßen die Voraussetzung dessen bildet, was Hekataios von Milet, Herodot und ihre Nachfolger bezüglich der Abhängigkeit der Griechen von den Völkern des Orients behaupten: Weil die Griechen später sind als beispielsweise die Ägypter, sind sie inhaltlich von den Ägyptern abhängig; Tertullian sagt *nulla posteritas non a primordiis accipit*. Erstaunlich an dieser Formulierung ist die Tatsache, daß sie keinerlei Einschränkung macht; dies wird sehr deutlich in der Evansschen Übersetzung: „all things that come later borrow from things which were there first"[30]. Die Aussage ist von einer geradezu abenteuerlichen Allgemeinheit. Nirgendwo sonst ist mir eine ähnlich weitgehende Behauptung begegnet.[31]

2. Minucius Felix

Wenn man von Tertullian zu Minucius Felix kommt, bedarf es für den Leser einer nicht geringen Umstellung. Denn es lassen sich schwerlich zwei Männer denken, deren Charakter, deren Temperament, deren geistiger Habitus verschiedener wäre. So verwundert es nicht, wenn man dem Minucius Felix sein zu großes Entgegenkommen den Heiden gegenüber zum Vorwurf macht. In bezug auf Tertullian wäre dieser Vorwurf gewiß nicht zu erwarten. So meint beispielsweise Carl Becker, „daß er [Minucius Felix] sich ... von ihnen [den Heiden] die Grundlinien der Argumentation vorzeichnen läßt und die eigentliche Lehre des Christentums in diesem Rahmen nicht

[29] Adversus Marcionem II 17,3. Ich benutze folgende Ausgabe: Ernest Evans [Hg.]: Tertullian: Adversus Marcionem, [Vol. 1:] Books 1 to 3; [Vol. 2:] Books 4 and 5 (lat.-engl., OECT), Oxford 1972.

[30] Evans, a.a.O., Band 1, S. 135.

[31] Umgekehrt wird man sagen können: Gerade für Tertullian ist dergleichen nicht untypisch, vgl. etwa die Aussage *suspectum habebitur omne quod exorbitarit a regula* (*Adversus Marcionem* III 2,2).
Eine weitere für den Altersbeweis einschlägige Stelle findet sich in De anima 2,4 (vgl. die Ausgabe von J.H. Waszink [Hg.]: Quinti Septimi Florentis Tertulliani De anima, Amsterdam 1947, mit dem Kommentar z.St., S. 106ff.).

mehr darlegen kann."[32] Mag dieses Urteil ansonsten berechtigt sein - im Hinblick auf den hier zu untersuchenden Aspekt des Altersbeweises trifft es nicht zu. Hier gilt nicht, was Becker von Minucius Felix sagt, daß er sich nämlich „bei jedem Schritt an Früherem zu orientieren" pflege und man ihn daher nicht „als Bahnbrecher, als Pionier bezeichnen" könne.[33]

Im Unterschied zu seinen apologetischen Kollegen Justin, Tatian, Theophilus und Tertullian führt Minucius Felix nämlich so gut wie keinen Altersbeweis[34] und folgt jedenfalls in diesem Punkt seinen (unmittelbaren) Vorgängern nicht.

Dies ist umso bemerkenswerter, als er die einschlägigen Forderungen der Gegenseite durchaus zur Sprache bringt. So läßt er den Caecilius in seiner Rede gegen die Christen sagen:

> ... *quanto venerabilius ac melius antistites veritatis maiorum excipere disciplinam, religiones traditas colere, ... nec de numinibus ferre sententiam, sed prioribus credere, qui adhuc rudi saeculo in ipsius mundi natalibus meruerunt deos vel faciles habere vel reges.*[35]

Dies ist eine echt römische Forderung. Denn für den Römer gilt unbestritten:

> *antiquitas caeremoniis atque fanis tantum sanctitatis tribuere consuevit, quantum adstruxerit vetustatis.*[36]

Daher muß man aus des Caecilius Sicht denjenigen Widerstand leisten,

> *qui hanc religionem tam vetustam, tam utilem, tam salubrem dissolvere aut infirmare nitatur.*[37]

---

[32] Carl Becker: Der „Octavius" des Minucius Felix, SBAW.PH 1967,2, München 1967, S. 102. Ähnlich urteilt Barbara Aland: „Ganz im Gegensatz zu allen anderen Apologien wird hier in keiner Weise versucht, zentrale christliche Glaubensartikel auch nur von fern zu erklären." (Barbara Aland: Christentum, Bildung und römische Oberschicht. Zum <<Octavius>> des Minucius Felix, in: Platonismus und Christentum (FS Heinrich Dörrie), JAC 10, Münster ²1985, 11-30, Zitat S. 13.)

[33] A.a.O., S. 104.

[34] Zu der einzigen Stelle, die hier überhaupt in Frage kommt, siehe unten S. 282.

[35] Minucius Felix: Octavius 6,1. Ich benutze die Ausgabe von Bernhard Kytzler [Hg.]: M. Minucius Felix: Octavius (lat.-dt.), München 1965.

[36] Octavius 6,3.

[37] Octavius 8,1. Die Bedeutung dieser Passagen für das Ganze des Werkes des Minucius Felix betont auch Barbara Aland, a.a.O., S. 23: Das „Festhalten an der Religion, insbesondere an der römischen," ist typisch vor allem für die römische Oberschicht. Gerade zur Zeit des

Gerade dies aber tun die Christen.

In der Antwortrede, die Minucius Felix den Octavius daraufhin halten läßt, geht er auf diese Vorhaltungen *expressis verbis* ein. Er ist von der Weisheit der *maiores* keineswegs überzeugt:

> *non nos debet antiquitas inperitorum fabellis suis delectata vel capta ad errorem mutui rapere consensus*[38],

heißt es zur Frage nach der *providentia*. Mindestens ebenso scharf formuliert er bezüglich des zweiten Problemkreises, der Frage nach Gott:

> *similiter ac vero erga deos quoque maiores nostri inprovidi, creduli rudi simplicitate crediderunt.*[39]

Den *maiores* wird von Octavius kein gutes Zeugnis ausgestellt: Sie waren „unvorsichtig und leichtgläubig"[40]. Damit sind sie als Autorität sowohl *de providentia* als auch *de deo* erledigt. Ein Satz wie der Ciceros: *errabat enim multis in rebus antiquitas*[41] fiele in diesem Zusammenhang ganz und gar nicht auf. Wenn ich recht sehe, geht Minucius Felix über sein Vorbild Cicero sogar noch hinaus. Ich kenne keine Stelle bei Cicero, wo die *maiores* derart lächerlich gemacht werden wie in den oben zitierten Sätzen des Minucius Felix.[42]

Im Vergleich zu dieser dezidierten Absage an die Adresse der *maiores* wirkt die einzige Stelle, wo Minucius Felix wirklich so etwas wie einen Altersbeweis andeutet, sehr harmlos:

> *animadvertis philosophos cadcm disputare quae dicimus, non quod nos simus eorum vestigia subsecuti, sed quod illi de divinis praedicationibus prophetarum umbram interpolatae veritatis imitati sint.*[43]

Dies ist wirklich nicht mehr als ein Rudiment, das Minucius Felix eben

---

Minucius Felix wurde die „Religionsausübung" als „traditionelle Aufgabe" angesehen, „die für einen römischen Nobilis aus politischen, sowie staats- und systemerhaltenden Gründen unbedingt festgehalten werden mußte" (S. 23f.).

38 Octavius 20,2.

39 Octavius 20,5.

40 So lautet die Übersetzung Kytzlers, a.a.O., S. 121.

41 Dazu vgl. o. S. 130f.

42 In diesem Zusammenhang verdient auch die Behandlung der Gründung und der Anfänge Roms in 25,1ff. Erwähnung. Dergleichen braucht man bei Cicero gar nicht erst zu suchen.

43 Octavius 34,5.

noch so mitschleppt, ohne darauf irgend Gewicht zu legen. Conzelmann sagt: „... der Altersbeweis ist auf ein Minimum reduziert. Gewiß besteht kein Zweifel, daß die Philosophen von der Weissagung der Propheten abhängig sind ... Aber nicht das *Alter* ist die Pointe der Ausführung, sondern die Entsprechungen zwischen christlichen und philosophischen ... Lehren."[44]

Wäre dieser Sachverhalt als solcher schon bemerkenswert genug, so kommt aber noch ein wichtiger Gesichtspunkt hinzu, der geeignet ist, Minucius Felix noch deutlicher von seinen apologetischen Kollegen abzusetzen. Es handelt sich hier um eine Aussage, deren Bedeutung Vinzenz Buchheit herausgestellt hat.[45] Minucius Felix sagt:

quid ingrati sumus, quid nobis invidemur, si veritas divinitatis nostri temporis aetate maturuit?[46]

Vinzenz Buchheit kommentiert diese Aussage so: „*Aetas* ist hier im Sinne von *saeculum*, von 'Epoche' zu verstehen. Ein solches Bewußtsein vom Anbruch einer neuen Epoche, hier der Ära der vollen Erkenntnis der Wahrheit von Gott, bringt auch [zuvor war eine Stelle aus Ovid zitiert worden] Minucius Felix zum Ausdruck."[47] Und zusammenfassend stellt er fest: „Es ergibt sich ..., daß wir in *veritas divinitatis nostri temporis aetate maturuit* nicht nur eine prägnante, sondern vor allem eine zentrale Aussage des Minucius Felix erfassen. Auch er führt seine Auseinandersetzung mit den Paganen auf festem biblischem Hintergrund; auch er setzt ihrem Wahrheitsstreben und Wahrheitsfinden die Barriere der Offenbarung entgegen, die sie nur über die Öffnung für die *veritas christiana*, für Christus und seine Lehre, überwinden können."[48]

Diese Aussage, die Minucius Felix den Octavius am Schluß seiner Rede, also an herausragender Stelle, machen läßt, wendet sich gegen den Vorwurf

---

[44] Hans Conzelmann: Heiden - Juden - Christen. Auseinandersetzungen in der Literatur der hellenistisch-römischen Zeit, BHTh 62, Tübingen 1981, S. 309.

[45] Vinzenz Buchheit: Die Wahrheit im Heilsplan Gottes bei Minucius Felix (Oct. 38,7), VigChr 39 (1985), 105-109.

[46] Octavius 38,7.

[47] Buchheit, a.a.O., S. 105.

[48] A.a.O., S. 107.

der Neuheit, den die Gegner den Christen vorzuhalten nicht müde werden. Denn gerade dies, was die Gegner als vermeintlich negativ den Christen anrechnen, wird hier von Octavius positiv gewendet. Die *veritas divinitatis* ist jetzt erst zur Reife gelangt, d.h. doch nicht weniger als: Sie hat jetzt eine andere, eine neue Qualität. Denn die „Ära der vollen Erkenntnis der Wahrheit von Gott", wie Buchheit sagt, ist jetzt erst angebrochen. Alle Erkenntnis, die vor dieser Ära liegt, muß demnach eine unvollkommene, eine nur vorläufige gewesen sein.

Wer so argumentiert, kann zwar - das zeigt das Beispiel des Minucius Felix - daneben auch noch so etwas wie einen Altersbeweis mitschleppen, eigentlich hat dieser sich jedoch erübrigt. Deswegen steht Minucius Felix dem Verfasser des Κήρυγμα Πέτρου und dem Aristides näher als dem Tertullian und dessen griechisch schreibenden Vorgängern, darin dem Verfasser des Diognetbriefs ähnlich, der möglicherweise in derselben Zeit schreibt wie Minucius Felix.

Ausblick

Der Titel dieser Arbeit: „ΠΡΕΣΒΥΤΕΡΟΝ ΚΡΕΙΤΤΟΝ. Der Altersbeweis der jüdischen und christlichen Apologeten und seine Vorgeschichte“ ließ die zeitliche Begrenzung offen. Daß die lateinischen Apologeten Tertullian und Minucius Felix in gewisser Weise zu den griechischen Autoren des 2. Jahrhunderts gehören, scheint mir ebenso selbstverständlich wie die Tatsache, daß eine Behandlung des Clemens Alexandrinus und seiner Nachfolger, insbesondere des Euseb, den Rahmen dieser Arbeit gesprengt hätte.

Wenn nun in diesem Ausblick der so gesteckte Rahmen bewußt verlassen wird, so sind es sachliche Gründe, die dafür ausschlaggebend sind. Sachliche Gründe: Denn um die Bedeutung des Altersbeweises geht es auch auf den folgenden Seiten, allerdings handelt es sich hier um den Altersbeweis des Kelsos, der sich gegen die Christen wendet, sowie um den «innerkirchlichen» Altersbeweis, der sich gegen die Häretiker wendet.

1. *Die Umkehrung des Altersbeweises bei Kelsos*

Es wäre gewiß reizvoll gewesen, den Altersbeweis des Kelsos im Rahmen der Apologeten zu behandeln. Die These Carl Andresens, wonach die von Andresen so genannte „Geschichtsphilosophie“ des Kelsos „als Reaktion auf die geschichtstheologische Fassung der Logoslehre Justins“ aufzufassen ist[1], legte die Behandlung des Kelsos im Anschluß an Justin nahe. Nun ist aber einerseits die Datierung des kelsianischen Werkes überhaupt umstritten[2], andrerseits eine Reaktion späterer Apologeten (vor Origenes) auf

---

[1] Carl Andresen: Logos und Nomos. Die Polemik des Kelsos wider das Christentum, AKG 30, Berlin 1955, S. 347. Zur Abhängigkeit des Kelsos von Justin vgl. S. 345-372.

[2] Die „normale“ Datierung des Ἀληθὴς Λόγος ist „um 178“ (so etwa in Berthold Altaner/Alfred Stuiber: Patrologie. Leben, Schriften und Lehre der Kirchenväter, Freiburg/Basel/Wien [8]1978, S. 59); dagegen hat sich mit einleuchtender Begründung ausgesprochen H.-U. Rosenbaum: Zur Datierung von Celsus' ΑΛΗΘΗΣ ΛΟΓΟΣ, VigChr 26 (1972), 102-111. Er möchte den Ἀληθὴς Λόγος rund 20 Jahre vorher ansetzen (S. 111). Die Datierung muß also als unsicher gelten, bis ein neuer Konsens erzielt ist.

Kelsos nicht ohne weiteres nachweisbar.[3] Daher habe ich mich dafür entschieden, den Altersbeweis des Kelsos in der Form eines Anhangs zu behandeln.

Zu diesem Problem hat inzwischen Arthur J. Droge dezidiert Stellung genommen. Er vertitt die Ansicht: „the standard view that Origen's *Contra Celsum* was the *first* response to the accuasations of Celsus must be corrected. Indeed, it would be more astonishing to suppose, given the ambitious nature of Celsus' treatise, that it went unanswered for some seventy years."[4] Im Gegensatz zu dieser Standardsicht ist Droge der Auffassung, daß in den Werken des Tatian und des Theophilus bereits Reaktionen auf den Angriff des Kelsos vorliegen. Demnach wäre Kelsos zwischen Justin einerseits und Tatian und Theophilus andrerseits einzuordnen. So interessant die Drogesche These ist, mehr als eine Möglichkeit scheint er mir nicht aufgewiesen zu haben. Deswegen halte ich es für sicherer, Kelsos anhangsweise zu behandeln und ihn nicht chronologisch zwischen die Apologeten des zweiten Jahrhunderts einzureihen.[5]

---

[3] Eine kritische Auseinandersetzung mit einigen einschlägigen Versuchen in diese Richtung bietet Robert J. Hauck: Omnes Contra Celsum?, The Second Century 5 (1985/1986), 211-225.

[4] Arthur J. Droge: Homer or Moses? Early Christian Interpretations of the History of Culture, HUTh 26, Tübingen 1989, S. 100 (Droge hat versehentlich „natue" statt „nature"). Das Buch von Droge erschien nach Abschluß meiner Dissertation (vgl. oben S. 15, Anm. 41). Im Blick auf die Einordnung des Kelsos widerspricht Droge seinem Lehrer Robert M. Grant (vgl. sein Preface, S. viii), der sich ganz auf der Linie der Standardmeinung bewegt, wenn er sagt: „The work [sc. of Celsus] is not directly relevant to the second-century apologists, however. Both Christians and pagans failed to communicate before Origen replied to Celsus about seventy years later" (Robert M. Grant: Greek apologists of the second century, Philadelphia 1988, S. 139).

[5] Zu Tatian und Kelsos siehe a.a.O., S. 97ff.; zu Theophilus und Kelsos S. 119ff. Ich greife ein Argument Droges heraus: Tatian benutzt (Oratio 40) „the rare term παραχαράττειν. Curiously, the word is not listed in Lampe's *Patristic Greek Lexicon*, although it occurs at least twice in Christian literature before Tatian. In both instances, however, it means something entirely different than what Tatian intends by it. There is therefore a strong possibility that Tatian's special use of this term may have been influenced by Celsus' accusations in the *Alethes Logos*" (a.a.O., S. 98).
Die Beobachtung, daß Kelsos eben dieses Wort benutzt, ist zutreffend (eine der einschlägigen Stellen ist unten Anm. 10 zitiert). Daß es sich dabei allerdings um ein seltenes („rare") Wort handle, ist übertrieben. Es begegnet immerhin bei Alexander Aphrodisiensis (In Aristotelis topicorum libros octo commentaria 134,13 ed. Wallies), Kleomedes (De motu circulari corporum caelestium 166,11 ed. Ziegler), Dio Chrysostomus (Rhodiaca 24), Josephus (Antiquitates Iudaicae V 306; XV 315; 328; Bellum Iudaicum I 529), Galen (De difficultate respirationis 834,9 ed. Kühn; De differentia pulsuum 584,15; 585,5 und 631,14 ed. Kühn; De antidotis 135,1 ed. Kühn), Harpocration (Lexicon in decem oratores Atticos, 239,16 ed. Dindorf), Lukian (Demonax 5), Philon (De mutatione nominum 204; De specialibus legibus II 249; Legatio ad Gaium 117; 156), Plutarch (De Alexandri magnis fortuna aut virtute 332 c 1 ed. Nachstädt), Vettius Valens (Anthologiarum libri 74,19 ed. Kroll); das sind zusammen immerhin zwanzig Belege im ersten und zweiten Jahrhundert n. Chr. Dazu kommen noch die christlichen Belege, die Droge selbst anführt (Ergebnis einer Suche der auf dem CD-ROM

Ich kann hier anknüpfen an das Material, das ich in der Einleitung zu Kapitel IV vorgelegt habe, wo es um den Vorwurf der Neuheit ging.[6]

In genauer Analogie zu dem Verfahren der Apologeten, die einen Altersbeweis führen, indem sie die Abhängigkeit griechischer Schriftsteller von den „christlichen" Schriften des Mose aufzeigen, weist Kelsos seinerseits nach, daß die Christen in Wahrheit von eben diesen griechischen Schriftstellern abhängig sind. Ich spreche daher von der *Umkehrung des Altersbeweises durch Kelsos.*

Die Christen haben nach Kelsos nicht teil an dem ἀρχαῖος ἄνωθεν λόγος[7]; nicht die anderen Völker sind von Mose abhängig, sondern Mose hängt von den anderen Völkern ab[8]. So hat beispielsweise Mose griechische Sagen von Hellenen abgeschrieben und entstellt[9], wie es überhaupt seine Art war, seine Vorlagen umzuformen und zu verfälschen[10].

Unter den von Kelsos in diesem Zusammenhang angeführten Beispielen finden sich auch die Geschichten vom Turmbau zu Babel und von Sodom und Gomorra. Beide gehen nach Kelsos auf Homer zurück. Droge ist merkwürdigerweise der folgenden Ansicht: „Celsus claimed that both myths were corrupted by Moses, and there is a curious precedent for this in Philo. In *De confusione linguarum* (4-5) Philo summarizes Homer's myth of the Aloeidae and goes on to imply that Moses' account of the tower of Babel was based on it: ››For these (i.e., the three mountains) the lawgiver substitutes a tower which he represents as being built by men.‹‹"[11]

Das wäre nun in der Tat ein sehr bemerkenswerter Sachverhalt, wenn

---

C des *Thesaurus Linguae Graecae* gespeicherten Texte mit Hilfe eines Ibycus PC). Eine literarische Abhängigkeit des Tatian von Kelsos kann man jedenfalls mit der Übereinstimmung im Gebrauch dieses Wortes nicht hinreichend begründen.

6 S. o. S. 221ff., zu Kelsos insbesondere S. 225f. Zur von mir benutzten Ausgabe des Textes s. dort Anm. 8, zur Übersetzung Anm. 16.

7 Kelsos I 14 = Bader S. 44, Z. 15ff.

8 Kelsos I 21 = Bader S. 48: τούτου οὖν τοῦ λόγου τοῦ παρὰ τοῖς σοφοῖς ἔθνεσι καὶ ἐλλογίμοις ἀνδράσιν ἐπακηκοὼς ὄνομα δαιμόνιον ἔσχε Μωϋσῆς.

9 Kelsos IV 21 = Bader S. 108; ähnlich auch IV 11 = Bader S. 105f. Hier heißt es Z. 5ff.: ἐπῆλθε δ' αὐτοῖς καὶ ταῦτα ἐκείνων παρακούσασιν, ὅτι δὴ κατὰ χρόνων μακρῶν κύκλους καὶ ἄστρων ἐπανόδους τε καὶ συνόδους ἐκπυρώσεις καὶ ἐπικλύσεις συμβαίνουσι, καὶ ὅτι μετὰ τὸν τελευταῖον ἐπὶ Δευκαλίωνος κατακλυσμὸν ἡ περίοδος κατὰ τὴν τῶν ὅλων ἀμοιβὴν ἐκπύρωσιν ἀπαιτεῖ· ταῦτ' αὐτοὺς ἐποίησεν ἐσφαλμένῃ δόξῃ λέγειν, ὅτι ὁ θεὸς καταβήσεται δίκην βασανιστοῦ πῦρ φέρων.

10 Kelsos IV 41 = Bader S. 113: εἶτα κατακλυσμόν τινα καὶ κιβωτὸν ἀλλόκοτον, ἅπαντα ἔνδον ἔχουσαν, καὶ περιστεράν τινα καὶ κορώνην ἀγγέλους παραχαράττοντες καὶ ῥᾳδιουργοῦντες τὸν Δευκαλίωνα (Subjekt sind „die Juden") ...

11 Droge, a.(Anm. 4)a.O., S. 160.

Philon in dieser Sache auf der Seite des Kelsos stünde. Wie Kelsos behauptete dann auch Philon *die Abhängigkeit des Mose von Homer*. Dies wäre umso merkwürdiger, als Philon damit eine Abhängigkeit des Pentateuch vom Mythos annähme. Denn Philon wendet sich durchweg gegen die Mythen. So setzt er Mose von μυθικοῖς πλάσματι[12] ab, weil es sich hierbei um ein Verfahren handele, das er κατεψευσμένον καὶ μεστὸν γοητείας[13] nennt. Nach Philons Meinung hält Mose nichts von Mythen, und so ist es nur konsequent, wenn er davon Abstand nimmt μύθους πλασάμενος ἢ συναινέσας τοῖς ὑφ' ἑτέρων συντεθεῖσιν.[14] Weder hat Mose selbst Mythen erfunden, noch hat er die Mythen anderer gutgeheißen. Philon betont immer wieder, daß es sich bei den Darlegungen des Mose nicht um Mythen handele.[15]

Was nun speziell die von Droge zitierte Stelle aus De confusione linguarum angeht, so steht von vornherein zu erwarten, daß die Drogesche Interpretation auf einem Mißverständnis beruht. Dies wird deutlich, wenn man auf den Zusammenhang achtet. Philon möchte ergründen, ἃ [sc. Mose] περὶ τῆς τῶν διαλέκτων συγχύσεως φιλοσοφεῖ (§ 1). Zu diesem Zweck führt er zunächst die einschlägige Stelle (Gen 11,1-9) im Wortlaut an (ebd.), um dann festzustellen, daß gewisse Polemiker nichts als ψόγον καὶ κατηγορίαν für das Gesetz haben. Diese Gegner des Gesetzes richten ihre Kritik insbesondere gegen solche Passagen wie Gen 11,1-9 und sagen: ἰδοὺ γὰρ αἱ ἱεραὶ λεγόμεναι βίβλοι παρ' ὑμῖν καὶ μύθους περιέχουσιν, ἐφ' οἷς εἰώθατε γελᾶν, ὅταν ἄλλων διεξιόντων ἀκούητε (§ 2). So wird beispielsweise Gen 11,1-9 mit dem homerischen Mythos zusammengebracht (nämlich Od. XI 315ff., § 4). Der von Droge gemeinte Satz gibt immer noch die Polemik der Gegner, nicht die Meinung Philons wieder: πύργον δὲ ὁ νομοθέτης ἀντὶ τούτων [die genannten Berge] εἰσάγει (§ 5). Noch in § 9 bezieht sich Philon auf die gegnerische Kritik, wenn er ausdrücklich sagt: ἔστι δέ, ὥς γέ φασι, καὶ τοῦτο μυθῶδες (vgl. auch § 13). Erst in § 14 beginnt Philon damit, die Gegner zu widerlegen. Die philonische Interpretation des Turmes folgt dann in § 107ff. (vgl. besonders § 113ff.).

Es kann also überhaupt keine Rede davon sein, daß nach Philon „Moses' account of the tower of Babel was based on it [sc. Homer's myth]“, wie Droge sagt. Dies ist nicht die Meinung des Philon, sondern die seiner Gegner, gegen die er auf seine Weise ab § 14 argumentiert. *D.h. die Gegner des Philon und Kelsos stehen auf der einen Seite als diejenigen, die eine Abhängigkeit des Mose von den Griechen annehmen, während Philon und Origenes auf der anderen Seite eben dagegen argumentieren.*

---

[12] De opificio mundi § 1-2.

[13] Op. § 2.

[14] Ebd.

[15] So Op. § 157; Gig. § 6.58.60; Fug. § 121; Vit. Mos. II 253; Philon selbst sagt: οὗτος δ' οὐκ ἐμὸς μῦθος (Mut. § 152); ähnlich auch Som. I 172; Abr. § 243.
Allenfalls τὸ ῥητόν kann μυθῶδες genannt werden (LA II 19). Im Prinzip aber gilt: ἐν δὲ τῇ τοῦ θεοῦ ποιητικῇ μύθου μὲν πλάσμα οὐδὲν εὑρήσεις, τοὺς δὲ ἀληθείας ἀσινεῖς κανόνας ἅπαντας ἐστηλιτευμένους ... (Det. § 125).
Mythos erscheint meist im negativen Sinn, so z. B. Cher. § 91; Sac. § 76; Post. § 2.165; Migr. § 76; Cong. § 61f. Fug. § 42; Decal. § 55.76.156; Spec. I 51.

Nach Kelsos fehlt es den Christen an der „Grundlage der Lehre“; von anderen haben sie „schief gehört“ und das Gehörte aus Unwissenheit verdorben, „indem sie unfein gleich in den Anfängen dreist sind über Dinge, welche sie nicht wissen.“[16]

Sollte Andresens Theorie von der Abhängigkeit des Kelsos von Justin zutreffen, so ließe die Umkehrung des Altersbeweises durch Kelsos zwei Schlüsse zu:

Zum einen ist es Kelsos nicht eingefallen, den Altersbeweis als Argumentationsmittel in Frage zu stellen. Zum anderen ist Kelsos selbst derart von der Wirkung des Altersbeweises durchdrungen, daß sein ganzes Werk von seinem eigenen Altersbeweis durchzogen ist. Denn es geht ihm nicht nur darum, die Neuheit des Christentums herauszustellen, sondern es geht ihm besonders auch darum, die Abhängigkeit der (jüdischen und) christlichen heiligen Schriften von den Hellenen (und anderen Völkern) zu erweisen.

Selbst wenn die Andresensche Theorie nicht zuträfe, würde dadurch die zweite dieser Folgerungen in keiner Weise betroffen: Die Bedeutung des Altersbeweises für das Werk des Kelsos steht außer Frage und ist (wenn nicht als direkte Reaktion auf Justin so doch auf jeden Fall) nur als Reaktion auf einen ausgebauten christlichen Altersbeweis verständlich.

2. Der Altersbeweis als Instrument im Kampf gegen Häretiker

Bei Tertullian begegnet in der Schrift *De praescriptione haereticorum* noch eine besondere Art von Altersbeweis, die ich den «innerkirchlichen Altersbeweis» nennen möchte. Im Unterschied zu dem «normalen Altersbeweis», wie Tertullian ihn etwa in seinem *Apologeticum* führt, richtet sich

[16] So Keim (vgl. Anm. 6) in seiner Übersetzung von V 65 (S. 136f.). Auf S. 137 bietet Keim in Anm. 2 eine gute Übersicht über das einschlägige Material bei Kelsos: „Obiger Satz von den Entlehnungen und Missverständnissen, der die Erfindungskraft der Barbaren ... auf Null reduzirt, hat bei Celsus ... eine weite Ausdehnung. 1) Schon Mose hat von den Griechen entlehnt 1,21 (ἐπακηκοὼς); 4,11 (παρακούσματα); 4,21 (παραφθείρας); 4,42 [muß heißen 4,41] (παραχαράττοντες κ. ῥαδιουργοῦντες). Nach 4,42 [muß heißen 4,41] meinten die Juden, dass es nicht herauskomme. ... 2) Die Christen korrumpiren das Jüdische 2,30 (τοιαῦτα παρακούσματα). 3) Die Christen entlehnen von Hellenen u. Barbaren 3,16 (παλαιοῦ λόγου παρακούσματα); 5,65. 6,1.7.8.12.15.19.42.50. 7,32.58.“

der «innerkirchliche Altersbeweis» nicht gegen die heidnische Welt, sondern gegen die Häretiker. Ähnlich wie beim normalen Altersbeweis kann man auch hier zwei Elemente unterscheiden: (1) Zunächst soll den Häretikern das Alter bestritten werden; sie werden als neu hingestellt, d.h. als solche, denen die Verbindung zu den Ursprüngen der Kirche fehlt. (2) Zur Sicherung dieser These wird sodann behauptet, daß die Häretiker von den Heiden, z.B. von einem Philosophen, abhängig seien. Ziel dieses «innerkirchlichen Altersbeweises» ist es, die Lehre der Häretiker als eine solche darzustellen, die nicht aus der kirchlichen Tradition, sondern aus heidnischen Quellen gespeist ist.[17]

Als erstes Beispiel für diesen «innerkirchlichen Altersbeweis» mag eine Passage aus Tertullians Schrift *De praescriptione haereticorum* dienen:

> *ipsae denique haereses a philosophia subornantur. inde aeones et formae nescio quae infinitae et trinitas hominis apud Valentinum: Platonicus fuerat. inde Marcionis deus, melior de tranquillitate: a Stoicis venerat. et ut anima interire dicatur, et Epicurus observatur; et ut carnis restitutio negetur, de una omnium philosophorum schola sumitur; et ubi materia cum Deo aequatur, Zenonis disciplina est; et ubi aliquid de igneo deo adlegatur, Heraclitus intervenit.*[18]

Die Häretiker als solche sind neu[19]; die zitierte Argumentation versucht, das «Häretische» bei den Häretikern auf die profane Philosophie zurückzuführen, um es auf diese Weise zu diskreditieren. Es handelt sich also in diesem Fall um den Nachweis, daß die „Wahl", die der Häretiker getroffen hat, zwar auf etwas Altes, aber eben etwas falsches Altes gefallen ist.[20]

Vorstufen und Parallelen zu diesem innerkirchlichen Altersbeweis bieten

---

[17] Vgl. Peter Stockmeier: „Alt" und „Neu" als Prinzipien der frühchristlichen Theologie, in: Reformatio Ecclesiae (FS Erwin Iserloh), Paderborn/München/Wien/Zürich 1980, 15-22, besonders S. 16ff.

[18] Tertullian: De praescriptione haereticorum 7,3-4 (zitiert nach der Ausgabe im CChr. SL 1).

[19] Eine Auswahl aus den Belegstellen bei Tertullian: De praescriptione haereticorum 30, 1f.: *ubi tunc Marcion, Ponticus nauclerus, Stoicae studiosus? ubi tunc Valentinus, Platonicae sectator? nam constat illos neque adeo olim fuisse, Antonini fere principatu ...* Ähnlich Adversus Hermogenem 1,1f.; Adversus Marcionem IV 4; V 19,1 u.ö.

[20] Auf diese Weise argumentiert Tertullian Adversus Hermogenem 1,3; Adversus Marcionem I 13,3; II 16,2f. u.ö.

schon Justin und Irenäus[21], zur Perfektion ausgebaut aber findet er sich beim Zeitgenossen des Tertullian, bei Hippolyt.

In seiner *Refutatio omnium haeresium* bietet Hippolyt neben dem «normalen Altersbeweis»[22] geradezu ein Kompendium des innerkirchlichen Altersbeweises. Das wird schon an der Gliederung seines Werkes deutlich: „Das polemische Schema ..., das die äußere Anlage der Refutatio am stärksten bestimmt, stellt zweifellos die Ableitung der Häretiker von heidnischer Weisheit dar. Es bestimmt die Haupteinteilung in die Blöcke lib. I bis IV (die hellenische Weisheit, d.h. Philosophie, Astrologie, Magie etc. als Ursprung der Häresien) und lib. V-IX (das eigentliche corpus haeresium), die sich in der Epitome wiederholt (X,6-8 gegen X,9-29); es erscheint als pauschaler Rückverweis in den Kapitulationen am Anfang der lib. V-IX und als Vorverweis zu Beginn oder Ende der jeweiligen Abschnitte in lib. I/IV; und schließlich gestaltet es - als unterste Ebene - die Einzeldarstellungen der verschiedenen Häresien."[23]

So kann Marcovich geradezu davon sprechen, Hippolyt habe Βίοι παράλληλοι produziert „by pairing each heretic with an earlier Greek writer, in order to expose him as a plagiarist from that writer: Justin-Herodotus, Basilides-Aristotle, Marcion-Empedocles, Simon-Heraclitus ..., Valentinus-Plato plus Pythagoras, Hermogenes-Socrates, the Encratites-Cynics, etc."[24]

Schon in der Praefatio formuliert Hippolyt sein Ziel mit folgenden Worten:

---

[21] Z. B. Irenäus: Adversus haereses II 14,2: *et non solum quae apud comicos posita sunt arguuntur quasi propria proferentes* [sc. die Valentinianer], *sed etiam quae apud omnes qui Deum ignorant et qui dicuntur philosophi sunt dicta, haec congregant et, quasi centonem ex multis et pessimis panniculis consarcientes, finctum superficium subtili eloquio sibi ipsi praeparaverunt, novam quidem introducentes doctrinam, propterea quod nunc nova arte substituta sit, veterem autem et inutilem, quoniam quidem de veteribus dogmatibus ignorantiam et irreligiositatem olentibus haec eadem subsuta sunt.* (Ich zitiere nach Adelin Rousseau/Louis Doutreleau [Hg.]: Irénée de Lyon: Contre les hérésies, Livre II, SC 294, Paris 1982, hier S. 132, Z. 25-34.)

[22] Etwa in Refutatio IX 27,2-3 (ich benutze die Ausgabe von Miroslav Marcovich [Hg.]: Hippolytus: Refutatio omnium haeresium, PTS 25, Berlin/New York 1986).

[23] Klaus Koschorke: Hippolyt's Ketzerbekämpfung und Polemik gegen die Gnostiker. Eine tendenzkritische Untersuchung seiner „Refutatio omnium haeresium", GOF.H 4, Wiesbaden 1975, S. 10.

[24] Marcovich, a.(Anm. 22)a.O., S. 38.

ἵνα οὖν, καθὼς φθάσαντες εἴπομεν, ἀθέους αὐτοὺς ἐπιδείξωμεν καὶ κατὰ γνώμην καὶ κατὰ τρόπον καὶ κατὰ ἔργον, ὅθεν τε τὰ ἐπιχειρήματα αὐτοῖς γεγένηται, καὶ ὅτι μηθὲν ἐξ ἁγίων γραφῶν λαβόντες ταῦτα ἐπεχείρησαν, ἤ τινος ἁγίου διαδοχὴν φυλάξαντες ἐπὶ ταῦτα ὥρμησαν, ἀλλ' ἔστιν αὐτοῖς τὰ δοξαζόμενα <τὴν> ἀρχὴν μὲν ἐκ τῆς Ἑλλήνων σοφίας λαβόντα, ἐκ δογμάτων φιλοσοφουμένων καὶ μυστηρίων ἐπικεχειρημένων καὶ ἀστρολόγων ῥεμβομένων.[25]

Was Kelsos der Kirche vorwirft, daß ihre Lehre von den griechischen Schriftstellern abhängig sei, das versuchen die Ketzerbestreiter, allen voran Hippolyt, den einzelnen häretischen Gruppen nachzuweisen. Damit werden sie als gottlos erwiesen, wie Hippolyt hier sagt; denn statt aus der heiligen Schrift zu schöpfen, haben diese ihren Ausgangspunkt bei der griechischen Weisheit genommen.[26]

---

[25] Hippolyt: Refutatio I, Prooemium 8 (Marcovich S. 56, Z. 47-53). Das in Klammern gesetzte τήν ist eine Konjektur Marcovichs (vgl. seinen Apparat zur Stelle).

[26] Einen Text möchte ich hier wenigstens noch in Form einer Anmerkung anfügen. Es handelt sich dabei um eine höchst interessante Variante des Altersbeweises, die sich bei dem Gnostiker Isidor findet. Ich verdanke die Kenntnis dieses Textes meinem Münsteraner Kollegen Ulrich Schmid.

Ἰσίδωρός τε ὁ Βασιλείδου υἱὸς ἅμα καὶ μαθητὴς ἐν τῷ πρώτῳ τῶν τοῦ προφήτου Παρχὼρ Ἐξηγητικῶν καὶ αὐτὸς κατὰ λέξιν γράφει·

„φασὶ δὲ οἱ Ἀττικοὶ μεμηνῦσθαί τινα Σωκράτει παρεπομένου δαίμονος αὐτῷ, καὶ Ἀριστοτέλης δαίμοσι κεχρῆσθαι πάντας ἀνθρώπους λέγει συνομαρτοῦσιν αὐτοῖς παρὰ τὸν χρόνον τῆς ἐνσωματώσεως, προφητικὸν τοῦτο μάθημα λαβὼν καὶ καταθέμενος εἰς τὰ ἑαυτοῦ βιβλία, μὴ ὁμολογήσας ὅθεν ὑφείλετο τὸν λόγον τοῦτον."

καὶ πάλιν ἐν τῷ δευτέρῳ τῆς αὐτῆς συντάξεως ὧδέ πως γράφει·

„καὶ μή τις οἰέσθω, ὅ φαμεν ἴδιον εἶναι τῶν ἐκλεκτῶν, τοῦτο προειρημένον ὑπάρχειν ὑπό τινων φιλοσόφων· οὐ γάρ ἐστιν αὐτῶν εὕρεμα, τῶν δὲ προφητῶν σφετερισάμενοι προσέθηκαν τῷ [μὴ] ὑπάρχοντι κατ' αὐτοὺς σοφῷ" (Clemens Alexandrinus: Stromateis VI 53,2-5).

Ich will diesen Text hier nicht *in extenso* erörtern, zumal Herr Schmid die Passage in einer eigenen Publikation interpretieren wird. Mir erscheint es bemerkenswert, daß schon Isidor, ein Zeitgenosse des Justin, in dieser Weise argumentiert; behauptet er doch eine Abhängigkeit griechischer Philosophen von den Propheten. Wer hätte angesichts der oben im Text besprochenen antignostischen Polemik ein solches Argument ausgerechnet bei Isidor vermutet? So zeigt auch dieser Text, daß der Altersbeweis gerade im zweiten Jahrhundert ein Argument war, das in gänzlich unterschiedlichen Lagern gepflegt wurde.

Schluß

Der moderne Leser, der sich etwa mit Justins Überlegungen zum chi-förmigen Sohn Gottes bei Platon und bei Mose konfrontiert sieht, kann sich zunächst nur wundern; *verstehen* kann er seinen Autor nicht, jedenfalls nicht ohne weiteres. So sind die Urteile moderner Gelehrter über den Altersbeweis der christlichen Apologeten durchaus zwiespältig. Wenn es allerdings zutrifft, daß es erst einmal darauf ankommt, die Absichten des Autors selbst zu erfassen, so gilt es festzustellen, was zu seiner Zeit möglich und sinnvoll war. Hier kann der Patristiker nicht auf die Hilfe des Judaisten verzichten, denn Justin, das hat sich gezeigt, ist nicht der Erfinder des Altersbeweises. Nimmt man die jüdischen Vorgänger hinzu, dann verschiebt sich das Bild beträchtlich. Doch auch hier sind die Urteile moderner Gelehrter ambivalent. Will man dem Altersbeweis jüdischer und christlicher Apologeten wirklich gerecht werden, so muß man ihn auf dem Hintergrund der antiken Überlieferung sehen. Erst wo dies geschehen ist, ist wirkliches Verstehen möglich. Denn nur auf diesem Wege wird deutlich, daß der Altersbeweis *nicht* ein Spezifikum jüdischer oder christlicher Autoren ist. Vielmehr handelt es sich um eine Argumentationsfigur, die in der antiken Literatur weit verbreitet ist; eine Argumentationsfigur, an der in der Antike kaum jemals Anstoß genommen wurde. Hat man dies erkannt, so ist man in der Lage, dem Altersbeweis der christlichen und jüdischen Apologeten gerecht zu werden. Abfällige Urteile sind dann ohne weiteres nicht mehr möglich.

1. Die Geschichte des Altersbeweises

Überblickt man die Geschichte des Altersbeweises bei den jüdischen und den christlichen Apologeten, so verdient folgendes hervorgehoben zu werden:

Für die hellenistisch-jüdischen Autoren unterlag die Priorität des Mose keinem Zweifel. Wird diese zunächst in mehr allgemeiner Form behauptet, indem gesagt wird, die Griechen seien direkt oder über andere Völker von Mose abhängig, so geht Aristobul als erster einen Schritt darüber hinaus: Er nennt nicht nur konkret die Namen derer, die von Mose abhängig sein sollen, sondern er macht sich auch schon Gedanken darüber, wie diese Leute denn Kenntnis von den Schriften des Mose erhalten konnten. In diesen Bahnen werden sich die Nachfolger des Aristobul bis hin zu Philon wohl weiter bewegt haben; zur Zeit des Philon waren dies schon vielbegangene Straßen, an deren weiterem Ausbau Philon selbst kein Interesse hat. Merkwürdig ist die Stellung des Josephus, der einerseits das Alter des Mose herausstreicht und Zahlen nennt, die dieses Alter veranschaulichen, andrerseits aber in bezug auf die Behauptung konkreter Abhängigkeiten weit weniger Arbeit investiert.

Kommt man von Josephus zu den christlichen Apologeten des zweiten Jahrhunderts, so ergibt sich zunächst keine gradlinige Entwicklung. Denn der Verfasser des Κήρυγμα Πέτρου und Aristides bieten keinerlei Argumente in diese Richtung. Die Uneinheitlichkeit des Bildes wird noch verstärkt durch den Verfasser des Diognetbriefes und Minucius Felix, die im Gegensatz zu Justin, Tatian, Theophilus und Tertullian ebenfalls ohne den Altersbeweis auskommen.[1] Durchgesetzt haben sich diese Autoren freilich nicht. Denn in der Folgezeit ist der Altersbeweis ein unentbehrliches Requisit theologischer Argumentation, man denke nur an Clemens Alexandrinus, Hippolyt und später Euseb.

Doch um auf die Entwicklung des Altersbeweises im zweiten Jahrhundert zurückzukommen: Der erste christliche Apologet, der den Altersbeweis benutzt, ist Justin. Er hält sich beim Alter des Mose gar nicht mehr auf - dies scheint ihm über jeden Zweifel erhaben -, sondern arbeitet am Beweis der Abhängigkeit in einzelnen Fällen. Obwohl es zu diesem Verfahren Parallelen bei Philon gibt, wird man sagen können, daß der Altersbeweis bei Justin eine neue Qualität erreicht hat. Tatian, der Nachfolger Justins, erhebt als erster *expressis verbis* Mose und Homer zu den Eckpunkten der Argumenta-

[1] Eine Sonderstellung nimmt Athenagoras ein, der sich weder in die eine noch in die andere Reihe einfügt. Etwas anders steht es mit Minucius Felix; bei ihm kommt der Altersbeweis zwar vor, doch ist er hier nicht mehr als ein traditionelles Element, das im Vergleich zu den ganz anders ausgerichteten sonstigen Argumenten so gut wie kein Gewicht hat.

tion und stellt dadurch den Altersbeweis auf eine neue Basis. Über das bei Tatian Erreichte führt Theophilus kaum mehr, Tertullian überhaupt nicht hinaus. Nach diesen Autoren gehört der Altersbeweis - wie oben schon gesagt - zum Standardinventar apologetischer Bemühungen.

Dies ist zumindest für die späteren Autoren gewiß durch die heidnische Polemik *mit*bedingt. Zwar ist die negative Wertung des Neuen Voraussetzung des Altersbeweises von Anfang an. Doch je intensiver dieser Vorwurf gegen das Christentum (gerade auch im Unterschied zum Judentum) erhoben wird und je detaillierter er begründet wird (z.B. bei Kelsos), desto weniger ist der Altersbeweis auf christlicher Seite entbehrlich. „Es war ... keineswegs so, daß das hellenistische Heidentum das εὐαγγέλιον als die Botschaft von einer *neuen* Heilstat und *neuem* Wissen vom Heil leicht aufgenommen hätte. Es war nicht so, daß das Christentum sich nur zu hellenisieren brauchte, um Hellenen akzeptabel zu werden. Es mußte seine Legitimität nachweisen", wie Dörrie zutreffend bemerkt.[2] Im Zuge dieser Legitimation bedurfte man beider Beweise, des Weissagungsbeweises sowie des Altersbeweises. „Gerade Hellenen gegenüber war der Nachweis nötig, daß der aus den Prophetien des AT abzulesende Heilsplan sich in Christus vollendet habe."[3] Diese Argumentation, der Weissagungsbeweis, ist insofern geradezu die Voraussetzung des Altersbeweises. Denn zunächst muß die Kontinuität der Christen - die Kelsos *expressis verbis* bekämpft - zu dem Alten Testament sichergestellt sein, bevor ein Altersbeweis geführt werden kann. Dies leistet der Weissagungsbeweis. Er kann natürlich auch mit anderer Intention verwendet werden, wie die kanonischen Evangelien zeigen, wo sich ebenfalls der Weissagungsbeweis findet, dort allerdings nicht in einem solchen Ausmaß wie etwa bei Justin. Im Unterschied zum Weissagungsbeweis scheint Justin den Altersbeweis als erster christlicher Theologe angewandt zu haben. Und diesen Altersbeweis konnte ein Apologet offenbar leichter entbehren als den Weissagungsbeweis, wie der Verfasser des Κήρυγμα Πέτρου zeigt, der zwar

---

[2] Heinrich Dörrie: Die platonische Theologie des Kelsos in ihrer Auseinandersetzung mit der christlichen Theologie auf Grund von Origenes c. Celsum 7,42ff., NAWG.PH 1967,2, S. 28.

[3] Ebd.

einen Weissagungsbeweis führt, den Altersbeweis im Gegensatz zu Justin aber nicht benutzt.[4]

2. Die Frage nach der theologischen Legitimität

Die Tatsache, daß die christlichen Apologeten derart unterschiedlich von der Möglichkeit des Altersbeweises Gebrauch machen, führt zu der Frage nach der *theologischen* Legitimität dieser Art von Argumentation.

Diese Frage müßte man allerdings auch dann stellen, wenn es keinen Apologeten gäbe, der ohne diese Argumentation auskommt. Denn selbst wenn alle Apologeten von diesem Argument Gebrauch gemacht hätten, wäre deswegen ja noch nichts über die *theologische* Legitimität dieser Vorgehensweise entschieden. Mag der Altersbeweis dem antiken Denken auch noch so selbstverständlich sein, so stellt sich nun doch die Frage, inwiefern er *theologisch* angemessen ist. Die Tatsache jedoch, daß der Altersbeweis bei den oben genannten christlichen Apologeten fehlen kann, macht die Notwendigkeit dieser Fragestellung umso dringlicher.

a) Das Christentum - „alte und neue Religion zugleich"

Einer der letzten Aufsätze aus der Feder Adolf von Harnacks trägt den Titel: „Die Neuheit des Evangeliums nach Marcion."[5] Harnack beginnt diesen Aufsatz mit der These: „Keine andere Eigentümlichkeit des Christentums fordert so gebieterisch zu einer dialektisch-historischen Behandlung auf wie die, daß es eine alte und neue Religion zugleich ist. Am Faden der Beantwortung der Frage, inwieweit es eine neue Religion ist, bzw. was das Neue in ihm ist, kann man die ganze Geschichte der christlichen Lehre zur Darstellung bringen, und, in enger Verbindung damit, auch an dem andern Faden, inwiefern es die Vollendung einer alten Religion ist."[6]

---

[4] Auch hier wird die Sonderstellung des Athenagoras erkennbar; er führt nicht nur keinen Altersbeweis, sondern auch keinen Weissagungsbeweis. Er will *philosophisch* argumentieren.

[5] Adolf von Harnack: Die Neuheit des Evangliums nach Marcion, in: ders.: Aus der Werkstatt des Vollendeten. Reden und Aufsätze, Gießen 1930, 128-143.

[6] Harnack, a.a.O., S. 128.

So berechtigt mir diese These Harnacks zunächst zu sein scheint, so sehr verwundert es mich, daß er in diesem Zusammenhang von „einer dialektisch-historischen Behandlung" spricht. Denn die Behandlung dieser Frage kann doch keineswegs eine bloß historische[7] sein. Der Historiker kann darstellen, wie die Antworten auf diese Frage in einer bestimmten Zeit ausgesehen haben. Nimmt man beispielsweise das zweite Jahrhundert, so zeigt die vorliegende Arbeit, daß die Antworten in diesem Zeitraum sehr unterschiedlich ausgefallen sind.[8] Markion jedenfalls hätte der Harnackschen These gewiß vehement widersprochen und es durchaus nicht gelten lassen, daß das Christentum „eine alte und eine neue Religion zugleich ist."

Der Historiker könnte die Frage an den Religionswissenschaftler weiterreichen; dieser müßte seinerseits den neutestamentlichen Befund in Betracht ziehen. Schon im Neuen Testament ist die Lage einigermaßen unübersichtlich. Wenn beispielsweise Matthäus die These vertritt, Jesus sei nicht gekommen, um das Gesetz aufzulösen, sondern um es zu erfüllen, und dem hinzufügt: ἕως ἂν παρέλθῃ ὁ οὐρανὸς καὶ ἡ γῆ, ἰῶτα ἓν ἢ μία κεραία οὐ μὴ παρέλθῃ ἀπὸ τοῦ νόμου[9], so ist die Kontinuität zu dem Alten aufs deutlichste betont. In eine ähnliche Richtung weist die Aufforderung: ἐπὶ τῆς Μωϋσέως καθέδρας ἐκάθισαν οἱ γραμματεῖς καὶ οἱ Φαρισαῖοι. πάντα οὖν ὅσα ἐὰν εἴπωσιν ὑμῖν ποιήσατε καὶ τηρεῖτε ... [10] Freilich lassen sich in demselben Matthäusevangelium auch ganz andere Passagen namhaft machen, man denke etwa an die Antithesen der Bergpredigt, wo der Gegensatz zum Alten aufs schärfste betont wird durch den immer wieder gleichlautenden Gegensatz:

ἠκούσατε ὅτι ἐρρέθη (τοῖς ἀρχαίοις [!]) - ἐγὼ δὲ λέγω ὑμῖν[11].

Und daß auch das Matthäusevangelium über das „Alte" hinausführt, zeigt

---

[7] Was Harnack mit „einer *dialektisch*-historischen Behandlung" meint, verstehe ich nicht ganz.

[8] Dabei sind hier noch nicht einmal alle extremen Positionen dargestellt worden, vgl. Harnack, a.a.O., S. 128f., wo das Judenchristentum einerseits, Markion andrerseits einander gegenübergestellt werden.

[9] Mt 5,17 und 18.

[10] Mt 23,2-3.

[11] Mt 5,21f.27f.(31f.)33f.38f.43f. Der Zusatz τοῖς ἀρχαίοις findet sich in 5,21.33f.

sich am Schluß, wenn hier die Kirche eben nicht auf „Jota und Häkchen" festgelegt wird, sondern auf πάντα ὅσα ἐνετειλάμην ὑμῖν[12].

Auf der anderen Seite betont Paulus scharf den Bruch zwischen alt und neu: μὴ συσχηματίζεσθε τῷ αἰῶνι τούτῳ[13]. Und wenn Paulus sagt: εἴ τις ἐν Χριστῷ, καινὴ κτίσις· τὰ ἀρχαῖα παρῆλθεν, ἰδοὺ γέγονεν καινά[14], so signalisiert schon die Formulierung das Neue, um das es hier geht. Und das Gesetz, das „Alte" κατ' ἐξοχήν für Paulus, kann er nur auf dem Wege einer radikalen Umwertung festhalten bzw. allererst neu gewinnen.[15]

Es kann in diesem Rahmen die Frage nicht *in extenso* erörtert werden, ob nach dem Befund des Neuen Testaments der christliche Glaube eher neu oder eher alt ist; dies würde wahrscheinlich eine eigene Monographie[16] erfordern, zumal im Neuen Testament diese Frage nie im Gegenüber zur griechischen Bildungswelt und deren geistigen Prämissen verhandelt wird. Für den vorliegenden Zweck genügt es vollkommen, festgestellt zu haben, daß für die christlichen Autoren im zweiten Jahrhundert das Neue Testament Anhaltspunkte für beide Betrachtungsweisen liefern konnte.

b) Die christliche Religion als alte

Gerade im Gegensatz zu Markion wird deutlich, daß das Neue Testament *keinen* neuen Gott verkündigt. Paulus beispielsweise könnte zwar durchaus von einem neuen, einem eschatologischen Handeln Gottes sprechen, aber eben von einem neuen Handeln des *alten* Gottes. Dem entspricht, daß die Kirche - gegen Markion - daran festhält, das (vom Neuen Testament her interpretierte) Alte Testament als Teil der Schrift und d.h. als Wort Gottes beizubehalten.

Gerade in der Situation des zweiten Jahrhunderts, wo das Alte Testament (etwa noch für Justin) praktisch *die* Schrift ist, neben der die ἀπομνημο-

---

[12] Mt 28,20. Dazu ist zu vergleichen der Schluß der Bergpredigt.

[13] Röm 12,2.

[14] 2 Kor 5,17.

[15] Röm 3,21.

[16] Einige Versuche sind in diese Richtung bereits unternommen worden, so z.B.: Johannes Zoa: Nomen novum. Inquisitio exegetico-theologica de „novitate" christiana, Pontificia Universitas „De Propaganda Fide" (masch.), Rom 1953, oder: Roy A. Harrisville: The Concept of Newness in the New Testament, Minneapolis/Minnesota 1960.

νεύματα τῶν ἀποστόλων, d.h. die von uns Evangelien genannten Schriften, mindestens theologisch ein Schattendasein führen und etwa Briefe des Paulus offenbar nicht einmal der Erwähnung wert sind, ist es sehr verständlich, daß Apologeten des christlichen Glaubens den Vorwurf der Neuheit als unberechtigt zurückzuweisen versuchen. Denn *die* Urkunde ihres Gottes, das von uns so genannte Alte Testament, ist ja nun in der Tat alt, und der Ansatzpunkt für einen Altersbeweis ist somit gegeben.

c) Die christliche Religion als neue

Bei allem Verständnis für die Lage der Apologeten, die so meinen argumentieren zu müssen, muß man nun aber auch sehen, daß der Altersbeweis zum Prokrustesbett werden kann. Denn das Proprium der christlichen Botschaft, das sie von allen Religionen und Philosophien unterscheidet, ist ersichtlich nicht die Tatsache, daß Mose älter ist als alle Schriften der Griechen. Wenn auch kein Apologet *expressis verbis* behauptet, daß dem so sei, so ist doch nicht zu bestreiten, daß etwa der Leser der Schrift des Theophilus eben diesen Eindruck durchaus gewinnen kann. Die Gefahr des Altersbeweises liegt genau darin, daß das Proprium der christlichen Botschaft in einer Weise verdunkelt wird, daß schließlich nichts mehr davon zu erkennen ist.

Das neue Handeln Gottes in Jesus Christus, das das Zentrum der christlichen Verkündigung darstellt, steht dem Altersbeweis eben als *neues* Handeln durchaus im Wege. Insofern teilt der Altersbeweis die Grundproblematik jeder rein apologetischen Argumentation, die - in der Widerlegung der gegnerischen Angriffe - immer in der Gefahr steht, die der eigenen Sache nur begrenzt oder gar nicht angemessenen Prämissen der Diskussion sich von der gegnerischen Seite vorgeben zu lassen.

d) Die Voraussetzung des Altersbeweises

Der Altersbeweis setzt die Gleichsetzung von Alter und Wahrheit voraus. Diese Prämisse,

alt = wahr,

ist durchaus problematisch. Dies läßt sich nun gerade bezüglich des Altersbeweises sehr schön zeigen. Denn selbst wenn man mit Harnack das Christentum als sowohl alt als auch neu charakterisiert, so beruht doch der Altersbeweis auf einer Voraussetzung, die damit noch keineswegs legitimiert ist, die sich vielmehr bei genauerem Zusehen als nicht christliche Voraussetzung erweist. „Die christlichen Apologeten[17] kämpfen ... nicht gegen die Grundvoraussetzung ihrer Gegner. Sie wenden nichts gegen die Methode ein, am Alter einer Religion ihren Wahrheitsgehalt abzulesen. Sie wehren sich ausschließlich gegen die Behauptung des mangelnden Alters des Christentums. Sie bestreiten, daß das Christentum einen Bruch mit allem Alten darstellt."[18] Das ist aber noch nicht alles, denn der „Zeit- und Wahrheitsbegriff, den die Apologeten mit dieser Argumentation von ihren Gegnern übernehmen, ist ... nicht im NT beheimatet. Dort wird nirgends die Gleichsetzung vom Alten und Wahren vollzogen. Ganz im Gegenteil, der *[sic]* Kern des NT bildet der Glaube, daß in einem geschichtlichen Menschen, Jesus von Nazareth, und in seiner Auferstehung Gott selbst gehandelt hat. Dieses Handeln Gottes in der Geschichte läßt sich nicht einfach auf ein schon Immer-Dagewesenes zurückführen."[19]

Der Apologet, der den Altersbeweis führt, übernimmt die Voraussetzung seiner Gegner, und diese Voraussetzung ist keine christliche: πρεσβύτερον κρεῖττον habe ich diese Voraussetzung in der vorliegenden Arbeit genannt. *Diese Voraussetzung* in Frage zu stellen ist keinem Apologeten eingefallen. Zwar läßt der Verfasser des Κήρυγμα Πέτρου sie schlechterdings nicht gelten, aber eine Auseinandersetzung mit ihr bietet auch er nicht. Philon ist der einzige unter den hier behandelten Autoren, der diese Prämisse ausdrücklich in Frage stellt.[20]

Außerhalb der apologetischen Literatur ist der Redaktor des Martyriums

---

[17] Im Original steht irrtümlich „Apologegen".

[18] Bardo Weiß: Das Alte als das Zeitlos-Wahre oder als das Apostolisch-Wahre? Zur Frage der Bewertung des Alten bei der theologischen Wahrheitsfindung der Väter des 2. und 3. Jahrhunderts, TThZ 81 (1972), 214-227, Zitat S. 221. Die Aussage gilt allerdings, wie oben ausgeführt, nicht für alle Apologeten.

[19] Ebd.

[20] Am nächsten kommt dem noch Minucius Felix mit seiner Polemik gegen die *maiores* und der These von der Reife der *veritas*.

der Perpetua und Felicitas der einzige mir bekannte christliche Autor aus dieser Zeit, der dies tut. Er sagt:

> *si vetera fidei exempla, et Dei gratiam testificantia et aedificationem hominis operantia, propterea in litteris sunt digesta, ut lectione eorum quasi repraesentatione rerum et Deus honoretur et homo confortetur; cur non et nova documenta aeque utrique causae convenientia et digerantur? vel quia proinde et haec vetera futura quandoque sunt et necessaria posteris, si in praesenti suo tempore minori deputantur auctoritati, propter praesumptam venerationem antiquitatis. sed viderint qui unam virtutem Spiritus unius Sancti pro aetatibus iudicent temporum: cum maiora reputanda sunt novitiora quaeque et novissimiora, secundum exuperationem gratiae in ultima saeculi spatia decretam. in novissimis enim diebus, dicitur Dominus, effundam de Spiritu meo super omnem carnem ...* [21]

Die Verehrung des Alten ist das gegebene, von dem auch der Verfasser dieses Berichts ausgeht; ja es ist noch mehr: Es ist gerade auch in der Kirche das gegebene. Die *veneratio antiquitatis* verbindet Christen und Heiden, wie man sieht. Dagegen argumentiert der Verfasser *theologisch*, und er tut dies in außerordentlich origineller Weise: Gegen die Verehrer des Alten setzt er sein *viderint!* Die mögen sich vorsehen, die ein und dieselbe *virtus* des heiligen Geistes in allen Zeiten annehmen. Die *veneratio antiquitatis* ist geradezu verkehrt, denn *maiora reputanda sunt novitiora quaeque ut novissimiora*, das Neuere muß man für größer halten, „weil es dem Ende näher steht und ein Überfluß der Gnade gerade für die letzten Zeiten vorbehalten ist“[22].

Hier wird theologisch argumentiert. Das kann man von den Vertretern des Altersbeweises in bezug auf eben diese Frage im allgemeinen nicht behaupten. Bezeichnend ist die Tatsache, daß der Redaktor dieses Dokuments im Verdacht steht, Häretiker zu sein. So hat man in dem zitierten Eingangsteil Montanismus gewittert und den Tertullian zum Redaktor erklärt.[23]

e) *Die Gefahr des Altersbeweises*

Moriz Friedländer beschließt seine „Geschichte der jüdischen Apologetik“ mit den Worten des Paulus: τὰ ἀρχαῖα παρῆλθεν, ἰδοὺ γέγονε καινὰ τὰ πάντα.[24] Und aus der Sicht eines jüdischen Gelehrten mag dies ein angemesse-

---

[21] Rudolf Knopf/Gustav Krüger/Gerhard Ruhbach [Hg.]: Ausgewählte Märtyrerakten (SQS NF 3), Tübingen ^{4}1965, S. 35f. = I 1-3.

[22] So übersetzt Rauschen (Gerhard Rauschen: Echte alte Märtyrerakten aus dem Griechischen oder Lateinischen übersetzt, S. 289-369 in: Frühchristliche Apologeten und Märtyrerakten II, BKV 14, Kempten & München 1913, hier S. 41 = 329).

[23] Vgl. die letzte mir bekannte Diskussion bei Walter Berschin: Biographie und Epochenstil im lateinischen Mittelalter, Band 1: Von der Passio Perpetuae zu den Dialogi Gregors des Großen, Quellen und Untersuchungen zur lateinischen Philologie des Mittelalters 8, Stuttgart 1986, S. 46ff.

[24] Moriz Friedländer: Geschichte der jüdischen Apologetik als Vorgeschichte des Christenthums, Zürich 1903, S. 499. Die Stelle bei Paulus ist 2 Kor 5,17. Nestle/Aland hat heute statt der von Friedländer zitierten Lesart: γέγονεν καινά.

nes abschließendes Urteil sein: „... der neue Geist umschlang das alte Gesetz und verjüngte es, indem er es 'pneumatisch' machte."[25] Blickt man aber vom Ende des zweiten Jahrhunderts auf das Neue Testament zurück, dann ist man beinahe versucht, den Satz des Paulus umzukehren und zu sagen:

τὰ καινὰ παρῆλθεν, ἰδοὺ γέγονεν ἀρχαῖα.

Als Beurteilung der Entwicklung des Christentums in den ersten Jahrhunderten insgesamt wäre dies gewiß nicht angemessen; wer aber wird leugnen, daß dieser Satz auf nicht ganz wenige Bereiche durchaus zutrifft. Welcher Satz etwa im Werk des Theophilus wäre geeignet, dies zu bestreiten? Wer, wie viele christliche Apologeten, den Altersbeweis benutzt, trägt jedenfalls eifrig dazu bei, τὰ καινά möglichst zu verbergen und τὰ ἀρχαῖα herauszukehren. Das mag im Blick auf die politische Ebene sinnvoll erscheinen, *theologisch* ist diese Linie überaus fragwürdig. Wie wäre die Entwicklung wohl verlaufen, wenn sich die christlichen Autoren konsequent an dem ὑμεῖς δὲ οἱ καινῶς αὐτὸν [sc. τὸν θεόν] τρίτῳ γένει σεβόμενοι Χριστιανοί orientiert hätten?

f) Ergebnis

Die theologische Konsequenz dieser Linie wäre den Autoren des zweiten und dritten Jahrhunderts mehr und mehr häretisch erschienen. Es ist kein Zufall, wenn zum Beispiel Tertullian dem Markion vorhält, Christus

novus nove venire voluit[26];

das ist aus der Sicht des Tertullian durchaus als Vorwurf gemeint, und zwar als ein sehr schwerer und ernstzunehmender Vorwurf.

Jesus als *homo* (gar als *deus*) *novus* - das mag sprachlich ungewohnt sein, das wäre als positive (und nicht wie bei Tertullian als polemische) Aussage eine einseitige Zuspitzung; aber in dieser Zuspitzung wird das Problem[27]

---

[25] A.a.O., S. 498.

[26] Tertullian: Adversus Marcionem III 4,1.

[27] Zur Sache vgl. Jürgen Moltmann: Die Kategorie *Novum* in der christlichen Theologie, in: Ernst Bloch zu ehren. Beiträge zu seinem Werk herausgegeben von Siegfried Unseld, Frankfurt 1965, 243-263. Moltmann sagt: „Für das Novum Christi stellt sich keine ausgemachte, erinnerliche Vorhandenheit mehr ein: weder aus Israel noch aus Griechenland. Für das Novum seiner Zukunft steht allein seine Auferweckung vom Kreuzestod ein. Um zu sagen, was in ihr eigentlich geschehen sei, greift Paulus über alle Geschichte hinaus, nennt es

deutlich: Für einen *homo* (und - a *minore ad maius* geschlossen - erst recht für einen *deus*) *novus* einen Altersbeweis zu führen muß schwerfallen. Dies kann nur dann gelingen, wenn zuvor alle Spuren der *novitas* verwischt sind, d.h. es geht auf Kosten der Substanz.

Daher komme ich zu dem Schluß, daß unter dem Aspekt der theologischen Legitimität die Linie des Verfassers des Κήρυγμα Πέτρου, des Aristides, des Minucius Felix und des Verfassers des Diognetbriefs vor den Entwürfen des Justin, Tatian, Theophilus und Tertullian den Vorzug verdient, zumal hier der Verzicht auf den Altersbeweis nicht zu einer ungeschichtlichen Sicht der Person und des Werks Christi führen muß.

Abschließend möchte ich deshalb betonen, daß der Altersbeweis der christlichen Apologeten nicht aufgrund moderner Vorstellungen zu kritisieren ist, sondern aus *theologischen* Gründen. Nicht weil wir modernen Menschen diese Argumentation zunächst schwer verständlich finden, ist sie zu hinterfragen, sondern weil hier neuer Wein in alte Schläuche gefüllt wird; weil hier darüber hinaus behauptet wird, der Wein sei gar nicht neu, sondern er sei uralt.

Alter Wein ist nicht erst seit Simonides[28] von allen Kennern dem neuen vorgezogen worden. Dem Urteil des Simonides kann man da folgen, wo es tatsächlich alten Wein gibt. Wo aber nur neuer Wein zur Verfügung steht, gilt es, sich an das zu halten, was als Wort Jesu in der synoptischen Tradition überliefert wird: οὐδεὶς ἐπίβλημα ῥάκους ἀγνάφου ἐπιράπτει ἐπὶ ἱμάτιον παλαιόν· εἰ δὲ μή, αἴρει τὸ πλήρωμα ἀπ' αὐτοῦ τὸ καινὸν τοῦ παλαιοῦ καὶ χεῖρον σχίσμα γίνεται. καὶ οὐδεὶς βάλλει οἶνον νέον εἰς ἀσκοὺς παλαιούς· εἰ δὲ μή, ῥήξει ὁ οἶνος τοὺς ἀσκοὺς καὶ ὁ οἶνος ἀπόλλυται καὶ οἱ ἀσκοί· ἀλλὰ οἶνον νέον εἰς ἀσκοὺς καινούς.[29]

Schöpfung aus dem Nichts und spricht von neuer Schöpfung Gottes." Es läßt sich wohl schwerlich ein größerer Gegensatz denken als der zwischen dem πρεσβύτερον κρεῖττον und der *creatio ex nihilo*.

[28] Simonides sagt:

Es widerlegt der
Junge Wein noch nicht vorjähriges Geschenk des Weinstocks. Eitlen Sinns
Ist, Geschwätz dieses von Knaben.

(Oskar Werner [Hg.]: Simonides. Bakchylides: Gedichte (Tusc, griech.-dt.), München 1969, S. 46f., F 53).

Der griechische Text des Simonides ist dieser Arbeit als Motto vorangestellt.

[29] Mk 2,21f.

Literaturverzeichnis

I Quellen

1. Sammelwerke

Corpus Inscriptionum Latinorum consilio et auctoritate Academiae Litterarum Regiae Borussicae editum, voluminis primi pars posterior, Berlin ^{2}1918.

Denis, Albert-Marie [Hg.]: Fragmenta pseudepigraphorum quae supersunt Graeca una cum historicorum et auctorum Judaeorum Hellenistarum fragmentis, PVTG 3 [b], Leiden 1970.

Diels, Hermann/Kranz, Walther [Hg.]: Die Fragmente der Vorsokratiker. Griechisch und deutsch, Zürich/Hildesheim I ^{6}1951, II ^{6}1952, III ^{6}1952.

Dörrie, Heinrich: Die geschichtlichen Wurzeln des Platonismus. Bausteine 1-35: Text, Übersetzung, Kommentar, Der Platonismus in der Antike. Grundlagen - System - Entwicklung, Band 1, Stuttgart-Bad Cannstatt 1987.

Geffcken, Johannes: Zwei griechische Apologeten, Leipzig und Berlin 1907.

Goodspeed, Edgar J. [Hg.]: Die ältesten Apologeten. Texte mit kurzen Einleitungen, Göttingen 1914 (Nachdr. ebd. 1984).

Hennecke, Edgar/Schneemelcher, Wilhelm [Hg.]: Neutestamentliche Apokryphen in deutscher Übersetzung, II. Band: Apostolisches, Apokalypsen und Verwandtes, Tübingen ^{4}1971.

Holladay, Carl R. [Hg.]: Fragments from Hellenistic Jewish Authors, Volume I: Historians, SBLTT 20, Chico 1983.

Jacoby, Felix [Hg.]: Die Fragmente der griechischen Historiker, Bd. I-III C 2, Berlin (später: Leiden) 1923-1958. Vermehrte Neudrucke Leiden 1957ff.

Jahn, Otto: Griechische Bilderchroniken. Aus dem Nachlasse des Verfassers herausgegeben und beendigt von Adolf Michaelis, Bonn 1873.

Kautzsch, Emil [Hg.]: Die Apokryphen und Pseudepigraphen des Alten Testaments, I-II, Tübingen 1900 (Nachdr. Darmstadt 1975).

Kittel, Rudolf [Hg.]: Biblia Hebraica, Stuttgart ^{16}1973.

Krüger, Gustav/Ruhbach, Gerhard [Hg.]: Ausgewählte Märtyrerakten, SQS NF 3, Tübingen ^{4}1965.

Nestle, Eberhard/Aland, Kurt [Hg.]: Novum Testamentum Graece, Stuttgart $^{26/9}$1987.

Otto, Ioannes Carolus Theodorus de [Hg.]: Corpus apologetarum christianorum saeculi secundi I-IX, Jena ^{3}1876-^{1}1872.

Page, D.L. [Hg.]: Poetae Melici Graeci. Alcmanis Stesichori Ibyci Anacreontis Simonidis Corinnae poetarum minorum reliquias carmina popularia et convivialia quaeque adespota feruntur, Oxford 1962.

Preuschen, Erwin [Hg.]: Antilegomena. Die Reste der außerkanonischen Evangelien und urchristlichen Überlieferungen, Gießen ^{2}1905.

Peter, Hermann [Hg.]: Historicorum Romanorum Reliquiae, I Leipzig ^{2}1914 (Nachdr. Stuttgart 1967), II Leipzig 1906 (Nachdr. Stuttgart 1967).

Stern, Menahem [Hg.]: Greek and Latin Authors on Jews and Judaism, I From Herodotus to Plutarch, Jerusalem 1976; II From Tacitus to Simplicius, Jerusalem 1980; III Appendixes and Indexes, Jerusalem 1984.

Rahlfs, Alfred [Hg.]: Septuaginta. Id est Vetus Testamentum graece iuxta LXX interpretes I-II, Stuttgart ^{9}o.J.

Rießler, Paul [Hg.]: Altjüdisches Schrifttum außerhalb der Bibel, Freiburg/Heidelberg 1928 (Nachdr. Darmstadt 1979).

Thesleff, Holger [Hg.]: The Pythagorean Texts of the Hellenistic Period, AAAb.H 30.1, Åbo 1965.

Walter, Nikolaus [Hg.]: Fragmente jüdisch-hellenistischer Exegeten: Aristobulos, Demetrios, Aristeas, in: JSHRZ III 2, Gütersloh 1975, 257-299.

Walter, Nikolaus [Hg.]: Fragmente jüdisch-hellenistischer Historiker, JSHRZ I 2, Gütersloh 1976.

Warmington, E.H. [Hg.]: Remains of Old Latin I: Ennius and Caecilius (lat.-engl.), LCL 294, London/Cambridge 1935 (Nachdr. 1961).

Wehrli, Fritz [Hg.]: Die Schule des Aristoteles. Texte und Kommentare I-X, Basel/Stuttgart 1944ff., ^{2}1967ff.

Wengst, Klaus [Hg.]: Schriften des Urchristentums II: Didache (Apostellehre), Barnabasbrief, Zweiter Klemensbrief, Schrift an Diognet, Darmstadt 1984.

2. Griechische Autoren

Aischylos

Murray, Gilbert [Hg.]: Aeschyli septem quae supersunt tragoediae (SCBO), Oxford ^{2}1955.

Alexander Aphrodisiensis

Wallies, Maximilianus [Hg.]: Alexandri Aphrodisiensis in Aristotelis topicorum libros octo commentaria, Commentaria in Aristotelem Graeca 2,2, Berlin 1891.

Aristoteles

Rose, Valentin [Hg.]: Aristotelis qui ferebantur librorum fragmenta (BiTeu), Leipzig 1886 (Nachdr. Stuttgart 1966).

Jaeger, Werner [Hg.]: Aristotelis Metaphysica (SCBO), Oxford 1957.

Ross, W.D. [Hg.]: Aristotelis Politica (SCBO), Oxford 1957.

Aristophanes

Hall, F.W./Geldart, W.M. [Hg.]: Aristophanis comoediae I-II (SCBO), Oxford ^{2}1906-1907.

Athenaios

Kaibel, G. [Hg.]: Athenaei Naucratitae deipnosophistarum libri XV (BiTeu), Leipzig 1887-1890.

Chairemon

van der Horst, Pieter Willem [Hg.]: Chaeremon. Egyptian priest and stoic philosopher. The fragments collected and translated with explanatory notes, EPRO 101, Leiden 1984.

Damaskios

Ruelle, Car. Aem. [Hg.]: Damascii successoris dubitationes et solutiones. De primis principiis. In Platonis Parmenidem I-II, Paris 1889 (Nachdr. Amsterdam 1966).

Dio Chrysostomus

Arnim, J. de [Hg.]: Dionis Prusaensis quem vocant Chrysostomum quae exstant omnia, vol. I, Berlin 1893.

Diodorus Siculus

Oldfather, C.H. [Hg.]: Diodorus of Sicily I (griech.-engl.), LCL 279, Cambridge/London 1933 (Nachdr. 1960).

Diogenes Laertios

Long, H.S. [Hg.]: Diogenes Laertii vitae philosophorum I-II (SCBO), Oxford 1964.

Reich, Klaus [Hg.]: Diogenes Laertius: Leben und Meinungen berühmter Philosophen. Buch I-X. Aus dem Griechischen übersetzt von Otto Apelt, PhB 53/54, Hamburg ^{2}1967.

Dionysios von Halikarnassos

Cary, Earnest [Hg.]: The Roman Antiquities of Dionysius of Halicarnassus I (griech.-engl.), LCL 319, Cambridge/London 1937 (Nachdr. 1960).

Galen

Kühn, Carolus Gottlob [Hg.]: Claudii Galeni opera omnia, vol. VII.VIII.XIV, Leipzig 1824-1827 (Nachdr. Hildesheim 1965).

Harpocration

Dindorf, Wilhelm [Hg.]: Harpocrationis lexicon in decem oratores Atticos, vol. I, Oxford 1853 (Nachdr. Groningen 1969).

Herodot

Hude, Carolus [Hg.]: Herodoti historiae I-II (SCBO), Oxford ^{3}1927 (Nachdr. 1954 und 1955).

Rosén, Haiim B. [Hg.]: Herodoti historiae, vol. I libros I-IV continens (BiTeu), Leipzig 1987.

Homer

Monro, David B./Allen, Thomas W. [Hg.]: Homeri opera vol. I Iliadis libros I-XII continens; vol. II Iliadis libros XIII-XXIV continens (SCBO), Oxford 1902 (^{3}1920).

Allen, Thomas W. [Hg.]: Homeri opera vol. III Odysseae libros I-XII continens; vol. IV Odysseae libros XIII-XXIV continens (SCBO), Oxford 1908 (^{2}1917 bzw. ^{2}1919).

Voß, Johann Heinrich: Homer: Ilias, München o. J.

Iamblichos

Albrecht, Michael von [Hg.]: Iamblichi de vita Pythagorica liber (griech.-dt.), Darmstadt ^{2}1985.

Ioannes Lydus

Wünsch, Richard [Hg.]: Ioannis Lydi de magistratibus populi Romani libri tres (BiTeu), Leipzig 1903 (Nachdr. Stuttgart 1967).

Isokrates

Norlin, George/van Hook, Larue [Hg.]: Isocrates (griech.-engl.), LCL 209.229.373, Cambridge/London 1928/1929/1945 (Nachdr. 1966/1962/1961).

Kelsos

Bader, Robert [Hg.]: Der ΑΛΗΘΗΣ ΛΟΓΟΣ des Kelsos, TBAW 33, Stuttgart/Berlin 1940.

Keim, Theodor [Hg.]: Celsus' wahres Wort, älteste Streitschrift antiker Weltanschauung gegen das Christentum, Zürich 1873 (Nachdr. unter dem Titel: Celsus: Gegen die Christen, Debatte 8, München 1984).

Kleomedes

Ziegler, Hermann [Hg.]: Cleomedis de motu circulari corporum caelestium libri duo (BiTeu), Leipzig 1891.

Lukian

Harmon, A.M./Kilburn, K./Macleod, M.D. [Hg.]: Lucian (griech.-engl.), LCL 14.54.130.162.302. 430.431.432, Cambridge/London 1913-1967.

Lydus: siehe Ioannes Lydus

Mark Aurel

Haines, C.R. [Hg.]: Marcus Aurelius Antoninus (griech.-engl.), LCL 58, Cambridge/London 1916 (Nachdr. 1970).

Numenios

des Places, Édouard [Hg.]: Numénius: Fragments (CUFr), Paris 1973.

Ocellus Lucanus

Harder, Richard [Hg.]: „Ocellus Lucanus". Text und Kommentar, Berlin 1926 (Nachdr. Dublin/Zürich 1966).

Platon

Burnet, Ioannes [Hg.]: Platonis opera I-V (SCBO), Oxford 1900-1907.

Nestle, Wilhelm [Hg.]: Platon: Protagoras, 8., von Heinz Hofmann ergänzte Aufl., Stuttgart 1978.

Dover, Kenneth [Hg.]: Plato: Symposium, Cambridge 1980.
Plutarch
Nachstädt, W. [Hg.]: Plutarchi moralia (BiTeu), II 2 Leipzig 1935 (Nachdr. 1971).
Ziegler, Konrat [Hg.]: Plutarchi vitae parallelae (BiTeu), I 1 Leipzig ^{4}1969, III 2 Leipzig ^{2}1973.
Polybios
Buettner-Wobst, T. [Hg.]: Polybii historiae (BiTeu), vol. I-IV, Leipzig 1889-1905.
Porphyrios
Harnack, Adolf von [Hg.]: Porphyrius: „Gegen die Christen", 15 Bücher. Zeugnisse, Fragmente und Referate, in: ders.: Kleine Schriften zur alten Kirche (Opuscula IX), herausgegeben von Jürgen Dummer, Band II, Leipzig 1980, 362-493.
Poseidonios
Edelstein, L./Kidd, I.G. [Hg.]: Poseidonius I. The Fragments, Cambridge Classical Texts and Commentaries 13, Cambridge 1972.
Theiler, Willy [Hg.]: Poseidonios. Die Fragmente, I Texte, II Erläuterungen, TK 10,1.2, Berlin/New York 1982.
Simonides
Werner, Oskar [Hg.]: Simonides, Bakchylides: Gedichte (griech.-dt., Tusc), München 1969.
Thukydides
Jones, Henry Stuart [Hg.]: Thucydidis historiae I-II (SCBO), Oxford 1900-1901 (Nachdr. 1963).
Timaios von Lokri
Περὶ φύσιος κόσμω καὶ ψυχᾶς, Thesleff (siehe I 1) 202-225 (ed. Walter Marg).
Tobin, Thomas H. [Hg.]: Timaios of Locri, On the Nature of the World and the Soul. Text, Translation, and Notes, SBLTT 26, Chico 1985.
Vettius Valens
Kroll, Wilhelm [Hg.]: Vettii Valentis anthologiarum libri, Berlin 1908 (Nachdr. 1973).
Xenophanes
Heitsch, Ernst [Hg.]: Xenophanes: Die Fragmente (griech.-dt., Tusc), München/Zürich 1983.
Xenophon
Marchant, E.C. [Hg.]: Xenophontis opera omnia I-V (SCBO), Oxford 1900-1920.

3. Lateinische Autoren

Caesar
Hering, Wolfgang [Hg.]: C. Iulii Caesaris commentarii rerum gestarum (BiTeu), Vol. I Bellum Gallicum, Leipzig 1987.
Klotz, Alfred [Hg.]: C. Iuli Caesaris commentarii (BiTeu), Vol. II Commentarii belli civilis, Leipzig 1957 und Vol. III Commentarii belli Alexandrini, belli Africi, belli Hispaniensis [sowie] C. Iuli Caesaris et A. Hirti fragmenta, Leipzig 1927 (Nachdr. Stuttgart 1982).

Cicero[1]
Clark, Albert Curtis [Hg.]: M. Tulli Ciceronis orationes [vol. I:] Pro Sex. Roscio. De imperio Cn. Pompei. Pro Cluentio. In Catilinam. Pro Murena. Pro Caelio (SCBO), Oxford 1905 (Nachdr. 1961).
Clark, Albert Curtis [Hg.]: M. Tulli Ciceronis orationes [vol. IV:] Pro. P. Quinctio. Pro Q. Roscio Comoedo. Pro A. Caecina. De lege agraria contra Rullum. Pro C. Rabirio perduel–

[1] Die Schriften Ciceros sind alphabetisch (nach Buchtiteln) geordnet; eine (an sich sinnvolle) chronologische Anordnung scheitert an den Sammelwerken; diese sind vorangestellt.

lionis reo. Pro L. Flacco. In L. Pisonem. Pro C. Rabirio Postumo (SCBO), Oxford 1909 (Nachdr. 1958).

Fuhrmann, Manfred: Marcus Tullius Cicero: Sämtliche Reden (dt., BAW.RR), Zürich und München I [2]1985, V 1978.

Kasten, Helmut [Hg.]: Cicero: Staatsreden. Erster Teil: Über den Oberbefehl des Cn. Pompeius, Über das Ackergesetz, Gegen L. Catilina (lat.-dt.), Darmstadt [6]1987.

Kasten, Helmut [Hg.]: Cicero: Staatsreden. Zweiter Teil: Dankrede vor dem Senat, Dankrede vor dem Volke, Rede für sein Haus, Über die konsularischen Provinzen, Über die Gutachten der Haruspices, Gegen Piso (lat.-dt.), SQAW 27, Berlin [4]1981.

Ziegler, Konrat [Hg.]: Cicero: Staatstheoretische Schriften [sc. Über den Staat, Über die Gesetze] (lat.-dt.), Darmstadt 1974.

Plasberg, O. [Hg.]: M. Tulli Ciceronis scripta quae manserunt omnia, fasc. 42: Academicorum reliquiae cum Lucullo (BiTeu), Leipzig 1922 (Nachdr. Stuttgart 1980).

Kasten, Helmut [Hg.]: Marcus Tullius Cicero: Atticus-Briefe (lat.-dt., Tusc), München [3]1980.

Shackleton Bailey, D.R. [Hg.]: Cicero's Letters to Atticus, Volume I: 68-59 B.C., Cambridge 1965.

Barwick, K. [Hg.]: M. Tullius Cicero: Brutus (Heidelberger Texte, Lateinische Reihe 14), Freiburg/Würzburg [2]1981.

Simbeck, K./Plasberg, O. [Hg.]: M. Tulli Ciceronis scripta quae manserunt omnia, fasc. 47: Cato maior. Laelius. De gloria (BiTeu), Leipzig 1917 (Nachdr. Stuttgart 1961).

Kumaniecki, Kazimierz F. [Hg.]: M. Tulli Ciceronis scripta quae manserunt omnia, fasc. 3: De oratore (BiTeu), Leipzig 1969.

Ax, W. [Hg.]: M. Tulli Ciceronis scripta quae manserunt omnia, fasc. 46: De divinatione. De fato. Timaeus (BiTeu), Leipzig 1938 (Nachdr. Stuttgart 1977).

Kasten, Helmut [Hg.]: M. Tulli Ciceronis epistularum ad familiares libri XVI (lat.-dt., Tusc), München 1964.

Schiche, Th. [Hg.]: M. Tulli Ciceronis scripta quae manserunt omnia, fasc. 43: De finibus bonorum et malorum (BiTeu), Leipzig 1915 (Nachdr. Stuttgart 1976).

Grilli, Alberto [Hg.]: M. Tulli Ciceronis Hortensius, Milano/Varese 1962.

Gerlach, Wolfgang/Bayer, Karl [Hg.]: [M. Tulli Ciceronis de natura deorum libri III] M. Tullius Cicero: Vom Wesen der Götter (lat.-dt., Tusc), München 1978.

Atzert, C. [Hg.]: M. Tulli Ciceronis scripta quae manserunt omnia, fasc. 48: De officiis. De virtutibus (BiTeu), Leipzig 1963.

Kytzler, Bernhard [Hg.]: Marcus Tullius Cicero: Orator (lat.-dt., Tusc), München [2]1980.

Shackleton Bailey, D.R. [Hg.]: Cicero: Epistulae ad Quintum fratrem et M. Brutum (lat.-dt.), Cambridge 1980.

Pohlenz, Max [Hg.]: M. Tulli Ciceronis scripta quae manserunt omnia, fasc. 44: Tusculanae disputationes (BiTeu), Leipzig 1918 (Nachdr. Stuttgart 1982).

Gigon, Olof [Hg.]: Marcus Tullius Cicero: Gespräche in Tusculum (lat.-dt., Tusc), München [2]1970.

Ennius

Skutsch, Otto [Hg.]: The Annals of Q. Ennius, Oxford 1985.

Fronto

Haines, C.R. [Hg.]: The Correspondence of Marcus Cornelius Fronto I-II (lat.-engl. bzw. griech.-engl.), LCL 112.113, Cambridge/London 1919-1920 (Nachdr. 1982 bzw. 1963).

A. Gellius

Rolfe, John C. [Hg.]: The Attic Nights of Aulus Gellius I-III (lat.-engl.), LCL 195.200.212, Cambridge/London 1927 (Nachdr. 1970/1982/1978).

Horaz

Helm, Rudolf [Hg.]: Q. Horatii Flacci sermones et epistulas (lat.-dt., BAW. RR), Zürich/Stuttgart 1962.

Livius

Feix, Josef/Hillen, Hans Jürgen [Hg.]: T. Livius: Römische Geschichte (lat.- dt.), München und Zürich bzw. Darmstadt I-III 1987, XXI-XXIII [3]1986, XXIV-XXVI [2]1986, XXXI-XXXIV [2]1986, XXXV-XXXVIII 1982, XXXIX- XLI 1983.

Nepos

Marshall, Peter K. [Hg.]: Cornelii Nepotis vitae cum fragmentis (BiTeu), Leipzig 1977 ([2]1985).

Nonius Marcellus

Lindsay, Wallace M. [Hg.]: Nonii Marcelli de conpendiosa doctrina libros XX, Vol. I.II.III (BiTeu), Leipzig 1903.

Plinius der Ältere

König, Roderich/Winkler, Gerhard [Hg.]: C. Plinii Secundi naturalis historiae libri XXXVII (lat.-dt., Tusc), München 1973ff.

Plinius der Jüngere

Kasten, Helmut [Hg.]: C. Plini Caecili Secundi epistularum libri decem/Gaius Plinius Caecilius Secundus: Briefe (lat.-dt., Tusc), Darmstadt [5]1984.

Quintilian

Radermacher, Ludwig [Hg.]: M. Fabi Quintiliani institutionis oratoriae libri XII, Vol. I-II (BiTeu), Leipzig [6]1971 bzw. [4]1971.

Sueton

Ihm, Maximilian [Hg.]: C. Suetoni Tranquilli opera, I: De vita Caesarum libri VIII (BiTeu), Leipzig 1908 (Nachdr. Stuttgart 1978).

Brugnoli, Giorgio [Hg.]: C. Suetoni Tranquilli praeter Caesarum libros reliquiae, I: De grammaticis et rhetoribus (BiTeu), Leipzig [3]1972

Tacitus

Fisher, C.D. [Hg.]: Cornelii Taciti annalium ab excessu Divi Augusti libri (SCBO), Oxford 1906 (Nachdr. 1963).

Fisher, C.D. [Hg.]: Cornelii Taciti historiarum libri (SCBO), Oxford 1911 (Nachdr. 1962).

4. Jüdische Autoren

Josephus

De bello Judaico

Michel, Otto/Bauernfeind, Otto [Hg.]: Flavius Josephus: De bello Judaico/Der jüdische Krieg (griech.-dt.), I Darmstadt [3]1977, II 1 München 1963, II 2 München 1969, III München 1969.

Antiquitates Judaicae

Thackeray, H.St.J./Marcus, Ralph/Wikgren, Allen/Feldman, Louis H. [Hg.]: Josephus IV-X (griech.-engl.), LCL 242.281.326.365.410.433.456, Cambridge/London 1930-1965 (verschiedene Nachdrucke).

Vita Josephi

Thackeray, H.St.J. [Hg.]: Josephus I: The Life. Against Apion (griech.-engl.), LCL 186, Cambridge/London 1926 (Nachdr. 1976).

Contra Apionem

Niese, Benedictus [Hg.]: Flavii Iosephi opera V [editio maior]: De Iudaeorum vetustate sive contra Apionem libri II, Berlin [2]1955.

Boysen, Carolus [Hg.]: Flavii Iosephi opera ex versione latina antiqua VI: De Iudaeorum vetustate sive contra Apionem, CSEL 37, Prag/Wien/Leipzig 1898.

Thackeray, H.St.J. [Hg.]: Josephus I: s. o. unter Vita Josephi.

Philon

Cohn, Leopoldus/Wendland, Paulus [Hg.]: Philonis Alexandrini opera quae supersunt, Berlin

I 1896, II 1897, III 1898, IV 1902, V 1906, VI 1915.
Colson, F.H./Whitaker, G.H./Earp, J.W./Marcus, Ralph [Hg.]: Philo I-X (griech.-engl.), Supplement I-II, LCL 226.227.247.261.275.289.320.341.363.379.380.401, Cambridge/London 1927-1962.
Paramelle, Joseph avec la collaboration de Enzo Lucchesi [Hg.]: Philon d'Alexandrie: Questions sur la Genèse II 1-7. Texte grec, version arménienne, parallèles latins, Cahiers d'Orientalisme III, Genève 1984.
Petit, Françoise [Hg.]: L'ancienne version latine des Questions sur la Genèse de Philon d'Alexandrie, I Édition critique, II Commentaire, TU 113, Berlin 1973.

5. Christliche Autoren

Aristides

Hennecke, Edgar [Hg.]: Die Apologie des Aristides. Recension und Rekonstruktion des Textes, TU IV 3, Leipzig 1893.

Athenagoras

Otto, Ioannes Carolus Theodorus de [Hg.]: Athenagorae philosophi Atheniensis opera, CorpAp VII, Jena 1857.
Schoedel, William R. [Hg.]: Athenagoras: Legatio and De resurrectione (griech.-engl., OECT), Oxford 1972.

Augustin

Dombart, Bernhard/Kalb, Alfons [Hg.]: Sancti Aurelii Augustini episcopi de civitate Dei libri XXII (BiTeu), I Leipzig ^{4}1928, II Leipzig ^{4}1929 (Nachdr. Darmstadt 1981).
Martin, Joseph [Hg.]: Sancti Aurelii Augustini de doctrina christiana, CChr.SL 32, Turnholt 1962.
Mutzenbecher, Almut [Hg.]: Sancti Aurelii Augustini retractationum libri II, CChr.SL 57, Turnholt 1984.

Clemens Alexandrinus

Stählin, Otto [Hg.]: Clemens Alexandrinus (GCS), Berlin I ^{3}1972, II ^{3}1960, III ^{2}1970, IV ^{2}1980.

Euseb

Mras, Karl [Hg.]: Eusebius Werke, Achter Band: Die Praeparatio Evangelica (GCS), Berlin I 1954, II 1956.
Lake, Kirsopp/Oulton, J.E.L./Lawlor, H.J. [Hg.]: Eusebius: The Ecclesiastical History, I-II (griech.-engl.), LCL 153.265, Cambridge/London 1926/1932 (Nachdr. 1975/1973).

Hippolyt

Marcovich, Miroslav [Hg.]: Hippolytus: Refutatio omnium haeresium, PTS 25, Berlin/New York 1986.

Irenäus

Rousseau, Adelin/Doutreleau, Louis [Hg.]: Irénée de Lyon: Contre les hérésies, Livre II, SC 294, Paris 1982.
Stieren, Adolf [Hg.]: Sancti Irenaei episcopi Lugdunensis detectionis et eversionis falso cognominatae agnitionis seu contra omnes haereses libri quinque, I-II, Leipzig 1853.

Justin

Blunt, A.W.F. [Hg.]: The Apologies of Justin Martyr (CPT), Cambridge 1911.
Otto, Joannes Carolus Theodorus [Hg.]: S. Justini philosophi et martyris opera, tomus primus, Jena 1842.
Otto, Ioannes Carolus Theodorus de [Hg.]: Iustini philosophi et martyris opera quae fe runtur omnia, tomi I pars I: opera Iustini indubitata [apologia maior, apologia minor, appendix]; tomi I pars II: opera Iustini indubitata [dialogus], CorpAp I-II, Jena ^{3}1876-1877.

Rauschen, Gerhard: Des heiligen Justins, des Philosophen und Märtyrers zwei Apologien, in: Frühchristliche Apologeten und Märtyrerakten I, BKV 12, Kempten/München 1913, 55-155.

Wartelle, André [Hg.]: Saint Justin: Apologies. Introduction, texte critique, traduction, commentaire et index, EAug, Paris 1987.

Lactanz

Brandt, Samuel/Laubmann, Georg [Hg.]: L. Caeli Firmiani Lactanti opera omnia I 2, CSEL 19, Prag/Wien/Leipzig 1890.

Minucius Felix

Kytzler, Bernhard [Hg.]: M. Minucius Felix: Octavius (lat.-dt.), München 1965.

Origenes

Paul Koetschau [Hg.]: Origenes Werke, Erster Band: Die Schrift vom Martyrium. Buch I-IV gegen Celsus (GCS), Leipzig 1899.

Paul Koetschau [Hg.]: Origenes Werke, Zweiter Band: Buch V-VIII gegen Celsus. Die Schrift vom Gebet (GCS), Leipzig 1899.

Tatian

Otto, Ioannes Carolus Theodorus [Hg.]: Tatiani oratio ad Graecos, CorpAp VI, Jena 1851.

Schwartz, Eduard [Hg.]: Tatiani oratio ad Graecos, TU IV 1, Leipzig 1888.

Tertullian

Becker, Carl [Hg.]: Tertullian: Apologeticum. Verteidigung des Christentums (lat.-dt.), München ^{2}1961.

Evans, Ernest [Hg.]: Tertullian: Adversus Marcionem, [Vol. 1:] Books 1 to 3; [Vol. 2:] Books 4 and 5 (lat.-engl., OECT), Oxford 1972.

Waszink, J.H. [Hg.]: Quinti Septimi Florentis Tertulliani de anima, Amsterdam 1947.

Quinti Septimi Florentis Tertulliani opera, Pars I-II, CChr.SL I-II, Turnholt 1953-1954.

Theophilus

Grant, Robert M. [Hg.]: Theophilus of Antioch: Ad Autolycum (griech.-engl., OECT), Oxford 1970.

Otto, Ioannes Carolus Theodorus [Hg.]: Theophili episcopi Antiocheni ad Autolycum libri tres, CorpAp VIII, Jena 1861.

II Hilfsmittel

1. Wörterbücher

Bauer, Walter: Griechisch-deutsches Wörterbuch zu den Schriften des Neuen Testaments und der übrigen urchristlichen Literatur, Berlin/New York ^{5}1958 (Nachdr. 1971).

Glare, P.G.W. [Hg.]: Oxford Latin Dictionary, Oxford 1982 (Nachdr. 1985).

Lampe, G.W.H. [Hg.]: A Patristic Greek Lexicon, Oxford 1961 (Nachdr. 1978).

Liddell, Henry George/Scott, Robert/Jones, Henry Stuart [Hg.]: A Greek-English Lexicon (mit einem Supplement ed. by E.A. Barber), Oxford 1968 (Nachdr. 1977).

Souter, Alexander: A Glossary of Later Latin to 600 A.D., Oxford 1949 (Nachdr. 1964).

Thesaurus Linguae Latinae editus auctoritate et consilio Academiarum quinque Germanicarum Berolinensis Gottingensis Lipsiensis Monacensis Vindobonensis (später: editus iussu et auctoritate consilii ab Academiis Societatibusque diversarum nationum electi), Leipzig 1900ff.

2. Indices, Konkordanzen

Aland, Kurt [Hg.]: Vollständige Konkordanz zum griechischen Neuen Testament, Berlin/New York I 1-2 1983, II 1978.

Brandwood, Leonard: A Word Index to Plato, Compendia 8, Leeds 1976.

Claesson, Gösta: Index Tertullianeus I-III (EAug), Paris 1974-1975.

Goodspeed, Edgar J.: Index apologeticus sive clavis Iustini Martyris operum aliorumque apologetarum pristinorum, Leipzig 1912.

Mayer, Günter: Index Philoneus, Berlin/New York 1974.

Powell, J. Enoch: A Lexicon to Herodotus, Cambridge 1938 (Nachdr. Hildesheim ²1977).

Rengstorf, Karl Heinrich [Hg.]: A Complete Concordance to Flavius Josephus I-IV, Leiden 1973-1983.

III Sekundärliteratur

Aland, Barbara: Christentum, Bildung und römische Oberschicht. Zum „Octavius" des Minucius Felix, in: Platonismus und Christentum (FS Heinrich Dörrie), JAC 10, Münster ²1985, 11-30.

Alföldi, Andreas: Das frühe Rom und die Latiner, Darmstadt 1977.

Altaner, Berthold/Stuiber, Alfred: Patrologie. Leben, Schriften und Lehre der Kirchenväter, Freiburg/Basel/Wien ⁸1978.

Altheim, Franz: Rom und der Hellenismus, Amsterdam/Leipzig o.J.

Andresen, Carl: Art. Apologeten, RGG³ I 477.

Andresen, Carl: Art. Apologetik II. Frühchristliche Apologetik, RGG³ I 480-485.

Andresen, Carl: Justin und der mittlere Platonismus, ZNW 44 (1952/53), 157- 195; wieder abgedruckt in: Clemens Zintzen [Hg.]: Der Mittelplatonismus, WdF 70, Darmstadt 1981, 319-368.

Andresen, Carl: Logos und Nomos. Die Polemik des Kelsos wider das Christentum, AKG 30, Berlin 1955.

Baltes, Matthias: Timaios Lokros: Über die Natur des Kosmos und der Seele, PhAnt 21, Leiden 1972.

Bammel, Ernst: Der Jude des Celsus, in: ders.: Judaica, Kleine Schriften I, WUNT 37, Tübingen 1986, 265-283.

Barnard, Leslie William: Art. Apologetik I. Alte Kirche, TRE III (1978), 371-411.

Barnard, Leslie W.: Athenagoras. A Study in Second Century Christian Apologetic, ThH 18, Paris 1972.

Baumgarten, Albert I.: The *Phoenician History* of Philo of Byblos. A Commentary, EPRO 89, Leiden 1981.

Becker, Carl: Der „Octavius" des Minucius Felix, SBAW.PH 1967,2, München 1967.

Becker, Carl: Tertullians Apologeticum. Werden und Leistung, München 1954.

Berschin, Walter: Biographie und Epochenstil im lateinischen Mittelalter, Band 1: Von der Passio Perpetuae zu den Dialogi Gregors des Großen, Quellen und Untersuchungen zur lateinischen Philologie des Mittelalters 8, Stuttgart 1986.

Bickerman, Elias J.: The Jews in the Greek Age, Cambridge/Massachusetts & London 1988.

Bickerman, Elias J.: Origines gentium, CP 47 (1952), 65-81.

Bickerman. Elias J.: Religions and Politics in the Hellenistic and Roman Periods (ed. by E.

Gabba and M. Smith), Biblioteca di Athenaeum 5, Como 1985.

Bleicken, Jochen: Rom und Italien, in: Propyläen Weltgeschichte IV, Berlin/Frankfurt/Wien 1963, 27-96.

Bömer, Franz: Rom und Troia. Untersuchungen zur Frühgeschichte Roms, Baden-Baden 1951.

Brändle, Rudolf: Die Ethik der „Schrift an Diognet", Diss. Theol. Basel 1972, Zürich 1975.

Braun, Herbert: Wie man über Gott nicht denken soll. Dargelegt an Gedankengängen Philos von Alexandria, Tübingen 1971.

Büchner, Karl: Cicero. Bestand und Wandel seiner geistigen Welt, Heidelberg 1964.

Buchheit, Vinzenz: Die Wahrheit im Heilsplan Gottes bei Minucius Felix (Oct. 38,7), VigChr 39 (1985), 105-109.

Burkert, Walter: Die orientalisierende Epoche in der griechischen Religion und Literatur, SHAW.PH 1984,1.

Burkert, Walter: Herodot über die Namen der Götter: Polytheismus als historisches Problem, MH 42 (1985), 121-132.

Cardauns, Burkhart: Juden und Spartaner. Zur hellenistisch-jüdischen Literatur, Hermes 95 (1967), 317-324.

Chadwick, Henry: Justin Martyr's Defence of Christianity, BJRL 47 (1964/65), 275-297.

Champlin, Edward: Fronto and Antonine Rome, Cambridge/Massachusetts & London 1980.

Cobet, Justus: Rez. Fehling, Detlev: Die Quellenangaben bei Herodot, Gn. 46 (1974), 737-746.

Collins, John J.: Between Athens and Jerusalem. Jewish Identity in the Hellenistic Diaspora, New York 1986.

Conzelmann, Hans: Heiden - Juden - Christen. Auseinandersetzungen in der Literatur der hellenistisch-römischen Zeit, BHTh 62, Tübingen 1981.

Dalbert, Peter: Die Theologie der hellenistisch-jüdischen Missions-Literatur unter Ausschluß von Philo und Josephus, ThF 4, Hamburg-Volksdorf 1954.

Dalfen, Joachim: „... wie auch früher schon". Ein Kapitel politischer Psychologie bei Aristophanes, in: FS Franz Egermann, München 1985, 67-80.

Dillon, John: The Middle Platonists. A Study of Platonism 80 B.C. to A.D. 220, London 1977.

Dobschütz, Ernst von: Das Kerygma Petri kritisch untersucht, TU 11,1, Leipzig 1893.

Dodds, Eric Robertson: Der Fortschrittsgedanke in der Antike und andere Aufsätze zu Literatur und Glauben der Griechen (BAW.FD), Zürich/München 1977 (engl. Originalausgabe: The Ancient Concept of Progress, Oxford 1973).

Dörrie, Heinrich: Art. Okellos, KP IV 270.

Dörrie, Heinrich: Art. Pythagoras 1., KP IV 1264-1269.

Dörrie, Heinrich: Die platonische Theologie des Kelsos in ihrer Auseinandersetzung mit der christlichen Theologie auf Grund von Origenes c. Celsum 7,42ff., NAWG.PH 1967,2.

Dörrie, Heinrich: Die Wertung der Barbaren im Urteil der Griechen. Knechtsnaturen? Oder Bewahrer und Künder heilbringender Weisheit?, in: Antike und Universalgeschichte (FS Hans Erich Stier), Münster 1972, 146-175.

Dörrie, Heinrich: Platons Reisen zu fernen Völkern. Zur Geschichte eines Motivs der Platon-Legende und zu seiner Neuwendung durch Lactanz, in: Romanitas et Christianitas (FS J.H. Waszink), Amsterdam/London 1973, 99-118.

Dörrie, Heinrich: Platonica Minora, Studia et Testimonia Antiqua 8, München 1976.

Doran, Robert: The Jewish Hellenistic Historians Before Josephus, in: ANRW II 20,1 (1987), 246-297.

Droge, Arthur J.: Homer or Moses? Early Christian Interpretations of the History of Culture, HUTh 26, Tübingen 1989.

Dziatzko, Karl: Untersuchungen über ausgewählte Kapitel des antiken Buchwesens. Mit Text, Übersetzung und Erklärung von Plinius, Nat. Hist. XIII § 68-89, Leipzig 1900.

Ebach, Jürgen: Weltentstehung und Kulturentwicklung bei Philo von Byblos. Ein Beitrag zur Überlieferung der biblischen Urgeschichte im Rahmen des altorientalischen und

antiken Schöpfungsglaubens, BWANT 108, Stuttgart/Berlin/Köln/Mainz 1979.
Edelstein, Ludwig: The Idea of Progress in Classical Antiquity, Baltimore 1967.
Elze, Martin: Tatian und seine Theologie, FKDG 9, Göttingen 1960.
Essig, Klaus-Gunther: Erwägungen zum geschichtlichen Ort der Apologie des Aristides, ZKG 97 (1986), 163-188.
Eucken, Christoph: Isokrates. Seine Positionen in der Auseinandersetzung mit den zeitgenössischen Philosophen, UaLG 19, Berlin/New York 1983.
Feder, Alfred Leonhard: Justins des Märtyrers Lehre von Jesus Christus, dem Messias und dem menschgewordenen Sohne Gottes. Eine dogmengeschichtliche Monographie, Freiburg 1906.
Fehling, Detlev: Die Quellenangaben bei Herodot. Studien zur Erzählkunst Herodots, UaLG 9, Berlin/New York 1971.
Finley, Moses I.: Ancient History. Evidence and Models, London 1985.
Fliedner, Heinrich: Art. Numa Pompilius, KP IV 185-186.
Foerster, Gideon/Tsafrir, Yoram: Nysa-Scythopolis - A New Inscription and the Titles of the City on its Coins, Israel Numismatic Journal 9 (1986/87), 53-58.
Friedländer, Moriz: Geschichte der jüdischen Apologetik als Vorgeschichte des Christenthums, Zürich 1903.
Fritz, Kurt von: Die Griechische Geschichtsschreibung. Band I: Von den Anfängen bis Thukydides, [Teilband 1] Text, [Teilband 2] Anmerkungen, Berlin 1967.
Froidefond, Christian: Le mirage égyptien dans la littérature grecque d'Homère à Aristote, Thèse Paris 1971.
Gager, John G.: Moses in Greco-Roman Paganism, SBLMS 16, Nashville/New York 1972.
Gärtner, Hans: Art. Diogenianos 2., KP II 48-49.
Galinsky, Karl: Aeneas in Latium: Archäologie, Mythos und Geschichte, in: 2000 Jahre Vergil. Ein Symposion, herausgegeben von Viktor Pöschl, Wolfenbütteler Forschungen 24, Wiesbaden 1983, 37-62.
Geffcken, Johannes: Rez. Goodspeed, Edgar J.: Die ältesten Apologeten, ThLZ 40 (1915), 368-372.
Geffcken, Johannes: Zwei griechische Apologeten, Leipzig und Berlin 1907.
Geisau, Hans von: Art. Euandros 1., KP II 394-395.
Gelzer, Matthias: Caesar. Der Politiker und Staatsmann, Wiesbaden ^{6}1960.
Gelzer, Matthias: Cicero. Ein biographischer Versuch, Wiesbaden 1969.
Gelzer, Matthias: Kleine Schriften I-III, Wiesbaden 1962-1964.
Gigon, Olof: Cicero und die griechische Philosophie, ANRW I 4 (1973), 226-261.
Gigon, Olof: Das Prooemium des Diogenes Laertios: Struktur und Probleme, in: Horizonte der Humanitas (FS Walter Wili), Bern/Stuttgart 1960, 37-64.
Gigon, Olof: Die antike Philosophie als Maßstab und Realität (herausgegeben von Laila Straume-Zimmermann), BAW.FD, Zürich/München 1977.
Goodenough, Erwin R.: The Theology of Justin Martyr. An Investigation into the Conceptions of Early Christian Literature and Its Hellenistic and Judaistic Influences, Jena 1923.
Gorman, Peter: Pythagoras Palaestinus, Philologus 127 (1983), 30-42.
Grant, Robert M.: Five Apologists and Marcus Aurelius, VigChr 42 (1988), 1-17.
Grant, Robert M.: Greek apologists of the second century, Philadelphia 1988.
Grant, Robert M.: The Bible of Theophilus of Antioch, JBL 66 (1947), 173-196.
Grilli, Alberto: Numa, Pitagora e la politica antiscipionica, in: Politica e religione nel primo scontro tra Roma e l'Oriente, Contributi dell'Istituto di storia antica 8, Milano 1982, 186-197.
Griffiths, J. Gwyn: Atlantis and Egypt, Hist 34 (1985), 3-28.
Groningen, B.A. van: In the Grip of the Past. Essay on an Aspect of Greek Thought, PhAnt

6, Leiden 1953.
Gutschmid, Alfred von: Vorlesungen über Josephos' Bücher gegen Apion, in: ders.: Kleine Schriften IV. Schriften zur griechischen Geschichte und Literatur, Leipzig 1893, 336-589.
Hadas, Moses: Hellenistic Culture. Fusion and Diffusion, New York 1959.
Hägg, Thomas: Eros und Tyche. Der Roman in der antiken Welt, Kulturgeschichte der antiken Welt 36, Mainz 1987.
Hammond, Nicholas Geoffrey Lemprière: Alexander the Great. King, Commander and Statesman, London 1981.
Hammond, Nicholas Geoffrey Lemprière: A history of Macedonia I: Historical geography and prehistory, Oxford 1972.
Hammond, Nicholas Geoffrey Lemprière/Griffith, Guy Thompson: A history of Macedonia II: 550-336 B.C., Oxford 1979.
Harder, Richard: Kleine Schriften, München 1960.
Harnack, Adolf von: Die Mission und Ausbreitung des Christentums in den ersten drei Jahrhunderten, Leipzig [4]1924.
Harnack, Adolf von: Die Neuheit des Evangeliums nach Marcion, in: ders.: Aus der Werkstatt des Vollendeten. Reden und Aufsätze, Gießen 1930.
Harnack, Adolf von: Marcion. Das Evangelium vom fremden Gott. Eine Monographie zur Geschichte der Grundlegung der katholischen Kirche, Leipzig [2]1924 (Nachdr. Darmstadt 1985).
Harnack, Adolf von: Lehrbuch der Dogmengeschichte I-III, Tübingen [4]1909-1910 (Nachdr. Darmstadt 1980).
Hauck, Robert J.: Omnes Contra Celsum?, The Second Century 5 (1985/86), 211-225.
Heidel, William Arthur: Hecataeus and the Egyptian Priests in Herodotus, Book II, Memoirs of the American Academy of Arts and Sciences XVIII 2, Boston 1935, 53-134.
Hengel, Martin: Judentum und Hellenismus. Studien zu ihrer Begegnung unter besonderer Berücksichtigung Palästinas bis zur Mitte des 2. Jh.s v. Chr., WUNT 10, Tübingen [2]1973.
Heuss, Alfred: Ciceros Theorie vom römischen Staat, NAWG.PH, Göttingen 1975, 193-272.
Hofmann, Heinz: Mythos und Komödie. Untersuchungen zu den *Vögeln* des Aristophanes, Diss. Tübingen 1972/5 (= Spudasmata 33, Hildesheim/New York 1976).
Hopfner, Theodor: Orient und griechische Philosophie, BAO 4, Leipzig 1925.
Hyldahl, Niels: Philosophie und Christentum. Eine Interpretation der Einleitung zum Dialog Justins, AThD 9, Kopenhagen 1966.
Jacoby, Felix: Art. Hekataios von Milet, PRE VII 2 (1912), 2667-2750.
Jacoby, Felix: Atthis. The Local Chronicles of Ancient Athens, Oxford 1949.
Jaeger, Werner: Aristoteles. Grundlegung einer Geschichte seiner Entwicklung, Berlin [2]1955.
Joël, M.: Blicke in die Religionsgeschichte zu Anfang des zweiten christlichen Jahrhunderts. I. Der Talmud und die griechische Sprache nebst zwei Excursen. a. Aristobul, der sogenannte Peripatetiker. b. Die Gnosis, Breslau 1880.
Joly, Henry: Platon égyptologue, RPFE 107 (1982), 255-266.
Kleingünther, Adolf: ΠΡΩΤΟΣ ΕΥΡΕΤΗΣ. Untersuchungen zur Geschichte einer Fragestellung, Ph.S 26, 1, Leipzig 1933.
Klingner, Friedrich: Horazens Brief an Augustus, SBAW.PH 1950,5.
Klingner, Friedrich: Römische Geisteswelt, München [5]1965.
Kortholt, Christian: In Justinum Martyrem, Athenagoram, Theophilum Antiochenum, Tatianum Assyrium commentarius, Francofurti & Lipsiæ 1686.
Koschorke, Klaus: Hippolyt's Ketzerbekämpfung und Polemik gegen die Gnostiker. Eine tendenzkritische Untersuchung seiner „Refutatio omnium haeresium", GOF.H 4, Wiesbaden 1975.

Kraus Reggiani, Clara: I frammenti di Aristobulo, esegeta biblico, Bollettino dei classici 3, Roma 1982, 87-134.
Krüger, Paul: Philo und Josephus als Apologeten des Judentums, Diss. Leipzig 1906.
Kukula, R.C.: „Altersbeweis" und „Künstlerkatalog" in Tatians Rede an die Griechen, Jahresbericht des ... Staatsgymnasiums im II. Bezirke von Wien, Wien 1900, 3-28.
Latte, Kurt: Römische Religionsgeschichte (HAW V 4), München 1960 (Nachdr. 1976).
Leipold, Heinrich: Art. Anknüpfung I, TRE II (1978), 743-747.
Lesky, Albin: Art. Homeros, PRE Suppl. 11 (1968), 687-846.
Lévy, Isidore: La légende de Pythagore de Grèce en Palestine, BEHE.H 250, Paris 1927.
Lloyd, Alan B.: Herodotus: Book II. [I] Introduction; Herodotus: Book II. [II] Commentary 1-98; Herodotus: Book II. [III] Commentary 99-182, EPRO 43, Leiden 1975-1988.
Lohse, Eduard: Art. Aristobul, RGG^3 I 597.
Malitz, Jürgen: Die Historien des Poseidonios, Zetemata 79, München 1983.
Manganaro, Giacomo: Una biblioteca storica nel ginnasio di Tauromenion e il P.Oxy. 1241, ParPass 29 (1974), 389-409.
Martin, Josef: Antike Rhetorik. Technik und Methode (HAW II 3), München 1974.
Mayer, Günter: Art. Josephus Flavius, TRE XVII (1988), 258-264.
Meier, Christian: Caesar, Taschenbuchausgabe München 1986.
Meier, Christian: Ein antikes Äquivalent des Fortschrittsgedankens: Das Könnens-Bewußtsein des 5. Jahrhunderts v. Chr, in: ders: Die Entstehung des Politischen bei den Griechen, Frankfurt/Main 1980, 435-499.
Mendelson, Alan: Secular Education in Philo of Alexandria, MHUC 7, Cincinnati 1982.
Meyer, Eduard: Caesars Monarchie und das Principat des Pompejus. Innere Geschichte Roms von 66 bis 44 v. Chr., Stuttgart/Berlin ^{3}1922 (Nachdr. Essen o. J.).
Meyer, Eduard: Geschichte des Altertums, Darmstadt I 1 ^{7}1965, I 2 ^{8}1965, II 1 ^{4}1965, II 2 ^{4}1965, III ^{4}1965, IV 1 ^{6}1965, IV 2 ^{5}1965, V ^{5}1969.
Millar, Fergus: The Background to the Maccabean Revolution: Reflections on Martin Hengel's „Judaism and Hellenism", JJS 29 (1978), 1-21.
Minns, Denis: Rez. André Wartelle [Hg.]: Saint Justin: Apologies, JThS 39 (1988), 238-242.
Moltmann, Jürgen: Die Kategorie *Novum* in der christlichen Theologie, in: Ernst Bloch zu ehren. Beiträge zu seinem Werk herausgegeben von Siegfried Unseld, Frankfurt 1965, 243-263.
Momigliano, Arnaldo: Alien Wisdom. The Limits of Hellenization, Cambridge 1975.
Momigliano, Arnaldo: Greek Culture and the Jews, in: Moses I. Finley [Hg.]: The Legacy of Greece. A New Appraisal, Oxford 1981, 325-346.
Momigliano, Arnaldo: The Historians of the Classical World and Their Audiences, The American Scholar 47 (1978), 193-204.
Mommsen, Theodor: Römische Geschichte ^{9}I-^{9}III 1902-1904, ^{5}V 1904 (Nachdr. dtv-Ausgabe in 8 Bänden, München ^{3}1984).
Moorhead, John: The Greeks, Pupils of the Hebrews, Prudentia 15 (1983), 3-12.
Müller, J.G.: Des Flavius Josephus Schrift gegen den Apion. Text und Erklärung, Basel 1877.
Novara, Antoinette: Les idées romaines sur le progrès d'après les écrivains de la République (essai sur le sens latin du progrès), I Paris 1982, II Paris 1983.
O'Ceallaigh, G. C.: „Marcianus" Aristides, On the Worship of God, HThR 51 (1958), 227-254.
Oppermann, Hans [Hg.]: Römertum. Ausgewählte Aufsätze und Arbeiten aus den Jahren 1921-1961, WdF 18, Darmstadt 1962.
Oppermann, Hans [Hg.]: Römische Wertbegriffe, WdF 34, Darmstadt 1967.
Osborn, Eric Francis: Justin Martyr, BHTh 47, Tübingen 1973.
Overbeck, Franz: Über die Anfänge der patristischen Literatur, HZ 48 (1882), 417-472, Nachdr. Darmstadt 1954 und 1984.

Paulsen, Henning: Das Kerygma Petri und die urchristliche Apologetik, ZKG 88 (1977), 1-37.

Pépin, Jean: Le „challenge" Homère-Moise aux premiers siècles chrétiens, RevSR 29 (1955), 105-122.

Πετράκου, Βασιλείου Χρ.: Ο Ωρωπός και το ιερόν του Αμφιαράου, Βιβλιοθήκη της εν Αθήναις Αρχαιολογικής Εταιρείας 63, Athen 1968.

Petrochilos, Nicholas: Roman Attitudes to the Greeks, S. Saripolos's Library 25, Athens 1974.

Pilhofer, Peter: Harnack and Goodspeed. Two Readers of Codex Parisinus Graecus 450, The Second Century 5 (1985/86), 233-242.

Pilhofer, Peter: Wer salbt den Messias? Zum Streit um die Christologie im ersten Jahrhundert des jüdisch-christlichen Dialogs (erscheint demnächst in: Dietrich-Alex Koch/ Hermann Lichtenberger [Hg.]: FS für Heinz Schreckenberg).

Pohlenz, Max: Die Stoa. Geschichte einer geistigen Bewegung, Göttingen I [5]1978 und II [5]1980.

Pohlenz, Max: Philon von Alexandreia, in: ders.: Kleine Schriften I, Hildesheim 1965, 305-383.

Prowse, K.R.: Numa and the Pythagoreans: A Curious Incident, GaR 11 (1964), 36-42.

Puech, Aimé: Les apologistes grecs de IIe siècle de notre ère, Paris 1912.

Rabello, A. M.: The Legal Condition of the Jews in the Roman Empire, ANRW II 13 (1980), 662-762.

Reagan, Joseph Nicholas: The Preaching of Peter: The Beginning of Christian Apologetic, Diss. Phil. Chicago, Chicago 1923.

Reinhardt, Karl: Aischylos als Regisseur und Theologe, Sammlung Überlieferung und Auftrag, Reihe Schriften, Band 6, Bern 1949.

Riginos, Alice Swift: Platonica. The Anecdotes Concerning the Life and Writings of Plato, Columbia Studies in the Classical Tradition 3, Leiden 1976.

Roloff, Heinrich: Maiores bei Cicero, Diss. Leipzig 1936, Göttingen 1938.

Rordorf, Willy: Christus als Logos und Nomos. Das Kerygma Petrou in seinem Verhältnis zu Justin, in: Kerygma und Logos. Beiträge zu den geistesgeschichtlichen Beziehungen zwischen Antike und Christentum (FS Carl Andresen), Göttingen 1979, 424-434.

Rosen, Klaus: Die falschen Numabücher. Politik, Religion und Literatur in Rom 181 v. Chr., Chiron 15 (1985), 65-90.

Rosenbaum, H.-U.: Zur Datierung von Celsus' ΑΛΗΘΗΣ ΛΟΓΟΣ, VigChr 26 (1972), 102-111.

Roth, Norman: The „Theft of Philosophy" by the Greeks from the Jews, Classical Folia 32 (1978), 53-67.

Runia, David T.: Philo of Alexandria and the *Timaeus* of Plato, PhAnt 44, Leiden 1986.

Schäublin, Christoph: Josephus und die Griechen, Hermes 110 (1982), 316-341.

Schian, Ruth: Untersuchungen über das „argumentum e consensu omnium", Diss. Tübingen 1971.

Schmid, Wilhelm: Geschichte der griechischen Literatur I (HAW VII 1), 1 München 1929, 2 München 1934.

Schmidt, Ernst Günther: Atome bei Mochos, Nonnos und Demokrit, Ph. 122 (1978), 137-143.

Schmid, Wolfgang: Die Textüberlieferung der Apologie des Justin, ZNW 40 (1941), 87-138.

Schoenberger, Hans: Beispiele aus der Geschichte, ein rhetorisches Kunstmittel in Ciceros Reden, Programm des ... Gymnasiums St. Stephan in Augsburg, Augsburg 1911.

Schreckenberg, Heinz: Bibliographie zu Flavius Josephus, ALGHJ 1, Leiden 1968.

Schreckenberg, Heinz: Die Flavius-Josephus-Tradition in Antike und Mittelalter, ALGHJ 5, Leiden 1972.

Schreckenberg, Heinz: Rezeptionsgeschichtliche und textkritische Untersuchungen zu Flavius Josephus, ALGHJ 10, Leiden 1977.

Schröder, Wilt Aden: M. Porcius Cato: Das erste Buch der Origines. Ausgabe und Erklärung der Fragmente, BKP 41, Meisenheim am Glan 1971.

Schürer, Emil: The history of the Jewish people in the age of Jesus Christ (175 B.C. - A.D. 135). A new English version revised and edited by Geza Vermes, Fergus Millar, Matthew Black, Martin Goodman, Edinburgh I 1973, II 1979, III 1 1986, III 2 1987.

Schulz, Fritz: Prinzipien des römischen Rechts, Berlin 1954 (unveränderter Nachdr. der [wann erschienenen?] ersten Aufl.).

Schwartz, Eduard: Griechische Geschichtschreiber, Leipzig [2]1959.

Schwegler, A.: Römische Geschichte [2]I 1-2: Römische Geschichte im Zeitalter der Könige, Tübingen 1867-1869.

Siewert, Peter: Die angebliche Übernahme solonischer Gesetze in die Zwölftafeln. Ursprung und Ausgestaltung einer Legende, Chiron 8 (1978), 331-344.

Siker, Jeffrey S.: Abraham in Graeco-Roman Paganism, JSJ 18 (1987/88), 188-208.

Stemplinger, Eduard: Das Plagiat in der griechischen Literatur, Leipzig und Berlin 1912.

Stockmeier, Peter: „Alt" und „Neu" als Prinzipien der frühchristlichen Theologie, in: Reformatio Ecclesiae (FS Erwin Iserloh), Paderborn/München/Wien/Zürich 1980, 15-22.

Strasburger, Hermann: Zur Sage von der Gründung Roms, SHAW.PH 1968,5.

Süß, Wilhelm: Cicero. Eine Einführung in seine philosophischen Schriften (mit Ausschluß der staatsphilosophischen Werke), AAWLM.G 1965,5, Wiesbaden 1966.

Taylor, A.E.: A Commentary on Plato's Timaeus, Oxford 1928.

Taylor, A.E.: Plato. The Man and His Work, London 1969 (Nachdr. der siebenten Aufl. von 1960).

Tcherikover, Victor: Jewish Apologetic Literature Reconsidered, in: Symbolae Raphaeli Taubenschlag dedicatae III, Eos 48 (1956), 169-193.

Thesleff, Holger: Okkelos, Archytas, and Plato, Er. 60 (1962), 8-36.

Thraede, Klaus: Art. Erfinder II (geistesgeschichtlich), RAC V (1962), 1191-1278.

Timpe, Dieter: Fabius Pictor und die Anfänge der römischen Historiographie, in: ANRW I 2 (1972), 928-969.

Troiani, Lucio: Commento storico al „Contro Apione" di Giuseppe. Introduzione, commento storico, traduzione e indici, Biblioteca degli studi classici e orientali 9, Pisa 1977.

Trouard, Mary Alexaidia: Cicero's Attitude towards the Greeks, Diss. Chicago 1942.

Tschiedel, Hans Jürgen: Caesars „Anticato". Eine Untersuchung der Testimonien und Fragmente, IdF 37, Darmstadt 1981.

Vogt, Joseph: Die Römische Republik, Freiburg/München [6]1973.

Wacholder, Ben Zion: Biblical Chronology in the Hellenistic World Chronicles, HThR 61 (1968), 451-481.

Wacholder, Ben Zion: Eupolemos. A Study of Judaeo-Greek Literature, MHUC 3, Cincinnati/New York/Los Angeles/Jerusalem 1974.

Wacholder, Ben Zion: Pseudo-Eupolemus' Two Greek Fragments on the Life of Abraham, HUCA 34 (1963), 83-113.

Waerden, B.L. van der: Die Pythagoreer. Religiöse Bruderschaft und Schule der Wissenschaft (BAW.FD), Zürich/München 1979.

Walter, Nikolaus: Der Thoraausleger Aristobulos. Untersuchungen zu seinen Fragmenten und zu pseudepigraphischen Resten der jüdisch-hellenistischen Literatur, TU 86, Berlin 1964.

Walter, Nikolaus: Jüdisch-hellenistische Literatur vor Philon von Alexandrien (unter Ausschluß der Historiker), in: ANRW II 20,1 (1987), 67-120.

Walter, Nikolaus: Untersuchungen zu den Fragmenten der jüdisch-hellenistischen Historiker, HabSchr. Halle/Wittenberg 1968.

Walter, Nikolaus: Zu Pseudo-Eupolemos, Klio 43-45 (1965), 282-290.

Waszink, Jan Hendrik: Some Observations on the Appreciation of „The Philosophy of the Barbarians" in Early Christian Literature, in: Mélanges offerts à Mademoiselle Christine Mohrmann, Utrecht/Anvers 1963, 41-56.

Weiß, Bardo: Das Alte als das Zeitlos-Wahre oder als das Apostolisch-Wahre? Zur Frage der Bewertung des Alten bei der theologischen Wahrheitsfindung der Väter des 2. und 3. Jahrhunderts, TThZ 81 (1972), 214-227.

Wendland, Paul: Die hellenistisch-römische Kultur in ihren Beziehungen zu Judentum und Christentum, HNT I 2, Tübingen $^{2+3}$1912.

Wey, Heinrich: Die Funktionen der bösen Geister bei den griechischen Apologeten des zweiten Jahrhunderts nach Christus, Diss. Zürich, Winterthur 1957.

Wichmann, Ottomar: Platon. Ideelle Gesamtdarstellung und Studienwerk, Darmstadt 1966.

Wiedemann, Alfred: Herodots zweites Buch mit sachlichen Erläuterungen, Leipzig 1890.

Wieland, Christoph Martin: Agathodämon, in: ders.: Sämmtliche Werke, Band 32, Leipzig 1799 (Nachdr. Hamburg 1984).

Winden, J.C.M. van: An Early Christian Philosopher. Justin Martyr's Dialogue with Trypho. Chapters One to Nine. Introduction, Text and Commentary, PHP 1, Leiden 1971.

Wisemann, Timothy Peter: Clio's Cosmetics. Three Studies in Greco-Roman Literature, Leicester 1979.

Wolfson, Harry Austryn: Philo I-II, SGPS 2, Cambridge/Massachusetts and London ^{5}1982.

Wyrwa, Dietmar: Die christliche Platonaneignung in den Stromateis des Clemens von Alexandrien, AKG 53, Berlin/New York 1983.

Zeller, Eduard: Die Philosophie der Griechen in ihrer geschichtlichen Entwicklung, I 1: Allgemeine Einleitung. Vorsokratische Philosophie, Erste Hälfte, Darmstadt 1963 (Nachdr. der 6. Aufl., Leipzig 1919).

Register

Das *Stellenregister* umfaßt alle in dieser Arbeit zitierten antiken Texte mit Ausnahme einiger weniger Listen. So sind z.B. die Belege für das Vorkommen des Wortes παραχαράττειν (S. 286, Anm. 5) oder für die Ägyptenreisenden (S. 71f.) nicht in dieses Register aufgenommen.

Das *Namen- und Sachregister* nennt (in Auswahl) die antiken Namen, die über das Stellenregister nicht ohne weiteres auffindbar sind (also beispielsweise alle Vorkommen von „Sokrates"; „Platon" in der Regel nur dann, wenn keine Passage aus dem *corpus Platonicum* zitiert wird), sowie die Sachen, die mir im Blick auf das Thema dieser Arbeit von Interesse zu sein scheinen.

I Stellen

II Namen und Sachen

Wissenschaftliche Untersuchungen zum neuen Testament

Alphabetisches Verzeichnis

Appold, Mark L.: The Oneness Motif in the Fourth Gospel. 1976. *Band 2/1.*
Bammel, Ernst: Judaica. 1986. *Band 37.*
Bauernfeind, Otto: Kommentar und Studien zur Apostelgeschichte. 1980. *Band 22.*
Bayer, Hans Friedrich: Jesus' Predictions of Vindication and Resurrection. 1986. *Band 2/20.*
Betz, Otto: Jesus, der Messias Israels. 1987. *Band 42.*
Betz, Otto: Jesus, der Herr der Kirche. 1990. *Band 52.*
Beyschlag, Karlmann: Simon Magus und die christliche Gnosis. 1974. *Band 16.*
Bittner, Wolfgang J.: Jesu Zeichen im Johannesevangelium. 1987. *Band 2/26.*
Bjerkelund, Carl J.: Tauta Egeneto. 1987. *Band 40.*
Bockmuehl, Markus N. A.: Revelation and Mystery in Ancient Judaism and Pauline Christianity. 1990. *Band 2/36.*
Böhlig, Alexander: Gnosis und Synkretismus 1. Teil. 1989. *Band 47*
Böhlig, Alexander: Gnosis und Synkretismus 2. Teil. 1989. *Band 48*
Büchli, Jörg: Der Poimandres – ein paganisiertes Evangelium. 1987. *Band 2/27.*
Bühner, Jan A.: Der Gesandte und sein Weg im 4. Evangelium. 1977. *Band 2/2.*
Burchard, Christoph: Untersuchungen zu Joseph von Aseneth. 1965. *Band 8.*
Caragounis, Chrys C.: The Son of Man. 1986. *Band 38.*
Das Evangelium und die Evangelien. Hrsg. von P. Stuhlmacher. 1983. *Band 28.*
Dobbeler, Axel von: Glaube als Teilhabe. 1987. *Band 2/22.*
Drei hellenistisch-jüdische Predigten. Erl. von F. Siegert. 1980. *Band 20.*
Ebertz, Michael N.: Das Charisma des Gekreuzigten. 1987. *Band 45.*
Eckstein, Hans-Joachim: Der Begriff der Syneidesis bei Paulus. 1983. *Band 2/10.*
Ego, Beate: Im Himmel wie auf Erden. 1989. *Band 2/34.*
Ellis, E. Earle: Prophecy and Hermeneutic in Early Christianity. 1978. *Band 18.*
Feldmeier, Reinhard: Die Krisis des Gottessohnes. 1987. *Band 2/21.*
Fossum, Jarl E.: The Name of God and the Angel of the Lord. 1985. *Band 36.*
Garnet, Paul: Salvation and Atonement in the Qumran Scrolls. 1977. *Band 2/3.*
Gräßer, Erich: Der Alte Bund im Neuen. 1985. *Band 35.*
Green, Joel B.: The Death of Jesus. 1988. *Band 2/33.*
Gundry Volf, Judith M.: Paul and Perseverance. 1990. *Band 2/37.*
Hafemann, Scott J.: Suffering and the Spirit. 1986. *Band 2/19.*
Heiligenthal, Roman: Werke als Zeichen. 1983. *Band 2/9.*
Hemer, Colin J.: The Book of Acts in the Setting of Hellenistic History. 1989. *Band 49.*
Hengel, Martin: Judentum und Hellenismus. ³1988. *Band 10.*
Hofius, Otfried: Katapausis 1970. *Band 11.*
Hofius, Otfried: Der Vorhang vor dem Thron Gottes. 1972. *Band 14.*
Hofius, Otfried: Der Christushymnus Philipper 2,6–11. 1976. *Band 17.*
Hofius, Otfried: Paulusstudien. 1989. *Band 51.*
Hommel, Hildebrecht: Sebasmata. Band 1. 1983. *Band 31.*
Hommel, Hildebrecht: Sebasmata. Band 2. 1984. *Band 32.*

Kamlah, Ehrhard: Die Form der katalogischen Paränese im Neuen Testament. 1964. *Band 7.*
Kim, Seyoon: »The ›Son of Man‹« as the Son of God. 1983. *Band 30.*
Kim, Seyoon: The Origin of Paul's Gospel. [2]1984. *Band 2/4.*
Kleinknecht, Karl Th.: Der leidende Gerechtfertigte. [2]1988. *Band 2/13.*
Klinghardt, Matthias: Gesetz und Volk Gottes. 1988. *Band 2/32.*
Köhler, Wolf-Dietrich: Rezeption des Matthäusevangeliums in der Zeit vor Irenäus. 1987. *Band 2/24.*
Kuhn, Karl G.: Achtzehngebet und Vaterunser und der Reim. 1950. *Band 1.*
Lampe, Peter: Die stadtrömischen Christen in den ersten beiden Jahrhunderten. [2]1989. *Band 2/18.*
Maier, Gerhard: Mensch und freier Wille. 1971. *Band 12.*
Maier, Gerhard: Die Johannesoffenbarung und die Kirche. 1981. *Band 25.*
Markus-Philologie. Hrsg. von H. Cancik. 1984. *Band 33.*
Marshall, Peter: Enmity in Corinth: Social Conventions in Paul's Relations with the Corinthians. 1987. *Band 2/23.*
Meade, David G.: Pseudonymity and Canon. 1986. *Band 39.*
Mengel, Berthold: Studien zum Philipperbrief. 1982. *Band 2/8.*
Merkel, Helmut: Die Widersprüche zwischen den Evangelien. 1971. *Band 13.*
Merklein, Helmut: Studien zu Jesus und Paulus. 1987. *Band 43.*
Niebuhr, Karl-Wilhelm: Gesetz und Paränese. 1987. *Band 2/28.*
Nissen, Andreas: Gott und der Nächste im antiken Judentum. 1974. *Band 15.*
Okure, Teresa: The Johannine Approach to Mission. 1988. *Band 2/31.*
Räisänen, Heikki: Paul and the Law. [2]1987. *Band 29.*
Rehkopf, Friedrich: Die lukanische Sonderquelle. 1959. *Band 5.*
Reiser, Marius: Syntax und Stil des Markusevangeliums. 1984. *Band 2/11.*
Riesner, Rainer: Jesus als Lehrer. [3]1988. *Band 2/7.*
Rissi, Mathias: Die Theologie des Hebräerbriefs. 1987. *Band 41.*
Röhser, Günter: Metaphorik und Personifikation der Sünde. 1987. *Band 2/25.*
Sänger, Dieter: Antikes Judentum und die Mysterien. 1980. *Band 2/5.*
Sato, Migaku: Q und Prophetie. 1988. *Band 2/29.*
Schimanowski, Gottfried: Weisheit und Messias. 1985. *Band 2/17.*
Schlichting, Günter: Ein jüdisches Leben Jesu. 1982. *Band 24.*
Schnabel, Eckhard J.: Law and Wisdom from Ben Sira to Paul. 1985. *Band 2/16.*
Schutter, William L.: Hermeneutic and Composition in I Peter. 1989. *Band 2/30.*
Siegert, Folker: Nag-Hammadi-Register. 1982. *Band 26.*
Siegert, Folker: Argumentation bei Paulus. 1985. *Band 34.*
Siegert, Folker: Philon von Alexandrien. 1988. *Band 46.*
Simon, Marcel: Le christianisme antique et son contexte religieux I/II. 1981. *Band 23.*
Snodgrass, Klyne: The Parable of the Wicked Tenants. 1983. *Band 27.*
Speyer, Wolfgang: Frühes Christentum im antiken Strahlungsfeld. 1989. *Band 50.*
Stadelmann, Helge: Ben Sira als Schriftgelehrter. 1980. *Band 2/6.*
Strobel, August: Die Stunde der Wahrheit. 1980. *Band 21.*
Tajra, Harry W.: The Trial of St. Paul. 1989. *Band 2/35.*
Theißen, Gerd: Studien zur Soziologie des Urchristentums. [3]1989. *Band 19.*
Wedderburn, A. J. M.: Baptism and Resurrection. 1987. *Band 44.*
Wegner, Uwe: Der Hauptmann von Kafarnaum. 1985. *Band 2/14.*
Zimmermann, Alfred E.: Die urchristlichen Lehrer. [2]1988. *Band 2/12.*